नेताजी, गुमनामी बाबा और सरकारी झूठ

नेताजी, गुमनामी बाबा और सरकारी झूठ

चन्द्रचूड़ घोष एवं अनुज धर

अनुवादकः अंकुर नागपाल

Vitasta

LET KNOWLEDGE SPREAD

वितस्ता पब्लिशिंग प्राइवेट लिमिटेड
2/15 अंसारी रोड दरियागंज
नई दिल्ली–110002
info@vitastapublishing.com

आई एस बी एनः 978-93-90961-43-6

प्रथम संस्करण 2022
मूल्य ₹ 399

अनुवादः अंकुर नागपाल
आवरण सज्जाः कौषिक बनर्जी
टाइपसेटः सोमेश कुमार मिश्रा
मुद्रणः विकास कंप्यूटर और प्रिंटर

कौशिक बनर्जी के द्वारा निर्मित इस आवरण के पृष्ठ भाग पर प्रदर्शित चित्र नेताजी की वास्तविक छवि का एक काल्पनिक एवं उपान्तरित रूप है; जो प्रस्तुत पुस्तक के लेखकों के आग्रह पर बिप्लब चटर्जी के द्वारा अभिव्यंजनार्थ निर्मित है।

विषय–सूची

एक अवरुद्ध मार्ग

वर्ष 2004 की ग्रीष्म ऋतु समाप्त होते-होते भारतीय राजनैतिक इतिहास में सबसे लम्बे समय तक चलने वाला एक विवाद अपने समाधान की ओर पहुँचता दीख रहा था। "क्या नेताजी सुभाष चन्द्र बोस वास्तव में अपनी कथित मृत्यु के उपरान्त भी दीर्घ काल तक जीवित थे?"—न्यायालय के आदेशानुसार; अटलबिहारी वाजपेयी की सरकार द्वारा गठित एक जांच आयोग इस प्रश्न के उत्तर तक मानो पहुँच ही गया था।

कोलकाता-स्थित एक भव्य सभागार के बीचों-बीच न्यायाधीशों द्वारा प्रयोग में लाए जाने वाला एक बड़ा मेज़ और कुर्सी रखे हुए थे। मेज़ पर पाँच पैकेज़ रखे हुए थे; जिनमें DNA एवं हस्तलेख की रिपोर्टें सीलबन्द थीं। मानो वे नेताजी-रहस्यगाथा को सुलझाने हेतु पर्याप्त थीं। तभी एक बड़ा चौकोर चश्मा पहने तथा कुर्सी पर बैठे एक भद्र व्यक्ति ने उन सीलबन्द रिपोर्टों को खोलना आरम्भ किया। विगत पाँच वर्षों में उच्चतम न्यायालय के पूर्व न्यायाधीश—जस्टिस मनोज कुमार मुखर्जी नेताजी की मृत्यु से जुड़े विवाद का गहन अध्यन कर चुके थे। आधिकारिक कथानक के अनुसार; नेताजी की मृत्यु 1945 में ताइवान के ताईपेई शहर में एक विमान-दुर्घटना के पश्चात् हो चुकी थी। जबकि कई लोगों की मान्यता थी कि उस कथित विमान-दुर्घटना के कुछ वर्षों बाद, एक संगीन षड्यन्त्र के अन्तर्गत, नेताजी को सोवियत रूस में मौत के घाट उतार दिया गया था।

[2019 में लेखक जस्टिस मनोज मुखर्जी को अपनी पुस्तक भेंट करते हुए। मुखर्जी 2021 में स्वर्ग सिधार गए]

जस्टिस मुखर्जी कई सप्ताहों तक विमान-दुर्घटना-पक्ष का समर्थन करने वाले गवाहों के पुराने वक्तव्यों (1950 एवं 1970 के दशकों में लिपिबद्ध) का ध्यानपूर्वक निरीक्षण करते रहे। किन्तु उनकी अनुभवी दृष्टि में उन वक्तव्यों की संगति सध नहीं पा रही थी। कारण कि वे सभी विरोधाभासों से परिपूर्ण थे। अब यदि वे सब सत्य थे, तो उनमें परस्पर विरोध क्यों और कैसा? अधिकतर गवाह जापानी थे; जिनमें से एक ही मुखर्जी आयोग के गठन तक जीवित बचे थे। सौभाग्यवश इस दावे के मुख्यतम एकमात्र जीवित गवाह ने आयोग के समक्ष प्रस्तुत होकर न चाहते हुए भी जस्टिस मुखर्जी को विमान-दुर्घटना-पक्ष पर अविश्वास जताने का एक प्रबल कारण उपलब्ध करवा दिया।

धीमे किन्तु स्पष्टतम स्वर में बोलने वाले पूर्वसेना-चिकित्सक डॉ. तानेयोशी योशिमी यह सिद्ध कर चुके थे कि अपनी 90 वर्षों से अधिक आयु में भी उनकी सोचने-समझने की शक्ति अक्षुण्ण बनी हुई थी। परन्तु विगत अवसरों के ही समान इस बार भी उन्होंने अपने पूर्वकथनों से कुछ अलग ही बात कही। इसपर

मुखर्जी ने जब उनसे मुखर परिप्रश्न किया, तब योशिमी ने स्वीकार कर लिया कि 1988 में उन्होंने नेताजी का एक फ़र्ज़ी मृत्यु-प्रमाणपत्र बनाया था। यह कार्य किसी ऐसे "अनुसन्धाता" के अनुरोध पर सम्पादित हुआ था; जो भारत सरकार द्वारा प्रचारित आधिकारिक कथानक को सुदृढ़ करने हेतु सरकार का सहयोग कर रहा था।

अपनी जांच के आरम्भ से ही मुखर्जी को नई दिल्ली-स्थित उच्चाधिकारियों एवं मन्त्रियों का रवैया खटकने लगा था। कलकत्ता उच्च न्यायालय में दायर एक जनहित-याचिका के परिणामस्वरूप मुखर्जी आयोग का गठन हुआ था। तत्कालीन मुख्य न्यायाधीश प्रभा शंकर मिश्र ने पाया कि स्वयं सरकारी अधिवक्ता ही जापानियों द्वारा प्रचारित विमान-दुर्घटना-पक्ष के प्रति में सन्दिग्ध थे। अतः न्यायालय ने अपने आदेश (30 अप्रैल 1998) में यह कहा कि 1950 एवं 1970 के दशकों में सरकार द्वारा गठित शाहनवाज़ समिति और गोपाल दास खोसला आयोग का निष्कर्ष [कि 1945 में ही नेताजी का आकस्मिक निधन हो चुका था] यदि वास्तव में यथार्थ होता, तो सरकार के सन्दिग्ध होने का कोई औचित्य ही नहीं था। अतः न्यायालय ने सरकार को यह आदेश दिया कि "इस विवाद को सदा-सर्वदा के लिए समाप्त करने के उद्देश्य से एक प्रामाणिक जांच करवाई जाए"।

जब मुखर्जी ने जांच आयोग का कार्यभार सँभाला, तब वे सोचते थे कि उनका कार्यप्रवाह अबाध गति से चलेगा। कारण कि BJP सत्तारूढ़ थी; न कि नेताजी के प्रति सर्वथा उदासीन—कांग्रेस। किन्तु शुरूआत से ही उनकी आशाएँ धराशायी होने लगीं। जब दूरदर्शन और आकाशवाणी ने उनकी जांच से जुड़े समाचारों को प्रसारित नहीं किया, तब मुखर्जी ने प्रसार भारती के प्रमुख को एक लिखित शिकायत भेजी। किन्तु जब उसका कोई प्रत्युत्तर नहीं मिला, तब मुखर्जी ने अरुण जेटली (तात्कालिक सूचना एवं प्रसारण मन्त्री) को इसका उलाहना दिया। हालांकि उसका कोई प्रभाव नहीं पड़ा। शायद सरकार की ओर से असहयोग एवं विलम्बित प्रतिक्रियाओं के मानक उन्हीं दिनों में निर्धारित हो चुके थे।

सर्वाधिक विचलित करने वाली बात थी—महत्त्वपूर्ण दस्तावेज़ों को आयोग से छिपाना। 2003 में जस्टिस मुखर्जी ने ब्रिटिश अभिलेखागार में उपलब्ध दस्तावेज़ों के अन्वेषण हेतु लन्दन की यात्रा की। भारतीय उच्चायोग के अधिकारियों ने उनके प्रति सामान्य शिष्टाचार का निर्वाह तो किया, किन्तु वे उनकी किसी अतिरिक्त सहायता हेतु कदापि तत्पर नहीं थे। मुखर्जी ने अपने लन्दन-निवासी छोटे भाई [जो व्यावसायिक क्षेत्र की एक प्रतिष्ठित छवि थे] से सहायता माँगी। फलतः मुखर्जी के अनुरोध पर पीटर आर्चर (सदस्य, हाउस ऑफ़ लॉर्ड्स) ने लॉर्ड चांस्लर एलेक़्ज़ेण्डर इरविन (सार्वजनिक दस्तावेज़ संरक्षक) से संवाद स्थापित किया। तब इरविन ने आर्चर का ध्यान कुछ दिनों पूर्व सार्वजनिक हुई दो फ़ाइलों पर आकर्षित किया।

मुखर्जी ने ब्रिटिश राष्ट्रीय अभिलेखागार में 1950-दशक की उन दो फ़ाइलों में से एक का अवलोकन आरम्भ किया। पृष्ठों को पलटते-पलटते वे दिन उनकी स्मृति में आने लगे; जब वे एक युवा अधिवक्ता हुआ करते थे। बढ़ती सार्वजनिक माँग के कारण; अन्यथा इच्छा रखने वाली पं. जवाहरलाल नेहरू की सरकार, कांग्रेस के सांसद और कालान्तर में मन्त्री शाहनवाज़ ख़ान (INA के पूर्व अधिकारी) की अध्यक्षता में एक समिति का गठन करने पर विवश हो गई थी। समिति विमान-दुर्घटना-स्थल (ताईपेई) पर जाकर तथ्यों की जांच करना चाहती थी। चूंकि भारत के ताइवान के साथ कूटनैतिक सम्बन्ध नहीं थे, अतः विदेश मन्त्रालय ने ब्रिटिश उच्चायोग से सम्पर्क साधा।

फ़ाइल के अनुसार; एण्ड्र्यू फ्रैंकलिन (अंग्रेज़ी वाणिज्य दूत, ताइवान) ने अन्वेषण के बाद 10 जुलाई 1956 के दिन विदेश कार्यालय (लन्दन) को सूचित किया: “यह देखा जा सकता है कि भारतीय अधिकारियों ने हमारे प्रति जिन गवाहों के वक्तव्यों को उपलब्ध करवाने हेतु अनुरोध किया था; उनमें से अधिकांश दिवंगत या लुप्त हो चुके हैं, अथवा अब इस विषय से अनभिज्ञ हैं।” सुभाष बोस की मृत्यु से जुड़े तथाकथित पुराने जापानी दस्तावेज़ वस्तुतः एक जापानी सैनिक के थे। नगरपालिका-विभाग के एक क्लर्क, जिसने 1945 में अन्त्येष्टि की अनुमति देने से पहले कथितरूप से नेताजी के पार्थिव देह को देखा था, ने यह स्पष्ट

कर दिया कि उसने एक पाउडर से भरा हुआ शव देखा था; जिसकी केवल आँखे, नाक और होंठ ही दृष्टिगोचर थे; शेष सभी अंग सफ़ेद कफ़न में लिपटे हुए थे। उसने आगे कहा कि "हम बोस के जीवनकाल में उनसे परिचित नहीं थे, फलतः हम उनकी मृत्यु के बाद उनको पहचानने में असमर्थ हैं"।

उस फ़ाइल के अन्त में मुखर्जी को एक ऐसा प्रमाण मिला; जिसे देखकर वे भौचक्के रह गए। उसमें लिखा था कि ब्रिटिश/ताइवान की जांच-रिपोर्ट की [एक नहीं, अपितु] पाँच प्रतियाँ यथाशीघ्र भारत सरकार के प्रति 1956 में ही प्रेषित कर दी गई थीं। अब मुखर्जी यह सोचने लगे कि भला सरकार ने यह रिपोर्ट उनसे अब तक क्यों छिपाई होगी।

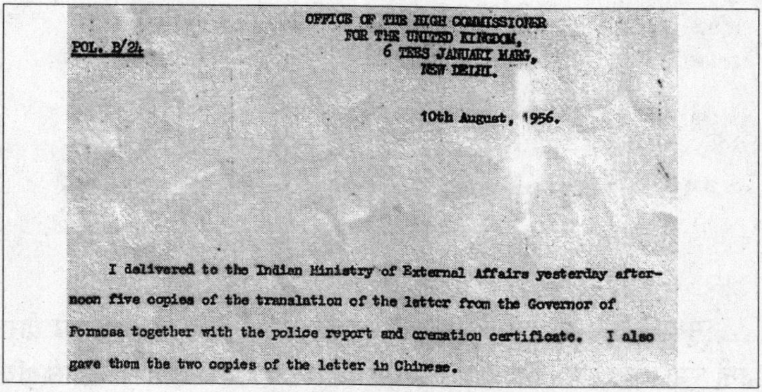

OFFICE OF THE HIGH COMMISSIONER
FOR THE UNITED KINGDOM,
6 TEES JANUARY MARG,
NEW DELHI.

POL. B/24

10th August, 1956.

I delivered to the Indian Ministry of External Affairs yesterday afternoon five copies of the translation of the letter from the Governor of Formosa together with the police report and cremation certificate. I also gave them the two copies of the letter in Chinese.

[स्रोत: नेशनल आर्काइव्ज, लंदन]

सरकार का छल तब पूर्णतः उजागर हुआ; जब जस्टिस मुखर्जी ने उनसे 1972 में प्रधानमन्त्री कार्यालय में स्थित नेताजी-मृत्यु-प्रकरण से सम्बद्ध एक महत्त्वपूर्ण फ़ाइल को नष्ट करने का कारण जानना चाहा। पं. नेहरू द्वारा संकलित नेताजी-विषयक अनेक गम्भीर तथ्य उसी फ़ाइल में उपलब्ध थे, अतः उसकी महत्ता स्वयंसिद्ध थी। तत्काल प्रभावी सरकारी कार्यालय प्रक्रिया नियमावली में यह स्पष्टतः निर्दिष्ट था कि ऐतिहासिक महत्त्व रखने वाली फ़ाइलों [विशेषकर उन प्रकरणों से सम्बद्ध; जो जनमानस को आन्दोलित करती हों] को 25 वर्षों तक अपने कार्यालय में, तदनन्तर राष्ट्रीय अभिलेखागार में सुरक्षित रखा जाए। किन्तु

...वह फ़ाइल तब नष्ट कर दी गई; जब खोसला आयोग नेताजी-प्रकरण की छानबीन कर रहा था। यक्षप्रश्न यह था कि क्यों सरकार ने अपने तत्त्वावधान में चल रही एक जांच के लिए उपयोगी फ़ाइल को उस आयोग को सौंपने के बजाय विनष्ट करना उचित समझा?

12(219)/56-PM	Monetary Reward to the workers of Sindhri Fertilizer Factory.	-do-
12(223)/56-PM	Coal Miners - New Housing Scheme for-	-do-
12(225)/56-PM	Indian Delegation to H.R.H. the Duke of Edinburgh's Conference on the social responsibility of Industry.	-do-
12(226)/56-PM	Investigation into the circumstances leading to the death of Shri Subhash Chander Bose.	-do-
12(229)/56-PM	Loan of Rs. 1.45 crores granted by the U.P. Govt. to M/S Sahu Jain Ltd. for a Soda Ash and Ammonium Chloride factory in U.P. - objection raised by the Central Govt. about ~~its grant of~~ -	-do-

[नेताजी फाइल नष्ट करने का प्रधान मंत्री कार्यालय का रिकॉर्ड। RTI द्वारा प्राप्त]

मुखर्जी द्वारा सरकार से अपेक्षित स्पष्टीकरण माँगे जाने पर सरकार द्वारा उन्हें घुमा दिया गया। अनेक बार स्मरण करवाने पर भी उन्हें सम्बन्धित अवधि में प्रभावी आधिकारिक नियमावली प्राप्त नहीं हुई। अतः मुखर्जी इस विषय को प्रधान मन्त्री कार्यालय, गृह मन्त्रालय और विदेश मन्त्रालय तक ले गए। गृह एवं विदेश मन्त्रालयों ने संयुक्ततः इस विषय को प्रधान मन्त्री कार्यालय के समक्ष अग्रेषित कर दिया; जिसके उपलक्ष्य में कार्यालय ने एक ऐसा प्रत्युत्तर भेजा; जिसमें मुखर्जी के प्रश्नों को सम्बोधित नहीं किया गया था। तदनन्तर प्रधान मन्त्री कार्यालय के निदेशक ने कहा कि विनष्ट हुई फ़ाइल में ही उसके विनाश का आधिकारिक निर्देश सन्निहित था; जिसका विवरण कैबिनेट सचिवालय से प्राप्त किया जा सकता है। कारण कि कैबिनेट की सभी कार्यवाहियों के दस्तावेज़ स्थायी रूप से वहीं उपलब्ध रहते हैं। किन्तु कैबिनेट सचिवालय ने एक गृह

मन्त्रालयीय शपथपत्र के माध्यम से यह उद्घोषित कर दिया कि सचिवालय के पास नेताजी-प्रकरण से सम्बद्ध कोई फ़ाइल या दस्तावेज़ उपलब्ध नहीं है। जस्टिस मुखर्जी ने इन सभी बातों से यही निष्कर्ष निकाला कि सरकार उनको जानबूझकर भटका रही थी।

तत्पश्चात् सरकार ने मुखर्जी के सामने नई अड़चनें तब डालीं; जब उन्होंने स्वयं ताइवान जाकर विमान-दुर्घटना के सत्य का अन्वेषण करना चाहा। 2001 से उन्होंने विदेश मन्त्रालय को ताइवान में उपलब्ध अपेक्षित जानकारी उपलब्ध करवाने हेतु पत्र लिखे; जिसके उपलक्ष्य में जून 2003 में मन्त्रालय द्वारा आयोग को यह बताया गया कि ताइवान में कोई भी प्रासंगिक दस्तावेज़ उपलब्ध नहीं हैं। किन्तु इसके विपरीत; उसके अग्रिम मास में आयोग ने एक पत्रकार (इस पुस्तक के सह-लेखक—अनुज धर) और ताइवान सरकार के ईमेल द्वारा हुए पारस्परिक पत्राचार का संज्ञान लिया। ताईपेई के महापौर डॉ. यिंग जो मा के कार्यालय ने पत्रकार को यह सूचित किया कि “ताईपेई शहर के अभिलेखागार में विद्यमान ऐतिहासिक दस्तावेजों के अनुसार; उस दिन ताईपेई में विमान-दुर्घटना का कोई उल्लेख उपलब्ध नहीं है”। लिन लिंग-सेन (परिवहन और संचार मन्त्री, ताइवान) ने इसका विस्तार करते हुए यह बताया कि जापानियों के अवशिष्ट दस्तावेज़ों के विश्लेषण से यह ज्ञात होता है कि उस अवधि में केवल एक बड़ी हवाई दुर्घटना हुई थी। सितम्बर 1945 में, मुक्त कर दिए गए 26 युद्धबन्दियों को लेकर जाने वाला एक अमेरिकी सी-47 ट्रान्सपोर्टर, ताईपेई से लगभग 200 समुद्री मील की दूरी पर, दुर्घटनाग्रस्त हुआ था। ताइवान सरकार के अनुसार; ऐसा कोई साक्ष्य उपलब्ध नहीं था; जो यह प्रमाणित कर सके कि सुभाष बोस को लेकर जाने वाला कोई भी विमान ताईपेई या उसके पार्श्ववर्ती क्षेत्रों में 14 अगस्त से 25 अक्टूबर 1945 पर्यन्त दुर्घटनाग्रस्त हुआ था।

पत्रकार द्वारा सूचित किए जाने के बाद आयोग ने ताइवान के अधिकारियों के साथ सीधा पत्र-व्यवहार आरम्भ कर दिया। भारतीय अधिकारियों से स्वभावतः विपरीत—वे लोग उपर्युक्त सूचनाओं को अग्रेषित करने हेतु पूर्णतः तत्पर थे। जैसे ही भारतीय विदेश मन्त्रालय के अधिकारियों को मुखर्जी आयोग

और ताइवान सरकार के मध्य हो रहे पत्रव्यवहार का समाचार मिला, तो वे सभी तमतमा उठे। मन्त्रालय ने आयोग को चेताया कि उसे ताइवान से जो भी जानकारी चाहिए, उसे केवल मन्त्रालय के माध्यम से ही प्राप्त किया जाए। कारण कि भारत सरकार, ताइवान सरकार को मान्यता नहीं देती है। अतः वहाँ की सरकार से कोई आधिकारिक सम्बन्ध या पत्राचार नहीं किया जा सकता। 1949 में, चीन के गृहयुद्ध के बाद, ताइवान चीन से अलग हो गया था। चीन के अनुसार; ताइवान उनका ही एक असन्तुष्ट राज्य है। वैसे तो भारत सरकार औपचारिक रूप से चीन के रुख का समर्थन करती है, किन्तु परोक्षतः भारत और ताइवान के सम्बन्ध सदा से रहे हैं। दोनों देशों के पारस्परिक सम्बन्धों को स्थिर रखने के लिए ताइवान का एक प्रतिनिधि कार्यालय नई दिल्ली में कई वर्षों से विद्यमान है। 2003 में एक विदेशी समाचारपत्र ने भी ताइवान और भारत के गुप्त सैन्य-सम्बन्धों को प्रकाशित किया था। अतः इस सन्दर्भ में विदेश मन्त्रालय की प्रतिक्रिया बिलकुल भी सन्तोषजनक नहीं थी। अप्रैल 2004 तक विदेश मन्त्रालय ने मुखर्जी को यह स्पष्टतः बता दिया था कि वह उनकी ताइवान यात्रा के पक्ष में नहीं था। जब मुखर्जी ने विदेशमन्त्री यशवन्त सिन्हा से कुछ समय माँगा, तब सिन्हा ने उन्हें उत्तर दिया कि वे मई में आम चुनावों के बाद ही उपलब्ध हो सकेंगे। उन दिनों वे एवं अन्य BJP नेता अपने 'इण्डिया शाइनिंग' अभियान के बल पर विजयी होने के इच्छुक थे।

उपर्युक्त कार्यवाहियों के चलते-चलते जस्टिस मुखर्जी, नेताजी-मृत्यु-प्रकरण के अन्य पक्षों (कथानकों) पर भी पर्याप्त चिन्तन करते रहे। नेताजी के रूस में होने वाले कथानक पर उनका ध्यान जाना स्वाभाविक था। और वैसे भी कई गवाहों ने आयोग के समक्ष इसका उल्लेख किया था। फलतः इस भयावह दावे की प्रामाणिकता निश्चितरूप से विचारणीय थी कि पं. नेहरू की सरकार से प्रेरित—जोसेफ़ स्टालिन (सोवियत रूस के तानाशाह) के आदेश पर साइबेरिया में स्थित एक गुलाग (श्रमिक-शिविर) में नेताजी को मौत के घाट उतार दिया गया था। सन् 2004 तक जस्टिस मुखर्जी के संज्ञान में कुछ विश्वसनीय गवाहियाँ, इण्टैलिजेंस रिपोर्टें आदि आ चुके थे; जिनसे नेताजी के रूस में होने के दावे को

खारिज नहीं किया जा सकता था। उदाहरण: नेताजी की अन्तिम ज्ञात गतिविधियों में सहयोग करने वाले जापानी लै. जनरल सबुरो इसोदा ने खोसला आयोग के समक्ष यह स्वीकार किया था कि नेताजी सोवियत रूस की ओर अग्रसर थे; ताकि वे भारतीय स्वतन्त्रता हेतु अपने संघर्ष को जारी रख सकें।

ऐसा भी ध्वनित हो रहा था कि स्वयं महात्मा गांधी भी नेताजी की सोवियत रूस में उपस्थिति से सुपरिचित थे। ताईपेई में हुई [कथित] विमान-दुर्घटना के कई मास बाद; गांधीजी की ओर से उनकी सचिव—खुर्शीद नौरोजी (दादाभाई नौरोजी की पोती) ने लुई फ़िशर (अमेरिकी पत्रकार, गांधी के जीवनी-लेखक) को एक पत्र लिखा। उसमें कुछ ऐसा लिखा था; जिसको पढ़कर किसी के भी होश उड़ जाएँगे: "यदि बोस रूस से सहायता लेकर [भारत] आते हैं; तो इस देश को न तो गांधीजी और न ही कांग्रेस कुछ समझा पाएँगे"। भला एक मृत व्यक्ति भी कभी लौटकर आ सकता है? भले ही जस्टिस मुखर्जी इस पत्र को साक्ष्य के रूप में ग्रहण कर पाने की स्थिति में नहीं थे [क्योंकि गांधीजी, नौरोजी और फ़िशर—ये तीनों ही आयोग के कार्यकल तक गवाही देने हेतु जीवित नहीं थे], किन्तु वे इसके महत्त्व को भलीभांति समझ चुके थे। ताइवान-प्रकरण के समान ही; आयोग के रूसयात्रा-विषयक अनुरोधों के प्रति सरकार का रवैया नकारात्मक ही था। वह कुछ-न-कुछ बहाने बनाती रही। अतः आयोग के अधिकारियों को यह स्पष्ट हो गया कि सरकार, नेताजी-जैसे एक अग्रणी स्वतन्त्रता-सेनानी की मृत्यु-जैसे मार्मिक विषय को सुलझाने हेतु कोई गम्भीरता नहीं दिखा रही थी।

इस पड़ाव पर आते-आते जस्टिस मुखर्जी की दृष्टि एक ऐसे दावे पर भी पड़ी; जो आपाततः सबको अविश्वसनीय एवं अरुचिकर ही लगता था। वह था—नेताजी-मृत्यु-प्रकरण का तीसरा पक्ष। तदनुसार नेताजी की मृत्यु न तो ताईपेई में हुई और न ही कहीं साइबेरिया में; अपितु वे एक संन्यासी के वेश में पुनः भारत लौटे तथा 1985 में [लगभग 88 वर्ष की आयु में] उनका निधन फ़ैज़ाबाद (वर्तमान अयोध्या) में हुआ। इस अविश्वसनीय दावे पर मुखर्जी का ध्यान आकृष्ट किया—एक न्यायालयीय दस्तावेज़ ने; जो डॉ. अलोकेश बागची (गोरखपुर) द्वारा आयोग के समक्ष प्रस्तुत किया गया था। यह दस्तावेज़ था—

नेताजी की एक भतीजी द्वारा दायर याचिका के उपलक्ष्य में इलाहाबाद उच्च न्यायालय के आदेशानुसार निर्मित—किसी अनाम संन्यासी के सामानों का एक विवरणात्मक सूचीपत्र [या "इन्वेण्टरी"]। 1990-दशक में इलाहाबाद उच्च न्यायालय के मुख्य-न्यायाधीश-पद को गौरवान्वित कर चुके मुखर्जी भला स्वयं को इसके सिंहावलोकन से कैसे बचा सकते थे?

जनता की दृष्टि से सदा दूर रहने वाले इन रहस्यमय अनाम सन्त के सन्दर्भ में ललिता बोस को तब ज्ञात हुआ; जब वे सन्त ब्रह्मलीन (दिवंगत) हो चुके थे। स्थानीय मीडिया और अन्य स्रोतों का दावा [कि वे सुभाष बोस ही थे] अयोध्या सहित पूरे उत्तर प्रदेश की जनता को उत्तेजित कर रहा था। पत्रकार उन्हें 'गुमनामी बाबा' कहने लगे; क्योंकि कोई उन संन्यासी का नाम नहीं जानता था। ललिता ने निजी स्तर पर जांच करते हुए गुमनामी बाबा के शिष्यों से परिप्रश्न किए तथा यह निष्कर्ष निकाला कि उपर्युक्त दावा यथार्थ है। उनके नेत्रों से अश्रुधारा बहने लगी और अनेक लोगों के समक्ष उन्होंने अपने निष्कर्ष को अभिव्यक्त किया। अप्रैल 1986 में ललिता बोस ने द *पायनियर* को यह बताया कि उनके पिता सुरेश (सुभाष के बड़े भाई) बस्ती [जहाँ गुमनामी बाबा कभी रहा रहते थे] के किसी ग्रामीण आगन्तुक के साथ अपने कक्ष में गोपनीय वार्ता किया करते थे तथा उस आगन्तुक के लौट जाने पर कहा करते थे कि उन्हें "सुबी" का सन्देश मिला है। ध्यान रहे; नेताजी के माता-पिता और बड़े भाई-बहन उन्हें इसी घरेलु नाम से पुकारा करते थे। ललिता बोस को तब बहुत पश्चात्ताप हुआ कि क्यों उन्हें अपने पिता के जीवनकाल में उनकी इन बातों पर विश्वास नहीं हुआ। आगे चलकर ललिता बोस ने *हिन्दुस्तान टाइम्स* को यह बताया कि गुमनामी बाबा "नेताजी के समकक्ष आयु, आकार और वर्ण वाले थे। उनका स्वरोच्चारण बंगाली था तथा अंग्रेज़ी और बांग्ला की पुस्तकों पर उनकी टिप्पणियों की लेखनशैली, आपाततः नेताजी की ही प्रतीत होती है"।

ललिता बोस ने इस प्रकरण की विधिवत् जांच करवाने हेतु उत्तर प्रदेश के अधिकारियों के समक्ष एड़ी चोटी का ज़ोर लगाया; किन्तु उन्हें विफलता ही हाथ लगी। तब उन्होंने राज्य के उच्च न्यायालय में एक याचिका दायर की; जिसमें

उन्होंने उल्लेख किया कि यदि गुमनामी बाबा नेताजी सिद्ध होते हैं तो, उनकी भतीजी होने के नाते, उनकी सभी अवशिष्ट वस्तुओं पर उनका अधिकार न्यायतः सिद्ध होगा। दो न्यायाधीशों (एस.एस. अहमद और जी.बी. सिंह) ने पहली सुनवाई में ही तत्काल राहत देते हुए राज्य सरकार को यह आदेश दिया कि वह छः सप्ताह की कालावधि के भीतर एक शपथपत्र को प्रस्तुतकर अपना अभिमत न्यायलय के संज्ञान में लाए [हालांकि उ.प्र. सरकार ने अग्रिम 13 वर्षों तक इस आदेश का परिपालन नहीं किया]। साथ ही; फ़ैज़ाबाद ज़िलाधिकारी को यह आदेश मिला कि गुमनामी बाबा के किराए के आवास—"रामभवन" (सिविल लाइन्स, फ़ैज़ाबाद) में उपलब्ध उनके सामानों, पत्रों, पुस्तकों इत्यादि की एक विस्तृत इन्वेण्टरी बनवाई जाए। उक्त इन्वेण्टरी के निर्माण की प्रक्रिया 23 मार्च 1986 से 23 अप्रैल 1987 तक चली; जिसमें कुल 2,673 वस्तुएँ परिगणित हुईं।

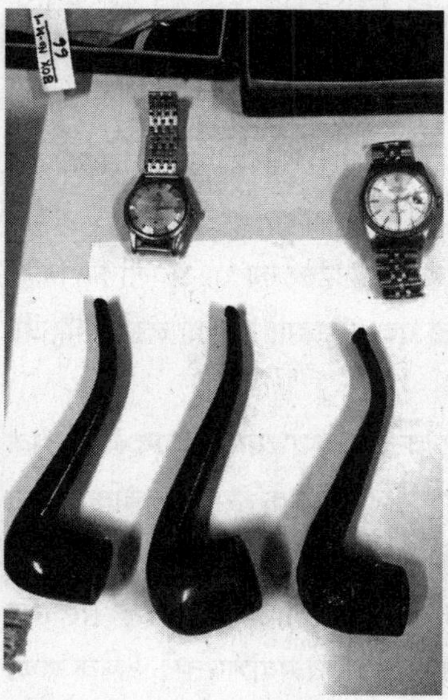

[गुमनामी बाबा के स्मोकिंग पाईप और रोलेक्स एवं ओमेगा गोल्ड घड़ियाँ। यह सुप्रसिद्ध है कि सुभाष बोस की माताजी ने उन्हें ओमेगा की एक सोने की घड़ी भेंट की थी।]

उक्त इन्वेण्टरी के अवलोकन से जस्टिस मुखर्जी अचम्भित हो उठे। कारण कि गुमनामी बाबा का पुस्तक-संग्रह ही उन्हें एक अत्यन्त विद्वान् बंगाली सिद्ध करने हेतु पर्याप्त था। सर्वाधिक बांग्ला, तदनन्तर अंग्रेज़ी एवं अन्ततः हिन्दी और संस्कृत की पुस्तकें वहाँ संगृहीत थीं। पुस्तकों के विषयों की व्यापकता भी सबको हतप्रभ करने हेतु पर्याप्त थी। कोई उच्चस्तरीय जिज्ञासु एवं अनेक विषयों का पारंगत विद्वान् ही प्राचीन साहित्य, दर्शन, विस्तृत संस्कृत वाङ्मय, होम्योपैथी, आयुर्वेद, तन्त्र, योग, अध्यात्म, पाकशास्त्र, शारीरिक व्यायाम, भारतीय

स्वतन्त्रता-संग्राम, बाल-साहित्य, इतिहास, राजनीति, व्याकरण ... इत्यादि असंख्य विषयों का उत्सुक पाठक हो सकता था। ऐसा लगता था कि मानो शायद ही कोई विषय उन संन्यासी की प्रज्ञा और रुचि से अस्पृष्ट रहा हो। एतदतिरिक्त; *ऑर्गनाइज़र* (RSS के मुखपत्र) से लेकर अमेरिकी पत्रिका *टाइम* पर्यन्त अनेक पत्र-पत्रिकाएँ उसमें संकेतित थीं। सुभाष बोस के व्यक्तित्व एवं कृतित्व पर हुए समकालिक शोध में भी उन संन्यासी की विशेष अभिरुचि थी।

अपने समय में महान् ग्रन्थ-संग्राहक कहलाने वाले प्रथम अमरीकी राष्ट्रपति जॉर्ज वॉशिंगटन के पास अनुमानतः 1,200 पुस्तकें थीं। जबकि गुमनामी बाबा ने रामभवन के 300 वर्ग फुट से कम क्षेत्रफल वाले एक कक्ष में लगभग 1,000 किताबें और 500 से अधिक पत्रिकाएँ समेट रखीं थीं। जिन लेखकों की कृतियाँ वहाँ उपलब्ध थीं, वे थे—विलियम शेक्सपियर, वॉल्टर स्कॉट, एलेक्ज़ैंडर डुमास, चार्ल्स डिकेन्स इत्यादि। यदि महान् इतिहासकार विल ड्यूरेण्ट की द *स्टोरी ऑफ़ सिविलाइज़ेशन* के सभी खण्डों ने उनके ध्यान को आकृष्ट कर रखा था [क्योंकि बाबा ने उनके रिक्त स्थानों पर अपनी टिप्पणियाँ लिखी हुईं थीं], तो वे एलेक्ज़ेण्डर सोलज़ेनित्सिन की कृतियों के प्रति भी समानतः अनुरक्त दीखते थे। उन्होंने एल्डस हक़्स्ले, आन्द्रेई सख़ारोव्ह और नीत्शे के साहित्य का भी अवलोकन किया हुआ था। आश्चर्य! अयोध्या में रहने वाला एक महात्मा, ब्रिटिश लेखक पी.जी. वोडहाऊस के उपन्यास भी पढ़ता था।

वहाँ उपलब्ध बांग्ला-साहित्य में शरच्चन्द्र चट्टोपाध्याय का एकखण्डात्मक रचनासंग्रह, *रबीन्द्र रचनावली* (रबीन्द्रनाथ ठाकुर का कृतिसंग्रह), बंकिम चन्द्र चट्टोपाध्याय के उपन्यास, ईश्वर चन्द्र विद्यासागर, ताराशंकर बन्धोपाध्याय और कवि रजनीकान्त सेन के उपन्यासों के सभी खण्ड अथवा एकखण्डात्मक संस्करण प्रमुखतः सम्मिलित थे। कालीप्रसन्न सिंह द्वारा अनूदित महाभारत के अनेक खण्ड भी वहाँ सुरक्षित थे। अन्य प्रिय साहित्य में बलाईचाँद मुखोपाध्याय और विभूतिभूषण बन्धोपाध्याय की रचनाएँ भी सम्मिलित थीं। ये सब किसी ऐसे प्रबुद्ध बंगाली बुद्धिजीवी अध्येता की छाप लिए हुए थे; जो शायद 20वीं शताब्दी के पूर्वार्ध में कोलकाता में निवास करता रहा होगा।

गुमनामी बाबा के पुस्तक-संग्रह में उपलब्ध बहुत-सा साहित्य अपनी विषयदृष्टि के कारण अत्यन्त रोचक प्रतीत होता था। उदाहरण के लिए: *इण्टर्नेश्नल मिलिट्री ट्रिब्यूनल फ़ॉर द फ़ारईस्ट: डिस्सेण्टियेण्ट जजमेण्ट ऑफ़ जस्टिस राधाबिनोद पाल*—जिसके अनेक स्थलों को उन "संन्यासी" ने अपने हस्तलेख में रेखांकित किया हुआ था। ज्ञातव्य है कि राधाबिनोद पाल (अन्तर्राष्ट्रीय स्तर पर ख्यातिप्राप्त विधिवेत्ता एवं न्यायाधीश) द्वितीय महायुद्ध के बाद जापान द्वारा किए गए कथित युद्धापराधों के विरुद्ध चलाए गए अन्तर्राष्ट्रीय मुकद्दमों में भारतीय न्यायाधीश थे। वे एकमात्र न्यायाधीश थे; जिन्होंने अपने निर्णय में जापानियों को निर्दोष बताया था। एतदतिरिक्त; वहाँ उपलब्ध पुस्तकों में इतिहासकार डॉ. आर.सी. मज़ूमदार की महान् कृति—*द हिस्ट्री ऑफ़ फ्रीडम मूवमेंट इन इण्डिया*, लियोनार्ड मोस्ले की *द लास्ट डेज़ ऑफ़ द ब्रिटिश राज*, पीटर सेंगर की *मॉस्कोज़ हैण्ड इन इण्डिया*, रजनी मुखर्जी की *मॉस्कोज़ शैडो ओवर वेस्ट बैंगॉल*, सीताराम गोयल की *नेहरूज़ फ़ैटल फ्रेंडशिप* तथा सोल्शेनीत्सिन की *द गुलाग आर्किपेलागो* [जिसमें पहली बार साइबेरिया-स्थित सोवियत रूस के प्राणाघातक श्रमिक-शिविरों का विशद वर्णन किया गया था] इत्यादि संगृहीत थीं।

अपनी जांच को आगे बढ़ाते हुए जस्टिस मुखर्जी ने उन वस्तुओं को खँगालना आरम्भ कर दिया; जिनसे गुमनामी बाबा की पहचान के सुस्पष्ट साक्ष्य मिल सकते थे। इस क्रम में उन्हें बाबा के प्रति लिखे गए पुराने क्रान्तिकारियों और INA के दिग्गज अधिकारियों अथवा उनके परिजनों के अनेक पत्र मिले; जिनमें यही ध्वनित हो रहा था कि वे सभी पत्रलेखक उन संन्यासी को नेताजी मानकर ही उनसे सम्बन्धित प्रकरणों एवं प्रगतियों की समुचित सूचनाएँ उन तक पहुँचाते थे। इनमें से कई तो गुप्त रूप से प्रत्येक 23 जनवरी को दोपहर 12:15 बजे (नेताजी के जन्म की तिथि एवं समय) पर या तो बाबा के दर्शनार्थ आते थे; जबकि कई लोगों द्वारा कोलकाता में ही उनका जन्मोत्सव मनाया जाता था। कोलकाता में मनाए गए जन्मोत्सव के चित्र खींचकर बाबा के पास यथाशीघ्र पहुँचा दिए जाते थे। यह सब देखकर हैरान मुखर्जी की भोहैं मुड़ गईं।

तत्पश्चात् मुखर्जी ने गुमनामी बाबा के कुछ तत्काल जीवित शिष्यों से संवाद

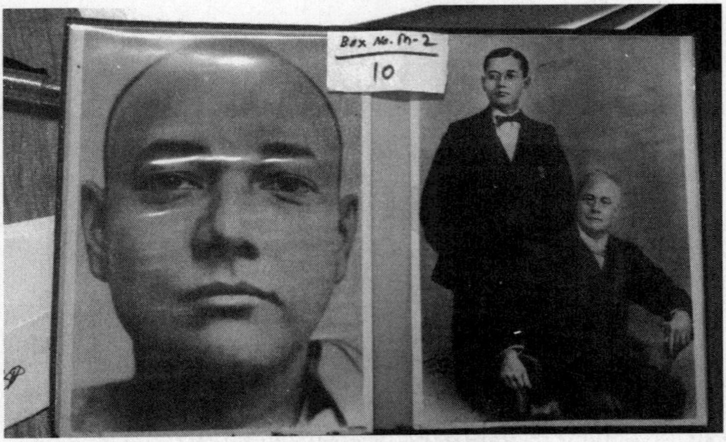

[रामभवन से प्राप्त नेताजी और उनके पिता के चित्र]

किया तथा लगभग सभी को विश्वसनीय पाया [विशेषतः उनको; जिन्होंने पहले नेताजी को और कालान्तर में गुमनामी बाबा को देखा था]। प्रत्यक्षदर्शियों की गवाही और अभिलिखित साक्ष्यों के बल पर गुमनामी बाबा एवं नेताजी में परस्पर सम्बन्ध उपस्थापित हो जाने पर, मुखर्जी ने अग्रिम तर्कसंगत कार्यवाही आरम्भ की। गुमनामी बाबा के नेताजी होने की सम्भावना का सीधा अभिप्राय था—ताईपेई विमान-दुर्घटना एवं रूस में हुई उनकी निर्मम हत्या वाले पक्षों का स्वतः खण्डित हो जाना। यदि नेताजी जीवित थे और 1970-80 के दशकों में भारत में विद्यमान थे, तो पूर्वोक्त दोनों स्थानों पर उनकी मृत्यु होने की कोई सम्भावना ही नहीं थी।

गुमनामी बाबा का कोई चित्र उपलब्ध नहीं था; क्योंकि उन्होंने कभी किसी को अपना चित्र लेने की अनुमति नहीं दी थी। फ़िंगरप्रिंट का मिलान असम्भव ही था। परन्तु सौभाग्यवश उनके हस्तलेख और DNA का परीक्षण करवाना सम्भव था। अतः नवम्बर 2001 में स्वयं जस्टिस मुखर्जी उ.प्र. में गवाहों की व्यक्तिगत जांच करने एवं न्यायालय के आदेशानुसार ज़िला-कोषागार में सीलबन्द करके रखे गए [गुमनामी बाबा के] सामानों को देखने हेतु ज़िलाधिकारी-कार्यालय (फ़ैज़ाबाद) पधारे। वहाँ पत्रकारों की उपस्थिति में उन्होंने लगभग

700 वस्तुओं [जिनमें अधिकतर पत्र एवं पुस्तकें थीं] का चयन आयोग-कार्यालय (कोलकाता) ले जाने हेतु किया। इनमें सर्वाधिक महत्त्वपूर्ण थे—गुमनामी बाबा के अंग्रेज़ी और बांग्ला हस्तलेख तथा एक माचिस की डिब्बी में सुरक्षित [कथितरूप से] उनके कुछ दाँत।

मुखर्जी आयोग ने उन दाँतो को DNA-जांच हेतु दो सरकारी प्रयोगशालाओं के पास भेज दिया। हस्तलेख-जांच हेतु भी दो सरकारी प्रयोगशालाओं को चुना गया तथा एक स्वतन्त्र विशेषज्ञ को भी इस कार्य हेतु नियुक्त किया गया। समय के साथ एक-एक करके सभी रिपोर्टें सीलबन्द होकर आयोग के पास पहुँच गईं। 23 जून 2004 को आयोग की सुनवाई में मुखर्जी ने उन सीलबन्द रिपोर्टों को खोलना आरम्भ किया।

डॉ. एस.के. मण्डल (वरिष्ठ वैज्ञानिक अधिकारी, फ़ॉरेन्सिक साइन्स लेबोरेटरी, कोलकाता) की रिपोर्ट के अनुसार; गुमनामी बाबा के अंग्रेज़ी और बांग्ला हस्तलेख नेताजी की हस्तलेखों से कोई मेल नहीं खाते। यही निष्कर्ष अमर सिंह और एम.एल. शर्मा (शिमला-स्थित GEQD या "गवर्नमेण्ट एग्ज़ामिनर ऑफ़ क्वेश्चण्ड डाक्यूमेण्ट्स" के प्रमुखों) की रिपोर्ट में भी दृष्टिगोचर होता था। जबकि स्वतन्त्र विशेषज्ञ बी. लाल कपूर (GEQD के पूर्व प्रमुख) की रिपोर्ट में यह कहा गया था कि बाबा के अंग्रेज़ी और बांग्ला हस्तलेख, नेताजी के हस्तलेखों से पूर्णतः साम्य रखते हैं।

फिर जस्टिस मुखर्जी ने DNA-जांच की रिपोर्टों के सीलबन्द पैकेज़ों को खोला। हैदराबाद-स्थित "द सेण्टर फ़ॉर DNA फ़िंगरप्रिण्टिंग एण्ड डाइग्नोस्टिक" (CDFD) की रिपोर्ट के अनुसार; उन्हें उपलब्ध करवाए गए सात में से दो दाँतों का DNA फ़िंगरप्रिण्टिंग प्रोफ़ाइल बनाकर, नेताजी-परिजनों द्वारा प्रदत्त रक्त-प्रतिरूपों से कर्षित DNA के साथ मिलान किया गया। किन्तु यह प्रक्रिया निष्कर्षविहीन रही; क्योंकि उन दो दाँतों में परीक्षण हेतु अपेक्षित DNA पर्याप्त मात्रा में नहीं निकल सका। शेष पाँच दाँतों की जांच गृह मन्त्रालय द्वारा संचालित कोलकाता-स्थित "सेण्ट्रल फ़ॉरेन्सिक साइन्स लेबोरेटरी" (CFSL) में हुई; जिसने यह स्पष्ट निष्कर्ष निकाला कि जिस व्यक्ति के ये दाँत

थे, उसका सम्बन्ध नेताजी के मातृक अथवा पैतृक वंशानुगत DNA से कदापि नहीं था।

आयोग की सुनवाई के दो घण्टे बाद "प्रेस ट्रस्ट ऑफ़ इण्डिया" ने पूरे देश के समाचारपत्रों और पत्रिकाओं में प्रसारित किया: "न्यायाधीश एम.के. मुखर्जी जांच आयोग के अनुसार; किन्हीं गुमनामी बाबा के कथित दाँतों पर की गई DNA-जांच ने इस दावे को निरस्त कर दिया है कि फ़ैज़ाबाद में रहने वाले वे संन्यासी वास्तव में छद्मवेश में नेताजी सुभाष चन्द्र बोस थे"।

अन्ततः सारी कहानी का यही सार निकलता दीख रहा था कि गुमनामी बाबा के नेताजी होने के चर्चा अत्यन्त रोचक होने पर भी एक किंवदन्ती से अधिक कुछ नहीं थी।

परिपूर्ण व्यावर्तन

मई 2004 में कांग्रेस के पुनः सत्तारूढ़ होते ही जस्टिस मुखर्जी की समस्याएँ अत्यधिक बढ़ गईं। और जैसा कि अनुमानित था: नेताजी-प्रकरण के प्रति कोई विशिष्ट सहानुभूति न दिखाने वाली उस नई सरकार ने यह जताने में देर नहीं लगाई कि वह मुखर्जी की जांच का अनुमोदन नहीं करेगी। अतः उसकी भाव-भंगिमाओं को समझकर मुखर्जी ने उसी वर्ष के अक्टूबर में यह सार्वजनिक घोषणा कर दी कि यदि केन्द्र सरकार, आयोग का अपेक्षित सहयोग नहीं करती है; तो अद्यावधि हो चुकी जांच के आधार पर ही अपनी रिपोर्ट को प्रस्तुत करने हेतु उनकी विवशता होगी। गृह मन्त्रालय [जिसके अन्तर्गत आयोग कार्यरत था] मुखर्जी की ताइवान-यात्रा को बाधित कर रहा था। उन्होंने उनसे कुछ आपत्तिजनक प्रश्न भी पूछे; जिस पर मुखर्जी ने कहा कि "उनका प्रत्युत्तर देना आयोग के लिए अपमानजनक है"।

धीरे-धीरे सरकार ने आयोग पर अपना शिकंजा कसना शुरू कर दिया। प्रधानमन्त्री डॉ. मनमोहन सिंह की अध्यक्षता में राजनैतिक विषयों की कैबिनेट समिति (CCPA) ने यह निर्णय लिया कि मुखर्जी आयोग की जांच को आगे न बढ़ने दिया जाए। नवम्बर 2004 में वित्तमन्त्री पी. चिदम्बरम् ने मीडिया के समक्ष यह गर्जना की कि मई 2005 के बाद मुखर्जी आयोग के कार्यावधि को बढ़ाया नहीं जाएगा। स्वयं गृहमन्त्री शिवराज पाटिल ने मुखर्जी को एक निजी

भेंट के दौरान नई सरकार की मंशा बतला दी। नार्थ ब्लॉक में गृहमन्त्री के आलीशान कक्ष में पहुँचते ही जस्टिस मुखर्जी को गांधी-परिवार के उक्त पुराने वफ़ादार कुछ नाराज़ से नज़र आए। पाटिल, मुखर्जी को बैठने हेतु पूछे बिना, सीधा उन पर बरस पड़े। द *पायनीयर* में प्रकाशित एक आलेख के अनुसार; पाटिल ने यह वितर्क किया कि आयोग की जांच में समय और धन की बहुत बर्बादी हो रही है। दुर्भाग्यवश ईमानदार मुखर्जी पर इससे अधिक निर्मम कुठाराघात कुछ और नहीं हो सकता था; क्योंकि जांच आयोग के अध्यक्ष के तौर पर उन्होंने कार्यारम्भ से पूर्व ही मात्र एक रुपया वेतन लेने का निर्णय लिया था।

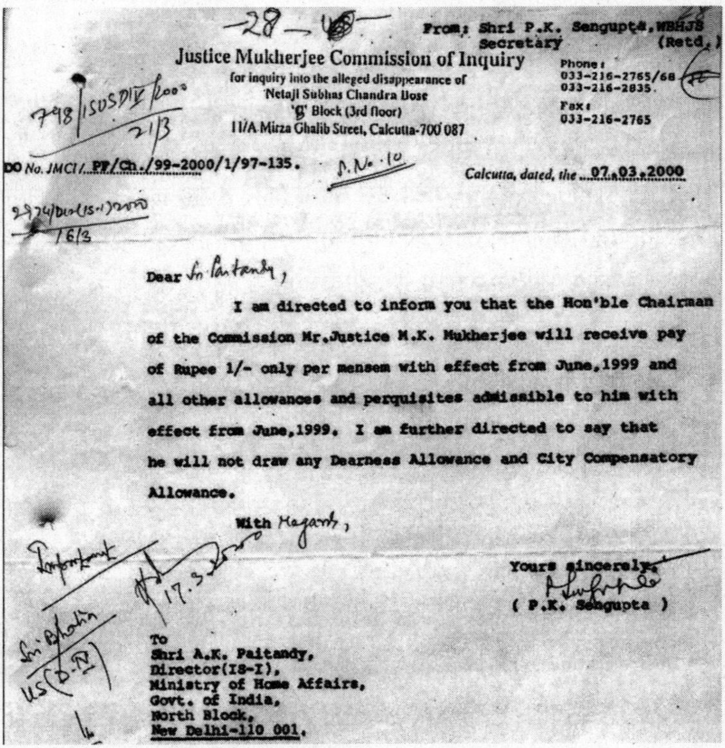

From: Shri P.K. Sengupta, WBHJS
Secretary (Retd.)

Justice Mukherjee Commission of Inquiry
for inquiry into the alleged disappearance of
Netaji Subhas Chandra Bose
'G' Block (3rd floor)
11/A Mirza Ghalib Street, Calcutta-700 087

Phone: 033-216-2765/68
033-216-2835
Fax: 033-216-2765

DO No. JMCI/PP/Ch./99-2000/1/97-135.

Calcutta, dated, the 07.03.2000

Dear Sri Paitandy,

I am directed to inform you that the Hon'ble Chairman of the Commission Mr. Justice M.K. Mukherjee will receive pay of Rupee 1/- only per mensem with effect from June, 1999 and all other allowances and perquisites admissible to him with effect from June, 1999. I am further directed to say that he will not draw any Dearness Allowance and City Compensatory Allowance.

With Regards,

Yours sincerely,
(P.K. Sengupta)

To
Shri A.K. Paitandy,
Director(IS-I),
Ministry of Home Affairs,
Govt. of India,
North Block,
New Delhi-110 001.

[मुखर्जी आयोग का एक दस्तावेज़; जिसमें जस्टिस मुखर्जी द्वारा मात्र एक रुपया वेतन लेना उल्लिखित है। स्रोत: राष्ट्रीय अभिलेखागार, दिल्ली]

परन्तु डॉ. मुरली मनोहर जोशी, जॉर्ज फ़र्नेन्डिस एवं अन्य वरिष्ठ नेताओं के हस्तक्षेप करने पर सरकार ने आयोग के कार्यकाल को [मई 2005 से] अग्रिम 6 महीनों के लिए बढ़ा दिया। प्रधानमन्त्री डॉ. मनमोहन सिंह को प्रेषित अपने पत्र में डॉ. जोशी ने आयोग की रूस-यात्रा की अनिवार्यता पर बल देते हुए यह विनिर्दिष्ट किया कि नेताजी-प्रकरण पर रूस सरकार से "सर्वोच्च स्तर" पर बात की जानी चाहिए।

जैसे-तैसे जस्टिस मुखर्जी रूस और ताइवान की यात्राएँ कर सके। रूस में उन्हें रक्षा एवं गुप्तचरी से सम्बन्धित अत्यन्त महत्त्वपूर्ण अभिलेखों [जिनसे जानकारी मिल सकती थी] के पर्यवेक्षण की अनुमति नहीं मिली। "सर्वोच्च स्तर" की तो क्या कहें; हमारी सरकार ने रूस सरकार से मध्यम-स्तरीय वार्ता करने में भी कोई रुचि नहीं ली। ऑम्स्क (साइबेरिया) में राज्य अभिलेखागार के अधिकारियों ने मुखर्जी को दो भागों में उन लोगों की विस्तृत सूची प्रदान की; जो सोवियत वर्षों में वहाँ के अनेक श्रमिक-शिविरों में लाए गए थे। किन्तु उनके अनुसार; उन बृहत् सूचियों में कहीं भी सुभाष बोस का नामोल्लेख नहीं था। अभिलेखागार-निदेशक ने मुखर्जी को यह बताया कि चूंकि स्टालिन के काल में यहाँ आने वाले प्रत्येक विदेशी आगन्तुक के लिए स्वयं को अधिकारियों के पास जाकर पंजीकृत करवाना अनिवार्य था, अतः यदि बोस अपने वास्तविक नाम के साथ सोवियत रूस में प्रविष्ट हुए होते, तो दस्तावेज़ों में उनका नाम अवश्य अंकित होता। किन्तु यदि बोस यहाँ छिपकर अथवा किसी छद्म नाम के साथ आए होंगे, तब उनके नाम से कहीं किसी रिकॉर्ड में उनका उल्लेख मिल पाना दुष्कर होगा। यह "बिना अण्डे के मुर्गी नहीं और बिना मुर्गी के अण्डा नहीं" जैसी विषम परिस्थिति थी। रिकॉर्ड तब तक नहीं मिलेंगे; जब तक छद्म नाम ज्ञात न हो; जबकि बिना रिकॉर्ड हाथ लगे भला छद्म नाम कैसे ज्ञात हो सकता था? [ज्ञातव्य है कि 1941 में नेताजी एक छद्म नाम के साथ ही रूस में प्रविष्ट हुए थे।]

किन्तु ठीक इसके विपरीत; ताइवान-यात्रा में मुखर्जी को पर्याप्त सफलता मिली। जनवरी 2005 में ताईपेई के उच्चाधिकारियों ने मुखर्जी को यह बताया कि उनकी जानकारी के अनुसार; न तो नेताजी उनके देश में किसी विमान-दुर्घटना में दिवंगत हुए थे और न ही उनकी अन्त्येष्टि भी वहाँ हुई थी।

BBC NEWS

Watch One-Minute World News

News Front Page
Africa
Americas
Asia-Pacific
Europe
Middle East
South Asia
UK
Business
Health
Science & Environment
Technology
Entertainment
Also in the news

Video and Audio

Programmes
Have Your Say
In Pictures
Country Profiles

Last Updated: Friday, 4 February, 2005, 13:00 GMT

E-mail this to a friend   Printable version

Taiwan rejects Bose crash theory

By Subir Bhaumik
BBC News, Calcutta

The Taiwanes authorities have said Indian independence fighter Subhash Chandra Bose could not have died in a plane crash in the country.

Subhas Chandra Bose did not live to see Indian independence

Many believe the nationalist leader was killed in a plane crash in the capital, Taipei on 18 August, 1945.

Taiwan has now told a Indian investigation that there were no plane crashes at Taipei between 14 August and 20 September 1945.

Bose, or Netaji, fought against British colonial rule.

He believed that only an armed rebellion could oust the British from India.

Bose set up the Indian National Army in exile to fight against

[बीबीसी समाचार: "ताइवान ने बोस विमान दुर्घटना की थ्योरी खारिज करी"]

मुखर्जी ने इसकी पुष्टि हेतु ताइवान विदेश मन्त्रालय के सिएन स्यू को उन दिनों के अन्त्येष्टि-दस्तावेज़ उपलब्ध करवाने हेतु प्रार्थना की; जिन दिनों नेताजी की तथाकथित मृत्यु हुई थी। स्यू ने कहा कि यह कार्य लगभग पन्द्रह दिनों में हो पाएगा। तब मुखर्जी को यह स्मरण हुआ कि जब उन्होंने भारतीय और जापानी अधिकारियों से इन्हीं दस्तावेज़ों को प्रस्तुत करने हेतु अनुरोध किया था, तब उन लोगों ने कैसे टाल-मटोल की थी। जापानी विदेश मन्त्रालय ने यह दावा किया था कि यथायोग्य प्रयत्न के बाद भी वे दस्तावेज़ उनके हाथ नहीं लगे थे। इसमें उनका बहाना—"आप समझ सकते हैं कि लगभग आधी शताब्दी पुराने दस्तावेज़ों को खोज पाना कितना कठिन है"—हास्यास्पद था।

वहीं, अपने कथन के अनुसार, मात्र कुछ ही दिनों के बाद, ताइवान विदेश

मन्त्रालय ने मुखर्जी आयोग के प्रति उस सर्वाधिक महत्त्वपूर्ण दस्तावेज़ को प्रस्तुत कर दिया; जिससे विमान-दुर्घटना के बाद नेताजी की मृत्यु और ताईपेई में अन्त्येष्टि होने के दावे की धज्जियाँ उड़ गईं। वह था—ताईपेई-स्थित पुराने श्मशान का एक 1945-कालीन अत्यन्त विस्तृत और दर्शनीय रजिस्टर। इसमें उन कुल 273 लोगों (जापानियों, चीनियों और अंग्रेज़ों) के नाम जापानी भाषा में उल्लिखित थे; जिनकी अन्त्येष्टि 17 से 27 अगस्त 1945 के बीच ताईपेई में हुई थी। 1946 में जब नेताजी की मृत्यु की जांच चल रही थी, तब अंग्रेज़ी अन्वेषक इसी दस्तावेज़ तक पहुँचना चाहते थे। कम्बाइण्ड सर्विसेज़ डिटेल्ड इण्टेरोगेशन सेण्टर (CSDIC) के कर्नल जी.डी. एण्डर्सन का यह मानना था कि नेताजी की मृत्यु के दावे की सच्चाई का पता लगाने वाली जांच-पड़ताल सिर्फ़ गवाहों के मौखिक वक्तव्यों पर आधारित थी। अतः इन वक्तव्यों को सत्यापित करने हेतु अपेक्षित दस्तावेज़ों (जैसे श्मशान-रिकॉर्ड आदि) को ढूँढा जाए।

फलतः मुखर्जी ने वह कर दिखाया; जो एण्डर्सन तब नहीं कर पाए थे। ताइवान सरकार द्वारा प्रस्तुत रजिस्टर के ध्यानपूर्वक निरीक्षण से यह ज्ञात हुआ कि उस विमान-दुर्घटना में सुभाष बोस सहित जिन-जिन लोगों की मृत्यु हुई बताई जाती थी; उनमें से किसी एक की भी अन्त्येष्टि उस शहर में नहीं हुई थी। अतः यह सिद्ध हो गया कि ताइवान में नेताजी की अन्त्येष्टि की कहानी के साथ-साथ विमान दुर्घटना में उनकी मृत्यु का दावा भी गलत था।

जब मुखर्जी ने अपनी रिपोर्ट का लेखन आरम्भ किया, तो वे भलीभांति समझते थे कि इसकी इतिहास में क्या महत्ता होगी; भले ही सरकार इसके साथ कुछ भी करे। ऐसा कहा जाता है कि उन दिनों मुखर्जी एकान्ततः कहा करते थे: "यदि सरकार इसे कूड़ेदान में भी डाल दें, तो भी मुझे कोई परवाह नहीं।" नेताजी की कथित विमान-दुर्घटना-जनित मृत्यु हुई या नहीं; और यदि नहीं, तो वे वस्तुतः कब और कहाँ दिवंगत हुए ... इत्यादि मुख्य बिन्दुओं तक स्वयं को सीमित रखते हुए, साक्ष्यों के आधार पर, वे अपने निष्कर्षों को अपनी रिपोर्ट में नीरस एवं वैधानिक भाषा के माध्यम से उपनिबद्ध करते गए। उन्हीं के शब्दों में: "नेताजी की मृत्यु और अन्त्येष्टि के सन्दर्भ में गवाहों के मौखिक साक्ष्यों को ही यथार्थ मान

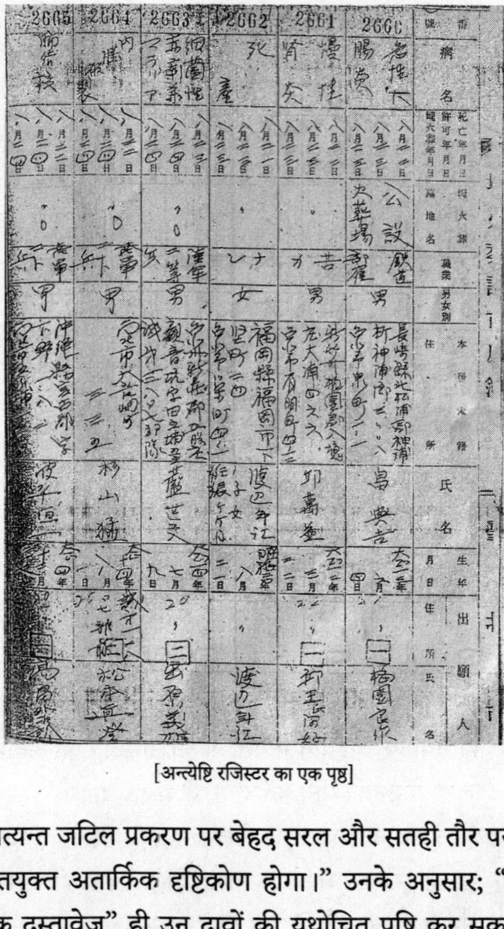
2665 2664 2663 2662 2661 2660

[अन्त्येष्टि रजिस्टर का एक पृष्ठ]

लेना इस अत्यन्त जटिल प्रकरण पर बेहद सरल और सतही तौर पर लिया गया एक पक्षपातयुक्त अतार्किक दृष्टिकोण होगा।" उनके अनुसार; "समकालिक आधिकारिक दस्तावेज़" ही उन दावों की यथोचित पुष्टि कर सकते हैं। अतः उन्होंने इस बात पर पर्याप्त बल दिया कि वे गवाहों के मौखिक बयानों को तब तक विश्वसनीय नहीं मानेंगे; जब तक वे साक्ष्य होने की योग्यता के द्विस्तरीय परीक्षण (अर्थात् सम्भावना और तात्कालिक परिस्थितियों) को उत्तीर्ण न कर लें। प्रसंगवश उन्होंने एक उल्लेखनीय सूक्ति भी प्रस्तुत की: "व्यक्ति झूठ बोल सकते हैं, किन्तु परिस्थितियाँ नहीं।"

और इस आधार पर रिपोर्ट लिखते हुए मुखर्जी ने यह प्रतिपादित किया कि

प्रबल परिस्थिति-जनित साक्ष्यों से यह ज्ञात होता है कि नेताजी को सोवियत संघ भेजने हेतु एक गुप्त योजना बनाई गई थी; जिसका क्रियान्वयन जापानी सहयोग के बिना असम्भव था। चूंकि जापानियों ने नेताजी मृत्यु की झूठी कहानी को प्रसारित करने के लिए वास्तविकता को छिपाया था, फलतः उनके द्वारा प्रस्तुत साक्ष्यों में अनेक दोष एवं विरोधाभास होना स्वाभाविक था। मुखर्जी ने अपनी रिपोर्ट में इस मुख्य निष्कर्ष को प्रस्तुत किया कि नेताजी, मित्रदेशों की सेनाओं को भ्रमितकर वहाँ से चले जाने में सफल हुए थे। तदनन्तर जापानियों द्वारा विमान-दुर्घटना एवं उनकी अन्त्येष्टि के काल्पनिक कथानक को सर्वत्र प्रचारित किया गया। किन्तु "किसी साक्ष्य के अभाव में यह कह पाना कठिन है" कि नेताजी रूस या कहीं अन्यत्र पहुँचे या नहीं।

8 नवम्बर 2005 को आयोग के एक अधिकारी ने उस रिपोर्ट को गृहमन्त्री शिवराज पाटिल के समक्ष प्रस्तुत किया। उन दिनों मुखर्जी कुछ अस्वस्थ थे और पाटिल से पुनः मिलने के इच्छुक भी नहीं थे। अधिकारी ने सीलबन्द रिपोर्ट को मन्त्री को सौंपा; जिन्होंने पूछा की आयोग का निष्कर्ष क्या था। जब पाटिल को यह बताया गया कि शायद विमान-दुर्घटना-पक्ष को निरस्त कर दिया गया है, तो उन्होंने कोई प्रतिक्रिया नहीं दी। कदाचित् इण्टैलिजेंस ब्यूरो से उन्हें इसकी पूर्व सूचना मिल चुकी होगी। कालान्तर में आयोग के उस अधिकारी ने यह बताया कि पाटिल के मुख पर आक्रोश झलक रहा था।

रिपोर्ट में गुमनामी बाबा के नेताजी होने के दावे पर भी पर्याप्त चिन्तन किया गया था। यह मानते हुए कि आयोग के पास उन गवाहों [विशेषतः उन पर; जिन्होंने दोनों नेताजी एवं गुमनामी बाबा को प्रत्यक्ष देखा था] के वक्तव्यों पर अविश्वास जताने का कोई प्रयोजन नहीं था, तथापि इस दावे की यथार्थता के समक्ष अनेक बाधाएँ थीं। DNA एवं हस्तलेख विशेषज्ञों के नकारात्मक निष्कर्षों को संक्षेपतः संकलित करते हुए, रिपोर्ट में अन्ततः यह वर्णित था कि "गुमनामी बाबा नेताजी ही थे"—इसको प्रमाणित करने हेतु कोई "पुष्ट प्रमाण" उपलब्ध नहीं है।

18 मई 2006 को मुखर्जी आयोग की रिपोर्ट, गृह मन्त्रालय की कार्यवाही

के एक-पृष्ठीय ज्ञापन [जिसमें कोई स्पष्टीकरण उपलब्ध नहीं था] के साथ, संसद में प्रस्तुत हुई। सरकार ने इस रिपोर्ट में अंकित मुख्य निष्कर्ष [कि नेताजी की मृत्यु ताइवान में नहीं हुई] को एक झटके में निरस्त कर दिया तथा गृहमन्त्री पाटिल ने यह कहा कि खोसला आयोग एवं शाहनवाज़ समिति द्वारा पूर्वसिद्ध विमान-दुर्घटना-पक्ष ही प्रामाणिक [अतः स्वीकार्य] है। इसपर संसद में कुछ कोलाहल हुआ और सरकारी कार्यवाही की आलोचना करने वाले कुछ-एक पत्रकार-आलेख भी प्रकाशित हुए। किन्तु इसी के साथ नेताजी-प्रकरण वहीं थम-सा गया।

अग्रिम वर्षों में इस प्रकरण को पुनरुज्जीवित करने का श्रेय "मिशन नेताजी" नामक एक संगठन को जाता है। प्रस्तुत पुस्तक के लेखक एवं उनके कुछ मित्र उक्त संगठन में सहभागी हैं। हमलोगों ने नेताजी-सम्बन्धी जानकारियाँ निकालने हेतु RTI अधिनियम (2005 में प्रभावी) का सदुपयोग करना आरम्भ किया। हमारी पारदर्शी सक्रियता के फलस्वरूप 2010 में केन्द्रीय सूचना आयोग ने तात्कालिक UPA सरकार को 70,000 से अधिक पृष्ठों से युक्त अनेक गोपनीय फ़ाइलों को सार्वजनिक करने हेतु विवश कर दिया। उन फ़ाइलों को 2012 में राष्ट्रीय अभिलेखागार पहुँचाया गया तथा 2014 के अन्त में उन्हें अनुसन्धाताओं के लिए सार्वजनिक कर दिया गया। फ़ाइलों का अध्ययन करते समय लेखकों को यह ज्ञात हुआ कि इण्टैलिजेंस ब्यूरो के निर्देशानुसार स्वतन्त्रता के बाद दशकों तक नेताजी के परिजनों एवं उनसे जुड़े लोगों की जासूसी होती थी। इससे यह संकेत मिलता है कि तात्कालिक सरकारें भी नेताजी को दिवंगत हुआ नहीं मानती थीं। इसीलिए जो लोग उनके घनिष्ठ समझे जाते थे अथवा फिर जिनसे उनका कोई सम्बन्ध हो सकता था—उस प्रत्येक व्यक्ति पर नज़र रखी जाती थी।

उक्त घटना का प्राथमिक रहस्योद्घाटन अनुज धर के एक आलेख के माध्यम से हुआ तथा अप्रैल 2015 में *इण्डिया टुडे* ने इस जासूसी-काण्ड को मुख्यतः प्रकाशित किया। इससे मीडिया में एक बहुत बड़ा भूकम्प-सा आ गया और सभी छोटे-बड़े चैनलों और समाचारपत्रों में इस विषय की धूम मच गई। यह समय आते-आते नेताजी-परिजन और मिशन नेताजी मिलकर एक मुहीम

चला रहे थे; जिसमें हमलोगों ने परस्पर पदयात्राओं और प्रेसवार्ताओं के रूप में विविध यत्न किए। कालान्तर में इससे नेताजी-रहस्य के उद्घाटन हेतु एक सुदृढ़ भूमिका तैयार हो गई। हमें बोस-परिजनों का साथ इसलिए मिला; क्योंकि उनमें से अधिकांश लोग जस्टिस मुखर्जी के निष्कर्षों का पूर्ण अनुमोदन करते थे। प्रधानमन्त्री मनमोहन सिंह को लिखे गए अपने 2006 के पत्र में सुब्रत बोस (नेताजी के भतीजे एवं सांसद) ने न केवल पूरे बोस परिवार द्वारा मुखर्जी की जांच के प्रति अपने सद्भाव को अभिव्यक्त किया; बल्कि अपने उन कुछ परिजनों के प्रति विरोध भी ज्ञापित किया; जो कांग्रेस के समर्थक एवं जस्टिस मुखर्जी के निष्कर्षों के विरोधी थे।

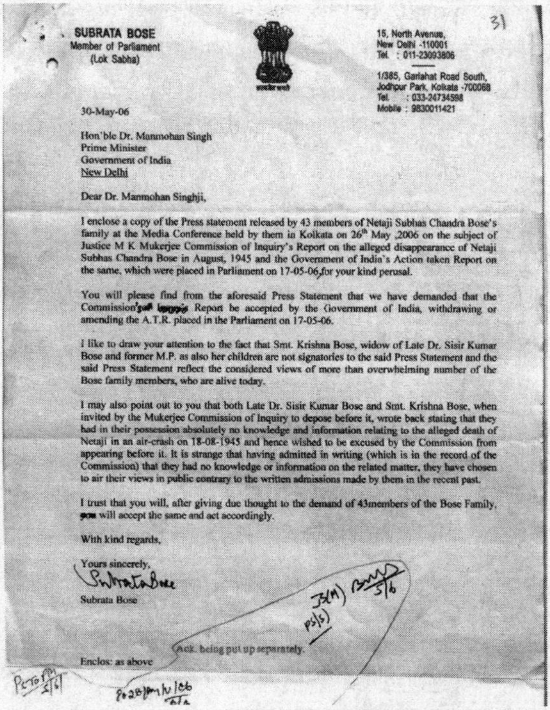

SUBRATA BOSE
Member of Parliament
(Lok Sabha)

15, North Avenue,
New Delhi -110001
Tel. : 011-23093806

1/385, Gariahat Road South,
Jodhpur Park, Kolkata -700068
Tel. : 033-24734598
Mobile : 9830011421

31

30-May-06

Hon'ble Dr. Manmohan Singh
Prime Minister
Government of India
New Delhi

Dear Dr. Manmohan Singhji,

I enclose a copy of the Press statement released by 43 members of Netaji Subhas Chandra Bose's family at the Media Conference held by them in Kolkata on 26th May ,2006 on the subject of Justice M K Mukerjee Commission of Inquiry's Report on the alleged disappearance of Netaji Subhas Chandra Bose in August, 1945 and the Government of India's Action taken Report on the same, which were placed in Parliament on 17-05-06,for your kind perusal.

You will please find from the aforesaid Press Statement that we have demanded that the Commission's Report be accepted by the Government of India, withdrawing or amending the A.T.R. placed in the Parliament on 17-05-06.

I like to draw your attention to the fact that Smt. Krishna Bose, widow of Late Dr. Sisir Kumar Bose and former M.P. as also her children are not signatories to the said Press Statement and the said Press Statement reflect the considered views of more than overwhelming number of the Bose family members, who are alive today.

I may also point out to you that both Late Dr. Sisir Kumar Bose and Smt. Krishna Bose, when invited by the Mukerjee Commission of Inquiry to depose before it, wrote back stating that they had in their possession absolutely no knowledge and information relating to the alleged death of Netaji in an air-crash on 18-08-1945 and hence wished to be excused by the Commission from appearing before it. It is strange that having admitted in writing (which is in the record of the Commission) that they had no knowledge or information on the related matter, they have chosen to air their views in public contrary to the written admissions made by them in the recent past.

I trust that you will, after giving due thought to the demand of 43members of the Bose Family, will accept the same and act accordingly.

With kind regards,

Yours sincerely,
Subrata Bose
Subrata Bose

Ack. being put up separately.

Enclos: as above

[स्रोत: राष्ट्रीय अभिलेखागार, दिल्ली]

जासूसी-काण्ड के मीडिया में छा जाने पर ममता बनर्जी की सरकार ने सितम्बर 2015 में राज्यगत इण्टैलिजेंस ब्राँच की 64 गोपनीय फ़ाइलों को सार्वजनिक कर दिया। ऐसा करते-करते हुए बनर्जी यह मुखर उद्घोष करने वाली प्रथम बंगाल मुख्यमन्त्री बनीं; जिनके अनुसार, उन फ़ाइलों के सिंहावलोकन से यह स्पष्ट था कि नेताजी की मृत्यु 1945 में नहीं हुई थी और वे तदनन्तर भी जीवित थे। बोस-परिजनों ने भी इस विचार का हार्दिक समर्थन किया। नेताजी की भतीजी चित्रा घोष ने द *टाइम्स ऑफ़ इण्डिया* (TOI) को बताया: "नेहरू जानते थे कि विमान-दुर्घटना एक छल था और उन्हें यह आशंका थी कि नेताजी, विदेश में रहते हुए अपने परिवार के सम्पर्क में थे।" इसी प्रकार; उनके चचेरे भाई डॉ. द्वारकानाथ बोस ने भी कहा: "मुझे यह जानकर आश्चर्य हुआ कि पुलिस 1971 तक बोस परिवार की गुप्तचरी करती रही। इससे मैं आश्वस्त हो गया कि सरकार तब तक नेताजी के ठौर-ठिकाने के बारे में असमंजस में थी।" एक अन्य भतीजे ने यहाँ तक दावा किया कि उनके परिवार की 1984 तक गुप्तचरी हुई थी।

THE TIMES OF INDIA

ALL IN THE FAMILY: LALU'S KIDS, PASWAN'S BROTHER, NEPHEW IN BIHAR FRAY 10 | RESERVE BANK'S KEY JOB TO KEEP INFLATION LOW, SAYS RAJAN 17 | INDIA, CZECH TIED 1-1 AS SOMDEV STUNS VESELY, YUKI LOSES TO ROSOL 19

Netaji might have been alive after 1945, says Mamata

Declassifies 64 Files, Puts Pressure On Centre To Follow Suit

Times News Network

Kolkata: There is enough indication that Netaji Subhas Chandra Bose might have been alive after 1945, chief minister Mamata Banerjee announced on Friday after declassifying 64 secret files on Netaji. She is the first government representative to say so, turning the tables on Prime Minister Narendra Modi, who was trying to extract political mileage on the issue after the Congress put it on the back burner for decades.

Mamata released a digital version of the 64 files, triggering unprecedented excitement among Netaji followers and prompting Netaji's niece-in-law Krishna Bose to acknowledge that it was a "bold step" in unlocking the mystery. What's more, the CM touched a

> FULL COVERAGE, P 2 & 3

chord with the rebellious Bengali sentiment that has never accepted the Congress and communist governments' ...

WE'VE MADE A BEGINNING, PEOPLE SHOULD KNOW TRUTH: CM

LET TRUTH PREVAIL: CM Mamata Banerjee and police chief Surajit Kar Purkayastha go through some of the declassified files at Police Museum

HOW MAMATA STANDS TO GAIN FROM MOVE

> Applies salve to a raw Bengali nerve. Becomes first government representative to state that Netaji might have been alive after 1945

> Steals a march on Centre. Puts pressure on Modi govt to declassify Netaji files with it

> Hopes to win over the educated Bengali middle class, which feels disenchanted with her ways

> Builds bridges with members of Netaji family other than ex-TMC MP Krishna Bose and her son, current MP Sugata Bose, who have always endorsed the Taihoku crash theory

> Wins hearts of Forward Bloc — a Left Front partner. CPM during its 34-year rule had shown no interest in making the files public

> Aligns with a section of Congress leaders, including Netaji and Chittaranjan Das, who parted ways with Gandhi and Nehru

FROM THE SECRET FILES

1 Howrah CID had questioned the Taihoku air crash theory way back in 1949, 57 years before the Justice Mukherjee Commission ruled that there was no plane crash at Taihoku in 1945. State intelligence cited reports from British and American intelligence agencies to question the alleged plane crash

2 Prior to the alleged Taihoku air crash in 1945, there was a rumour about Netaji's death in an air crash in 1942. Reuters reported that Netaji was dead. Netaji's elder brother Sarat Bose spoke to him in Bangkok the same day and trashed the report

3 In 1949, Netaji's nephew Amiya Bose had written to his brother about a strange broadcast that Netaji is willing to talk on transmitter

4 After returning from Europe on January 25, 1949, Sarat Bose told Lila Roy and Forward Bloc leaders that he had gathered information that Netaji was alive and even took part in the liberation war in China

5 As many as 14 IB officers were assigned to watch the Bose residences at Elgin Road and Woodburn Park and snoop on members of the Bose family. This continued till well after independence. The snoops used to give daily reports in minute detail on their activities

Heard in 1949: Bose wants to speak

Two years after independence, a mysterious radio broadcast stoked hope that Netaji could be alive. A letter dated November 18, 1949, from Netaji's nephew Amiya Nath Bose in Kolkata to his brother Sisir Bose in London, said, "For the last one month... We're getting this broadcast on the short-wave near 16mm. The broadcast only says, '*Netaji Subhas Chandra Bose transmitter-e katha bolte cheyechhen*' (Bose wants to speak on the transmitter).' This sentence is repeated for hours." P2

Multiple rumours of crash before '45

There were multiple rumours of Netaji's death in air crashes between 1942 and 1944, the declassified files indicate. One file suggests that Netaji died in an air crash in March 1942. But an intelligence agent reported later that his associates possessed a transmitting set which was used to get in touch with Subhas Bose in Bangkok immediately after hearing the news of the crash. A Reuters report, too, announced Netaji's death. A later entry shows his family quashing the theory of yet another air crash on October 23, 1944. P2

तदुपरान्त प्रधानमन्त्री कार्यालय द्वारा बोस परिवार को सम्पर्क किया गया। कुछ ही दिनों में स्वयं प्रधानमन्त्री नरेन्द्र मोदी ने यह घोषणा कर दी कि वे नेताजी परिजनों से अक्टूबर 2015 में भेंट करेंगे। इस आकस्मिक महिमामण्डन से कुछ बोस-परिजन इतने उन्मत्त हो गए कि उन्होंने मिशन नेताजी की अवहेलना करते हुए समग्र प्रकरण की दिशा को अपनी इच्छानुसार भटकाना आरम्भ कर दिया। हमलोग नेताजी जासूसी-काण्ड में सरकार पर दवाब बनाने के पक्ष में थे; ताकि इसपर एक समुचित जांच हो सके। किन्तु बोस परिवार आशंकित होने लगा था। पहले वे इस प्रकरण की जांच की स्पष्ट माँग कर रहे थे; किन्तु उन्हें अब एक बड़ा संकट दीखने लगा था। अब गुमनामी-बाबा-पक्ष उनके और हमारे बीच मतभेद पैदा कर रहा था।

अक्टूबर 2015 में जब प्रधानमन्त्री मोदी ने अपने आधिकारिक आवास (7, लोककल्याण मार्ग, दिल्ली) में नेताजी-परिजनों के साथ बैठक की, तो मिशन नेताजी के सदस्यगण भी उसमें सम्मिलित हुए। लेकिन हमें परिवार द्वारा अधिक न बोलने का निर्देश दिया गया था। हमारे दल के अनेक लोग इस शर्त से असन्तुष्ट होकर उस बैठक में सम्मिलित नहीं होना चाहते थे; किन्तु फिर यह विचार किया कि इस कार्यक्रम का सहभागी न बनना कोई बुद्धिमत्ता नहीं होगी। जनवरी 2016 में जब केन्द्र सरकार की फ़ाइलों के प्रथम अंश को राष्ट्रीय अभिलेखागार में सार्वजनिक किया गया, तब उसका समग्र कार्यक्रम सरकार द्वारा बोस परिवार के अनुमोदन पर ही संचालित किया था।

[मिशन नेताजी सदस्य प्रधानमंत्री के साथ उनके आवास पर]

और जैसा कि आशंकित था: सरकार द्वारा गोपनीय फ़ाइलों के सार्वजनिकीकरण की प्रक्रिया अपूर्ण थी। कारण कि इसमें गुप्तचर विभाग की वे फ़ाइलें सम्मिलित नहीं थी; जिनकी माँग हम पहले दिन से करते आ रहे थे। यही कारण है कि मोदी सरकार द्वारा कुल मिलाकर 303 गोपनीय फ़ाइलों को सार्वजनिक करने के बावजूद हमें उन प्रश्नों के उत्तर नहीं मिल पाए; जो मीडिया 2015 में जासूसी-काण्ड के उद्घाटन से ही पूछता आ रहा था। क्यों नेताजी के घनिष्ठ लोगों की गुप्तचरी हुई? क्यों स्वतन्त्रता के बाद नेताजी-सम्बन्धी गोपनीय जानकारियाँ अंग्रेज़ी गुप्तचर विभाग के साथ साझा होती रहीं? हमलोगों ने व्यक्तिगत स्तर पर RTI के माध्यम से इण्टैलिजेंस ब्यूरो से स्पष्टीकरण भी माँगा; किन्तु हमें यही प्रत्युत्तर मिला कि उक्त विभाग RTI के प्रावधानों से सर्वथा मुक्त है। इस पूरे घटनाक्रम में बोस-परिजन मूकदर्शी बने रहे। हमलोगों ने उन्हें मानवाधिकार आयोग से अनुरोध करने का सुझाव भी दिया; किन्तु वे लोग गुप्तचरी के उस प्रकरण [जिसने उन्हें रातों-रात राष्ट्रीय सुर्खियों में पहुँचा दिया था] के प्रति उदासीन हो चुके थे।

बोस परिवार द्वारा जासूसी-काण्ड पर [पहले अपना पक्ष रखकर, पीछे] मौन साधने का वास्तविक कारण था—गुमनामी-बाबा-पक्ष के प्रचार का भय। यदि ऐसा होता तो परिवार की किरकिरी होती; क्योंकि उनमें से ज़्यादातर नेताजी के रूस में होने और वहाँ से जीवित बाहर न निकल आने के दावे का समर्थन करते आए थे। तदतिरिक्त; बोस परिवार गुमनामी-बाबा-पक्ष पर कुछ-न-कुछ अवश्य ही छिपा रहा था।

यद्यपि 2012 के बाद से मिशन नेताजी और बोस परिवार मिलकर काम कर रहे थे, किन्तु गुमनामी-बाबा-पक्ष को लेकर हमारा पारस्परिक तनाव आरम्भ से ही था। यह भी कहा जा सकता है कि हमलोगों के मध्य पनप रहे इस तनाव के केन्द्रबिन्दु थे—जस्टिस मुखर्जी; जो, 2005 में आयोग का कार्य समाप्त हो जाने के बाद, मौन होकर कोलकाता के सॉल्ट लेक क्षेत्र में अपने सेवानिवृत्त जीवन को यापित कर रहे थे। किसी समय पर बोस-परिजनों द्वारा बहुधा प्रशंसित होने वाले मुखर्जी, सहसा तब उन लोगों की आलोचना के पात्र बन गए; जब

उन्होंने गुमनामी-बाबा-पक्ष में अपने व्यक्तिगत विचारों को एकान्ततः प्रकट करना आरम्भ कर दिया।

2010 में एक आश्चर्यजनक घटना घटी। अल्पभाषी, एकान्तप्रिय तथा कदाचित् ही मीडिया के समक्ष मुखर होने वाले जस्टिस मुखर्जी, एक डॉक्यूमेण्ट्री के निर्माणकाल में एक निजी वार्ता के समय अपनी भावनाओं को नियन्त्रित न रख सके तथा अपने सम्मुखस्थ कैमरे से अनभिज्ञ होकर, भूलवश वे कुछ ऐसा कह गए; जो उन्होंने सार्वजनिक रूप से कभी नहीं कहा था। मीडिया में उस डॉक्यूमेण्ट्री का वह एक अंश प्रसारित हुआ। इसमें केन्द्र सरकार पर कुपित हुए मुखर्जी कुछ ऐसी शब्दावली का प्रयोग कर गए; जिन्हें वे अपनी रिपोर्ट में कदापि नहीं लिख पाए थे। [प्रस्तुत पुस्तक के लेखकद्वय उस डॉक्यूमेण्ट्री को पूर्णतः देखने का लाभ प्राप्त कर चुके हैं।] उसमें किसी फ़ॉरेन्सिक छल को इंगित करते हुए जस्टिस मुखर्जी ने स्पष्टतापूर्वक यह कहा कि वे “100%” आश्वस्त थे कि गुमनामी बाबा ही नेताजी सुभाष चन्द्र बोस थे। किन्तु सरकारी दबाव और बोस परिवार के असहयोग के कारण वे इसको प्रमाणित करने में असमर्थ रहे।

पाखण्ड-खण्डन

जस्टिस मनोजकुमार मुखर्जी की उस एकान्तिक स्वीकारोक्ति—कि वे "शत-प्रतिशत" आश्वस्त थे: "गुमनामी बाबा ही नेताजी थे"—के कुछ वर्षों बाद एक अतीव महत्त्वपूर्ण घटना घटी। 2013 में इलाहाबाद उच्च न्यायालय ने एक-साथ दो जनयाचिकाओं पर अपना निर्णय दिया। इनमें से पहली 1986 में ललिता बोस [जिनका मुखर्जी आयोग के समक्ष उपस्थित होने से पूर्व ही स्वर्गवास हो गया था] ने दायर की थी और दूसरी शक्ति सिंह ने; जिनके फ़ैजाबाद-स्थित आवास "रामभवन" में गुमनामी बाबा 1983 से 1985 तक रहे थे।

समग्र प्रकरण का गम्भीर निरीक्षण करने के बाद; न्यायालय ने यह माना: "इसमें सन्देह की कोई सम्भावना नहीं है कि ऐसे पर्याप्त मौखिक एवं लिखित साक्ष्य उपलब्ध हैं; जिनसे प्रत्यक्ष रूप से स्वर्गीय गुमनामी बाबा की पहचान की वैज्ञानिक जांच न्यायतः आवश्यक प्रतीत होती है।" साथ ही; न्यायालय ने अपने निर्णय में, प्रस्तुत पुस्तक के सह-लेखक (अनुज धर) का प्रशंसापूर्वक विशिष्ट उल्लेख करते हुए, कहा कि नेताजी-विषयक उनके [पूर्वप्रकाशित साहित्य एवं] "प्रयास मौलिक एवं सुसंगत तथ्यों पर आधारित प्रतीत होते है"। अतएव उ.प्र. और बंगाल राज्यों एवं केन्द्र सरकारों को, "गुमनामी बाबा से सम्बद्ध सभी आशंकाओं के निवारणार्थ यथायोग्य जांच के रूप में" उनके द्वारा उपस्थापित प्रश्नों पर विचार अवश्य करना चाहिए।

यह उल्लेख करते हुए कि "गुमनामी बाबा की वस्तुएँ राष्ट्रीय सम्पत्ति हैं तथा भावी पीढ़ियों के लिए उन्हें सुरक्षित रखा जाना चाहिए", न्यायालय ने यह निर्देश दिया कि उन सभी को एक स्थानीय संग्रहालय में स्थानान्तरित किया जाए। साथ ही; एक सुझाव भी दिया: "कुछ विशेषज्ञों और उच्चाधिकारियों का एक दल, किसी सेवानिवृत्त उच्च न्यायालय के न्यायाधीश की अध्यक्षता में, एक प्रबुद्ध जनसमूह द्वारा नेताजी समझे जाने वाले गुमनामी बाबा की वास्तविक पहचान के निर्धारण हेतु, जांच करें।" यहाँ यह स्फुट ध्वनित होता है कि न्यायालय को गुमनामी बाबा के नेताजी होने के दावों में कुछ दम दिखाई दिया था।

DNA-जांच के नकारात्मक निष्कर्षों पर न्यायालय का यह चिन्तन था कि "परीक्षण हेतु भेजे गए वे सभी दाँत वस्तुतः गुमनामी बाबा के ही थे"—यह केवल अनुमानित बात है [न कि कोई प्रमाणसिद्ध तथ्य]। उसके अनुसार; मुखर्जी आयोग ने बाबा की वस्तुओं का सूक्ष्म-परीक्षण नहीं किया। उसी के शब्दों में: "दाँतों की प्रामाणिकता को लेकर हुआ लेशमात्र सन्देह, किसी भी सामान्य बुद्धिजीवी को [गुमनामी बाबा से जुड़े] अन्य मौखिक एवं लिखित साक्ष्यों की उपेक्षा न करने हेतु बाध्य कर सकता है; और वह भी तब; जब नेताजी के हस्तलेख को लेकर विशेषज्ञों में प्रचुर मतभेद दृष्टिगोचर होता हो।"

तात्कालिक अखिलेश यादव सरकार ने जांच करवाए जाने वाले सुझाव का न्यायलय में चुपचाप विरोध किया। वहीं; केन्द्र सरकार भी ऐसे मौन हो गई, मानो इस प्रकरण का सम्बन्ध किसी महत्त्वशून्य व्यक्ति से हो। यदि विचार करें, तो आरम्भ से ही केन्द्र सरकार इस पूरे प्रकरण को टालने की पक्षधर थी। 1980-दशक के उत्तरार्ध में—जब ललिता बोस एवं अन्य लोग जांच की माँग कर रहे थे और यह प्रकरण मीडिया की सुर्खियों सहित विधानसभा से लेकर न्यायालय तक छाया हुआ था—तब भी केन्द्र सरकार ने इसपर अपनी आँखे मूँद रखीं थीं।

संसद में इस प्रकरण को प्रथमतः उठाने वाले थे—रत्नाकर पाण्डेय; गांधी-परिवार के एक जाने-माने निष्ठावान्। मार्च 1988 में पाण्डेय ने राज्यसभा में प्रश्न किया कि वस्तुतः गुमनामी बाबा कौन थे? कारण कि उनके विषय में यह दावा किया जा रहा था कि वे नेताजी थे। इसके प्रत्युत्तर में अमेरिका-स्थित प्रतिष्ठित

हॉर्वर्ड यूनिवर्सिटी के स्नातक एवं अतीव चतुर तात्कालिक उपगृहमन्त्री—पी. चिदम्बरम् ने उन्हें यह कहकर आश्वस्त किया कि "इस सन्दर्भ में जानकारियाँ एकत्रित की जा रही हैं; जिन्हें यथाशीघ्र सदन के समक्ष प्रस्तुत किया जाएगा"। लगभग एक दशक बाद यही प्रश्न किसी अन्य सांसद ने पुनः पूछा। आश्चर्य! उसके उपलक्ष्य में भी यही प्रत्युत्तर दोहराया गया।

अब तक मोदी सरकार द्वारा सार्वजनिक की गई फ़ाइलों में, इस सुगम प्रश्न का कोई उत्तर परिलक्षित नहीं होता। और यह स्थिति तब है; जब 1950-दशक से लेकर अद्यावधि संसद में उठाए गए नेताजी-विषयक प्रश्नों से जुड़े असंख्य दस्तावेज़ एवं फ़ाइलें सार्वजनिक हो चुकीं हैं। सार्वजनिक हुई एक फ़ाइल के अनुसार; 1997 में गृह मन्त्रालय ने, तात्कालिक प्रधानमन्त्री इन्द्रकुमार गुज़राल के प्रति की गई एक प्रार्थना का संज्ञान लेकर, उ.प्र. सरकार को गुमनामी-बाबा-प्रकरण की जांच का निर्देश देते हुए, उसकी भावी प्रगति से गृह मन्त्रालय और प्रधानमन्त्री-कार्यालय को अवगत करवाने का आदेश दिया था। तदतिरिक्त; यह इंगित किया गया था कि इस आदेश को "अत्यावश्यक" समझा जाए। उ.प्र. सरकार द्वारा उस अपरिहार्य आदेश की अवेहलना तो असम्भव थी। किन्तु इससे अधिक विवरण उस सार्वजनिक हुई फ़ाइल में उपलब्ध नहीं था। फलतः यही निष्कर्ष निकलता है कि उस जानकारी को अद्यावधि गोपनीय रखा गया है।

मार्च 2013 में उ.प्र.विधानसभा के लगभग एक दर्जन विधायकों ने, गुमनामी बाबा की वास्तविक पहचान हेतु जांच की माँग का समर्थन करते हुए, सदन को स्थगित कर देने की चेतावनी दी; जिसके उपरान्त हुई चर्चाओं में सभी राजनैतिक दलों के नेताओं ने, अपने वैयक्तिक मतभेदों को भुलाकर [जो कि उ.प्र. में एक असामान्य बात थी], उक्त प्रकरण पर खुलकर विचार-विमर्श किया।

तीन वर्षों के बाद—फरवरी 2016 में; जब मोदी सरकार द्वारा नेताजी-सम्बन्धी फ़ाइलों को सावर्जनिक किए जाने के कारण नेताजी-प्रकरण सुर्ख़ियों में छाया हुआ था, तब मिशन नेताजी के सदस्य एवं उनके समर्थक कुछ नेताजी-परिजनों सहित शक्ति सिंह एक जांच के उपक्रम का अनुरोध लेकर तात्कालिक उ.प्र. मुख्यमन्त्री अखिलेश यादव के पास पहुँचे। तब तक राज्य सरकार उच्च

न्यायालय के [गुमनामी बाबा की वस्तुओं को सार्वजनिक प्रदर्शनार्थ एक संग्रहालय में सुरक्षित रखने-विषयक] सुझाव को, उनमें से कुछ वस्तुओं को अयोध्या-स्थित रामकथा संग्रहालय में रखवाने का निर्णय लेकर, अंशतः अनुपालित कर चुकी थी। यद्यपि मुख्यमन्त्री ने धैर्यपूर्वक हमलोगों से वार्ता की; किन्तु उन्होंने कोई संकेत नहीं दिया कि उनकी सरकार न्यायालय के गुमनामी बाबा की वास्तविक पहचान के अन्वेषण हेतु किसी नवीन जांच की पक्षधर नहीं थी।

[मुख्यमन्त्री आवास पर। स्रोत: मुख्यमंत्री कार्यालय, उत्तर प्रदेश]

मिशन नेताजी में हमारे एक सहयोगी एवं लेखक—सायक सेन ने RTI का प्रयोगकर उ.प्र.कैबिनेट के कुछ दस्तावेज़ों को प्राप्त किया। इनसे ज्ञात हुआ कि उस समय राज्य सरकार गुमनामी बाबा की पहचान की जांच करवाने हेतु चिन्तनशील थी ही नहीं; क्योंकि वह 1985 में खानापूर्ति के लिए करवाई गई अपनी अनिर्णायक पुलिस जांच से ही पूर्णतः सन्तुष्ट थी। किन्तु मुख्यमन्त्री से हुई हमारी भेंट के बाद; किन्हीं अज्ञात कारणों से राज्य सरकार ने अपना संकल्प बदला। जून 2016 में जस्टिस विष्णु सहाय (सेवानिवृत्त न्यायाधीश, इलाहाबाद उच्च न्यायालय) की अध्यक्षता में एक-सदस्यीय आयोग के गठन की घोषणा हुई। किन्तु दुर्भाग्यवश, न्यायालय के सुझाव की उपेक्षा करते हुए, उस आयोग में अपेक्षित विशेषज्ञों एवं उच्चाधिकारियों को सम्मिलित नहीं किया गया। गुमनामी बाबा की वास्तविक पहचान को खोजने का पूरा उत्तरदायित्व अकेले विष्णु सहाय के कँधों पर डाल दिया गया। उन दिनों 2013 में मुज़फ़्फ़रनगर के दंगों की अपने द्वारा सम्पादित जांच को लेकर सहाय बहुचर्चित थे तथा बुद्धिजीवियों का एक वर्ग

उनकी खुल कर आलोचना भी कर रहा था। यथा मार्च 2016 में द *हिन्दू* की एक रिपोर्ट में उनपर यह आरोप लगाया गया था कि उन्होंने सरकार के राजनैतिक उद्देश्यों की पूर्ति करते हुए अनेक नेताओं को निर्दोष घोषित कर दिया।

अपनी जांच के आरम्भिक दिनों में ही जस्टिस सहाय ने गुमनामी-बाबा-प्रकरण से जुड़े अनेक लोगों से निजी वार्ता के समय यह कहा कि उनकी जांच केवल गुमनामी बाबा को लेकर ही है, अतः इसका नेताजी से कोई सरोकार नहीं होगा। गुमनामी-बाबा-प्रकरण के घोर विरोधी कुछ नेताजी-परिजनों से परिचय होने पर, सहाय ने अपनी वास्तविक अभिलाषा को प्रकट कर दिया। आने वाले समय में, अपनी एक फ़ेसबुक टिप्पणी में, सूर्य कुमार बोस ने यह इंगित किया कि सहाय ने अपनी रिपोर्ट के सार्वजनिक होने से बहुत पहले ही उन्हें परोक्षतः सूचित कर दिया था कि उनके मतानुसार गुमनामी बाबा नेताजी नहीं थे।

हम (लेखकों) ने, इन जटिल परिस्थितियों पर विचार करके, सहाय आयोग के समक्ष अपनी गवाही को लिखित रूप में प्रस्तुत करना श्रेयस्कर जाना; क्योंकि हम आशंकित थे कि हमारे दृष्टिकोण को धैर्यपूर्वक सुना भी जाएगा या नहीं।

[शक्ति सिंह, नेताजी परिवार सदस्य और लेखक जस्टिस सहाय के साथ]

अतः अपने विस्तृत वक्तव्य के आरम्भ में ही हमने यह उल्लिखित किया: "गुमनामी बाबा को नेताजी बताने वाला दावा ही इस आयोग के गठन की आधारशिला है। अतः इस दावे को प्रमाणनिरूपण द्वारा सदा-सर्वदा के लिए निरस्त अथवा पोषित किया जाना चाहिए। यदि जांच से यह सिद्ध होता है कि गुमनामी बाबा कोई अन्य व्यक्ति थे तथा उनका वास्तविक नाम, पता इत्यादि सत्यापित हो

जाते हैं; तो उनके नेताजी होने की सभी सम्भावनाएँ स्वतः धराशायी हो जाएँगी तथा तत्सम्बन्धी सभी भावी विवाद सदा-सर्वदा के लिए शान्त हो जाएँगे।" हमने अपने लिखित वक्तव्य में, समुचित पारदर्शिता एवं निष्पक्षता का परिचय देते हुए, आयोग के प्रति उन बिन्दुओं को भी रेखांकित किया; जो, हमारी तात्कालिक जानकारी के अनुसार, गुमनामी बाबा के नेताजी होने की सम्भावना के विरुद्ध जाते थे।

लखनऊ में जस्टिस सहाय के समक्ष अपनी गवाही के देने के समय हमें यह समझ आ गया वे उन सभी जानकारिओं को चुन-चुन कर इस्तेमाल करना चाहते थे जो उनके पूर्वग्रह के हिसाब से खरी नजर आती थी। यही कारण था कि हमने, उ.प्र. सरकार द्वारा सहाय आयोग की रिपोर्ट को सार्वजनिक करने से बहुत पूर्व—दिसम्बर 2017 में, मुख्यमन्त्री योगी आदित्यनाथ को एक पत्र लिखकर अनुरोध किया: "उच्च न्यायालय के पूर्व कार्यकारी मुख्य न्यायाधीश की अध्यक्षता में जांच करवाना तब निष्प्रयोजन ही रहेगा, यदि वे हमें यह बताने में असमर्थ रहे कि अन्ततः वे व्यक्ति (गुमनामी बाबा) कौन थे?" हमारा वह पत्र, नेताजी के भाई की पौत्री (जयन्ती रक्षित) एवं उनके छोटे भाई (आर्य बोस) के द्वारा भी हस्ताक्षरित था। हमलोग नेताजी के उक्त एवं अन्य परिजनों के साथ पहले ही मुख्यमन्त्री योगी तथा भूतपूर्व मुख्यमन्त्री अखिलेश यादव से भेंट कर चुके थे। उन दोनों भेंटों को मीडिया में पर्याप्त प्रचार मिला। ज्ञातव्य है कि मुख्यमन्त्री-कार्यालय एवं स्वयं योगी ने भी उनके साथ हुई हमारी भेंट के चित्र सोशल मीडिया पर साझा किए थे।

[स्रोत: मुख्यमंत्री कार्यालय, उत्तर प्रदेश]

मुख्यमन्त्री योगी के प्रति लिखित अपने पत्र में हमने कहा कि यदि इस (उस समय पर) गोपनीय रिपोर्ट में गुमनामी बाबा की वास्तविक पहचान को उपस्थापित नहीं किया गया था, तो इससे इलाहाबाद उच्च न्यायालय के आदेश की आन्तरिक भावना बाधित होगी। और इसीलिए हमने सहाय आयोग की अप्रकाशित रिपोर्ट को निरस्त करने का आग्रह किया। न्यायालय ने इस बात पर बल दिया था कि गुमनामी बाबा की पहचान को उपस्थापित किया जाए। पुनश्च हमने मुख्यमन्त्री को यह स्मरण करवाया कि 2006 में केन्द्रीय गृहमन्त्री शिवराज पाटिल द्वारा, मुखर्जी आयोग की रिपोर्ट को निरस्त करने का [स्वयं गृहमन्त्री द्वारा अभिव्यक्त] एक कारण यह भी था कि उक्त आयोग नेताजी के दुर्भाग्यपूर्ण देहावसान का समय एवं स्थान निर्धारित करने में असमर्थ रहा था। हमें योगी सरकार से किसी प्रवंचक राजनीति की आशा नहीं थी। अतः यदि मुखर्जी आयोग की रिपोर्ट को केवल इसी आधार पर निरस्त किया जा सकता है कि वह एक महत्त्वपूर्ण बिन्दु पर नहीं पहुँच सकी थी, तो क्यों न सहाय आयोग की रिपोर्ट को भी उसी कसौटी पर परखा जाए? तदतिरिक्त हमने योगी से यह अनुरोध किया कि इस विवाद को सदा-सर्वदा के लिए शान्त करने हेतु एक SIT अथवा विशिष्ट-जांचदल का गठन किया जाए; जिसमें सेवानिवृत्त IB अधिकारियों, पुलिस, सिविल अधिकारियों, अनुसन्धाताओं, सिविल संस्थाओं के प्रतिनिधियों सहित पत्रकारों को भी सम्मिलित किया जाए; ताकि दूध का दूध और पानी का पानी हो सके।

साथ ही, जस्टिस सहाय द्वारा की गयी जांच की कुछ त्रुटियों को भी हमने अपने पत्र में रेखांकित किया। यथा जस्टिस सहाय ने जस्टिस मुखर्जी से यह जानने का कोई प्रयास नहीं किया कि किस आधार पर उन्होंने 2010 में व्यक्तिगत स्तर पर गुमनामी बाबा को ही नेताजी बताया था। हमारे पत्र के शब्दों में: "यह कल्पनातीत है कि जस्टिस सहाय ने जस्टिस मुखर्जी से क्यों सम्पर्क नहीं साधा। मुखर्जी इलाहाबाद और मुम्बई—दोनों उच्च न्यायालयों में कई वर्षों तक सहाय के वरिष्ठ जज रहे थे। निश्चिततः अनुसन्धाता एवं सामान्य लोग—दोनों ही सहाय द्वारा मुखर्जी से परिप्रश्न न करने को उनकी एक बड़ी भूल मानेंगे।"

हमें हमारे उस सुबोध अंग्रेजी में लिखित एवं अतीव स्पष्टता से मुद्रित पत्र;

जिसको पढ़ने में सरकारी अधिकारियों को कदाचित् कोई कठिनाई नहीं होती, के उपलक्ष्य में मुख्यमन्त्री कार्यालय से कोई सामान्य पावती-पर्ची तक प्राप्त नहीं हुई। कदाचित् लखनऊ में बैठे साहब लोगों के पास हमारे पत्रों का औपचारिक प्रत्युत्तर देने तक का अवकाश नहीं था; अथवा उनको साँप सूँघ गया था। गौरतलब है कि सत्य की खोज में हमने जब-जब विदेशियों के साथ नेताजी-सम्बन्धी विषयों पर पत्राचार किया; तब-तब हमें सुव्यवस्थित प्रत्युत्तर प्राप्त हुए। यथा हॉवेल जेम्स (स्थायी सचिव, गवर्नमेण्ट कम्युनिकेशन) ने, ग्रेट ब्रिटेन के कैबिनेट कार्यालय की ओर से, सुभाष बोस-विषयक दस्तावेज़ों की वस्तुस्थिति का लिखित स्पष्टीकरण हमारे प्रति सम्प्रेषित किया। फ़िलिपस्टोन् हाउस (निदेशक, भारत एवं दक्षिणपूर्वी एशिया विभाग, विदेश मन्त्रालय, ऑस्ट्रेलिया सरकार) ने हमें UNWCC (संयुक्त राष्ट्र युद्धापराध आयोग) से सम्बन्धित दस्तावेज़ों की जानकारी देने हेतु एक पत्र लिखा। ताइवान के परिवहन और संचार मन्त्री लिन लिंगसन ने स्वयं एक निजी ईमेल के द्वारा यह स्पष्ट किया कि क्यों उनका देश विमान दुर्घटना के दावे का खण्डन करता है।

CabinetOffice

Howell James CBE
Permanent Secretary, Government Communication

70 Whitehall
London
SW1A 2AS

Telephone 020 7276 0650
Fax 020 7276 0822
E-mail howell.james@cabinet-office.x.gsi.gov.uk

23 October 2006

Anuj Dhar Esq.

Dear Mr. Dhar,

REVIEW OF REQUEST UNDER THE FREEDOM OF INFORMATION ACT 2000

Thank you for your e-mail of 2 October 2006 requesting an internal review of the handling of your Freedom of Information Act request of 31 August. You thought a more vigorous search might yield more information concerning the death of Subhas Chandra Bose.

I have carefully reviewed the handling of your request. A further search has also confirmed that the Cabinet Office does not hold any information relevant to your request.

May I assure you that both your request for an internal review and your original request prompted thorough searches of our records. I am sure you

जब CIA (सेण्ट्रल इण्टैलिजेंस एजेंसी—अमेरिकी गुप्तचर विभाग) ने, FOIA (अमेरिकी RTI) के अन्तर्गत दायर की गई, नेताजी-सम्बन्धी दो दस्तावेज़ों को सार्वजनिक करने की हमारी याचिका को निरस्त कर दिया; तब हमने उनसे अपने निर्णय पर पुनर्विचार करने हेतु अनुरोध किया। जब हमने उनसे यह कहा कि उन दस्तावेज़ों (जिन्हें अमेरिकी हितों के ध्यान में रखते हुए गोपनीय रखा गया था) को विश्वव्यापी नेताजी-प्रशंसकों के हितार्थ अवश्य ही सार्वजनिक किया जाना चाहिए; तब CIA ने उदारता का परिचय देते हुए हमारे अनुरोध को स्वीकार किया तथा उन दस्तावेज़ों को हमारे प्रति प्रेषित भी कर दिया।

जस्टिस सहाय ने सितम्बर 2017 में योगी सरकार के समक्ष अपनी रिपोर्ट को प्रस्तुत किया; किन्तु लगभग दो वर्षों के लम्बे अन्तराल के बाद—दिसम्बर 2019 में उस रिपोर्ट को विधानसभा-सत्र के अन्तिम दिन सदन के समक्ष रखा गया। उक्त कार्य 19 दिसम्बर को किया गया; जब उ.प्र. में सर्वत्र [विशेषतः लखनऊ में] नागरिकता संशोधन कानून (CAA) के विरुद्ध विरोध-प्रदर्शन और दंगे हो रहे थे। इस पूरे प्रपंच में सहाय आयोग की रिपोर्ट पर लोगों का ध्यान ही नहीं गया।

प्रकारान्तर से कहें, तो इस प्रकरण को दबाने के लिए योगी/BJP की सरकार ने ठीक उसी रणनीति का प्रयोग किया; जो 2006 में कांग्रेस के द्वारा मुखर्जी आयोग की रिपोर्ट के प्रति प्रयुक्त हुई थी। कमीशन ऑफ़ इन्क्वायरी एक्ट (जांच आयोग अधिनियम) के अनुसार; किसी आयोग की रिपोर्ट को केन्द्रीय अथवा प्रान्तीय सरकार के प्रति सौंपे जाने के अग्रिम छः मास तक उसको अनिवार्यतः सार्वजनिक किया जाना चाहिए। किन्तु तब कांग्रेस सरकार ने मुखर्जी की रिपोर्ट को लगभग आठ मास बाद संसद में प्रस्तुत किया। *इण्डिया टुडे* के शब्दों में: "उस समय जनता का ध्यान आरक्षण-विरोधी आन्दोलनों पर ही केन्द्रित था।" इस कार्य का सम्पादन बजट-सत्र के अन्तिम दिन (23 मई 2006) के अन्तिम घण्टे में हुआ; ताकि इसपर एक अत्यल्प चर्चा ही हो तथा विपक्ष को इस रिपोर्ट के अवलोकन एवं सरकार द्वारा इसके खण्डन पर परिप्रश्न करने का समय ही न मिल सके।

हालांकि बाद में जब संसद में अल्पकालिक चर्चा हुई, तो एक-एक कर अनेक सांसदों ने सरकार पर सत्य को छिपाने के गम्भीर आरोप लगाए। 3 अगस्त को लोकसभा में बोलते हुए फ़ॉर्वर्ड ब्लॉक के सुब्रत बोस (नेताजी के भतीजे) ने सरकार पर तथ्यों और जानकारियों को जान-बूझकर छिपाने का गहन आरोप लगाया। उन्हीं के शब्दों में: "मैं सरकार पर यह आरोप लगाता हूँ कि उसने उन फ़ाइलों को नष्ट अथवा लुप्त कर दिया है; जिनमें नेताजी सुभाष चन्द्र बोस के अन्तर्धान [जिसको सरकार उनकी मृत्यु बताती है] से जुड़ी असंख्य जानकारियाँ थीं। तदतिरिक्त; सरकार ने जस्टिस मुखर्जी आयोग का भी सहयोग नहीं किया।"

जब हम (लेखकों) ने सहाय आयोग की रिपोर्ट को देखा, तो हमें पता चला कि यह वैसी नहीं थी; जैसा इसके विषय मैं प्रचार किया गया था। प्रसिद्धि यह थी कि उक्त रिपोर्ट के 450 पृष्ठों में सब कुछ प्रतिपादित हुआ था। किन्तु वस्तुस्थिति यह थी कि उसके अधिकतर पृष्ठ गवाहों के वक्तव्यों से परिपूर्ण थे; जिनमें भी विस्तृततम वक्तव्य लेखकों का ही था। इन वक्तव्यों के अतिरिक्त मूल रिपोर्ट लगभग 150 पृष्ठों की थी; जिनमें आयोग की कार्यप्रविधि-विषयक विवरण, मनोऽनुकूल दलीलों की पुनरावृत्ति सहित अनपेक्षित चर्चाएँ ही भरी हुईं थीं। सहाय आयोग की रिपोर्ट का "निष्कर्ष" अधिकाधिक 50 पृष्ठों में ही सिमटा हुआ था।

हमें रिपोर्ट के सिंहावलोकन से ही यह ज्ञात हो गया कि आयोग की समग्र "जांच" एक पूर्वनियोजित विधि [अर्थात् बलपूर्वक केवल यह सिद्ध करने हेतु कि गुमनामी बाबा नेताजी नहीं थे] से की गई थी। उसमें गवाहों के वक्तव्यों पर अत्यन्त संकीर्ण दृष्टिकोण से विचार के साथ-साथ मुखर्जी आयोग की रिपोर्ट के चयनित अंशों का भी ऐच्छिक प्रयोग (संकलन) उपलब्ध था। आयोग के समक्ष उपस्थित हुए गवाहों के वक्तव्यों के रिकॉर्ड स्वयं जस्टिस सहाय ने ही बनाए थे। उन्होंने गवाहों को अपने कक्ष में बुलाकर चुनिंदा पूर्वनिर्धारित प्रश्न किए; जिनके उपलक्ष्य में प्रायशः सभी गवाह न्यायाधीश महोदय द्वारा खींची गई लक्ष्मणरेखा तक सीमित रहकर प्रत्युत्तर देने हेतु बाध्य हो गए। सहाय ने उन्हीं लोगों को खुली छूट दी जो गुमनामी बाबा को नेताजी नहीं मानते थे; पर जो उनको नेताजी मानते

थे, उनके साथ कड़ाई बरती। नेताजी-परिवार के वे सदस्य जो गुमनामी-बाबा-प्रकरण के घोर विरोधी थे; जिन्होंने कभी अयोध्या अथवा फैज़ाबाद के दूरदर्शन भी नहीं किए थे, उनके दावों को परम सत्य का दर्ज़ा दिया गया। जबकि जो गुमनामी-बाबा-प्रकरण में विश्वास करते थे, उनके दावों को दरकिनार कर दिया गया।

हमने हमारे लिखित वक्तव्य में आयोग के प्रति उन तथ्यों को विस्तरशः रखा; जो यह इंगित करते थे कि राज्य और केन्द्रीय—दोनों गुप्तचर- विभागों के पास गुमनामी बाबा से सम्बन्धित दस्तावेज़ अवश्य होने चाहिए। इतना ही नहीं, हमने आयोग के समक्ष 1985 में मात्र औपचारिकता हेतु हुई पुलिस-जांच की एक छायाप्रति भी प्रस्तुत की; जिसके अनुसार: "जांच करने पर भी यह नहीं कहा जा सकता है कि वे दिवंगत संन्यासी कौन थे।" उक्त रिपोर्ट में IB (इण्टैलिजेंस ब्यूरो) द्वारा की गई जांच का भी उल्लेख था। तदतिरिक्त; यह भी वर्णित था कि "राज्य सरकार को पुलिस द्वारा की गई इस जांच से अवगत करवाया गया है तथा अब अग्रिम सरकारी निर्देशों की प्रतीक्षा है।" गौरतलब है कि यहाँ उल्लिखित वे अग्रिम सरकारी निर्देश कभी आए ही नहीं।

हमें जस्टिस सहाय से यह अपेक्षा थी कि वे आधिकारिक दस्तावेज़ों को मँगवाकर इस बात का गहन अन्वेषण अवश्य करेंगे कि क्या वस्तुतः सरकार कुछ छिपा रही थी; जैसा कि अनेक लोगों ने आरोप लगाया था। किन्तु दुर्भाग्यवश उन्होंने ऐसा कुछ नहीं किया। उन्होंने तो हमारे द्वारा प्रस्तुत स्पष्टततः एवं ससन्दर्भ लिखित-सामग्री का भी सूक्ष्मावलोकन नहीं किया। हमलोग आयोग के समक्ष इस बात को ले गए थे कि भारतीय गुप्तचर विभाग नेताजी को उनकी [तथाकथित] मृत्यु के कई दशकों बाद भी तलाश रहा था। यह बात 2015 में मीडिया में बहुत प्रचारित हुई तथा सरकार ने कभी इसका कोई खण्डन भी नहीं किया। हमने 1985 में गुमनामी-बाबा-प्रकरण की जांच करने वाले उ.प्र. सरकार के अधिकारियों की नामसूची तक जस्टिस सहाय की मेज़ तक पहुँचा दी। किसी समुचित जांच के लिए उन सभी को बुलवाकर उनके वक्तव्यों को निःसन्देह अभिलिखित करवाना चाहिए था; किन्तु आयोग ने ऐसा कुछ भी नहीं किया।

आयोग के प्रति प्रस्तुत हमारे लिखित वक्तव्य के अनुसार; जब नेताजी को लेकर देश की स्वतन्त्रता के बाद इतनी गुप्तचर-गतिविधियाँ सम्पादित हो रहीं थीं; तो यह असम्भव ही था कि चपे-चपे की सूचना रखने वाला इण्टैलिजेंस ब्यूरो, गुमनामी बाबा के विषय से अनभिज्ञ रहे। और वह भी तब; जब FBIS (फ़ॉरेन ब्रॉडकास्ट इन्फ़ॉर्मेशन सर्विस—CIA के एक विभाग-विशेष) तक का ध्यान गुमनामी बाबा से सम्बन्धित समाचारों पर आकर्षित हुआ हो। हमारे वक्तव्य के साथ FBIS की निकट-दक्षिणपूर्वी एशिया रिपोर्ट सं. JPRS-NEA-86-040 की छायाप्रति भी संलग्न थी; जिसमें प्रसिद्ध नेता राजनारायण की फरवरी 1986 में प्रदत्त "गुमनामी बाबा ही नेताजी थे" इत्यादि स्वीकारोक्ति भी संकलित थी।

हमने न्यायाधीश सहाय से यह अनुरोध किया कि वे अपेक्षित दस्तावेज़ों की प्राप्ति हेतु उ.प्र. एवं पश्चिम बंगाल के गुप्तचर-विभागों, IB तथा R&AW को कमीशन ऑफ़ इन्क्वायरी एक्ट के अनुच्छेद 5 (2) के अन्तर्गत आमन्त्रित करें; और यदि गुप्तचर विभाग यत्किंचित् संकोच करे, तो अनुच्छेद 5 (3) का प्रयोगकर उन्हें आयोग का आदेश मानने पर बाध्य करें। कमीशन ऑफ़ इन्क्वायरी एक्ट किसी आयोग के जज को उक्त सभी अधिकार एवं सामर्थ्य प्रदान करता है। किन्तु जस्टिस सहाय ने ऐसा कुछ भी नहीं किया। उनकी कठोरता तो केवल उन्हीं गवाहों के प्रति थी; जो गुमनामी बाबा को नेताजी मानते थे।

हमने, इसी परिपेक्ष्य में अपने तर्कों का विस्तार करते हुए, अपने लिखित वक्तव्य में यह उल्लिखित किया था कि नेताजी-परिवार के कई सदस्य तथा डॉ. सुब्रह्मण्यम् स्वामी-जैसे अनेक सुप्रतिष्ठित लोग दीर्घकाल से यह सार्वजनिक घोषणा करते रहे हैं कि सुभाष चन्द्र बोस, भारत के प्रथम प्रधानमन्त्री की इच्छानुसार, सोवियत रूस में मार दिए गए; जबकि गुमनामी बाबा, भारतीय जनमानस को भ्रमितकर इस प्रकरण को दबाए रखने के लिए, IB द्वारा प्रायोजित एक बहरूपिया था। अतः हमने जस्टिस सहाय से यह अनुरोध किया कि वे डॉ. स्वामी एवं अन्य लोगों के वक्तव्यों को अभिलिखित करने हेतु उन्हें अपने समक्ष आमन्त्रित करें; तत्पश्चात् IB से भी इसका यथोचित स्पष्टीकरण माँगें। यदि गुमनामी बाबा IB द्वारा प्रायोजित एक बहरूपिया था; तो IB से ही पूछा जाना

चाहिए कि सत्य क्या है। फलतः हमने जस्टिस सहाय से IB निदेशक का मनोभाव जानने हेतु अनुरोध किया। किन्तु हमारे दुर्भाग्य से जस्टिस सहाय ने उक्त सभी प्रार्थनाओं एवं अनुरोधों को दरकिनार कर दिया। अब हमारी यह विवशताजनित पुनरुक्ति—कि सहाय की कठोरता केवल बाबा को नेताजी मानने वालों के प्रति थी—हमें भी अत्यन्त खिन्न कर देती है।

कालान्तर में; जस्टिस विष्णु सहाय आयोग ने हमारी आशंका को मूर्त रूप देते हुए अपनी रिपोर्ट में अपने इस निष्कर्ष को प्रस्तुत किया कि गुमनामी बाबा की वास्तविक पहचान को उपस्थापित नहीं किया जा सकता। हालांकि सहाय इतने अंश में पूर्णतः आश्वस्त थे कि वे नेताजी नहीं थे। उन्हीं के शब्दों में: "वे बंगाली थे तथा अंग्रेज़ी, हिन्दी और बांग्ला में पूर्ण निष्णात थे ... वे एक असाधारण मेधावी विद्वान् थे ... जिनके पास युद्ध, राजनीति और सामयिकी की गहन जानकारी थी ... उनमें प्रचण्ड आत्मबल एवं आत्मसंयम था ... भारतीय शासनतन्त्र की स्थिति के प्रति वे अतीव उदासीन थे।"

तदतिरिक्त; जस्टिस सहाय ने यह स्वीकार किया कि "नेताजी सुभाष चन्द्र बोस के स्वर के ही समान" गुमनामी बाबा के "स्वर में प्राधिकार का भाव था", किन्तु उनके अनुसार; वे नेताजी के एक "अनुयायी" मात्र थे; न कि साक्षात् नेताजी। अपने इस निष्कर्ष की पुष्टि हेतु जस्टिस सहाय ने अपनी रिपोर्ट के पृष्ठ 140-41 में, कोलकाता से किसी "बुलबुल" के द्वारा 1980 में लिखे गए एक पत्र को उद्धृत किया। यह पत्र गुमनामी बाबा की वस्तुओं में प्राप्त हुआ था तथा उक्त पत्र में उसकी लेखिका "बुलबुल" ने लिखा था: "यदि आप नेताजी के जन्मदिन पर आते हैं; तो हमें अपार हर्ष होगा।" सहाय ने इस पत्र का अवलोकनकर यह निष्कर्ष निकाल लिया: "इसी से यह सिद्ध होता है कि गुमनामी बाबा ... नेताजी नहीं थे।"

तदुपरान्त जस्टिस सहाय ने वरिष्ठ पत्रकार शीतला सिंह के "गुमनामी बाबा के प्रमुख भक्त—डॉ. पबित्र मोहन रॉय ने सिंह को यह बताया था कि बाबा, नेताजी नहीं थे" इत्यादि दावे को भी प्रामाणिकता दे दी। यह उन दिनों की बात थी; जब शीतला सिंह, अपने समाचारपत्र के प्रति किसी अज्ञात व्यक्ति द्वारा

लिखे गए एक पत्र के बल पर, गुमनामी बाबा को एक भगौड़ा हत्यारा सिद्ध करने में लगे हुए थे। जो कुछ भी हो, किन्तु पबित्र मोहन रॉय के पूर्वजीवन के सन्दर्भ में उनके हवाले से किया गया दावा प्रथमदृष्ट्या में बहुत महत्त्वपूर्ण था।

पेशे से डॉक्टर, पबित्र मोहन रॉय, दक्षिणपूर्वी एशिया में अपनी पत्नी और छोटे-छोटे बच्चों को अपने हाल पर छोड़कर, भारत की स्वतन्त्रता हेतु नेताजी के साथ चल दिए थे। वर्ष 1944 में नेताजी के आदेश पर, पबित्र एक जापानी पनडुब्बी के द्वारा INA सीक्रेट सर्विस (गुप्तचर विभाग, आज़ाद हिन्द फ़ौज) के अधिकारी के रूप में पुनः भारत में लौटे। किन्तु विश्वासघात के कारण उनकी योजना निष्फल हो गई तथा एनिमी एजेण्ट्स आर्डिनेंस एक्ट के अन्तगर्त पबित्र, उनके सह-गुप्तचर अमरीकसिंह गिल तथा हरिदास मित्रा [नेताजी की भतीजी के पति; जिन्होंने पूर्वोक्त दोनों को आश्रय देने का साहस दिखाया था] पर मई में मुकद्दमा आरम्भ हुआ। तत्पश्चात् जून के अन्त तक उनके लिए मृत्युदण्ड आदेशित हो गया। किन्तु जनता के दवाब में INA के अन्य सेनानियों के साथ 1946 में रॉय रिहा हो गए। कालक्रमशः 1950-दशक में वे बंगाल विधानसभा के लिए निर्वाचित हुए।

यह एक असन्दिग्ध तथ्य है कि रॉय, गुमनामी बाबा के प्रमुखतम विश्वासपात्र थे। उनके द्वारा बाबा के प्रति लिखित एवं प्रेषित लगभग 85 पत्र इलाहाबाद उच्च न्यायालय के आदेशानुसार निर्मित वस्तु-सूचीपत्र में उल्लिखित हैं। अपने एक पत्र में वे बाबा के प्रति लिखते हैं: "मैं आपश्री से कुछ कहना चाहता हूँ। आपश्री के ही शब्दों में: 'तुम मेरे इण्टैलिजेंस अधिकारी हो। निर्भय और निरपेक्ष होकर कार्य करो।' अब मुझे वैसे ही कार्यारम्भ की आज्ञा दीजिए। माँ काली, देशमाता बँगजननी, भारतमाता तथा आपश्री के श्रीचरणों को अपने हृदय में धारण करके मैं आपसे यह कहना चाहता हूँ कि मैं, पहले ही की भांति, आज भी आपश्री के प्रति उतनी ही अडिग आस्था, प्रेम और विश्वास; असन्दिग्ध आज्ञाकारिता; पूर्ण समर्पण तथा निष्ठा रखता हूँ।"

कृपया ध्यान दीजिए! उपर्युक्त पंक्तियों को पढ़कर क्या यह प्रतीत होता है कि ये एक नेताजी-अनुयायी द्वारा किसी अन्य नेताजी-अनुयायी के प्रति लिखीं

गईं थीं [जैसा कि सहाय महोदय का निष्कर्ष था]?

और आगे कुछ हुआ यूं कि योगी सरकार द्वारा सावर्जनिक किए जाने के कुछ काल बाद ही सहाय आयोग की जांच रिपोर्ट सन्देह के घेरे में आ गई। 27 दिसम्बर को HT (*हिन्दुस्तान टाइम्स*) ने उसी "बुलबुल" का साक्षात्कार लिया; जिनके 1980-कालिक पत्र के बल पर जस्टिस सहाय ने यह निष्कर्ष निकाल दिया था कि गुमनामी बाबा नेताजी नहीं थे। जज साहब इस बात से कदाचित् अनभिज्ञ थे कि "बुलबुल" कोलकाता-निवासी सुहिता भट्टाचार्य का बाल्यकालीन उपनाम था। सुहिता ने वह पत्र अपने स्वर्गीय पिता के निर्देशानुसार लिखा था, फलतः उसके अन्तर्निहित भावार्थ को केवल वह ही समझा सकती थी। उनके पिता सन्तोष भट्टाचार्य एक स्वतन्त्रता-सेनानी थे; जो स्वतन्त्रता से पूर्व सुभाष चन्द्र बोस एवं पश्चात् गुमनामी बाबा के अनुयायी थे। वे पवित्र मोहन रॉय एवं अन्य विश्वस्त लोगों [जिनका पूर्वकाल में नेताजी के साथ सम्बन्ध था] के साथ छिपकर गुमनामी बाबा से मिलने आया करते थे। सहाय ने इन तथ्यों की तलस्पर्शी जांच तो करना दूर, उन्हें सामान्यतः स्पर्श करना भी मानो अनुपयोगी ही समझा। HT को दिए गए अपने साक्षात्कार में सुहिता ने सहाय को आड़े हाथों लिया। उसके अनुसार; जैसा उसके पिता ने उसको यह बताया था कि गुमनामी बाबा नेताजी ही थे। उन्हीं के शब्दों में: "आयोग यदि मेरे पत्र पर इतना विश्वास कर रहा था, तो उसके द्वारा मुझे एक गवाह के रूप में आमन्त्रित किया जाना चाहिए था"।

ठीक इसी प्रकार; 5 जनवरी 2020 को पवित्र मोहन रॉय के सुपुत्र—रणेन्द्र मोहन रॉय ने HT में यह पुष्टि की कि वे और उनके स्वर्गीय पिता—दोनों ही यह मानते थे कि गुमनामी बाबा नेताजी ही थे। रणेन्द्र स्वयं गुमनामी बाबा को अनेक अवसरों पर मिल चुके थे; अतः वे, केवल अपने पिताजी के दृष्टिकोण को अभिव्यक्त नहीं कर रहे थे, बल्कि उन्हें तथ्यों की सीधी जानकारी थी। सुहिता की ही भांति; कोलकाता में रहने वाले रणेन्द्र को भी सहाय आयोग की कथित "जांच" के अवधि में गवाही हेतु आमन्त्रित नहीं किया गया था। कालान्तर में लेखकों से अपनी वार्ता में रणेन्द्र ने बताया कि उनके पिता नेताजी के एक सिपाही

थे तथा एक सिपाही का कर्तव्य होता है—अपने जनरल की आज्ञा का नैष्ठिक अनुपालन। उन्होंने कहा कि उनके पिता के "जनरल" (गुमनामी बाबा) ने उन्हें अपने मुँह को बँद रखने की आज्ञा दी थी। इसीलिए 1985 में शीतला सिंह एवं अन्यों को डॉ. पबित्न मोहन रॉय ने टालमटोल करके भ्रमित कर दिया था। हालांकि सिंह ने उस टालमटोली को अपनी ओर से पबित्न की नकारात्मक उक्ति के रूप में ढाल दिया; मानो पबित्न ने इनकार किया हो कि गुमनामी बाबा नेताजी नहीं थे।

जस्टिस सहाय इन सूक्ष्मताओं में जाने के कदापि इच्छुक नहीं थे। उन्होंने तो अपनी रिपोर्ट में गुमनामी बाबा के नेताजी न होने के [तथाकथित] अकाट्य प्रमाण को बार-बार दोहराया कि मुखर्जी आयोग ने गुमनामी बाबा के दाँतों के DNA-परिक्षण एवं बाबा और नेताजी के हस्तलेखों की जांच करवाई तथा इसका परिणाम नकारात्मक पाया। अब इससे ज़्यादा तार्किक एवं वैज्ञानिक दृष्टिकोण से सही बात भला क्या हो सकती है?

इस पूरे घटनाक्रम के पश्चात् इस कथा में एक नया अध्याय आरम्भ हुआ। फरवरी 2020 में देशव्यापी मीडिया ने एक सनसनीखेज़ समाचार को प्रकाशित किया। *इण्डियन एक्सप्रेस* में प्रकाशित एक आलेख के अनुसार "गुमनामी बाबा; जिनके बारे में कई लोगों ने यह दावा किया है कि वे नेताजी सुभाष चन्द्र बोस ही थे; उनका रहस्य और भी गहरा गया है। CFSL Kolkata (सेण्ट्रल फ़ॉरेन्सिक साइन्स लेबोरेटरी, कोलकाता) ने यह कहा है कि बाबा के DNA-जांच से जुड़ा 'इलेक्ट्रोफ़ेरोग्राम' नामक एक महत्त्वपूर्ण अवयव लेबोरेटरी के पास उपलब्ध नहीं है। ज्ञातव्य है कि इलेक्ट्रोफ़ेरोग्राम उस क्रमिक डाटा को दर्शाता है; जो स्वचालित DNA अनुक्रमण मशीन से प्राप्त होता है तथा वंशानुगत DNA-जांच का निष्कर्ष निकालने हेतु सर्वथा अनिवार्य होता है"।

CFSL ने यह खुलासा लेखक और एक्टिविस्ट सायक सेन की RTI के अन्तर्गत डाली गई याचिका के प्रत्युत्त में किया था। *इण्डियन एक्सप्रेस* से संवाद करते हुए सेन ने यह कहा, "CFSL के इस चौंकाने वाले प्रत्युत्तर का सीधा प्रभाव जस्टिस सहाय की रिपोर्ट पर पड़ेगा; क्योंकि जस्टिस सहाय ने कुछ समय

पूर्व प्रकाशित हुई अपनी रिपोर्ट में, CFSL द्वारा प्रस्तुत निष्कर्ष को आधार बनाकर ही, इस दावे को निरस्त कर दिया था कि गुमनामी बाबा ही नेताजी थे।" सायक ने आगे कहा कि जस्टिस सहाय ने सुविधानुसार अपनी रिपोर्ट में जस्टिस मुखर्जी की रिपोर्ट के उस अंश को उद्धृत (संकलित) कर दिया; जहाँ 2003 में हुई DNA-जांच का उल्लेख था। जबकि उन्हें इस DNA-जांच को पुनः अपने आयोग के द्वारा करवाना चाहिए था; जैसा कि अनेक लोगों ने उनसे आग्रह भी किया था।

तदतिरिक्त; सेन ने कहा, "चूंकि DNA-जांच में गड़बड़ी के आरोप लगे थे, अतः मैं चाहता था कि स्वतन्त्र DNA विशेषज्ञों से परामर्श करूँ; ताकि CFSL की रिपोर्ट की पुष्टि हो सके। अतएव मैंने यह RTI याचिका डाली थी।"

गुम जवाबों के बीच अब डीएनए इलेक्ट्रोफेराग्राम गुम!

सीएफएसएल, कोलकाता ने कहा कि उसके पास नहीं है नेताजी के स्वजनों के साथ गुमनामी बाबा के डीएनए मिलान का इलेक्ट्रोफेराग्राम

आरटीआइ के तहत मांगी गई थी सीएफएसएल से जानकारी

विशाल श्रेष्ठ, कोलकाता

आजादी के महानायक नेताजी सुभाष चंद्र बोस और फैजाबाद (वर्तमान में अयोध्या) के गुमनामी बाबा। क्या ये दोनों एक ही थे? नेताजी के रहस्यमय ढंग से लापता होने की जांच के लिए गठित जस्टिस मुखर्जी आयोग और जस्टिस सहाय आयोग, गुमनामी बाबा की थ्योरी को खारिज कर चुके हैं, हालांकि आरटीआइ कार्यकर्ता सायक सेन द्वारा सूचना का अधिकार के तहत मांगी गई जानकारी पर सेंट्रल फॉरेंसिक साइंस लैबोरेटरी (सीएफएसएल), कोलकाता ने जो जवाब दिया है, उसने एक बार फिर इस सवाल को नए सिरे से जन्म दे दिया। सायक सेन ने सीएफएसएल, कोलकाता से गुमनामी बाबा के दांतों के नेताजी के परिवार के सदस्यों के साथ किए गए डीएनए मिलान के 'इलेक्ट्रोफेराग्राम' (रिपोर्ट) के बारे में जानकारी मांगी थी। इलेक्ट्रोफेराग्राम रिपोर्ट डीएनए टेस्ट के विश्लेषण का मूल अवयव है। सीएफएसएल कोलकाता के सीपीआइओ बीपी मिश्रा की तरफ से आरटीआइ का जवाब देते हुए कहा गया कि उनके पास इलेक्ट्रोफेराग्राम रिपोर्ट मौजूद नहीं है। इसके बाद से ही इस रिपोर्ट के लापता होने की बात कही जा रही है।

'दैनिक जागरण' ने सच्चाई का पता लगाने के लिए कोलकाता के पार्क सर्कस इलाके में मौजूद सीएफएसएल का रुख किया। सीएफएसएल, कोलकाता के निदेशक वी बर्डोलिया ने कहा- हमें जिस एजेंसी से भी जांच का जिम्मा मिलता है, हम जांच पूरी करके रिपोर्ट उसे सौंप देते हैं। इस मामले में भी ऐसा ही किया गया। अगर इलेक्ट्रोफेराग्राम रिपोर्ट की बात कही जा रही है तो वह मुखर्जी आयोग के पास होगी, हमारे यहां नहीं। इसलिए रिपोर्ट के गुम होने का सवाल ही नहीं है। वहीं सीपीआइओ बीपी मिश्रा ने कहा- आरटीआइ एक्ट के तहत जो पूछा गया था, हमने उसका जवाब दे दिया है। इसके इतर मैं कुछ भी कहने के लिए अधिकृत नहीं हूं। बता दें कि गुमनामी बाबा फैजाबाद में रहने वाले रहस्यमय शख्स थे, जिन्हें 1970-80 में नेताजी बताया जा रहा था। उनकी आवाज, हैंडराइटिंग समेत विभिन्न शारीरिक गुणों के नेताजी से मिलने के कारण बोस होने का दावा किया जा रहा था। 16 सितंबर, 1985 को उनका निधन हुआ था।

गुमनामी बाबा (बाएं) और नेताजी सुभाष चंद्र बोस की फाइल फोटो।

इलेक्ट्रोफेराग्राम रिपोर्ट अब भी गुप्त

नेताजी के गायब होने पर 20 वर्षों से शोध कर रहे लेखक अनुज धर ने दावा किया कि इलेक्ट्रोफेराग्राम रिपोर्ट को कभी सार्वजनिक नहीं किया गया। कहा, जहां मुझे जानकारी है, इसे मुखर्जी आयोग को भी नहीं सौंपा गया। 'नेताजी-रहस्य गाथा' नामक किताब लिख चुके धर ने कहा कि दो साल पहले जब इलेक्ट्रोफेराग्राम रिपोर्ट को लेकर आरआइटी आवेदन किया गया था, उस वक्त सीएफएसएल ने जानकारी देने तक से इन्कार कर दिया था और अब रिपोर्ट नहीं होने की बात कही है।

अनुज धर जागरण

मैं डीएनए टेस्ट कराने को तैयार

नेताजी के पड़पोते चंद्र कुमार बोस ने दैनिक जागरण से कहा- गुमनामी बाबा के नेताजी होने की थ्योरी आधारहीन है। कुछ लोगों ने अपनी दुकान चलाने को इसे गढ़ा है। जो भी हो रहा है, बहुत गलत है। मेरे दोनों चाचा सुब्रत बोस व द्विजेन बोस का गुमनामी बाबा के दांतों के साथ डीएनए मिलान कराया गया था, जो बेमेल रहा। कुछ लोग यह भी दावा कर रहे हैं कि डीएनए टेस्ट हुआ ही नहीं था। अगर ऐसा है तो फिर से डीएनए टेस्ट कराया जा सकता है। मैं गुमनामी बाबा के संरक्षित करके रखे गए दांतों के साथ अपना डीएनए टेस्ट कराने को तैयार हूं।

सच्चाई जानने को लगाई आरटीआइ

आरटीआइ लगाने वाले सायक सेन ने बताया कि उन्होंने इलेक्ट्रोफेराग्राम रिपोर्ट की सच्चाई जानने के लिए आरटीआइ आवेदन किया था। अगर इलेक्ट्रोफेराग्राम रिपोर्ट की प्रति मिल जाती तो उसकी अन्य विशेषज्ञों से जांच कराकर सच्चाई का पता लगाया जा सकता था। यह भी पता चल जाता कि वाकई डीएनए टेस्ट हुआ था भी कि नहीं। सायक ने कहा- नेताजी को लेकर मुख्यतः तीन थ्योरी है। पहला विमान हादसे में उनकी मौत, दूसरा उनके रूस चले जाने वाली बात और तीसरी गुमनामी बाबा। इनमें गुमनामी बाबा वाली थ्योरी सबसे मजबूत है। नेताजी और गुमनामी बाबा की हैंडराइटिंग बिलकुल एक थी। गुमनामी बाबा से मिलने नेताजी के बेहद करीबी लोग आया करते थे। गुमनामी बाबा और नेताजी के परिवार के लोगों का डीएनए नहीं मेल खाना संदेह पैदा करता है।

सायक सेन जागरण

चंद्र कुमार बोस की फाइल फोटो। जागरण

[*दैनिक जागरण*, 19 फरवरी 2020]

फ़ॉरेन्सिक धोखाधड़ी

21 फरवरी 2019 को कोलकाता प्रेस क्लब में एक अनोखी "प्रेसवार्ता" हुई। काले कपड़े पहने कुछ भाड़े के मुस्टण्डे (बाउंसर) वहाँ एकत्रित पत्रकारों एवं अन्य लोगों पर पैनी नज़र गढ़ाए हुए थे; जबकि मंच पर बैठे बोस परिवार के सदस्य आग बबूला हो रहे थे। उनके निशाने पर थे राष्ट्रीय पुरस्कार से सम्मानित एक फ़िल्म निर्माता—श्रीजीत मुखर्जी; जिन्हें खुले-आम धमकी दी गई कि भविष्य में उन्हें भारत में नहीं रहने दिया जाएगा। साथ ही, वहाँ केन्द्रीय गृहमन्त्री से गुहार की गई कि वे मिशन नेताजी के पीछे इण्टेलिजेंस ब्यूरो को लगा दें।

वस्तुतः यह पूरा कुचक्र श्रीजीत द्वारा बनाई जाने वाली बंगाली फ़िल्म "गुमनामी"; जो प्रस्तुत पुस्तक के लेखकों के शोध पर आधारित थी, के विरोध में फूटकर उभरा था। बंगाली फिल्मो के प्रसिद्ध अभिनेता प्रोसेनजीत [जो 1960-दशक के मशहूर हिंदी फिल्मो के अभिनेता बिस्वजीत चटर्जी के सुपुत्र हैं] उक्त फ़िल्म में नेताजी और गुमनामी बाबा का क़िरदार निभाने वाले थे। हमलोग भी इस फ़िल्म के निर्माण में आरम्भ से ही जुड़े हुए थे।

"गुमनामी" की भावी प्रसिद्धि से बोस परिवार के सदस्यों में आक्रोश था। कारण कि उन्हें इस फ़िल्म के द्वारा गुमनामी-बाबा-प्रकरण (जो नेताजी के गृहराज्य में कभी चर्चा का विषय नहीं बना था) के साधारण जनमानस तक प्रचारित होने की सम्भावनाएँ दीख रहीं थीं। अभी तक, बंगाल में अधिकतर लोग गुमनामी बाबा के

[लखनऊ में "गुमनामी" के निर्माणस्थल पर अभिनेता प्रसेनजित् चटर्जी के साथ दोनों लेखक]

नेताजी होने की सम्भावना तक को स्वीकार करने भी इच्छुक नहीं थे। किन्तु बंगाल के सबसे बड़े बैनर तले आने वाली इस फ़िल्म से पूरा माहौल बदल जाने का डर भी लाज़मी था। यही कारण था कि बोस परिवार के सदस्यों—जो आजीवन नेताजी के प्रति भारत सरकार के रुख की आलोचना करते हुए विमान दुर्घटना की कहानी का भरपूर विरोध थे तथा मिशन नेताजी के साथ कंधे-से-कंधा मिलाकर चलते थे; उन्हीं—ने गिरगिट की तरह रातों-रात अपने रंग बदल लिए। अब वे सभी विमान दुर्घटना की कहानी और सरकारी रुख के प्रबल पोषक हो चुके है।

परिवार में सबसे अनूठे व्यक्ति हैं—जर्मनी में रहने वाले सूर्य कुमार बोस; जिनके स्वर्गीय पिता नेताजी के भतीजे थे। इनका मनःपरिवर्तन सर्वाधिक निराला था। एक समय था; जब सूर्य, अपने परिवार की ओर से, मीडिया के समक्ष विमान दुर्घटना की कहानी का खण्डन करने के लिए सबसे प्रभावशाली वक्तव्य दिया करते थे। उदाहरण: 2015 में उन्होंने *टाइम्स नाओ* को यह बताया था कि मित्र राष्ट्रों (इंग्लैण्ड-अमेरिका) की एक इण्टैलिजेंस टीम ने ताइवान विमान दुर्घटना के जापानी दावे की जांचकर इस "निश्चित निष्कर्ष" को प्राप्त

किया था कि “वहाँ विमान दुर्घटना का कोई नामो-निशाँ नहीं था”।

एक अमेरिकी जज ने जस्टिस राधाबिनोद पाल (टोक्यो युद्धापराध मुकद्दमों के न्यायाधीशों में से एक) को इस इण्टैलिजेंस टीम की फ़ाइल दिखाई थी। कालान्तर में पाल ने इस जानकारी को नेताजी के बड़े भाई शरत (सूर्य के दादा) के साथ साझा किया था। उस वक्त शरत के पुत्र अमिय (सूर्य के पिता) वहीं उपस्थित थे। संयोगवश अमेरिकी समाचारपत्र *शिकागो ट्रिब्यून* के पत्रकार एल्फ्रेड वॉग ने भी शरत को अमिय की उपस्थिति में ठीक यही बात बतलाई थी। वॉग स्वयं उस इण्टैलिजेंस टीम के साथ ताइवान गए थे।

उक्त तथ्यों को अपनी भूमिका में संकलित करते हुए सूर्य ने *टाइम्स नाओ* को आगे यह बताया कि 2013 में जापान में ब्रिटिश मूल के *न्यूयॉर्क टाइम्स* समाचारपत्र के एक भूतपूर्व पत्रकार ने स्वयं उनको पूछा था, “मिस्टर बोस! क्या आप मुझे यह बता सकते हैं कि 1964 में मेरे जापान पहुँचने पर M16 (ब्रिटिश गुप्तचर विभाग) क्यों सुभाष चन्द्र बोस की खोज कर रहा था?” इन सबका उल्लेख करते हुए सूर्य बोस ने *टाइम्स नाओ* की रिपोर्टर से पूछा, “अब आप इसपर क्या कहेंगी?”

सूर्य बोस ने मुखर्जी आयोग को विमान-दुर्घटना-प्रकरण के प्रतिवाद हेतु उक्त सब महत्त्वपूर्ण जानकारियाँ दी थीं। 11 सितम्बर 2003 को उन्होंने जस्टिस मुखर्जी को उनकी जांच में उल्लेखनीय प्रगति हेतु बधाई भी दी थी। वहीं उनके शब्द थे: “बावजूद इसके कि उन (जस्टिस मुखर्जी) की राह में अनेक रोड़े अटकाए गए; जिसमें भारत सरकार द्वारा प्रायोजित भी अन्यतम थे।” मार्च 2001 में अत्यन्त गोपनीय फाइलों के प्रति भारत सरकार द्वारा अपनाए गए रवैये को लेकर उन्होंने अपनी नाराज़गी भी व्यक्त की थी। सूर्य ने आयोग को लिखा: “मेरे मतानुसार ... इससे पहले कि उन्हें नष्ट कर दिया जाए, अथवा किसी भी प्रकार के राजनैतिक दबाव में आकर वास्तविक को बाहर आने से रोक लिया जाए ... हमारे लिए उन दस्तावेज़ों को प्राप्त कर लेना अतीव आवश्यक है।” प्रकारान्तर से कहें, तो सूर्य बोस उन बातों की ओर दीपक दिखा रहे थे; जिन्हें समझने में हम (लेखकों) को कई वर्ष लग गए।

हालांकि 2019 [जब गुमनामी-बाबा-प्रकरण सुर्खियों में था] तक आते-आते सूर्य बोस का हृदयपरिवर्तन हो चुका था। अचानक उन्हें जस्टिस मुखर्जी की रिपोर्ट में दोषदर्शन होने लगा तथा वे सरकारी कथानक को प्रामाणिक एवं रुचिकर मानने लगे। कोलकाता प्रेस क्लब में हुई प्रेसवार्ता भी उनकी इसी बदलती मनोदशा के साथ घटित एक घटना थी। गुमनामी-बाबा-प्रकरण की बढ़ती लोकप्रियता को देखकर बोस परिवार ने अपने दशकों पुराने दावे [कि नेताजी की मौत किसी विमान दुर्घटना में नहीं हुई थी] से एकदम अपना पल्ला झाड़ लिया। ऐसा उन्होंने क्यों किया—इस प्रश्न का उत्तर आपको अग्रिम पृष्ठों में मिल जाएगा।

प्रेस क्लब में अपने भाषण के पूर्ण होने पर बोस परिवार के सदस्यों ने एक विज्ञप्ति (सूर्य बोस एवं अन्यों द्वारा हस्ताक्षरित) को पत्रकारों में प्रसारित किया गया; जिसमें यह घृणित आरोप लगाया गया था कि प्रस्तुत पुस्तक के लेखक गुमनामी बाबा को नेताजी सिद्ध करने का एक "कुटिल षड्यन्त्र" गढ़ रहे हैं। मानो जैसे 1986 में न्यायालय के समक्ष गुहार लगाने वाली ललिता बोस [सूर्य की नहीं, बल्कि] हमारी बुआ लगती थीं! विज्ञप्ति में यह दावा किया गया था कि हमारे द्वारा प्रयोजित इस षड्यन्त्र का मुख्य प्रतीक था—नेताजी का एक "नकली चित्र"; जिसको विकृतकर उन्हें सफ़ेद दाढ़ी वाले वृद्ध गुमनामी बाबा के रूप में दर्शाया जाता है। दैवयोग से पत्रकारों के समक्ष प्रस्तुत उस विज्ञप्ति में वह "चित्र" भी संलग्न कर दिया गया था; जो कि निम्नांकित है।

[21 फरवरी 2019 को कोलकाता प्रेस क्लब में हुई प्रेसवार्ता में बोस परिवार द्वारा प्रचारित किया गया चित्र]

साथ ही; परिवार वालों ने गुमनामी बाबा और नेताजी के पारस्परिक सम्बन्ध को विखण्डित करने वाला "अचूक ब्रह्मास्त्र" भी चला दिया। वह था—"अखण्डनीय" फ़ॉरेन्सिक प्रमाण। उन्हीं के शब्दों में: न्यायाधीश मुखर्जी आयोग की जांच ने सम्मानित CFSL (कोलकाता) की DNA-रिपोर्ट के माध्यम से यह प्रमाणित कर दिया कि नेताजी और गुमनामी बाबा के DNA मेल नहीं खाते हैं। उपर्युक्त प्रयोगशाला सहित GEQD (शिमला) में हुए हस्तलेख-मिलान भी इसी नकारात्मक निष्कर्ष पर पहुँचे हैं।

प्रत्येक समस्या का समाधान उसके मूल में ही छिपा होता है। नेताजी के उस "नकली" चित्र की वास्तविक पृष्ठभूमि कुछ इस प्रकार है: गुमनामी बाबा की ऊपर प्रदर्शित यह छवि पिछले कुछ वर्षों से समाचारपत्रों, पत्रिकाओं, टी.वी. और इण्टर्नेट में सर्वत्र दिखती आई है। वस्तुतः यह एक काल्पनिक चित्र है; जिसको 2002 में *हिन्दुस्तान टाइम्स* की ऑनलाइन डिवीज़न ने नेताजी मृत्यु प्रकरण पर की जा रही अपनी एक स्वतन्त्र जांच के दौरान बनवाया था।

जांच के प्रमुख अनुसन्धाता इस पुस्तक के सह-लेखक (अनुज धर) थे; जबकि चित्र को निर्माता थे—सिद्धार्थ घोष; जिन्होंने गुमनामी बाबा के एक अनुयायी [जो मुखर्जी आयोग के समक्ष गवाही दे चुके थे] द्वारा किए गए वर्णन के आधार पर इसको बनाया था। गुमनामी बाबा के सभी प्रत्यक्षदर्शियों का कहना था कि बाबा बिलकुल नेताजी की तरह ही दिखते थे; बस! कालक्रम से वृद्ध हो चुके थे।

घोष ने नेताजी के एक असली चित्र को आधार बनाकर उसमें, गवाह के कथनों [यथा गुमनामी बाबा कैसी मूँछे-दाढ़ी रखते थे ... इत्यादि] के अनुरूप, कुछ परिवर्तन किए। इस प्रकार; नेताजी की मूल छवि पर आधारित यह काल्पनिक चित्र तैयार हुआ; जिसको *हिन्दुस्तान टाइम्स* की वेबसाइट पर जारी कर दिया गया। ऐसा करते समय, नेताजी के असली फोटो को भी वहीं संयोजित कर दिया गया; ताकि पाठकों को यह ज्ञात रहे कि काल्पनिक चित्र का आधार वह

वास्तविक चित्र ही था। अन्ततः सभी सन्देहों की सम्भावनाओं को निरस्त करने के लिए इस चित्रयुग्म के नीचे काल्पनिक एवं वास्तविक के भेद का स्पष्ट उल्लेख भी किया गया; जो कि निम्नांकित चित्र में सर्वथा द्रष्टव्य है।

Artist's impression of Bhagwanji based on eyewitnesses' accounts. On the left is a late 1930s picture of Netaji Subhas Chandra Bose.

24 अप्रैल 2002 को *हिन्दुस्तान टाइम्स* के मुद्रित संस्करण में अनुज धर के आलेख के साथ यह काल्पनिक चित्र भी प्रकाशित हुआ और वहाँ भी इसके काल्पनिक होने का स्पष्टतम उल्लेख किया गया। दूसरे शब्दों में कहें, तो *हिन्दुस्तान टाइम्स* और अनुज धर—दोनों ने ही कभी यह नहीं कहा कि गुमनामी बाबा की वह [काल्पनिक] छवि एक असली चित्र था। किन्तु यह बोस परिवार का एक पाखण्डपूर्ण वितण्डा ही था; जिसके अन्तर्गत उन्होंने *हिन्दुस्तान टाइम्स* के उक्त संयुक्त चित्र को, चित्रकार (सिद्धार्थ घोष) के नाम और फोटो कैप्शन को हटाकर, कोलकाता प्रेस क्लब में पत्रकारों के समक्ष प्रचारित करके मिशन नेताजी की छवि को धूमिल करने का कुत्सित प्रयास किया।

सच्चाई यह है कि हमारी पूर्वप्रकाशित पुस्तकों, देश-विदेश में दिए गए भाषणों, सार्वजनिक Twitter ट्वीट्स एवं Facebook पोस्टों सहित YouTube

वीडियोस में कहीं और कभी भी हमने सिद्धार्थ घोष कृत काल्पनिक चित्र को गुमनामी बाबा का वास्तविक नहीं बताया। ऐसी मूर्खता करना असम्भव था; क्योंकि *हिन्दुस्तान टाइम्स* में जो कुछ भी हुआ था, उसमें सह लेखक स्वयं सम्मिलित थे। और यह सोचना भी सर्वथा हास्यास्पद होगा कि *हिन्दुस्तान टाइम्स* जैसा प्रतिष्ठित राष्ट्रीय समाचारपत्र; जिसका इतिहास स्वतन्त्रता-आन्दोलन से जुड़ा हुआ है, ऐसी भूल करेगा।

वस्तुतः कोलकाता प्रेस क्लब में बोस परिवार ने जो कुछ भी किया, वह हमारे प्रति क्रियान्वित उनके मनोवैज्ञानिक युद्ध का एक अंग था। उस पूरे प्रकल्प का एकमात्र उद्देश्य था—किसी भी तरह से गुमनामी-बाबा-प्रकरण को झुटलाना अथवा सदा के लिए दबा देना। वहीं; भारत सरकार की रणनीति भी कुछ इसी तरह की थी। इसका ज्वलन्त उदाहरण था—मुखर्जी आयोग की जांच के दौरान हुई सरकारी फ़ॉरेन्सिक धोखाधड़ी; जिसके अन्तर्गत झूठी DNA और हस्तलेख रिपोर्टों को प्रस्तुत किया गया। शोचनीय है कि जस्टिस सहाय ने भी इस छल का संरक्षण किया। कारण कि उन्होंने, सर्वाधिकार-सम्पन्न होते हुए भी, उन प्रार्थनाओं की उपेक्षा की; जिसमें उनसे यह विनती की गई थी कि वे इस प्रकरण की तह तक जाएँ। सहाय अवश्य ही यह कह सकते हैं कि उनकी जांच कानून की कसौटी पर खरी थी। किन्तु जब जनता के समक्ष सभी तथ्य विस्तरशः रख दिए जाएँगे, तब उन (लोगों) को सहाय की सभी गतिविधियाँ कानून की आड़ में हुए किसी ढकोसले से कम नहीं दिखेंगी।

हम लेखकों का मानना है कि जस्टिस सहाय ने जस्टिस मुखर्जी की गवाही इसीलिए नहीं ली; क्योंकि हमने अपनी निजी भेंट में सहाय के समक्ष मुखर्जी का मन्तव्य [कि उनको पूर्ण सन्देह था कि उनके समक्ष प्रस्तुत की गई सरकारी DNA और हस्तलेख रिपोर्टों में कुछ गड़बड़ी की गई थी] को अभिव्यक्त कर दिया था। यदि सहाय मुखर्जी की गवाही लेते और यह प्रसंग उपस्थित होता, तो उन्हें विवश होकर इस फ़ॉरेन्सिक धोखाधड़ी की जांच करनी पड़ती। हमारे द्वारा इंगित [उक्त] बिन्दु के अतिरिक्त भी सहाय के पास ऐसे अनेक कारण थे; जो इस आरोप की पुनः जांच करवाने हेतु पर्याप्त थे। मुखर्जी आयोग की रिपोर्ट;

जिसको सहाय ने अपनी रिपोर्ट में बहुशः उद्धृत किया है, में अनेक बार यह दर्शाया गया है कि केन्द्र सरकार की मंशा सदा से ही दुर्भावपूर्ण थी। स्वयं जस्टिस मुखर्जी का कथन है कि वे 100% आश्वस्त थे, गुमनामी बाबा नेताजी ही थे। कोई भी सज्जन YouTube पर उस विडियो को देख सकते हैं।

भारतीय जनता जस्टिस सहाय से सत्य सुनने की अभिलाषी थी, न कि कानून की दृष्टि में उचित प्रतीत होने वाली एक रिपोर्ट; जिसमें वर्णित अन्तिम निष्कर्ष 1985 में पुलिस की आधी-अधूरी जांच से प्राप्त निष्कर्ष से भिन्न नहीं था। यदि विचार करें, तो 1975 में देश पर आपातकाल (इमरजेन्सी) थोपना भी कानून की दृष्टि में ठीक ही था! जस्टिस सहाय ने अपनी जांच उस समय की; जब परिस्थितियाँ मुखर्जी के जांचकाल की अपेक्षा अधिक अनुकूल थीं। यदि सहाय मुखर्जी की गवाही ले लेते, तो उनके लिए अपनी रिपोर्ट में अपने उस मनोनीत निष्कर्ष को लिखना अत्यन्त दुरूह हो जाता; जिसपर वे आयोग की जांच के आरम्भ से पूर्व ही पहुँच चुके थे।

किन्तु आप यह पूछ सकते हैं कि DNA-परीक्षण को सन्दिग्ध कैसे माना जा सकता है? वह तो विशुद्ध वैज्ञानिक जांच प्रक्रिया है। निःसन्देह, DNA-परीक्षण पूर्णतः वैज्ञानिक, विश्वस्त एवं अनिन्दित होते हैं। किन्तु यह भी परम सत्य है कि राजनीति विज्ञान (Political Science) अन्य सभी विज्ञानों एवं विद्याओं से श्रेष्ठतर है—विशेषतः भ्रष्ट समाजों में। भारत में अनेक बार DNA-जांच प्रक्रिया की विश्वसनीयता पर प्रश्नचिह्न लगाए जा चुके है, और वे भी ऐसे प्रकरणों में; जो नेताजी मृत्यु रहस्य के समक्ष रत्तीभर महत्त्व नहीं रखते। उदाहरण: 2003 में तीन पुलिस अधिकारी एवं दो डॉक्टर, कश्मीर-स्थित चत्तीसिंहपुरा के नरसंहार में मारे गए पाँच निर्दोष लोगों के DNA-प्रतिरूपों को छलपूर्वक परिवर्तित करने हेतु, दोषी पाए गए थे।

यदि नवीन उदाहरणों की बात करें, तो 8 अगस्त 2018 के *टाइम्स ऑफ़ इण्डिया* (TOI) में यह प्रकाशित हुआ कि दिल्ली उच्च न्यायालय ने CBI को दिल्ली के रोहिणी में स्थित फ़ॉरेन्सिक साइन्स लेबोरेटरी (FSL) की कार्यप्रणाली की जांच हेतु आदेश दिया। न्यायालय ने पाया था कि "FSL ने समय-समय पर

झूठी DNA-रिपोर्टें प्रस्तुत की थीं; ताकि दोषियों को निर्दोष सिद्ध किया जा सके। जबकि अन्य उपलब्ध प्रमाण उन लोगों को दोषी सिद्ध कर रहे थे"। तदनन्तर CBI-जांच हुई और सितम्बर 2019 में इण्डियन एक्स्प्रेस सहित अन्य मीडिया में यह समाचार छपा कि CBI ने बलात्कार-आरोपी को निर्दोष सिद्ध करने हेतु झूठी DNA-रिपोर्ट बनाने वाले FSL के उपनिदेशक एवं उच्चाधिकारियों पर केस दायर किया है।

CBI ने ही जून 2021 में एक सनसनीखेज़ खुलासा किया; जो कि साल 2010 में पश्चिम बंगाल के पश्चिमी मिदनापुर में हुए ज्ञानेश्वरी ट्रेन हादसे से जुड़ा था। इस हादसे में 148 यात्री दिवंगत हुए थे तथा मृतकों की सूची में अमृतवन चौधरी का भी नामोल्लेख था। जांच में CBI अफ़सरों ने पाया कि CFSL कोलकाता कृत DNA प्रोफाइलिंग परीक्षण के माध्यम से चौधरी मृत घोषित हो चुका था; जिसके बाद उसके परिवार को मुआवज़े के चार लाख रुपये और उसकी बहन को केन्द्र सरकार की एक नौकरी दी गई थी।

20 जून को CBI ने उत्तर कोलकाता के ज़ोरबागान क्षेत्र से अमृतवन चौधरी को गिरफ्तार किया। CBI की FIR में लिखा गया कि अमृतवन को झूठी DNA-परीक्षण रिपोर्ट के माध्यम से मृत बनाया गया था। एक CBI अधिकारी ने द *टेलीग्राफ* नाम्क अंग्रेजी दैनिक समाचारपत्र को यह बताया कि चौधरी के परिवार ने सरकारी अधिकारियों के साथ मिलकर इस झूठी रिपोर्ट को बनवा लिया था। विचार कीजिए! जब एक मध्यमवर्गीय परिवार के लिए एक झूठी DNA-रिपोर्ट बनवाना सुगम हो सकता है, तब भारत सरकार के लिए नेताजी प्रकरण में इस कार्य को सम्पादित करना कितना दुरूह होगा; जबकि यह सर्वविदित है कि सरकार जनता के प्रति सत्य को उजागर करने के पक्ष में नहीं है?

हमारी केन्द्रीय फ़ॉरेन्सिक प्रयोगशालाओं की प्रतिष्ठा वैसी नहीं है, जैसी अमेरिका और यूरोप की प्रयोगशालाओं की है। और इसीलिए देसी प्रयोगशालाओं के प्रत्येक निष्कर्ष को ब्रह्मवाक्य नहीं माना जा सकता—और वह भी राजनैतिक दृष्टि से महत्त्वपूर्ण प्रकरणों में। लगभग 1999 में CFSL ने जम्मू-कश्मीर में आतंकियों द्वारा अपहृत पॉल वेल्स नामक एक ब्रिटिश नागरिक की कथित अस्थियों

की DNA-जांच की थी। जनवरी 2000 में लन्दन से प्रकाशित समाचारपत्र *द इण्डिपेण्डेण्ट* में प्रकाशित एक आलेख के अनुसार; जम्मू-कश्मीर पुलिस ने यह घोषणा कर दी कि "नई दिल्ली एवं कोलकाता के CFSL वैज्ञानिकों के मतानुसार; उनके पास प्रेषित अस्थि-प्रतिरूप एवं अन्य देहावयव निःसन्देह श्रीमान् वेल्स के ही हैं"। CFSL प्रयोगशालाओं के निष्कर्ष की पुष्टि हेतु अंग्रेज़ों ने स्वयं पुनः जांच करना उचित समझा। परिणामतः फ़ॉरेन एण्ड कॉमन्वेल्थ ऑफ़िस (ब्रिटिश विदेश मन्त्रालय) ने कालान्तर में यह घोषित कर दिया कि ब्रिटिश फ़ॉरेन्सिक वैज्ञानिकों के निष्कर्ष के अनुसार; वे अस्थियाँ पॉल वेल्स की नहीं थीं।

थोड़ी देर के लिए कल्पना कीजिए: यदि पॉल वेल्स से जुड़ी ब्रिटिश और भारतीय DNA रिपोर्टों में से किसी एक का चयन करना पड़े, तो राष्ट्रभक्ति से भावित होकर हम-जैसे साधारण नागरिक [जिनकी समाज में कोई हैसियत नहीं है] कदाचित् अपने देश की रिपोर्ट का पक्ष लेंगे; किन्तु समूचा विश्व केवल अंग्रेज़ी रिपोर्ट का ही अनुकरण करेगा। विदेशियों की बात तो छोड़िए! हमारे "अपने" लगभग सभी सम्भ्रान्त लोग (बुद्धिजीवी, राजनेता, उच्चाधिकारी, वरिष्ठ पत्रकार इत्यादि)—जिनके वंशज मुम्बई अथवा दिल्ली की अपेक्षा लन्दन अथवा न्यूयॉर्क में उच्च शिक्षा प्राप्त करने और वहीं स्थायीरूप से बस जाने की इच्छुक हैं, वे सब—भी विदेशी रिपोर्ट के हाथ में आते ही देसी रिपोर्ट को कूड़ेदान में फेंक देंगे। यही कारण है कि प्रत्येक अतिमहत्त्वपूर्ण प्रकरण में जांच का प्रसंग आते ही सभी लोग विदेशी विशेषज्ञों के किवाड़ खटखटाते हैं। ऐसा इसीलिए होता है; क्योंकि विदेशी विशेषज्ञ न केवल अधिक विद्वान् माने जाते हैं, बल्कि वे अत्यधिक विश्वसनीय भी होते हैं। दुर्भाग्यवश भ्रष्टाचार के सन्दर्भ में भारत अग्रणियों में से एक भी रहा है। कदाचित् आप सुनन्दा पुष्कर मृत्यु प्रकरण से सुपरिचित होंगे; जिसमें फ़ॉरेन्सिक परीक्षण इंग्लैण्ड और अमेरिका में करवाए गए थे। भँवरी देवी हत्याकाण्ड में DNA-परीक्षण अमेरिका की FBI प्रयोगशाला में सम्पादित हुआ था।

सीधे गुमनामी बाबा DNA-परीक्षण की बात करें, तो यहाँ अनेक पारिस्थितिक एवं वैज्ञानिक कारण स्फुट दृष्टिगोचर होते हैं; जिनसे उन (रिपोर्टों) के साथ गड़बड़ी होना संकेतित होता है। यह पूर्वोल्लिखित है कि गुमनामी बाबा के [कथित] सात दाँतों

को सर्वप्रथम मुखर्जी आयोग के द्वारा CDFD (हैदराबाद) एवं तदनन्तर CFSL (कोलकाता) में परीक्षणार्थ भेजा गया था। CDFD की रिपोर्ट अनिर्णीत थी; जबकि CFSL की रिपोर्ट नकारात्मक थी—कि गुमनामी बाबा नेताजी नहीं थे। CFSL की 11 जून 2004 की रिपोर्ट पर यह स्पष्टतः लिखा गया था कि यह "Secret/गोपनीय" थी और इसको आयोग के पास एक सीलबन्द पैकेज़ में भेजा गया था। यह सब हमें इसीलिए सुविदित हैं; क्योंकि हमने कालान्तर में इन दोनों DNA-रिपोर्टों को RTI द्वारा गृह मन्त्रालय से अत्यन्त परिश्रमपूर्वक प्राप्त किया था।

From the morphological examination and analysis of SRY gene, mt DNA (HVS I & HVS II), and Y-STR loci in the forwarded Exhibits 1-10, it can be concluded that forwarded teeth – (Exhibits 2 to 4) belong to a single human aged male individual – (alleged Gumnami Baba). The individual – source of the teeth does not belong to either maternal or paternal DNA lineage of Netaji Subhash Chandra Bose, therefore, can not be of Netaji Subhash Chandra Bose.

The remnants of teeth (Exhibits 1-5) & blood samples (Exhibit 6 –10) are returned in close sealed packet. The impression of specimen seal used in remnant packets is affixed below:

(IMPRESSION OF SPECIMEN SEAL)

11/6/04

(V.K. KASHYAP, *Ph.D.*, FNASc.)
DNA Expert*
DIRECTOR, CFSL, Kolkata

Encls:
i) Photographs: I, II-a, II-b, III & IV
ii) Table – I & II
iii) Appendix – I to V
iv) Annexure I to VI

** C.V. enclosed (Annexure-VII)*

DIRECTOR
Cum-Chemical Examiner
Central Forensic Science Laboratory
Directorate of Forensic Sciences
Ministry of Home Affairs, Govt. of India
Kolkata - 700 014

[CFSL रिपोर्ट का प्रासंगिक पृष्ठ, उसके निदेशक द्वारा 11 जून 2004 को हस्ताक्षरित]

अब एक अत्यन्त मनोरंजक कहानी पर आपको ले चलते हैं। मुखर्जी आयोग को उक्त गोपनीय रिपोर्ट प्राप्त होने के छः माह पूर्व [अर्थात् दिसम्बर 2003 में] *आनंद बाजार पत्रिका* (ABP) नामक सुविख्यात बंगाली दैनिक समाचारपत्र में एक लेख छपा; जिसमें यह रहस्य उद्घाटित हुआ कि DNA-

परीक्षण से यह सिद्ध हो चुका है कि "गुमनामी बाबा कदापि नेताजी नहीं थे"।

ডিএনএ পরীক্ষায় মার্কিন সেনার কেন্দ্রে আর্জি জানাবে নেতাজি কমিশন

নির্মাল্য মুখোপাধ্যায়

জাপানের রেনকোজি মন্দিরে রাখা দেহাবশেষের ডি এন এ পরীক্ষা করানোর জন্য মার্কিন সেনাবাহিনীর ডি এন এ গবেষণা কেন্দ্রের কাছে সাহায্য চেয়ে ফের যোগাযোগ করবে নেতাজি কমিশন। কমিশনের সচিব পি কে সেনগুপ্ত এখনই বিষয়টি বিশদ ভাবে জানাতে রাজি নন। মঙ্গলবার তিনি বলেন, "এখনই বিস্তারিত ভাবে কিছু বলব না। শুধু এটুকু বলতে পারি যে, সাদ্দাম হুসেন ধরা পড়ার পরে নিশ্চিত ভাবেই ইরাকের পরিস্থিতি বদলাবে। আমরা আশা করি, এর পরে মার্কিন বাহিনীর ডি এন এ গবেষণা কেন্দ্রের সাহায্য পেতে অসুবিধা হবে না।"

কিছু দিন আগেই ওই মার্কিন গবেষণা কেন্দ্রের পক্ষ থেকে কমিশনকে জানিয়ে দেওয়া হয়েছিল, ইরাক নিয়েই তাঁরা ব্যস্ত, তাই দেহাবশেষের ডি এন এ পরীক্ষার ব্যাপারে কোনও ভাবেই সাহায্য করা যাবে না। তার প্রধান দু'টি কারণ ইরাকে মার্কিন সেনার অবস্থিতি এবং সাদ্দাম হুসেনের নিখোঁজ হওয়া। তখনও পর্যন্ত ধরা পড়েননি সাদ্দাম। দু'দিন আগেই ইরাকের তিকরিতে সাদ্দাম পাকড়াও হওয়ায় পরিস্থিতির পরিবর্তন হয়েছে বলে মনে করছে কমিশন। তাই কমিশন মার্কিন বাহিনীর ওই ডি এন এ গবেষণা কেন্দ্রের সঙ্গে নতুন ভাবে যোগাযোগ স্থাপন করতে উদ্যোগী হয়েছে। ধরা পড়ার পরে ওই কেন্দ্রের সাহায্যেই সাদ্দামের পরিচয় নিশ্চিত করতে ডি এন এ পরীক্ষা করিয়েছে মার্কিন বাহিনী।

মার্কিন বাহিনীর ওই ডি এন এ গবেষণা কেন্দ্রের ব্যাপারে কমিশনকে খোলা সার্টিফিকেট দিয়েছে ওই বিষয়ে ভারতের তিন গবেষণা কেন্দ্র— হায়দরাবাদের সি ডি এফ ডি এবং সেন্টার ফর মালিকিউলার বায়োলজি (সি এম বি) এবং কলকাতার সেন্ট্রাল ফরেন্সিক সায়েন্স ল্যাবরেটরি (সি এফ এস এল)। ওই তিন সংস্থার পক্ষ থেকে কমিশনকে জানানো হয়েছে, মার্কিন বাহিনীর ডি এন এ গবেষণাগার বিশ্বের অন্যতম শ্রেষ্ঠ। সেখান থেকে দেহাবশেষের ডি এন এ পরীক্ষা করালে যথার্থ ফলাফল জানা যাবে।

তবে ইউরোপ ও আমেরিকার বিভিন্ন সংস্থার কাছ থেকেও এই ব্যাপারে ইতিবাচক সাড়া পেয়েছে কমিশন। তাদের বিষয়টিও খতিয়ে দেখা হচ্ছে। বার্মিংহ্যাম স্টেট ফরেন্সিক সার্ভিস থেকে ডি এন এ পরীক্ষার দায়িত্ব নেওয়ার জন্য সেখানকার প্রতিনিধিরা ভারতে আসতে আগ্রহী বলে জানানো হয়েছে। ব্রিটেন, জার্মানি থেকেও এই ব্যাপারে আগ্রহ প্রকাশ করে বেশ কয়েকটি চিঠি এসেছে।

চলতি বছরেই দেহাবশেষের ডি এন এ পরীক্ষার কাজ শুরু করতে চায় কমিশন। নেতাজি বলে প্রচারিত উত্তরপ্রদেশের ফৈজাবাদের 'গুমনামি' বাবার ব্যবহৃত জিনিসপত্রের ডি এন এ পরীক্ষায় সুভাষচন্দ্র বসুর সঙ্গে কোনও মিল পায়নি কমিশন। গুমনামি বাবা যে কোনও ভাবেই নেতাজি নন, তা প্রমাণিত হয়ে গিয়েছে। কমিশন ডি এন এ পরীক্ষার জন্য নেতাজির মা প্রভাবতী দেবীর বংশের তিন জনের এবং বাবা জানকীনাথ বসুর বংশের দু'জনের রক্তের নমুনা সংগ্রহ করেছে।

রেনকোজি মন্দিরে রাখা দেহাবশেষের মধ্যে দাঁত এবং কিছু হাড়ের খোঁজ পেয়েছে কমিশন। সেই ছবিও তুলে নিয়ে এসেছে তারা। ডি এন এ বিশেষজ্ঞদের মতে, কেবল ছাই থাকলে ওই দেহাবশেষের কোনও গবেষণামূলক পরীক্ষা করা সম্ভব হত না। কারণ, ছাইয়ের ডি এন পরীক্ষা হয় না।

[आनन्द बाज़ार पत्रिका, 21 दिसम्बर 2003]

दिसम्बर 2003 में *आनन्द बाज़ार पत्रिका* में जब यह आलेख प्रकाशित हुआ, तब मुखर्जी आयोग कार्यरत था। आयोग ने उक्त समाचार को अपनी जांच में बाधक मानते हुए प्रेस कौंसिल ऑफ़ इण्डिया में ABP की शिकायत की। इसके उपलक्ष्य में [कालान्तर में] ABP के प्रमुख कानूनी सलाहकार ने प्रेस कौंसिल के समक्ष उपस्थित होकर कहा कि उनके समाचारपत्र में छपा वह दावा खोजी पत्रकारिता से प्राप्त हुआ है, अतः उसको एक "स्कूप" या "अंदर की खबर" ही समझा जाए; जिसकी "वास्तविकता" से ABP पूर्ण आश्वस्त था। उसने यह भी कहा कि ABP के समाचार पर जून 2004 में तब मोहर लग गई; जब जस्टिस मुखर्जी ने DNA-रिपोर्टों को सार्वजनिक कर दिया और सभी को यह ज्ञात हो गया कि DNA-परीक्षण का परिणाम नकारात्मक था।

ABP द्वारा दिए गए इस स्पष्टीकरण को सुनकर प्रेस कौंसिल ने उसको युक्तियुक्त बताया और अपने आदेश में लिखा: "ऐसा कहना कि मीडिया को किसी गोपनीय सूचना को तब तक प्रकाशित नहीं करना चाहिए; जब तक कि वह आधिकारिक तौर पर घोषित न हो जाए—खोजी पत्रकारिता के मूल सिद्धान्तों का हनन होगा; और कहें, तो पत्रकारिता के उद्देश्य का भी।"

खोजी पत्रकारिता से भला किसको समस्या हो सकता है? किन्तु यहाँ तो कुछ और ही खिचड़ी पक रही थी। तत्कालीन समाचारपत्र यह इंगित करते हैं कि मुखर्जी आयोग की जांच के दौरान CFSL का मीडिया के साथ सम्पर्क बना हुआ था। यह सामान्य बात है कि गोपनीय सरकारी रिपोर्टें प्रकाशित हो जाती है, अथवा आयोग के निष्कर्ष पत्रकारों को पूर्वज्ञात हो जाते है। किन्तु ये सब तभी सम्भव है; जब सरकारी या आयोगों के रिपोर्टें लिखी जा चुकी हो; अथवा उनके निष्कर्षों को उपस्थापित किया जा चुका हो। तो फिर ABP को DNA-परीक्षण पूर्ण होने से छः माह पूर्व यह सूचना कहाँ से मिल गई कि उसका निष्कर्ष क्या आने वाला था? दिसम्बर 2003 में तो परीक्षण का आरम्भ भी नहीं हुआ था। क्या ABP के पास कोई भविष्यदर्शी यन्त्र या फिर टाइम मशीन थी; जिससे उन्होंने भविष्य में होने वाली घटना को देख लिया?

जस्टिस सहाय को दाल में कुछ काला नहीं दिखा और उन्होंने हमारे अनुरोधों को दरकिनार करते हुए इस प्रकरण को पीछे छोड़ना ही उचित समझा। बंगाली मीडिया ने भी कुछ ऐसा ही किया; किन्तु उसका रहस्य तो कुछ और ही था। ABP ग्रुप बंगाल का सर्वाधिक प्रतिष्ठित मीडिया समूह है। सभी पत्रकारबन्धु वहाँ नौकरी पाना चाहते है, इसीलिए उनकी चुप्पी सर्वथा अनपेक्षित नहीं थी। भारत सरकार का मौन भी स्पष्ट ही था। किन्तु कल्पना कीजिए! यदि यह प्रकरण, गुमनामी बाबा से सम्बद्ध न होकर, किसी सन्दिग्ध आतंकवादी या अर्बन नक्सल (Urban Naxal) से जुड़ा होता; तो मीडिया, बुद्धिजीवी, उच्चतम अधिवक्ता सहित अनेक प्रतिष्ठित नागरिकों ने अँगारे बरसा दिए होते। अपने देश की तो कहीं गणना ही नहीं है! अब तक विश्वभर में कोहराम मच गया होता कि भारत सरकार की एक लेबोरेटरी ने एक नकली DNA-रिपोर्ट का प्रयोगकर सत्य के

मार्ग में रोड़ा अटकाया है। सृष्टि में अब तक ऐसा कोई विज्ञान नहीं बना है; जिससे आप एक DNA-परीक्षण के होने के छः माह पूर्व यह जान सकें कि उसका परिणाम क्या होगा। ऐसा केवल "राजनीतिक विज्ञान" से ही सम्भव है।

सत्य के अन्वेषण हेतु लेखकों ने CDFD एवं CFSL की रिपोर्टों का अनेक DNA विशेषज्ञों से पुनर्निरीक्षण करवाया। उन विशेषज्ञों में से कुछ तो सरकारी प्रयोगशालाओं की कार्यशैली से भी सुपरिचित थे। डॉ. महर्षि कृष्ण देब [जिन्होंने भारत, जर्मनी एवं US (कैलीफ़ोर्निया-स्थित स्टैनफ़ॉर्ड इन्स्टीट्यूट फ़ॉर स्टेम सेल बायोलोजी एण्ड रीजेनरेटिव मेडिसिन) के अग्रणी संस्थानों में अपनी सेवाएँ दी हैं] ने CDFD रिपोर्ट का अवलोकन किया। CDFD ने अपने पास उपलब्ध [सात में से] केवल दो दाँतों का ही परीक्षण किया तथा उसके मतानुसार; केवल एक दाँत से ही DNA निकला था और उसका भी आंशिक विश्लेषण ही हो पाया था। कारण कि उसमें सन्निहित एवं परीक्षित [नौ में से] केवल तीन बिन्दुपथों (अमुक गुणसूत्र में विद्यमान वंशाणुओं की स्थिति) का ही कर्षण हो सका था; जो कि किसी प्रामाणिक जांच हेतु अपर्याप्त था। अतएव CDFD की रिपोर्ट अनिर्णीत थी।

CENTRE FOR DNA FINGERPRINTING AND DIAGNOSTICS

CONCLUSION

Out of the two teeth, only one yielded DNA which could be partially analyzed for fingerprint profiles. Out of 9 loci tested, only 3 amplified whose results are furnished. Based on only 3 loci, no opinion can be formed.

[SPR PRASAD]
Senior Technical Examiner

ENCLOSURES

1) Figure-1 – Genescan image
2) Figure-2 – Genotype
3) Table-1 – Genotype data
4) Identification forms

विचारणीय है कि यदि ऐसी ही बात थी, तो CDFD ने तीसरे अथवा चौथे दाँत का प्रयोग क्यों नहीं किया? डॉ. देब को यह बात कुछ विस्मयकारी लगी।

जहाँ तक उन्हें समझ आया, CDFD परीक्षण को बलात् किसी निष्कर्ष तक नहीं पहुँचने दिया गया। उन्होंने यह भी पाया कि रिपोर्ट में बचे हुए अन्य छः बिन्दुपथों के कर्षित न हो पाने का कोई कारण नहीं लिखा गया था; जो कि स्वयमेव आश्चर्यजनक है।

प्रसंगवश आरुषि तलवार एवं हेमराज हत्याकाण्ड में इलाहाबाद उच्च न्यायालय का अक्टूबर 2017 को प्रस्तुत निर्णय का वह अंश उद्धृत करने-योग्य है; जिसमें न्यायालय ने CBI द्वारा जान-बूझकर एक महत्त्वपूर्ण साक्ष्य से छेड़छाड़ करने पर अपना असन्तोष जताया है। कोर्ट ने अपने आदेश में लिखा कि तलवार दम्पत्ति के कम्पाउण्डर के घर से एक तकिया बरामद हुआ था; जिसपर कुछ सन्देहास्पद चिह्न विद्यमान थे। उस तकिए को जांच के लिए CDFD भेजा गया; जहाँ से प्राप्त रिपोर्ट के अनुसार उसपर हेमराज का DNA मिला था। किन्तु तीन साल बाद; CDFD ने कहा कि उनकी रिपोर्ट में भूलवश यह अनुचित निष्कर्ष लिखा गया था। संयोगवश जिस सीनियर टेक्निकल एग्जामिनर (वरिष्ठ तकनीकी परीक्षक) से यह भूल हुई थी; उसी ने 2003 में गुमनामी बाबा के दाँतों का परीक्षण भी किया था।

न्यायालय ने CDFD की विश्वसनीयता की धज्जियाँ उड़ाते हुए अपने आदेश में लिखा कि "भूल होने की कोई गुँजाइश नहीं थी"। हुआ यूँ था कि CBI के एक IO (जांच अधिकारी) ने उस परीक्षक को एक पत्र लिखा था; जिसमें CDFD रिपोर्ट की भूल को इंगित किया गया था; जिसके अन्तर्निहित संकेत को समझते हुए उस परीक्षक ने अपनी "भूल" को स्वीकार कर लिया। आशा है कि आप समझ चुके होंगे कि कैसे की जाती है "वैज्ञानिक" जांच!

वहीं एक अन्य विशेषज्ञ (सरकारी प्रयोगशाला में कार्यरत तथा अपने नामोल्लेख के अनिच्छुक) ने गुमनामी बाबा-विषयक CFSL की रिपोर्ट के पन्नों को पलटते हुए हमसे पूछा, "इसका इलेक्ट्रोफ़ेरोग्राम कहाँ है?" जैसा कि विगत अध्याय में उल्लिखित है, इलेक्ट्रोफ़ेरोग्राम DNA प्रोफाइलिंग का एक रेखाचित्रीय प्रस्तुतिकरण होता है; जो स्वचालित एवं अत्यधिक परिष्कृत वैज्ञानिक यन्त्रों से निकाला जाता है। उस इलेक्ट्रोफ़ेरोग्राम या रॉ डेटा (Raw

Data) का अध्ययन करके ही विशेषज्ञ लोग किसी DNA-परीक्षण के निष्कर्ष पर पहुँचते हैं। मुखर्जी आयोग के समक्ष प्रस्तुत CDFD रिपोर्ट में इलेक्ट्रोफ़ेरोग्राम संकलित था; जबकि CFSL द्वारा प्रदत्त रिपोर्ट में वह था ही नहीं। इलेक्ट्रोफ़ेरोग्राम का DNA-रिपोर्ट से वैसा ही सम्बन्ध है; जैसा एक अण्डे का मुर्गी से होता है। बिना अण्डे के मुर्गी नहीं हो सकती और बिना इलेक्ट्रोफ़ेरोग्राम के DNA-रिपोर्ट बनाना असम्भव है।

इसीलिए, हमने 2017 में एक RTI याचिका दायर करके CFSL से उस इलेक्ट्रोफ़ेरोग्राम की प्रामाणिक प्रति माँगी। अब चूंकि CFSL यह "निष्कर्ष" निकाल चुका था कि गुमनामी बाबा नेताजी नहीं थे [जिसका आशय है कि वे बाबा कोई सामान्य व्यक्ति रहे होंगे], तो उनको हमें उस इलेक्ट्रोफ़ेरोग्राम की प्रति देने में कोई संकोच नहीं होना चाहिए था। कारण कि किसी सामान्य व्यक्ति की तो कोई बिसात होती नहीं है। किन्तु, CFSL ने हमें इलेक्ट्रोफ़ेरोग्राम की प्रति देने से स्पष्ट मना कर दिया और कहा कि वह एक "गोपनीय" वस्तु है। हमने RTI अधिनियम अनुसार; पुनः अपील की, किन्तु प्रत्युत्तर में CFSL के निदेशक ने यह प्रतिक्रिया दी कि उनका पूर्व प्रत्युत्तर समुचित था। दो वर्षों के बाद [अर्थात् 2019 में] हमारे साथी सायक सेन ने एक नवीन RTI याचिका दायर की और उसी इलेक्ट्रोफ़ेरोग्राम की प्रति को पुनः माँगा। तब यह उत्तर मिला कि वह तो CFSL के पास "अनुपलब्ध" है। इस उत्तर ने गुमनामी बाबा DNA-परीक्षण की विश्वसनीयता की जड़ों को हिला दिया और, विलम्बित ही सही किन्तु पहली बार, राष्ट्रीय मीडिया में एक नई बहस छिड़ गई। *इण्डियन एक्सप्रेस* के शब्दों में: "गुमनामी बाबा—जो अनेक लोगों के दावे के अनुसार स्वयं नेताजी थे, उन—की असली पहचान का रहस्य और भी गहन हो गया है; क्योंकि CFSL (कोलकाता) का कहना है कि उस साधु के दाँतों का कोई इलेक्ट्रोफ़ेरोग्राम उनके पास नहीं है।"

इस विषय पर सर्वश्रेष्ठ टी.वी. बहस अंग्रेजी चैनल CNN-IBN पर इसके कार्यकारी सम्पादक आनन्द नरसिंहन् द्वारा करवाई गई। सायक सेन, चन्द्रकुमार बोस (बोस परिवार के प्रवक्ता), एक BJP प्रवक्ता एवं लेखकों सहित अन्य

CENTRAL FORENSIC SCIENCE LABORATORY
DIRECTORATE OF FORENSIC SCIENCE SERVICES
MINISTRY OF HOME AFFAIRS, GOVT. OF INDIA
30, GORACHAND ROAD
KOLKATA – 700 014

No. CFSL(K)/19-20/II/RTI-55/SS/1475 Date: 04.02.2020

To
Mr. Sayak Sen,

Nabagram,
PIN- 712246
West Bengal.

Sub: Information under RTI Act., 2005.

Sir,

Please refer to your online RTI application vide Registration No. DIRFS/R/E/20/00002 dated 05.01.2020 and the required information is furnished below:

1. The Electropherogram Report of this case is not available at CFSL, Kolkata.

[सायक सेन को भेजा गया CFSL कोलकाता का RTI जवाब]

मनीषियों ने इसमें भाग लिया। चर्चा का विषय था: क्या DNA-रिपोर्ट में कोई हेराफ़ेरी हुई थी? प्रारम्भिक टिप्पणियाँ करने वाले थे—काशी हिन्दू विश्वविद्यालय (BHU) के प्रो. ज्ञानेश्वर चौबे; जो DNA-अनुक्रमण, आनुवंशिकी एवं तद्विश्लेषण आदि विषयों के प्रख्यात विशेषज्ञ हैं। प्रो. चौबे ने कहा कि उन्होंने लेखकों द्वारा प्रेषित CFSL की रिपोर्ट की एक प्रति का सिंहावलोकन किया और उससे उनको "झटका" लगा। उन्हीं के शब्दों में: "मैंने कभी यह कल्पना नहीं की थी कि ऐसी कोई रिपोर्ट भी कभी मेरी दृष्टि में आएगी ... इसमें अधिकांश विवरण त्रुटिपूर्ण हैं ... मुझे इस बात की वेदना है कि एक वैज्ञानिक के तौर पर मुझे ऐसी किसी रिपोर्ट को देखना पड़ रहा है।" तदनन्तर प्रो. चौबे ने नरसिंहन् द्वारा किए गए सभी प्रश्नों का प्रत्युत्तर विस्तरशः दिया।

इस रहस्योद्घाटन से, स्तब्ध होकर अग्रिम परिप्रश्न करने के स्थान पर, बोस परिवार के प्रवक्ता सहसा भड़क उठे और उन्होंने हम (सायक, चन्द्रचूड़ और अनुज) पर ही मोर्चा खोल दिया: "मैं नहीं जानता कि तुम लोगों के पास सम्पूर्ण रिपोर्ट उपलब्ध है या नहीं।" चन्द्रचूड़ घोष ने ईंट का जवाब पत्थर से देते हुए कहा कि वह रिपोर्ट सम्पूर्ण है तथा उसको RTI द्वारा गृह मन्त्रालय से प्राप्त किया गया था"। "तुम सरकारी संस्थान पर एक गम्भीर आरोप लगा रहे हो"—दोषारोपण की शैली में परिवार-प्रवक्ता ने उग्र गर्जना की। गौरतलब है कि बोस परिवार के लोग नेताजी प्रकरण को लेकर भारत सरकार पर आजीवन गंभीर आरोप लगाते रहे थे।

"हाँ", "हाँ", "हाँ"—हम तीनों ने एक स्वर मैं उत्तर दिया और बोस परिवार के प्रवक्ता से प्रतिप्रश्न किया कि क्या वे सरकार अथवा CFSL के प्रवक्ता थे? इसके उत्तर में परिवार-प्रवक्ता भड़क उठे और चिल्लाते हुए उन्होंने CNN-IBN के सम्पादक पर ही आरोप जड़ दिया कि वे तथ्यों को विकृत कर रहे है। फिर उन्होंने यह भी कहा कि लेखकों को जेल में डाल दिया जाना चाहिए।

नरसिंहन् ने यह स्पष्ट किया कि "चैनल द्वारा CFSL के दृष्टिकोण का संज्ञान लेने हेतु विविध प्रयास किए गए, किन्तु उन्होंने कोई प्रतिक्रिया देने से मना कर दिया"। इस वाद-विवाद में बीजेपी प्रवक्ता मौन बैठे रहे; जबकि इन प्रवक्ताओं के पास संसारभर के विषयों पर टिप्पणियाँ करने की नज़ाकत होती है। जब

नरसिंहन् ने उनसे सीधे-सपाट पूछा कि क्या सरकार इस DNA घोटाले के गम्भीर आरोप का संज्ञान लेगी, तो एक रट्टू-तोते के समान बीजेपी प्रवक्ता ने जस्टिस सहाय आयोग के निष्कर्षों का वाचन आरम्भ कर दिया।

निश्चित ही तत्कालीन CFSL निदेशक भी इस रहस्योद्घाटन के दर्शकों में से एक रहे होंगे। इसीलिए इस विवाद के उठते ही उन्होंने समाचारपत्र *दैनिक जागरण* को यह बताया कि इलेक्ट्रोफ़ैरोग्राम उनके पास उपलब्ध नहीं है, सम्भवतः "वह 2004 में मुखर्जी आयोग के पास भेज दिया गया होगा"। *दैनिक जागरण* संवाददाता ने इसके बाद हमें फ़ोन किया। हमने उन्हें बताया कि हमारे पास CFSL द्वारा मुखर्जी आयोग के प्रति भेजी गई समग्र रिपोर्ट हमारे पास उपलब्ध है, और उसमें न तो इलेक्ट्रोफ़ैरोग्राम है और न ही उसका कोई उल्लेख। ध्यान रहे; किसी DNA-रिपोर्ट के साथ उसका इलेक्ट्रोफ़ैरोग्राम संकलित न होना स्वयं ही एक महान् चिन्तनीय विषय है। DNA-जांच को लेकर घपला किए जाने पर 2019 में CBI ने FSL (दिल्ली) के भूतपूर्व उपनिदेशक के विरुद्ध दायर हुई FIR में उनपर यह आरोप लगाया कि उन्होंने इलेक्ट्रोफ़ैरोग्राम को सुरक्षित नहीं रखा था।

तदुपरान्त एक अद्भुत घटना घटी। CFSL ने सायक सेन को अपना एक नवीन प्रत्युत्तर भेजा; जो कि एक असाधारण बात थी। अब की बार उसमें यह दावा किया गया कि CFSL के पास इलेक्ट्रोफ़ैरोग्राम उपलब्ध है, किन्तु उस अन्यपक्षीय गुप्त जानकारी को किसी के भी साथ साझा नहीं किया जा सकता। सायक सेन ने *हिन्दुस्तान टाइम्स* को यह बताया कि राष्ट्रीय मीडिया में इस प्रकरण को लेकर प्रचारित सनसनाहट का संज्ञान लेकर "CFSL ने अपने मन्तव्य को बदल दिया है"।

गृह मन्त्रालय एवं CFSL के चतुर अधिकारियों ने निश्चय ही यह भाँप लिया होगा कि CFSL (गृह मन्त्रालय द्वारा संचालित) के प्रत्युत्तर को चुनौती देने के लिए हमें पहले केन्द्रीय सूचना आयोग और तत्पश्चात् उच्च न्यायलय में जाना होगा; और इस प्रक्रिया में कई वर्षों भी लग सकते हैं। और इसीलिए CFSL के लिए ऐसा रूख लेना ही सुरक्षित था। पूर्व में भी हम ऐसी समस्या का सामना कर

hindustantimes

CFSL's flip-flop raises more questions about Gumnami Baba

Umesh Raghuvanshi
uraghuvanshi@hindustantimes.com

LUCKNOW: The Central Forensic Science Laboratory (CFSL)-Kolkata has changed its stance on having the electropherogram of the DNA analysis that CFSL conducted on the 'supposed' teeth of Gumnami Baba alias Bhagwanji, whom many believed was Netaji Subhas Chandra Bose.

After earlier informing an RTI activist that the electropherogram report of the case was not available, CFSL Kolkata has admitted the electropherogram report has been found.

In a letter dated February 24, 2020 and sent to RTI activist Sayak Sen, who had sought the information, BP Mishra, CPIO of CFSL-Kolkata said, "In continuation of your online RTI application vide Registration No DIRFS/R/E/20/00002 dated 05.01.20 and our earlier reply letter number CFSL(K)/19-20/20/II/RTI-55/SS/475 dated 04.02.2020, the required information is furnished below: 1. Some additional records related to the RTI application have been found which contain the Electropherogram as sought in this RTI query."

CFSL further said electropherogram cannot be shared with the RTI applicant as the information being sought was related to third party. "This information pertains to the third party, hence it cannot be provided," he said.

On February 4, 2020, CFSL's reply to Sayak Sen was, "The

Gumnami Baba. FILEPHOTO

has raised questions and brings into focus the DNA report, thereby further deepening the mystery over the identity of Gumnami Baba alias Bhagwanji who lived in Ram Bhawan in Civil Lines area of Faizabad (now Ayodhya) before his death on September 16, 1985.

"CFSL has changed its stance obviously after the issue has been highlighted in the national media," said Sayak Sen.

Earlier, the Justice Vishnu Sahai commission, which was set up to ascertain the identity of Gumnami Baba alias Bhagwanji, in its report submitted to the state government on September 19, 2017 concluded that Gumnami Baba alias Subhas Chandra Bose was not Netaji Subhas Chandra Bose.

The Sahai commission, in its report, quoted the observations of Justice Mukerjee Commission that had sent five of the nine teeth recovered from Ram Bhawan to

state assembly in December last year.

The then CFSL director and DNA expert Dr VK Kashyap, on the basis of the examination conducted on three of the five teeth in 2004, had submitted a detailed report, concluding that the teeth belonged to an old man (Gumnami Baba) and did not match the DNA samples of the family of the mother and father of Netaji Subhas Chandra Bose and thus he (Gumnami Baba) cannot be Netaji. "The DNA evidence demolishes the claims of those who strongly say he (Gumnami Baba) was Netaji Subhas Chandra Bose," the commission observed.

Noted DNA expert Professor Gyaneshwar Chobey of Banaras Hindu University, who has studied CFSL's report, said he was disappointed to see the analysis. He said, "There are many problems with the analysis as the software used to analyse samples (bioedit) is not meant for electropherogram analysis. Only four of 20 markers could not be used to infer anything about parental lineage." He further observed, "Height cannot be measured by dental morphology. Moreover 40-100 mg of pulp from a tooth is practically impossible."

The author duo of Chandrachud Ghose and Anuj Dhar have also alleged the DNA report was fudged. Both have for long claimed that Gumnami Baba was Netaji and demanded a fresh scientific investigation on the issue.

On June 28, 2016, the state gov-

[*हिंदुस्तान टाईम्स*, 5 मार्च 2020]

चुके थे। चन्द्रचूड़ घोष ने रक्षा मन्त्रालय से आज़ाद हिन्द फ़ौज पर 1950-दशक में लिखित एक ग्रन्थ की प्रतिलिपि को उपलब्ध करवाने का अनुरोध किया था; जिसको स्वीकार नहीं किया गया। कालान्तर में; केन्द्रीय सूचना आयोग और

दिल्ली उच्च न्यायालय ने घोष के पक्ष में निर्णय दिए, किन्तु रक्षा मन्त्रालय ने नवीन वैधानिक बाधाएँ डालकर उस ग्रन्थ को घोष के पास नहीं पहुँचने दिया। यदि हम गुमनामी बाबा DNA-परीक्षण से जुड़े इलेक्ट्रोफ़ैरोग्राम को लेकर आगे कदम उठाते, तो यही दलील पुनः दोहराई जाती। सरकार की नीति स्पष्टतम है।

बहरहाल! जब हम अपनी अग्रिम कार्यवाही पर विचार कर ही रहे थे, तब देश और दुनिया को कोरोना महामारी ने अपनी चपेट में ले लिया। इसी दौरान, अपने घरो में बन्द रहते हुए हमने प्रो. ज्ञानेश्वर चौबे से CDFD एवं CFSL की रिपोर्टों का विस्तृत पर्यवेक्षण करने हेतु अनुरोध किया। प्रो. चौबे ने यह अध्ययन प्रो. पंकज श्रीवास्तव (सहायक आचार्य, DNA फ़िंगरप्रिण्टिंग विभाग, राजकीय फ़ॉरेन्सिक विज्ञान प्रयोगशाला, म.प्र.) के साथ मिलकर किया और हमें एक रिपोर्ट बनाकर दी।

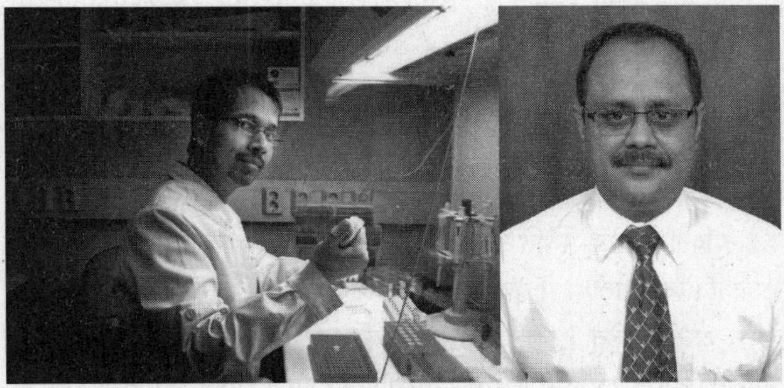

[प्रो. ज्ञानेश्वर चौबे, प्रो. पंकज श्रीवास्तव]

उन्होंने पाया कि दोनों रिपोर्टों में अनेक त्रुटियाँ और विसंगतियाँ विद्यमान थीं। CDFD के अनुसार; गुमनामी बाबा के दाँत से कर्षित DNA की मात्रा इतनी नहीं थी कि कोई उससे किसी निष्कर्ष तक पहुँचा जा सके। किन्तु प्रो. चौबे और प्रो. श्रीवास्तव के अनुसार; जितना भी DNA निकला, वह नेताजी से पूर्णतः मेल खा रहा था। जब दो दाँतों का परीक्षण यह दर्शा रहा था, तो बचे हुए दाँतों में से अन्यों का उपयोग क्यों नहीं किया गया; इसपर CDFD की रिपोर्ट

मौन थी। हालांकि इलेक्ट्रोफ़ैरोग्राम की एक छोटी-सी तस्वीर इस रिपोर्ट में संलग्न थी, किन्तु प्रो. चौबे और प्रो. श्रीवास्तव को उसमें भी त्रुटियाँ दृष्टिगोचर हुईं और उन्होंने अपनी रिपोर्ट में यह लिखा था कि CDFD की रिपोर्ट में किए गए अन्य दावों का सत्यापन करने में वे दोनों असमर्थ थे। किन्तु वे यही मानते थे कि CDFD रिपोर्ट में प्रदर्शित डेटा के अनुसार; गुमनामी बाबा के नेताजी होने की सम्भावना को झुटलाया नहीं जा सकता।

प्रो. चौबे और प्रो. श्रीवास्तव को CFSL की रिपोर्ट में अनेक "गम्भीर समस्याएँ" दिखाई दीं। यथा CFSL ने दन्ताकृति-विज्ञान के बल पर यह दावा किया था कि गुमनामी बाबा मध्यम आकार के व्यक्ति थे; जबकि प्रो. चौबे और प्रो. श्रीवास्तव ने कहा कि किसी प्ररूपी-विवरण के अभाव में केवल दन्ताकृति-विज्ञान के द्वारा किसी व्यक्ति के आकार का अनुमान नहीं किया जा सकता। CFSL ने अनुक्रम-संरेखण हेतु BIOEDIT सॉफ़्टवेयर 15 का प्रयोग किया; जो कि अनुपयोगी था।

तदतिरिक्त; प्रो. चौबे और प्रो. श्रीवास्तव ने लिखा कि "दाँत-प्रतिरूपों तथा मातृपक्षीय सम्बन्धियों से प्राप्त HVS-I और HVS-II अनुक्रमण परस्पर भिन्न हैं। सन्दिग्ध व्यक्ति के दाँतों में उपलब्ध HVS-I हैप्लोटाईप 16223-16254 है। न्यूक्लियोटाईड-स्थिति 16254 एक स्थिर स्थिति भेद है तथा बहुधा स्पृष्ट हुआ है। फ़ाईलोट्री 9 में यह स्थितिभेद, चार परस्पर भिन्न हैप्लोग्रुप पृष्ठभूमियों (मूल अफ़्रीकी हेतु L5b एवं L3a; पूर्वी अफ़्रीकी हेतु M7b1c1; पश्चिमी अफ़्रीकी हेतु X2a2) में चार बार परिगणित हुआ है। किन्तु गुमनामी बाबा का अफ़्रीकी अथवा पश्चिम-अफ़्रीकी मूलक होना तो सर्वथा असम्भव है। इसी प्रकार; M7b1c1 भी nt.16192 पर अपनी सीमांकित स्थितिभेद में अनुपलब्धि के कारण निरस्त हो जाता है। उक्त विवरण के साथ, कथित हैप्लोटाईप से मातृपक्षीय वंश-परम्परा का अनुसन्धान करना असम्भवप्राय है"।

इसी प्रकार; रिपोर्ट का सूक्ष्म अध्ययन करने पर प्रो. चौबे और प्रो. श्रीवास्तव ने निष्कर्ष निकाला:

"उपलब्ध साक्ष्यों के व्यापक विश्लेषण से भी गुमनामी बाबा की वास्तविक

पहचान खोज पाना असम्भव है। हमारे पास पुनः पर्यवेक्षण हेतु एलैक्ट्रोफ़ेरोग्रामों की रेखाकृतिमयी फ़ाइलें उपलब्ध नहीं है। अतः नेताजी एवं गुमनामी बाबा में परस्पर जैविक-सम्बन्ध के उपस्थापन हेतु एक नवीन DNA-जांच करने की आवश्यकता है।"

हमने CDFD एवं CFSL की रिपोर्टों को दो अन्य वरिष्ठ DNA विशेषज्ञों को दिखाया। इनमें से प्रथम सज्जन दीर्घ कालावधि तक CDFD (हैदराबाद) में अपनी सेवाएँ दे चुके थे। वे भी CDFD की रिपोर्ट को देखकर बहुत खिन्न हुए तथा उसकी अनेक त्रुटियों को उन्होंने टेलीफोन पर हमसे साझा किया; किन्तु उनकी अस्वस्थता के चलते उनके लिखित विचार हमें उपलब्ध नहीं हुए। सौभाग्यवश मशहूर ऑस्ट्रेलियाई DNA विशेषज्ञ प्रो. एड्रिअन लिनक्रे ने इन रिपोर्टों को देखकर हमको ईमेल के द्वारा अपनी लिखित टिप्पणियाँ भेजीं। प्रो. लिनक्रे को वर्ष 2005 में एडिनबर्घ रॉयल सोसाइटी द्वारा इन्स्पिरेशनल साइन्टिस्ट ऑफ़ द ईयर का सम्मान प्राप्त हुआ था। कालान्तर में फ़ॉरेन्सिक विज्ञान के क्षेत्र में उनके अवदानों के लिए उन्हें मैडल ऑफ़ द आर्डर ऑफ़ ऑस्ट्रेलिया के द्वारा भी बहुमानित किया गया।

प्रो. लिनक्रे CDFD एवं CFSL की रिपोर्टों को देखकर अधिक उत्साहित नहीं हुए। उनके अनुसार; CDFD द्वारा सम्पादित DNA-परीक्षण घिसी-पिटी तकनीकों पर आधारित था। तथापि रिपोर्ट में संकलित डेटा के अवलोकन से उन्हें भी यह लगा कि गुमनामी बाबा का नेताजी होना सम्भावित था। CFSL की रिपोर्ट को देखकर उन्होंने लिखा कि इसमें इलेक्ट्रोफ़ैरोग्राम न होने के कारण कोई अग्रिम विश्लेषण नहीं किया जा सकता। किन्तु यदि CFSL-रिपोर्ट में दिए गए डेटा रेखाचित्रों को सत्य मान भी लिया जाए, तो दाँत एक नहीं; अपितु दो अलग-अलग व्यक्तियों के थे। प्रो. लिनक्रे का यह कहना स्वयं ही यह दर्शाता है कि DNA-रिपोर्ट में बहुत बड़ा झोल था।

[प्रो. एड्रिअन लिनक्रे]

हस्तलेख-विवेक

सहाय आयोग के प्रति लिखित अपने एक-पृष्ठीय पत्र में बोस परिवार ने यह कहा था कि "यद्यपि एक हस्तलेख विशेषज्ञ (हैण्डराईटिंग एक्स्पर्ट) आश्वस्त थे कि गुमनामी बाबा के हस्तलेख नेताजी के ही थे, तथापि उनके समकक्ष तीन अन्य हस्तलेख विशेषज्ञों ने उससे भिन्न अभिमत को प्रस्तुत किया है"। परिवार के द्वारा खींची गई रेखा के अनुगामी बने जस्टिस सहाय ने भी अपनी रिपोर्ट में लिखा कि परिवार का यह कथन उचित ही था: "हस्तलेख विशेषज्ञों का साक्ष्य यह सिद्ध नहीं करता कि गुमनामी बाबा, नेताजी सुभाष चन्द्र बोस ही थे।"

जैसा कि आपने विगत अध्याय में देखा कि गुमनामी बाबा के DNA-परीक्षण का सत्य उसके विवरणों में ही छिपा हुआ है। ठीक उसी प्रकार; हस्तलेख परीक्षणों की यथार्थता समझने के लिए आपको हमारे साथ उनका सूक्ष्मतम विवेचन करना होगा। और ऐसी सूक्ष्मता न आपको बोस परिवार के एक-पृष्ठीय पत्र में मिलेगी, और न ही जस्टिस सहाय की 450-पृष्ठीय रिपोर्ट में। कारण कि दोनों एक पूर्वनिश्चित मत को अभिव्यक्त कर रहे थे; न कि पूर्ण वास्तविकता को।

गुमनामी बाबा के हस्तलेख की पहली सुव्यवस्थित जांच, बी. लाल कपूर (भूतपूर्व अपर-निदेशक, नेशनल इन्स्टिट्यूट ऑफ़ क्रिमिनोलॉजी एण्ड फ़ॉरेन्सिक साइन्स [NICFS], गृह मन्त्रालय-संचालित) द्वारा *हिन्दुस्तान टाइम्स* के लिए 2002 में की गई थी। यह जानकर कि लाल, भारत के सर्वश्रेष्ठ

हस्तलेख विशेषज्ञ हैं; प्रस्तुत ग्रन्थ के सहलेखक (अनुज धर) ने, नेताजी मृत्यु प्रकरण की जांच कर रहे उपर्युक्त समाचारपत्र की ओर से, उनको सम्पर्क किया।

अपने लम्बे सेवाकाल [जिसमें शिमला-स्थित GEQD—"गवर्नमेण्ट एग्ज़ामिनर ऑफ़ क्वेश्चण्ड डाक्यूमेण्ट्स" का अध्यक्ष पद भी अन्यतम था] में बी. लाल ने अमेरिका, इंग्लैण्ड, जर्मनी, स्विट्ज़र्लैण्ड आदि की फ़ॉरेन्सिक प्रयोगशालाओं में प्रशिक्षण पाया था। सेवानिवृत्त हो जाने के पश्चात्, वे विविध सरकारी विभागों एवं बैंकों (यथा SBI, सिटी बैंक इत्यादि) के कार्यकारी मण्डल में सम्मिलित हुए तथा उन्हें पुलिस से भी पर्याप्त जांच प्रकरण प्राप्त होते रहे। उन्होंने हस्तलेख जांच के विविध आयामों पर अनेक सुरक्षा अधिकारियों एवं न्यायाधीशों को बहुशः प्रबोधित भी किया तथा 2000 में हुए 87वें भारतीय विज्ञान महासम्मेलन में उन्हें फ़ॉरेन्सिक विज्ञान में अपनी जीवनकालिक उपलब्धियों के उपलक्ष्य में सम्मानित भी किया गया था।

[*टाइम्स नाओ* पर बी.लाल]

बी. लाल ने HT के प्रति एक सकारात्मक रिपोर्ट प्रस्तुत की। ध्यान रहे; *हिन्दुस्तान टाइम्स* नेताजी सुभाष मृत्यु प्रकरण पर किसी निजी स्वार्थ से विनिर्मुक्त था [है]। इस रिपोर्ट पर आधारित HT में प्रकाशित एक समाचार आलेख का संज्ञान लेते हुए मुखर्जी आयोग ने बी. लाल से संवाद स्थापित किया। कालान्तर में बी. लाल ने, आयोग द्वारा प्रदत्त अंग्रेज़ी और बांग्ला के पत्र संग्रहों की जांच करके, दो निर्णायक रिपोर्टों को प्रस्तुत करते हुए यह प्रमाणित किया कि गुमनामी बाबा और नेताजी एक ही व्यक्ति थे।

एल्बर्ट एस. ओस्बोर्न (सन्दिग्ध दस्तावेज़ परीक्षण विज्ञान के जनक) तथा विल्डन आर. हैर्रिसन (एक अन्य प्रसिद्ध अमरीकी विशेषज्ञ) द्वारा प्रोक्त [सन्दिग्ध दस्तावेज़ों के फ़ॉरेन्सिक परीक्षण विषयक] सिद्धान्तों के बल पर, बी. लाल ने यह निष्कर्ष निकाला कि गुमनामी बाबा के अंग्रेज़ी हस्तलेख (सन्दिग्ध दस्तावेज़) वस्तुतः उसी व्यक्ति के द्वारा लिखित थे; जिसने सुभाष बोस के प्रामाणिक हस्तलेखों को लिखा था [अर्थात् स्वयं नेताजी के द्वारा ही]।

बांग्ला हस्तलेख विषयक उनके निरीक्षण के अनुसार; एक दीर्घ अन्तराल के बाद भी उन सन्दिग्ध एवं प्रामाणिक हस्तलेखों में, कतिपय स्वाभाविक परिवर्तनों के साथ, एक ऐसा विलक्षण साम्य दृष्टिगोचर होता था; जो दो पृथक् व्यक्तियों के लेख में कदापि सम्भव नहीं है। "सामूहिक रूप से प्राप्त ये अद्भुत साम्य इसी सम्भावना की ओर इंगित करते हैं कि ये दोनों लेख किसी एक ही व्यक्ति के द्वारा लिखित हैं।"

बी. लाल ने यह रेखांकित किया कि नेताजी और गुमनामी बाबा—दोनों ही "कुछ शब्दों को सन्निविष्ट करने हेतु एक विशिष्ट चिह्न का स्वभावतः प्रयोग" करते थे। उन्होंने उस विशिष्ट हंसपद-चिह्न को "एक महत्त्वपूर्ण जांच-घटक" माना। निम्नांकित संयुक्त चित्र इस तथ्य को प्रदर्शित करता है; जिसमें पहला प्रतिरूप नेताजी का 1936-कालिक लेख है तथा दूसरा 1970-दशक में बाबा के द्वारा लिखित है।

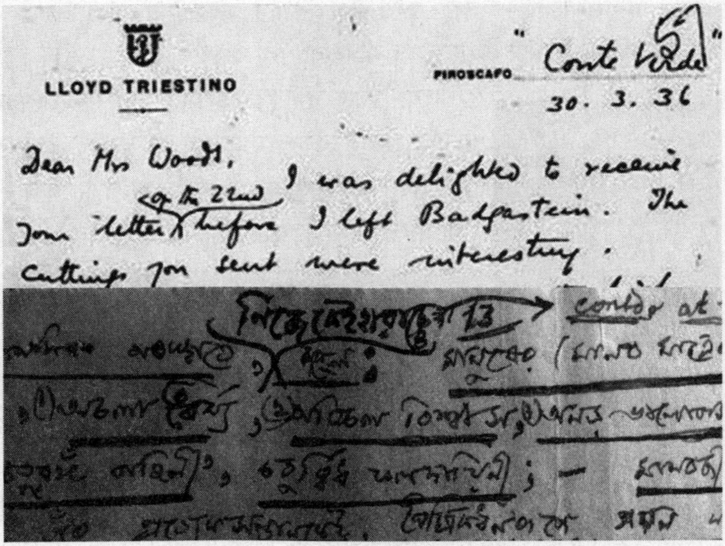
LLOYD TRIESTINO

PIROSCAFO "Conte Verde"

30. 3. 36

Dear Mrs Woods,
I was delighted to receive your letter of the 22nd before I left Badgastein. The cuttings you sent were interesting.

वहीं; सरकारी विशेषज्ञों द्वारा प्रस्तुत निष्कर्ष, लाल के अभिमत से पूर्ण असहमति रखता था। तदनुसार; गुमनामी बाबा और नेताजी—दो पृथक् व्यक्ति थे। इनमें प्रथम रिपोर्ट, डॉ. एस.के.मण्डल (वरिष्ठ वैज्ञानिक अधिकारी, फ़ॉरेन्सिक साइन्स लेबोरेटरी, कोलकाता) द्वारा विरचित थी। अपनी रिपोर्ट में एक हस्तलेख

विशेषज्ञ के द्वारा कतिपय निष्कर्ष बिन्दु को इंगित किए जाना अपेक्षित होता है। किन्तु मण्डल द्वारा प्रस्तुत मात्र द्वि-पृष्ठीय रिपोर्ट में [बिना किसी कारण को द्योतित किए] केवल यही विज्ञप्त था कि वे हस्तलेख दो पृथक् व्यक्तियों के हैं।

जबकि एक अन्य [पूर्वोक्त की अपेक्षा कुछ] विस्तृत रिपोर्ट, अमर सिंह (सरकारी सन्दिग्ध दस्तावेज़ परीक्षक, GEQD शिमला) एवं एम.एल. शर्मा (सरकारी उप-सन्दिग्ध दस्तावेज़ परीक्षक, GEQD) की ओर से प्राप्त हुई; जिसमें उन्होंने अग्रिम शब्दों के द्वारा अपने निष्कर्ष को प्रस्तुत किया: "हमने उपलब्ध करवाए गए मूल दस्तावेज़ों में प्रदर्शित हस्तलेख एवं उसकी कृत्रिमता (जालसाज़ी) की जांच हेतु सभी आवश्यक बिन्दुओं का, भारत सरकार की शिमला-स्थित प्रयोगशाला में उपलब्ध वैज्ञानिक संसाधनों के माध्यम से, सावधानीपूर्वक यथोचित परीक्षण कर लिया है।"

केन्द्र सरकार की उक्त रिपोर्ट ने माना कि "गुमनामी बाबा के हस्तलेख में कृत्रिमता का लेशमात्र चिह्न दृष्टिगोचर नहीं होता है"। उपर्युक्त बिन्दु पर अमर सिंह, एम.एल. शर्मा और बी. लाल—तीनों ही परस्पर सहमत थे। लाल ने HT के प्रति प्रस्तुत अपनी रिपोर्ट में यह विवेचित किया था कि बाबा ने स्थूल अथवा बड़े अक्षरों में लिखकर अपनी पहचान को छिपाने का भरसक प्रयत्न किया; किन्तु वे असफल रहे। कारण कि एक लेखक के लिए अपने हस्तलेख को पूर्णतः परिवर्तित कर पाना असम्भवप्राय होता है। उन्हीं के शब्दों में: "लेखक, अपनी पहचान को छिपाने का प्रयास करते हुए भी, अपने हस्तलेख को अपनी व्यक्तिगत विलक्षणताओं एवं विशेषताओं से अस्पृष्ट रखने में अक्षम रहा है। कुछ विलक्षणताओं की तो ऐसी अद्भुत पुनरावृत्ति हुई है कि कई दशकों का अन्तराल भी उनको छिपा सकने में असमर्थ है।"

अन्ततः बी. लाल को ऐसा कोई प्रमाण नहीं मिला; जिसके बल पर यह कहा

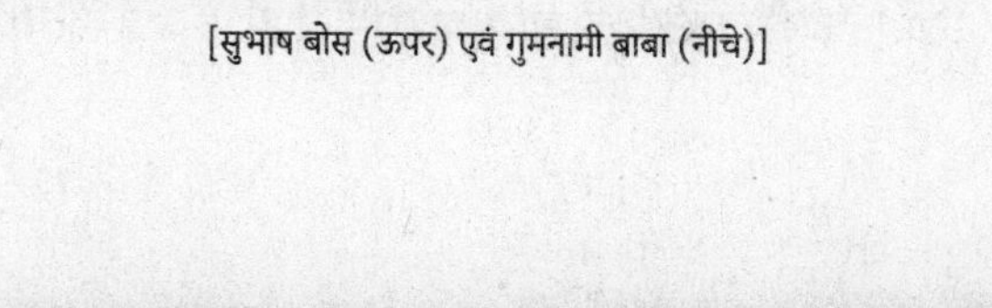

[सुभाष बोस (ऊपर) एवं गुमनामी बाबा (नीचे)]

जा सके कि "सुभाष चन्द्र बोस के अतिरिक्त किसी अन्य व्यक्ति ने सन्दिग्ध लेख को उनके हस्तलेख की अनुकृति अथवा प्रतिलिपि द्वारा बनाया है"।

वहीं दूसरी ओर; सरकारी रिपोर्ट में वर्णित है कि "अपनी कलात्मक लेखनशैली के कारण, आपाततः दोनों हस्तलेखों में साम्य दृष्टिगोचर होता हैं; किन्तु वर्णसंरचना एवं उनकी 'मुख्य लेखनशैली' के विश्लेषण और अध्ययन सहित पदविन्यासों के सूक्ष्म अवलोकन से हमें विविधताओं की परिधि ज्ञात होती है। दोनों लेखन मूलतः परस्पर विलक्षण और भिन्न हैं, अतएव दो पृथक् लेखकों के द्वारा विलिखित हैं"। केन्द्र सरकार की रिपोर्ट ने इस निष्कर्ष को 24 उदाहरणों को दर्शाने वाले दो पन्नो के एक-छोटे से तुलनात्मक सूचीपत्र के साथ प्रस्तुत किया।

पाठकगण उपर्युक्त तथ्य से प्रभावित होने से पूर्व इस बात का संज्ञान अवश्य लें कि बी. लाल की रिपोर्ट में, गुमनामी बाबा और नेताजी हस्तलेख प्रतिरूपों में प्रदर्शित वर्णों एवं चिह्नों के लगभग 460 बृहत्काय चित्र (उदाहरण प्रतिरूप) संलग्न थे; जिनको बड़े डिब्बों में भरकर आयोग के समक्ष लाया गया था। इन 460 चित्रों के माध्यम से लाल ने यह दर्शाया कि दोनों हस्तलेख लिखने वाले व्यक्ति एक ही थे। उन्होंने हस्तलेख में दृष्टिगोचर "स्वाभाविक परिवर्तन" पर भी प्रचुर प्रकाश डालते हुए कहा था: "प्रत्येक वास्तविक लेखन में स्वाभाविक परिवर्तन परिलक्षित होते हैं; क्योंकि मनुष्य का हाथ कोई मशीन नहीं है। अतः किसी निष्कर्ष तक पहुँचने के लिए इन स्वाभाविक परिवर्तनों पर विचार करना अत्यावश्यक है। यदि स्वाभाविक परिवर्तनों को लेख-भिन्नता के रूप में ग्रहण किया जाएगा, तो समग्र जांच ही दूषित सिद्ध हो जाएगी।" फलतः उनका निष्कर्ष यही था कि गुमनामी बाबा के हस्तलेख में "स्वाभाविक परिवर्तन हैं; जो कि वास्तविकता का एक गौण लक्षण है", वहीं उनके एवं नेताजी के हस्तलेख में "असाधारण/महत्त्वपूर्ण समानता" दिखती है।

शिमला-स्थित सरकारी विशेषज्ञ अपनी रिपोर्ट के प्रति आश्वस्त नहीं थे, हमें इस बात का अनुमान तब लगा; जब मुखर्जी आयोग द्वारा गवाही के लिए आमन्त्रित किए जाने पर उन्होंने नई दिल्ली पहुँचना उचित नहीं समझा। कारण कि ठीक उसी दिन बी. लाल की भी गवाही होनी थी। अतः अमर सिंह और

एम.एल. शर्मा के लिए—अपने पूर्व बॉस (उच्चाधिकारी) एवं उस क्षेत्र के प्रकाण्ड महारथी (बी. लाल) की उपस्थिति में गवाही देना—घबराहट उत्पन्न करने के लिए पर्याप्त था। बी. लाल ने अपनी गवाही में जस्टिस मुखर्जी के सभी प्रश्नों का पूर्ण आत्मविश्वास के साथ मुखर समाधान किया; जैसा कि किसी आप्त (प्रामाणिक) व्यक्ति के लिए अपेक्षित भी था। वहीं दूसरी ओर; अमर सिंह आयोग के समक्ष कभी उपस्थित हुए ही नहीं। दिल्ली में हुई उस सुनवाई को छोड़कर, एम.एल. शर्मा कालान्तर में सुदूर कोलकाता में आयोग के समक्ष पहुँचे। FSL (कोलकाता) के विशेषज्ञ डॉ. एस.के. मण्डल से की जा रही पूछताछ के मध्य शर्मा, सभी नियमों का उल्लंघन करते हुए, चुपचाप आयोग के कार्यालय में घुस गए तथा उन्होंने जस्टिस मुखर्जी द्वारा मण्डल को पूछे जा रहे सभी प्रश्नों को सुन लिया।

अपनी पूछताछ के समय, दोनों (मण्डल और शर्मा) ने परस्पर विरोधी उत्तर दिए। जस्टिस मुखर्जी द्वारा मण्डल को पूछा गया, "क्या आप यह मानते हैं कि किसी लेखक के लेखन-स्वभाव की गवेषणा करते समय विराम-चिह्नों के आकार, उनकी स्थिति एवं आवृत्ति, विशिष्ट चिह्नों के प्रयोग, हंसपद चिह्न आदि भी अनिवार्यतः विचारणीय हैं?" उन्होंने उत्तर दिया, "अवश्य!" तब पुनः पूछा गया, "क्या आपने अपने निष्कर्ष को प्रस्तुत करने से पूर्व उन सब बिन्दुओं पर यथायोग्य विचार किया है? क्या आपकी रिपोर्ट में उनपर प्रकाश डाला गया है?" मण्डल ने प्रत्युत्तर दिया, "मैंने उपर्युक्त सभी बिन्दुओं पर विचार अवश्य किया है, किन्तु मेरी रिपोर्ट में उनमें से किसी की भी चर्चा उपलब्ध नहीं है।"

एक गवाह द्वारा एम.एल. शर्मा को पूछा गया, "क्या आप मानते हैं कि एक अनुभवी लेखक विशिष्ट अथवा विलक्षण चिह्नों का प्रयोग करने का दुर्लभ स्वभाव रखता है?" सकारात्मक उत्तर मिलने पर पुनः उनसे पूछा गया, "क्या आप मानते हैं कि किसी हस्तलेख की जांच के समय उन चिह्नों का अपना एक महत्त्व होता है?" प्रश्नकर्ता के मनोभाव को भाँपकर उत्तर से सर्वथा परिचित शर्मा यकायक बोल पड़े, "मैं इससे सहमत नहीं हूँ।" किन्तु परिप्रश्न के उपसंहार में, वे सत्य को छिपा न सके। "क्या आप मानते हैं कि उपर्युक्त चिह्न-विशेष का प्रयोग किसी

व्यक्ति विशेष के स्वभाव में ही सन्निहित होता है?" "हाँ"। तत्पश्चात् उनको पूछा गया, "क्या आप मानते हैं कि हस्तलेखन की कुछ व्यक्तिगत विशेषताएँ, किसी दस्तावेज़ के वास्तविक लेखक का निर्धारण करने में विशेषतः सहायक होती हैं?" उत्तर सकारात्मक था।

जैसा कि आयोग की कार्यवाही में सम्मिलित हुए अनेक लोगों ने पाया; जस्टिस मुखर्जी डॉ. मण्डल से विशेषतः खिन्न थे। किन्तु वे किसी न्यायालय के नहीं, अपितु एक आयोग के अध्यक्ष होने के कारण, उनपर कोई कार्यवाही करने में असमर्थ थे। 2003-2004 में परिस्थितयाँ बहुत भिन्न थीं। आज की बात करें, तो [हमारे मतानुसार] आयोग की रिपोर्ट में सरकारी विशेषज्ञों के व्यवहार एवं उनके निष्कर्षों पर कोई टिपण्णी न करना मुखर्जी की एक भारी त्रुटि थी। विशेषतः तब जबकि निजी तौर पर उनका यह मानना था कि सरकारी विशेषज्ञों के निष्कर्ष स्वीकार्य नहीं थे। कालान्तर में उनसे हमारी एकान्तिक वार्ताओं में उन्होंने यह बात हमें स्वयं बताई।

ऐसे सन्दिग्ध पूर्ववृत्त एवं अपने समक्ष उपस्थित हुए गवाहों की बारम्बार प्रार्थनाओं के बाद भी, जस्टिस विष्णु सहाय ने किसी नवीन हस्तलेख जांच हेतु कोई सम्मति नहीं दी। उन्होंने अपनी रिपोर्ट में लिखा: "मेरी दृष्टि में DNA-परीक्षण एवं हस्तलेखों का मिलान—ये दोनों श्रमसाध्य कार्य अन्तहीन रूप से नहीं चल सकते हैं।"

हम लेखकों का अभिमत है कि DNA एवं हस्तलेख प्रतिरूपों की पुनः जांच करवाना अत्यन्त आवश्यक था ; क्योंकि यह स्पष्टतः ध्वनित हो रहा था कि सरकारी विशेषज्ञों ने वास्तविकता को प्रकाशित नहीं होने दिया था। DNA-जांच हमारे सामर्थ्य से बाहर थी; क्योंकि गुमनामी बाबा के दाँत और अन्य वस्तुएँ उ.प्र. सरकार के अधिकार में थे [और अभी तक हैं]।

किन्तु हमारे पास गुमनामी बाबा के हस्तलेख प्रतिरूप अवश्य ही उपलब्ध थे। बी. लाल द्वारा यथार्थ को उजागर कर देने के बाद; हम इस विषय में किसी सामान्य विशेषज्ञ का परामर्श लेना उचित नहीं समझते थे। अतः हमने यह सोचा कि किसी विश्वस्तरीय विशेषज्ञ को इस प्रकरण में उतारना समुचित होगा। हमारी

यह कल्पना तब साकार हुई; जब भारत-मूलक अमरीका निवासी दीपक निझावन (केण्टकी-स्थित एक व्यवसायी; जिनका 2021 में देहावसान हो गया) तथा अभिषेक बोस (मैरीलैण्ड-स्थित एक प्रबन्धन सलाहकार) ने अन्वेषणपूर्वक अमरीका के किसी श्रेष्ठतम विशेषज्ञ को इस प्रकरण में लाना प्रस्तावित किया। अनेक अन्य भारतीय एवं भारत-मूलक विदेशी सज्जनों के ही समान, वे भी वास्तविकता को जानने के प्रबल अभिलाषी थे।

उक्त दोनों महानुभावों ने कुछ विशेषज्ञों के नाम सुझाए। अन्ततः 40 से अधिक वर्षों का अनुभव रखने वाले तथा अमेरिका के एक सुप्रतिष्ठित स्वतन्त्र हस्तलेख विशेषज्ञ—कर्ट बैगेट के नाम पर हमारी सम्मति हो गई। टेक्सस-निवासी बैगेट, 5,000 से अधिक प्रकरणों में अपना निष्कर्ष प्रस्तुत करने वाले एक अग्रणी दस्तावेज़ परीक्षक हैं। एक हस्तलेख विशेषज्ञ के रूप में उन्होंने कनाडा, इंग्लैण्ड, आयरलैण्ड, नीदरलैण्ड, न्यूज़ीलैण्ड तथा अन्य देशों सहित अमेरिका के सभी (पचासों) प्रदेशों में दस्तावेज़ों का परीक्षण तथा न्यायालयों में तत्सम्बन्धी सत्यापन भी दिया है। एक फ़ॉरेन्सिक दस्तावेज़ परीक्षक की भूमिका में बैगेट "CSI: Crime Scene Investigation" नामक सर्वश्रेष्ठ टी.वी. धारावाहिक के सलाहकार रह चुके हैं तथा एक हस्तलेख विशेषज्ञ के रूप में टी.वी. चैनल CNN, CNBC, Inside Edition, CBS, NBC, Fox तथा "Judge Alex" , "Texas Justice" नामक धारावाहिकों में भी सम्मिलित हो चुके हैं।

बैगेट के दस्तावेज़ परीक्षण एवं मनोविज्ञान विषयक अध्ययन तथा प्रशिक्षण का सम्बन्ध कई ख्यातिलब्ध संस्थानों से रहा; जिनमें US सेना एवं सैन्य पुलिस आधिकारिक विद्यालय, [BA और MEd हेतु] मैकनीज़ स्टेट विश्वविद्यालय (लेक चार्ल्स, लुईज़ियाना) तथा [परास्नातक अध्ययन हेतु] हाउस्टन विश्वविद्यालय अन्यतम हैं।

[कर्ट बैगेट]

हमने गुमनामी बाबा द्वारा [1962-उत्तरार्ध में हुई भेंट के अनन्तर] पबित्र मोहन रॉय के प्रति लिखित उनके

दो पत्रों को जांच-प्रतिरूप के रूप में चयनित किया। वे दोनों हमें रणेन्द्र मोहन रॉय (पवित्र के सुपुत्र) द्वारा, अनेक अन्य पत्रों के साथ, उपलब्ध करवाए गए थे। गौरतलब है कि जस्टिस सहाय ने रणेन्द्र तक पहुँचने का कोई उद्यम नहीं किया। जबकि इन्हीं रणेन्द्र के पिता उन्हीं अज्ञात संन्यासी के घनिष्ठतम शिष्य थे; जिनकी वास्तविक पहचान का निर्णय करने हेतु जज साहब को अपनी पूर्ण शक्ति लगानी थी। उन्होंने तो, 1985 में केवल एक ही बार कुछ क्षणों के लिए पवित्र से मिलने वाले पत्रकार (शीतला सिंह) के कथन के बल पर, गुमनामी बाबा की पहचान विषयक पवित्र रॉय के मत को अपनी जांच के निष्कर्ष का आधार बना लिया था। निश्चित ही यह "जांच" इतिहास के पन्नों में स्वर्णिम अक्षरों से लिखी जाएगी!

नेताजी के प्रामाणिक हस्तलेख के प्रतिरूप हमें विविध स्रोतों से प्राप्त हुए। इनमें वे पत्र भी संकलित थे; जो मुखर्जी आयोग को कोलकाता-स्थित "नेताजी रिसर्च ब्यूरो" द्वारा उपलब्ध करवाए गए थे। तदुपरान्त दीपक निझावन द्वारा वे सभी प्रतिरूप (नेताजी के प्रामाणिक हस्तलेख एवं गुमनामी बाबा के पवित्र के प्रति लिखित पत्र) कर्ट बैगेट के पास प्रेषित किए गए।

हम सभी पूर्णतः सजग थे कि बैगेट यह न जान पाएँ कि वे प्रतिरूप सुभाष बोस से सम्बद्ध थे। न ही निझावन ने उनसे इस सन्दर्भ में कुछ कहा और न ही

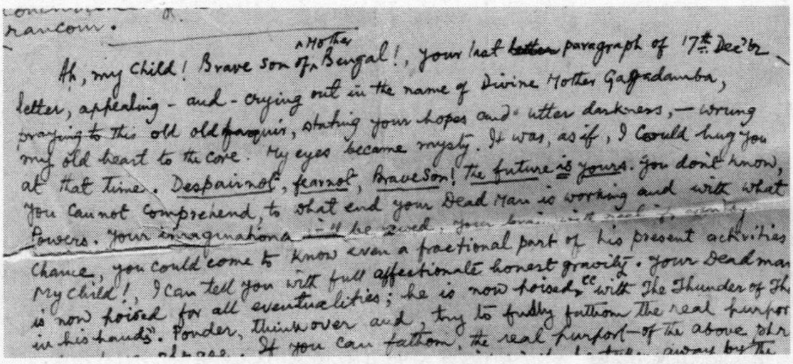

rancour.

Ah, my Child! Brave son of Mother Bengal!, your last paragraph of 17th Dec'62 letter, appealing - and - crying out in the name of Divine Mother Jagadamba, praying to this old old fakir, stating your hopes and utter darkness, — wrung my old heart to the core. My eyes became misty. It was, as if, I could hug you at that time. Despair not, fear not, Brave Son! The future is yours. You don't know, you cannot comprehend, to what end your Dead Man is working and with what Powers. Your imagination ... Chance, you could come to know even a fractional part of his present activities My child!, I can tell you with full affectionate honest gravity. Your Dead man is now poised for all eventualities; he is now poised with The Thunder of The ... in his hands". Ponder, think over and, try to fully fathom the real purport ... If you can fathom the real purport of the above ...

[पवित्र मोहन रॉय के प्रति लिखित गुमनामी बाबा के एक पत्र का हिस्सा]

बैगेट ने पूछा। उन्होंने इसी तथ्य को अपनी रिपोर्ट में विज्ञप्त भी किया: "मुझ फ़ॉरेन्सिक दस्तावेज़ परीक्षक को कहा गया कि मैं किसी अज्ञात व्यक्ति के

हस्तलेख का परीक्षणकर उसकी तुलना किसी अन्य विदित व्यक्ति के हस्तलेख से करके अपने अभिमत को उपस्थापित करूँ।" चूंकि बैगेट इससे अनभिज्ञ थे कि उनके पास परीक्षण हेतु किसके हस्तलेख पहुँचाए गए हैं, अतः उनके द्वारा सम्पादित हस्तलेख विश्लेषण उन सभी [भारतीय विशेषज्ञों के] अभिमतों से कई अधिक महत्त्वपूर्ण का था; जिनको यह ज्ञात था कि यह प्रकरण नेताजी सुभाष बोस से सम्बद्ध था। इस बात की कोई सम्भावना नहीं थी कि व्यवसाय कौशल से सम्पन्न बैगेट अपने विश्लेषण के दौरान किसी प्रकार के पक्षपात अथवा पूर्वाग्रह को अपने मन में स्थान देते।

बैगेट के पास केवल हमारे द्वारा प्रेषित एक संक्षिप्त नोट था; जिसके शब्द थे: "सन्दिग्ध हस्तलेख, 1963 में किसी 65-70 वर्षीय व्यक्ति द्वारा लिखित हैं; जो सर्वथा एकान्त में, जीवन की मौलिक सुविधाओं से विहीन, एक परिव्राजक जीवन को व्यतीत कर रहा था। उसकी वित्तीय क्षमता अत्यन्त सीमित एवं जीवन बहुत चिन्ताग्रस्त था; जिसमें गठिया-अर्शरोग-जैसे शारीरिक कष्ट विद्यमान थे। उसने, कुछ-एक लोगों [जिनमें शिक्षित लोग बहुत कम, उनमें भी अंग्रेज़ी को पढ़ने/लिखने वाले न्यूनतम रहे हों] के साथ व्यवहार रखते हुए, एक अज्ञात जीवन व्यतीत किया। ... [वहीं दूसरी ओर] प्रामाणिक हस्तलेख औपचारिक रूप में ध्यानपूर्वक लिखे गए हैं; क्योंकि उनका लेखक जानता था कि वे भविष्य में सुरक्षित रखें जाएँगे। जबकि सन्दिग्ध हस्तलेख, यह सोचकर कि इनका प्राप्तिकर्ता पढ़ने के बाद इनको विनष्ट कर देगा अथवा किसी के साथ साझा नहीं करेगा, गोपनीयतापूर्वक लिखे गए हैं।"

बैगेट ने हमें अपना विशिष्टतम अभिमत एक 59-पृष्ठीय रिपोर्ट के माध्यम से प्रस्तुत किया; जिसमें उन्होंने टेक्सस-प्रान्तीय नोटरी पब्लिक के समक्ष शपथपूर्वक उद्घोषित किया: "मैं इन निष्कर्षों को सत्यापित करने हेतु न्यायालय में एक गवाह के रूप में उपस्थित होने के लिए सदैव प्रस्तुत हूँ; जहाँ मैं उपयुक्त अभिसाक्ष्यों को प्रस्तुत करके यह दिखला सकता हूँ कि मेरे द्वारा प्रदत्त निष्कर्ष पर्याप्त तथ्यों के परीक्षण पर आधारित हैं तथा मेरा अभिमत सर्वथा समीचीन है।"

अपने विश्लेषण के लिए, बैगेट ने FBI द्वारा कथितरूप से प्रयुक्त होने

वाली एक क्रियाविधि का प्रयोग किया तथा उन्होंने एक अन्य योग्य हस्तलेख विशेषज्ञ के द्वारा इसकी पुनः जांच भी करवाई। उन्हीं के शब्दों में: "प्रस्तुत जांच में प्रयुक्त वैज्ञानिक क्रियाविधि 'ACE-प्रणाली' कहलाती है; जिसका अर्थ है— Analyze (विश्लेषण), Compare (तुलना) और Evaluate (मूल्यांकन)। यही अपनी सन्दिग्ध दस्तावेज़ प्रयोगशालाओं में FBI, US ट्रेज़री विभाग तथा अमेरिकी डाक सेवा द्वारा कथितरूप से प्रयुक्त होती है।" बैगेट ने इसकी पुष्टि की कि उनके प्रति प्रेषित सन्दिग्ध प्रतिरूप (अर्थात् गुमनामी बाबा के हस्तलेख) प्रामाणिक रूप से नैसर्गिक एवं स्वच्छन्द गति से विलिखित हैं तथा "उनमें कृत्रिमता का लेशमात्र चिह्न दृष्टिगोचर नहीं होता"। बैगेट ने हस्तलेख-परीक्षण की प्रक्रिया को निम्नांकित शब्दों के माध्यम से समझाया: "हस्तलेख केवल हाथ के द्वारा ही नहीं, अपितु 'मस्तिष्क' के द्वारा भी लिखित होता है। किसी भी व्यक्ति की लिखावट के पीछे उसके पुनरावृत्त अभ्यास होते हैं; जो कि मस्तिष्क के न्यूरॉन पाथ-वे द्वारा बनते है। ये न्यूरॉन पाथ-वे लेखन हेतु अपेक्षित शारीरिक गतिविधि को नियन्त्रित करते हैं; भले ही लेखन हाथ, पाँव अथवा मुख से ही क्यों न किया जाए। एक हस्तलेख परीक्षण के दौरान लेखनशैली को समझकर उसके लेखक को पहचाना जाता है।"

आगे बैगेट ने लिखा कि उन्होंने [गुमनामी बाबा द्वारा लिखित] सन्दिग्ध हस्तलेखो की एक प्रकाशयुक्त मेज़ पर स्थित सूक्ष्मदर्शी-यन्त्र के माध्यम से वैज्ञानिक जांच की और उनकी तुलना [नेताजी द्वारा लिखित] प्रामाणिक हस्तलेखों से की। उसी क्रम में वर्णों के आकार-माप, पार्श्व-विस्तार, कोण, झुकाव और रेखा-सम्बन्धी घटकों और अन्य आयामों का निरीक्षण किया गया; जिसमें उन्होंने पाया कि दोनों हस्तलेखो में अनेक [यथा समान रेखा-प्रवाह-आकार-प्रकार-झुकाव-वर्णानुक्रम-विराम-आरम्भ-अन्त-आदि से सम्बन्धित] महत्त्वपूर्ण समानताएँ हैं।

तदनन्तर बैगेट ने लिखा: "हो सकता है कि जांच के द्वारा परिलक्षित होने वालीं ये महत्त्वपूर्ण समानताएँ किसी अल्प-प्रशिक्षित एवं अकुशल परीक्षक को दिखाई न दें।" उन्होंने प्रमाण के तौर पर अपनी रिपोर्ट के उपसंहार में दोनों

हस्तलेखों में दृष्टिगोचर होने वालीं समानताओं के 34 प्रतिरूपों को सूचीबद्ध किया; जिनके सत्यापन हेतु चित्रों को भी संलग्न किया।

अपने निष्कर्ष को प्रस्तुत करने से पूर्व, बैगेट ने यह उल्लेख किया कि "अमेरिका की दस्तावेज़ परीक्षण परम्परा के पूर्ववर्ती गणमान्य विद्वानों के मतानुसार; दो हस्तलेखों की तुलना करते समय दृष्टिगोचर होने वाला एक महत्त्वपूर्ण मौलिक परिवर्तन ही, उन दोनों के किसी एक लेखक द्वारा लिखित होने के कथन को खण्डित करने हेतु पर्याप्त है"। "किन्तु..." उन्होंने आगे लिखा कि "दोनों प्रामाणिक और सन्दिग्ध (नेताजी और गुमनामी बाबा) के हस्तलेखों में ऐसे कोई विशिष्ट मौलिक परिवर्तन दृष्टिगोचर नहीं होते"। उन्होंने यह भी स्पष्ट किया है कि "सामान्य परिवर्तन तो सभी हस्तलेखों में मिल जाता है" , किन्तु उन्हें सन्दिग्ध लेखों में ऐसे कोई वैषम्य नहीं दिखे; जिनको समझाने हेतु उपयुक्त संगतियों का प्रयोग न हो सके।

बैगेट का अन्तिम निष्कर्ष है: "प्रामाणिक हस्तलेखों में प्राप्त अनेक विलक्षणताओं की सन्दिग्ध हस्तलेखों में प्रचुर उपलब्धि के आधार पर; यह मुझ विशेषज्ञ का मत है कि एक ही व्यक्ति इन दोनों हस्तलेखों का लेखक है।"

यद्यपि बैगेट की यह रिपोर्ट इस पूरे चक्रव्यूह के भेदन हेतु पर्याप्त थी, किन्तु हमें लगा कि कुछ आलोचकों द्वारा यह कुतर्क किया जा सकता है कि नकारात्मक

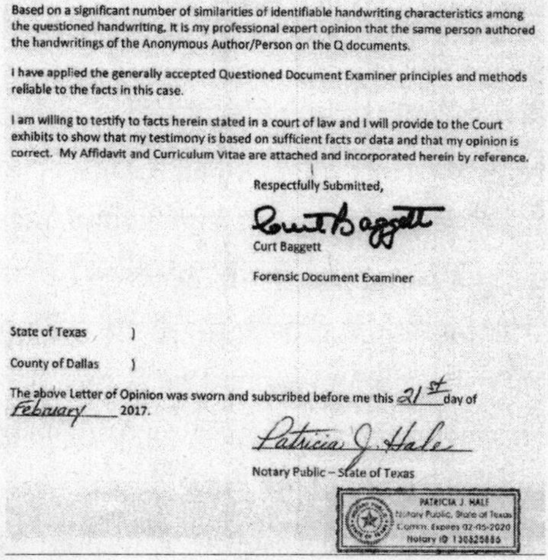

Based on a significant number of similarities of identifiable handwriting characteristics among the questioned handwriting. It is my professional expert opinion that the same person authored the handwritings of the Anonymous Author/Person on the Q documents.

I have applied the generally accepted Questioned Document Examiner principles and methods reliable to the facts in this case.

I am willing to testify to facts herein stated in a court of law and I will provide to the Court exhibits to show that my testimony is based on sufficient facts or data and that my opinion is correct. My Affidavit and Curriculum Vitae are attached and incorporated herein by reference.

Respectfully Submitted,

Curt Baggett

Forensic Document Examiner

State of Texas)

County of Dallas)

The above Letter of Opinion was sworn and subscribed before me this 21st day of February 2017.

Patricia J. Hale

Notary Public – State of Texas

PATRICIA J. HALE
Notary Public, State of Texas
Comm. Expires 02-05-2020
Notary ID 130825886

निष्कर्षों को प्रस्तुत करने वाली सरकारी रिपोर्टों एवं सकारात्मक रिपोर्टों के संख्या बराबर है। हालांकि वे इस पहलु पर विचार नहीं करेंगे कि सरकारी रिपोर्टें सर्वथा निकृष्ट श्रेणी की थीं; जबकि बी. लाल और कर्ट बैगेट की रिपोर्टें अन्तर्राष्ट्रीय स्तर पर बहुमानित होने योग्य उत्कृष्टतम श्रेणी की थीं। फलतः हमने एक अन्य विशेषज्ञ का परामर्श लेना उचित समझा। तब हमारा ध्यान राष्ट्रीयस्तर पर ख्यातिप्राप्त स्वतन्त्र हस्तलेख विशेषज्ञों में से एक अशोक कश्यप पर आकृष्ट हुआ। कश्यप की पारिवारिक परम्परा फ़ॉरेन्सिक दस्तावेज़ परीक्षण की दक्षता का पर्याय थी। 1930-दशक में उनके पिता ने दिल्ली में हस्तलेख परीक्षण की पहली निजी फ़र्म खोली थी। अशोक कश्यप के सभी बड़े भाई हस्तलेख विशेषज्ञ थे। स्वयं वे भी कई संस्थानों से जुड़े थे; जिनमें मियामी (अमेरिका) का पुलिस विभाग प्रशिक्षण केन्द्र प्रमुख था।

अपने 50-वर्षीय अनुभव में, कश्यप ने लगभग 7,000 प्रकरणों की जांच की तथा वे भारतीय एवं विदेशी न्यायालयों में अपने अभिमत को प्रस्तुत तथा सत्यापित करने हेतु प्रायशः उपस्थित भी होते रहे। भारतीय उच्चतम न्यायालय ने विविध प्रकरणों में उनका नामोल्लेख किया तथा वे अनेक बैंकों एवं सरकारी संस्थानों की विभागीय जाँचों के सम्पादनार्थ उपलब्ध रहे। साथ ही; उन्होंने केन्द्रीय सतर्कता आयोग, TADA न्यायालयों एवं CBI न्यायालयों के समक्ष भी प्रमाणोपस्थापन किया।

कश्यप ने नेताजी और गुमनामी बाबा के उन्हीं प्रतिरूपों का परीक्षण किया; जो बैगेट के समक्ष प्रस्तुत किए गए थे। उनके द्वारा प्रदत्त निष्कर्ष भी यही था कि दोनों लेखक एक ही व्यक्ति हैं। लाल और बैगेट के समान; कश्यप ने भी हमें एक विस्तृत रिपोर्ट दी; जिसमें श्रमपूर्वक निर्मित तीन विस्तृत सूचीपत्र संलग्न थे। इनमें नेताजी और गुमनामी बाबा के हस्तलेख में दृष्टिगोचर हुईं 50 समानताओं को बहुत गहनता से दर्शाया गया था। कश्यप ने यह टिप्पणी की कि गुमनामी बाबा के हस्तलेख "अनपेक्षता एवं स्वच्छन्दता से, सामान्य लोकव्यवहार रखते हुए त्वरित गति से, किसी ऐसे सामान्योत्तर लेखक के द्वारा निष्कपट रूप से लिखित हैं; जो सामान्यतः सुन्दर लेखन में सिद्धहस्त है"। उन्होंने यह पाया कि "इन

हस्तलेखों के वर्णों में स्वाभाविक परिवर्तनों की झलक अवश्य मिलती है; क्योंकि विभिन्न कालों में इनका लेखन हुआ है"। साथ ही; दोनों हस्तलेख-संकलनों में "अँगुलियों और कलाईयों से सम्बद्ध क्रियाओं का एक नियत संयोग" तथा "सामान्य वर्णों में युक्तियुक्त साम्य" परस्पर परिलक्षित होता है।

कश्यप के अभिमतानुसार; गुमनामी बाबा के हस्तलेखों के लेखक नेताजी थे। उन्हीं के शब्दों में: "सन्दिग्ध हस्तलेख ... तथा प्रामाणिक हस्तलेख ... उक्त सभी—नेताजी सुभाष चन्द्र बोस के द्वारा ही लिखित हैं।"

साथ ही; गुमनामी बाबा के हस्तलेखों में प्राप्त प्रचुर स्वाभाविक परिवर्तन उनकी प्रामाणिकता को सत्यापित करते हैं। कारण कि "हस्तलेखन कोई यान्त्रिक प्रक्रिया नहीं है; जो किसी कम्प्यूटर अथवा अन्य मुद्रण-यन्त्र के द्वारा सम्पादित हो सके"। यह तो बुद्धि की प्रेरणानुसार स्नायु-तान्त्रिक-सामंजस्य से उद्भूत होने वाली एक प्रक्रिया-विशेष है। बी. लाल, कर्ट बैगेट तथा सरकारी विशेषज्ञों के ही समान; कश्यप ने भी अपनी रिपोर्ट के उपसंहार में सम्भावित कृत्रिमता को निरस्त किया। अतः यह बात स्पष्ट हो जानी चाहिए कि गुमनामी बाबा का हस्तलेख किसी की नकल करके नहीं लिखे गए थे; प्रत्युत वे सभी विशुद्ध हैं, उनमें कृत्रिमता की कोई सम्भावना नहीं है।

बैगेट और कश्यप, CNN-IBN पर उसके कार्यकारी सम्पादक आनन्द नरसिंहन् द्वारा संचालित जीवन्त चर्चाओं में सम्मिलित हुए; जहाँ उन्होंने अपने द्वारा प्रदत्त निष्कर्षों को विश्वव्यापी दर्शकों के समक्ष विस्तरशः एवं सहजतया उपस्थापित किया। जस्टिस सहाय ने भी नरसिंहन् की एक चर्चा में अल्पकालिक भाग लिया। वहाँ कर्ट बैगेट की रिपोर्ट पर टिप्पणी हेतु अनुरोध करने पर, सहाय ने अपना पल्ला झाड़ते हुए कहा कि उनके जांचकाल में उनके समक्ष ऐसी कोई रिपोर्ट नहीं आई थी। ध्यान रहे; ये ही वे जज महाशय हैं; जिनको सभी अधिकार एवं संसाधन उपलब्ध थे और फिर भी अनेक लोगों द्वारा बहुशः प्रार्थना किए जाने पर भी इन्होंने नवीन हस्तलेख-जांच करवाना उचित नहीं जाना।

13 जून 2019 को कर्ट अपने टेक्सस-स्थित कार्यालय से ही CNN-IBN के कार्यक्रम में सम्मिलित हुए। नरसिंहन् ने उनसे पूछा: क्या वे इस बात से परिचित

थे कि उनके पास प्रेषित किए गए हस्तलेखों में एक कथितरूप से सुभाष चन्द्र बोस के थे। बैगेट ने [स्काईप के माध्यम से] अपने कड़क स्वर में उत्तर दिया, "मैं इन हस्तलेखो के विषय में कुछ नहीं जानता था, नहीं! मुझे नहीं पता था।"

"क्या इस बात पर आप आश्वस्त हैं कि ये दोनों हस्तलेख पूर्णतः समान हैं?"—ऐसा पूछने पर वे बोले, "हाँ! ...... वस्तुतः मेरे तीन अभिमत होते हैं; 'हाँ', 'नहीं' और 'मैं नहीं जानता।' यदि मैं आश्वस्त होता हूँ कि मैं न्यायालय के समक्ष अपने अभिमत को सिद्ध करने में सक्षम हूँ; जो कि मैं प्रायशः करता ही हूँ; तो मेरा उत्तर 'हाँ' ही होता है ... इसीलिए मेरा निर्णय यही है कि एक ही व्यक्ति ने उन सभी हस्तलेख-प्रतिरूपों को लिखा है।"

बैगेट ने अग्रिम कई क्षणों तक, अपने निष्कर्ष को स्पष्टीकृत करके, तदर्थ अपनी उपपत्तियों को प्रस्तुत किया। नरसिंहन् ने उनसे पूछा कि क्या कालक्रम से हमारे हस्तलेख में परिवर्तन आता है? कारण कि कुछ लोग यह पूछ सकते हैं कि आप एक 1963-कालिक [गुमनामी बाबा के] हस्तलेख की तुलना [नेताजी के] 1936-कालिक पत्रों में अंकित हस्तलेख के साथ कर रहे हैं। तो क्या 20-25 वर्षों के अन्तराल के बाद भी किसी लेखक के हस्तलेख में उतना ही साम्य दृष्टिगोचर होना सम्भव है? और वह भी तब; जब लेखक किसी अन्य शैली में लिखने का प्रयास कर रहा हो?

तब कर्ट ने एक दृष्टान्त प्रस्तुत किया कि उनकी माताजी—जो लगभग 97 वर्ष की अवस्था में दिवंगत हुईं—के हस्तलेख में [पूर्वापेक्षया] न्यूनतम परिवर्तन दृष्टिगोचर हुआ था।

कर्ट का वक्तव्य सुनकर उस कार्यक्रम में उपस्थित एक अन्य सज्जन ने अपना अभिमत प्रकट किया, "कर्ट कोई पक्षपाती व्यक्ति नहीं हैं; जिनका किसी भी पक्ष में कोई पूर्वाग्रह हो। वे इस बात से अनभिज्ञ थे कि वे किसके लेख की जांच कर रहे थे; जिसके परिणामस्वरूप ऐसे विशिष्ट साम्य प्रकट हो सकते हैं। यदि हमारे पास एक हस्तलेख-विशेषज्ञ का अभिमत, ऐसे निर्विवाद एवं पुष्ट प्रमाण के रूप में उपलब्ध है तथा वे न्यायालय के समक्ष उपस्थित होकर उसको सत्यापित करने हेतु भी तत्पर हैं; तो अब आपको एतदतिरिक्त कौन-सा साक्ष्य चाहिए?"

ये शब्द थे—डॉ. विक्रम सिंह (भूतपूर्व महानिदेशक, उ.प्र.पुलिस) के; जो सम्प्रति इस देश के बहुमानित एवं तेजस्वी प्रवक्ताओं में से एक हैं।

16 अगस्त को अशोक कश्यप, CNN-IBN के नोएडा-फ़िल्म-सिटी-स्थित भव्य स्टूडियो में, सहजतया उपस्थित हुए तथा उन्होंने जीवन्त-प्रसारण के समय ही दर्शकों को अपने द्वारा प्रस्तुत निष्कर्षों से क्रमशः अवगत करवाया। अपने द्वारा निर्मित तुलनात्मक-विवरण पर दर्शकों का ध्यान आकर्षित करते हुए, कश्यप ने यह युक्तितः प्रतिपादित किया कि कैसे सभी हस्तलेख प्रतिरूप एक ही व्यक्ति के द्वारा लिखित हैं।

नरसिंहन् ने उनको पूछा, "क्या आप न्यायालय के समक्ष शपथपूर्वक यह कहने हेतु प्रस्तुत हो सकते हैं कि इन सभी प्रतिरूपों के लेखक एक ही व्यक्ति थे?" कश्यप बोले, "निःसन्देह! मैं दृढ़तापूर्वक यह कह सकता हूँ कि ये सभी लेख-प्रतिरूप एक ही व्यक्ति के द्वारा विलिखित हैं"।

नरसिंहन् ने कश्यप को डॉ. एस.के. मण्डल द्वारा विरचित द्वि-पृष्ठीय रिपोर्ट [जिसमें बिना किसी कारण दिए यह निष्कर्ष दिया गया था कि वे हस्तलेख परस्पर भिन्न हैं] दिखाते हुए यह पूछा, "क्या आप एक ऐसी रिपोर्ट लिखेंगे? और वह भी किसी ऐसे व्यक्ति से सम्बद्ध प्रकरण में; जिनसे हमारे इतिहास का प्रत्यक्ष सम्बन्ध हो?" कश्यप ने मुस्कराते हुए उत्तर दिया, "नहीं!"

CNN-IBN द्वारा, डॉ. मण्डल (सेवानिवृत्त निदेशक, FSL, कोलकाता) को सम्पर्क करके उनके पक्ष जानने हेतु, किए गए प्रयत्न निरर्थक सिद्ध हुए। एक राष्ट्रीय चैनल पर अपने नाम को कलंकित होता देखकर भी, अपने पक्ष को जनता के समक्ष प्रस्तुत करने में मण्डल के प्राण सूख रहे थे। वहीं दूसरी ओर; अशोक कश्यप ने सौरव सान्याल के *इण्डिया अहैड* तथा *रिपब्लिक टी.वी.* पर प्रसारित होने वाले भारत के सर्वाधिक प्रसिद्ध कार्यक्रम—द *डिबेट विद अर्णब गोस्वामी* में उपस्थित होकर अपने निष्कर्षों को उपस्थापित किया। इसपर सरकार की ओर से कोई प्रतिक्रिया नहीं मिली तथा टी.वी. कार्यक्रमों में उपस्थित BJP-प्रवक्ता केवल अपलाप ही करते दीखे।

जब कोरोना-महामारी के आ जाने से हमारी सभी गतिविधियाँ शिथिल पड़ चुकी थीं, तब हमने कश्यप को यह अनुरोध किया कि वे मण्डल एवं केन्द्र सरकार के विशेषज्ञों की रिपोर्टों का ध्यानपूर्वक समीक्षण कर, उनपर अपना अभिमत प्रस्तुत करें। किन्तु दुर्भाग्य! दिसम्बर 2020 में, एक हृदयाघात के कारण, अशोक कश्यप का आकस्मिक स्वर्गवास हो गई। तब तक कश्यप, सरकारी रिपोर्टों की अप्रामाणिकता को दर्शाने वाले अनेक बिन्दुओं को हमारे समक्ष रेखांकित कर चुके थे। यदि यह [नेताजी के अतिरिक्त] किसी अन्य प्रकरण में होता, तो अब तक भारतीय जनमानस को दिग्भ्रमित करने के आरोप में वे सरकारी विशेषज्ञ एक विकट समस्या में फँस चुके होते।

अन्ततः; समग्र घटनाचक्र का क्रमिक सिंहावलोकन करने पर हम पाते हैं:

1. जस्टिस मुखर्जी ने एक निष्पक्ष जांच के पश्चात् यह पाया कि विश्वसनीय साक्षियों और लिखित साक्ष्यों के अनुसार; गुमनामी बाबा नेताजी ही थे। किन्तु वे इस निष्कर्ष को अपनी रिपोर्ट में नहीं उपस्थापित कर पाए; क्योंकि इन साक्ष्यों के विरुद्ध थीं—सरकारी नकारात्मक DNA एवं हस्तलेख रिपोर्टें। मुखर्जी सर्वथा विश्वस्त थे कि इन रिपोर्टों में धाँधलेबाज़ी हुई थी; किन्तु उनके पास कोई ठोस प्रमाण नहीं थे। कालान्तर में उन्होंने इस बात को अनेक लोगों से हुई अपनी निजी वार्ताओं में प्रकट किया।
2. आरम्भ से ही गुमनामी-बाबा-पक्ष के सभी विरोधी लोग, सरकारी विशेषज्ञों द्वारा प्रस्तुत उन नकारात्मक निष्कर्षों को वेदवाक्य के समान यथार्थ बताकर अपना ढिण्ढोरा पीट रहे थे कि बाबा नेताजी नहीं थे।
3. जस्टिस सहाय से यह बारम्बार आग्रह किया गया कि वह उन दावों की जांच करें; जिनके अनुसार: सरकारी प्रयोगशालाओं में सम्पादित फ़ॉरेन्सिक जाँचों में घोटाला हुआ था। किन्तु, उन सभी आग्रहों की उपेक्षा करते हुए, जस्टिस सहाय ने उन्हीं सरकारी DNA एवं हस्तलेख रिपोर्टों में अपनी आस्था प्रकट की तथा स्वयं को किसी नवीन जांच से दूर रखा। एक सत्यनिष्ठ अनुसन्धाता का यह दायित्व होता है कि वह, पूर्वोपलब्ध निष्कर्षों को यथावत् उद्धृत करने के स्थान पर, आरम्भिक बिन्दु से पुनः अनुसन्धान [का उपक्रम] करे।

4. दूसरी ओर; दो स्वतन्त्र अनुसन्धाताओं (प्रस्तुत पुस्तक के लेखकों) ने, अपने अत्यन्त सीमित संसाधनों के द्वारा ही, स्वतन्त्र विशेषज्ञों से विगत DNA-रिपोर्टों की समीक्षा सहित, भारत एवं अमरीका से नवीन हस्तलेख-जांच करवा ली। परिणाम स्पष्ट है कि DNA एवं हस्तलेख जांच में फ़ॉरेन्सिक के नाम पर एक पाखण्ड फैलाया गया था।

इस प्रकार; हमने यह पाया कि "गुमनामी बाबा नेताजी नहीं थे; क्योंकि सरकारी DNA और हस्तलेख परीक्षण इस मत का समर्थन नहीं करते"—यह कुतर्क पूर्णतः धराशाई हो जाता है। यद्यपि स्वतन्त्र DNA विशेषज्ञों ने हमें बताया कि वे एक नवीन जांच के पक्षधर हैं, किन्तु हमारा यह मानना है कि विगत जांच में हुए हेरफ़ेर स्वतः ही यह सिद्ध कर देता है कि उस जांच से सकारात्मक निष्कर्ष प्राप्त हुए थे। अन्यथा हेरफ़ेर करने का कोई औचित्य ही नहीं था, और न ही *आनंद बाजार पत्रिका* को इस झूठ का अग्रिम समाचार देकर समाज को दिग्भ्रान्त करने की कोई आवश्यकता ही थी। CFSL का "ऑपरेशन अभिज्ञान" एक योजनाबद्ध छल था; जिसका भण्डाफोड़ अब हो चुका है।

कोई भी निष्पक्ष तथा सत्यनिष्ठ व्यक्ति उपर्युक्त सभी बिन्दुओं के द्वारा किस निष्कर्ष पर पहुँचेगा? हम, अपने अल्प सामर्थ्य एवं वैयक्तिक स्तर पर एकत्रित प्रमाणों तथा तथ्यों के द्वारा, निष्ठापूर्वक यह ज्ञापित करते हैं कि तथाकथित गुमनामी बाबा ही नेताजी सुभाष चन्द्र बोस थे। विगत कई वर्षों के हमारे अनुभव के बाद, आज हमारे लिए यह कहना लज्जा का विषय है कि हमारी अपनी सरकार ही भारतीय जनता को इस प्रकरण पर दिग्भ्रमित करने के लिए छल-कपट कर रही हैं।

OPERATION - ABHIGYAN

DNA PROFILING TEST ON TEETH : GENETIC IDENTITY OF ALLEGED SOURCE - GUMNAMI BABA

NATIONAL DNA ANALYSIS CENTRE
CENTRAL FORENSIC SCIENCE LABORATORY
MINISTRY OF HOME AFFAIRS, GOVT. OF INDIA
DIRECTORATE OF FORENSIC SCIENCE
30 GORACHAND ROAD, KOLKATA

सूत्रपात

कान खड़े कर देने वाला यह निष्कर्ष कि तथाकथित गुमनामी बाबा नेताजी सुभाष चन्द्र बोस ही थे, मानो हमारे अन्तःकरण में अनेक प्रश्नों की बाढ़ ले आता है। यथा: वे भारत कब और कैसे लौटे? वे इतने वर्षों तक क्या कर रहे थे? उनके विषय में कौन-कौन लोग जानते थे? उन्होंने ऐसा जीवन क्यों चुना? क्यों कभी उन्होंने अपनी वास्तविकता को नहीं प्रकट होने दिया? अग्रिम पृष्ठों और अध्यायों में इन्हीं विषयों का विवेचन किया जाएगा।

यदा-कदा स्वयं को सुभाष बोस कहने के अतिरिक्त; गुमनामी बाबा ने प्रायः अपने लिए अनेक छद्मसंज्ञाओं [जैसे "मृत भूत", "Dead Man" (मृतक व्यक्ति) इत्यादि] का प्रयोग किया। उनका दुर्लभ सान्निध्य पाने वाले लोग, उन्हें "भगवनजी"—इस सम्मानसूचक संज्ञा द्वारा सम्बोधित करते थे। जबकि "गुमनामी बाबा" संज्ञा 1985 के बाद पत्रकारों द्वारा प्रयुक्त हुई; जो क्रमशः उनके लिए एक आधिकारिक संज्ञा बन गई। फलतः 1945 के बाद; उनके जीवन पर चर्चा करते हुए उन्हें "भगवनजी" अथवा "गुमनामी बाबा" कहना ही समीचीन होगा। इससे पूर्ववर्ती सभी सन्दर्भों में वे सदा "नेताजी" और "सुभाष चन्द्र बोस" ही कहे जाएँगे।

भारत में भगवनजी की प्राथमिक उपस्थिति 1950-दशक के आरम्भिक वर्षों में ज्ञात होती है। सर्वप्रथम इटावा के राजा सुरेन्द्र सिंह चौधरी ने 1953 में

मैनपुरी के एक छोटे-से कस्बे में उनके दर्शन किए; जहाँ वे (बाबा) एक पुलिस अधीक्षक के आवास पर साधुवेश में निवास कर रहे थे। उस समय चौधरी के साथ थे—पं. ज्योति शंकर दीक्षित; जो 1920-दशक के मध्य में उ.प्र. कांग्रेस कमेटी के सचिव और कालान्तर में हिन्दू महासभा के कार्यकर्ता बने। चौधरी ने कभी सुभाष बोस को प्रत्यक्ष नहीं देखा था, किन्तु दीक्षित उनके दर्शनों से पहले लाभान्वित हो चुके थे। अतः वे पूर्णतया आश्वस्त थे कि वे मैनपुरी में किनसे मिलकर आए थे। चौधरी ने, गेरुआ वस्त्रों एवं पगड़ी की दृष्टि से, स्वामी विवेकानन्द एवं मुण्डित भगवनजी में पर्याप्त साम्य पाया।

अग्रिम संस्मरणों में दीक्षित का कोई पुनरुल्लेख नहीं मिला, किन्तु चौधरी आगामी 6-7 वर्षों तक भगवनजी के सीधे सम्पर्क में बने रहे। यदि चौधरी के वचनों पर विश्वास किया जाए, तो भगवनजी की कथा का प्रारम्भिक बिन्दु 1950-51 था। हालांकि भारत में उनके पदार्पण का सटीक समय बतलाने वाला कोई प्रामाणिक साक्ष्य हमें अनुपलब्ध है।

1955 तक भगवनजी लखनऊ में आ चुके थे; जहाँ चौधरी ने सिंगार नगर में उनके लिए एक सिख सज्जन का आवास किराए पर लिया था। वह घर आज भी विद्यमान है, किन्तु कालक्रमशः उसका पार्श्ववर्ती क्षेत्र बहुत विकसित हो चुका है। आज भी वर्तमान गृहस्वामी, अपने दादा के समय में वहाँ पधारे उन विचित्र किरायेदार के संस्मरणों से अचम्भित हैं।

[फ़िल्म निर्माता श्रीजित मुखर्जी सहित लेखकद्वय, सिंगार नगर-स्थित भगवनजी के आवास में तात्कालिक गृहस्वामी के पौत्र—इन्द्र मोहन सिंह के साथ]

जैसा कि भगवनजी की सेवा करने वाली सरस्वती देवी के पुत्र राजकुमार शुक्ल ने मुखर्जी आयोग को [और हमें भी] बतलाया, कि वे1956 में अपनी विधवा माँ के साथ इसी आवास में पहुँचे थे। उनके नानाजी (महादेव प्रसाद मिश्र) पहले से ही भगवनजी की सेवा में नियुक्त थे। महादेव एक संस्कृत शिक्षक थे और उन्होंने यह कहा था कि उन्होंने अमुक वर्ष में भगवनजी को नेपाल से भारत में प्रवेश करवाने में सहायता की थी। स्वयं भगवनजी ने अपने एक भावी विश्वासपात्र को यह बतलाया था कि उन्होंने नेपालगंज (नेपाल) से भारत में पुन: प्रवेश किया। इससे पहले वे तिब्बत के मानसरोवर क्षेत्र में विद्यमान थे।

[पं. महादेव प्रसाद मिश्र और उनकी सुपुत्री सरस्वती देवी]

सुभाष बोस लखनऊ क्षेत्र से पूर्णतः परिचित थे। यहाँ उनका सार्वजनिक स्वागत तब हुआ था; जब वे कांग्रेस के अध्यक्ष थे [अर्थात् 1938-39 में] तथा तदुपरान्त जब [1940 में] उन्होंने अपने फ़ॉरवर्ड ब्लॉक को संगठित एवं सुदृढ़ बनाने हेतु देशभ्रमण किया था। तत्काल जिन लोगों ने उनके स्वागत का आयोजन किया था; उनमें से एक 1954 में राज्य के मुख्यमन्त्री बने और कुछ औरों ने इसी पद को आने वाले समय में समलंकृत किया।

भगवनजी के उस क्षेत्र में पदार्पण के लगभग एक वर्ष पूर्व ही, सुभाष बोस के प्रबल विरोधी—गोविन्द बल्लभ पन्त, केन्द्रीय गृहमन्त्री बन जाने के कारण, दिल्ली जा चुके थे तथा उनका स्थान विद्वान् डॉ. सम्पूर्णानन्द ने ग्रहण कर लिया था। सम्पूर्णानन्द का भगवनजी से सम्पर्क कब और कैसे स्थापित हुआ?—यह कह पाना बहुत कठिन है। किन्तु समग्र उपलब्ध विश्वसनीय जानकारी के अनुसार; भगवनजी की वास्तविक पहचान सम्पूर्णानन्द को विदित थी और उन्होंने गोपनीय विधा से भगवनजी के लिए अनेक अपेक्षित व्यवस्थाएँ भी की थीं।

डॉ. सम्पूर्णानन्द और सुभाष बोस ने लगभग एक ही काल में स्वतन्त्रता-आन्दोलन में प्रवेश किया था और वे दोनों चितरंजन दास के अनुयायी थे। दास सुभाष के राजनैतिक गुरु थे। दिल्ली के राष्ट्रीय अभिलेखागार में सुरक्षित, सम्पूर्णानन्द के दस्तावेज़ इस बात को प्रमाणित करते हैं कि उनका सुभाष बोस के साथ घनिष्ठ सम्बन्ध था। वे दस्तावेज़ यह भी दर्शाते है कि अपसामान्य विषयों [तन्त्र-मन्त्र-साधना आदि] में सम्पूर्णानन्द की प्रगाढ़ रुचि थी; जो भगवनजी के लिए भी समानतः रुचिकर विषय थे।

1961 में प्रकाशित हुई अपनी पुस्तक *मेमोरीज़ एण्ड रिफ्लेक्शन्स* में, डॉ. सम्पूर्णानन्द ने कई विस्मयकारी रहस्योघाटन किए। तब वे उ.प्र. मुख्यमन्त्री नहीं रहे थे। नेताजी पर पूरा एक विशिष्ट प्रशस्तिपरक अध्याय लिखते हुए, सम्पूर्णानन्द ने नेताजी को देश की स्वतन्त्रता हेतु कृतसंकल्प सर्वश्रेष्ठ सेनानियों में से एक बताया; जो कि अन्यों के मतानुसार पं. नेहरू की तुलना में अत्यधिक श्रेष्ठ थे। सम्पूर्णानन्द ने लिखा कि 1939 में कांग्रेस-अध्यक्ष के पद हेतु चुनाव में, महात्मा गांधी के प्रत्याशी के विरुद्ध, उन्होंने सुभाष बोस के लिए मतदान किया था और कालान्तर में वे, फ़ारवर्ड ब्लॉक हेतु समर्थन जुटाने के लिए लखनऊ पधारे बोस की सेवा-सुश्रूषा में भी संलग्न हुए थे। साथ ही; उन्होंने सुभाष बोस और उनकी आज़ाद हिन्द फ़ौज के सन्दर्भ में कांग्रेस नेतृत्व की मनोदृष्टि पर भी व्यंग्यात्मक टिप्पणियाँ कीं। जब दल-बल के साथ केन्द्र सरकार आधिकारिक रूप से नेताजी की मृत्यु पर आश्वस्त थी, तब सम्पूर्णानन्द ने अपनी आशंका को मुखर होकर अभिव्यक्त किया। यथा: "कुछ लोग हैं; जो मानते हैं कि नेताजी आज भी

जीवित हैं और वे एक दिन लौटकर भारत को नेतृत्व अपना देकर अधिक गौरव और समृद्धि प्रदान करेंगे।" सम्पूर्णानन्द भला ऐसा क्यों लिखेंगे?

[गोपीनाथ कविराज, भारतीय डाक मुद्रा 1988]

सम्भवतः सम्पूर्णानन्द के माध्यम से ही लखनऊ में भगवनजी की उपस्थिति को एक अन्य महानुभाव भी जानते थे। वे थे—गोपीनाथ कविराज; एक प्रसिद्ध संस्कृत विद्वान्, दार्शनिक एवं तन्त्रशास्त्र-विशेषज्ञ। भगवनजी के किसी शिष्य की डायरी में यह उल्लिखित मिला कि सम्पूर्णानन्द ने भगवनजी से पूछा—"क्या आप त्रिपाठी को जानते हैं?" भगवनजी ने उत्तर दिया कि उन्होंने उनका नाम सुना है। सम्पूर्णानन्द बोले, "त्रिपाठी के गुरु गोपीनाथ कविराज ने उन्हें आपके विषय में बता दिया है"। कदाचित् यह सन्दर्भ कमलापति त्रिपाठी (उ.प्र. के तात्कालिक गृहमन्त्री, कालान्तर में केन्द्रीय मन्त्री) का था; जो तन्त्र-साधनाओं में अतिशय आस्थान्वित थे तथा कालान्तर में जिनका प्रधानमन्त्री इन्दिरा गांधी के आध्यात्मिक चिन्तन पर भी प्रचुर प्रभाव पड़ा था।

इस सन्दर्भ को ध्यान में रखकर हम सोच सकते हैं कि क्यों अक्टूबर 1956 में सम्पूर्णानन्द ने लखनऊ में पधारे भूतपूर्व ब्रिटिश प्रधानमन्त्री क्लिमेण्ट एट्ली के समक्ष नेताजी के विषय में अपनी जिज्ञासा व्यक्त की थी। 1982 में इण्टैलिजेंस ब्यूरो से सेवानिवृत्त हुए धर्मेन्द्र गौड़ ने भौचक्का कर देने वाला वक्तव्य दिया था कि एट्ली; जो 1941 से 1951 तक ब्रिटिश प्रधानमन्त्री थे, ने सम्पूर्णानन्द के पूछने पर यह बताया था कि सुभाष बोस एक विमान दुर्घटना के मिथ्याप्रचार की आड़ में सोवियत संघ की ओर निकल गए थे। गौड़ ने यह भी कहा था कि उस वार्ता को उन्होंने छुपकर रिकॉर्ड करके IB मुख्यालय को भेज दिया था। उस समय गौड़ VIP सुरक्षा में नियुक्त थे। हम गौड़ द्वारा प्रस्तुत उपर्युक्त विवरण को सत्यापित तो नहीं कर सकते, किन्तु यह सर्वथा असन्दिग्ध है कि एट्ली ने अपनी 1956 की भारत यात्रा में अपनी असाधारण स्पष्टवादिता

का परिचय दिया था। लखनऊ से आगे वे कोलकाता गए थे; जहाँ उन्होंने बंगाल के कार्यवाहक राज्यपाल (चीफ़ जस्टिस, कलकत्ता उच्च न्यायालय) को बताया कि भारत को स्वाधीन कर देने के उनके निर्णय में सुभाष बोस के प्रयासों की सर्वोत्कृष्ट भूमिका थी; जबकि गांधी के शान्तिप्रिय आन्दोलनों का उनपर "नगण्य" प्रभाव था।

उच्च न्यायालय के निर्देशानुसार निर्मित भगवनजी के सामान की सूची में अंकित अनेक पत्रों में से एक, भगवनजी की लखनऊ के उच्चतम राजनैतिक गलियारों तक गति को द्योतित करता है। 15 जुलाई 1957 को उन्हें लिखे गए एक संक्षिप्त पत्र में, बाबू बनारसी दास ने उनके लिए अपेक्षित सुरक्षा-परिधि का महत्त्व प्रदर्शित करके; उन्हें उसकी उपलब्धि का आश्वासन दिया। उस समय दास, उ.प्र. सरकार में एक संसदीय सचिव थे और भगवनजी को अपने सामर्थ्य में ऐसी व्यवस्था प्रदान करने की स्थिति में कदापि नहीं थे। निश्चित ही उन्हें इस कार्य हेतु अपने विश्वस्त उच्चाधिकारी की प्रशस्ति मिली होगी। क्या वह उच्चाधिकारी स्वयं मुख्यमन्त्री सम्पूर्णानन्द थे? अथवा राज्य के गृहमन्त्री कमलापति त्रिपाठी? या फिर सम्पूर्णानन्द के कांग्रेसी प्रतिद्वन्द्वी—चन्द्रभान गुप्ता; जिनके संसदीय सचिव स्वयं बनारसी दास थे? ध्यान रहे; गोपनीय सुरक्षा-परिधि की उपलब्धि का प्रस्ताव किसी साधारण व्यक्ति के लिए नहीं होता।

दास और त्रिपाठी—दोनों ही यथासमय उ.प्र. के मुख्यमन्त्री बने। 20 नवम्बर 1938 को लखनऊ में सुभाष बोस का स्वागत करने वाले लोगों में चन्द्रभान गुप्ता भी थे। ज्ञातव्य है कि1960 और 1970 के मध्य, वे उ.प्र.मुख्यमन्त्री के रूप में तीन बार सेवारत रहे। 2001 में उनकी जन्म शताब्दी उत्सव के अवसर पर, *टाइम्स ऑफ़ इण्डिया* ने उन्हें नेताजी का "अनन्य अनुयायी" बताया।

उक्त चार मुख्यमन्त्रियों के अतिरिक्त; किसी पाँचवें के साथ भगवनजी के सम्बन्ध को दर्शाने वाला एक साक्ष्य भी रामभवन से प्राप्त हुई सामग्रियों में सम्मिलित है। एक सामान्य पृष्ठ प्रतीत होने वाला वह साक्ष्य वस्तुतः कोई पत्र न होकर, आपाततः किसी पंचवर्षीय निक्षेप योजना का गणना-विवरण ही दीखता है; जो कि जल्दी में लिखा गया था। किन्तु उसके पिछले भाग पर शहर के

भव्यतम आवासीय क्षेत्र (मॉल रोड) में स्थित तात्कालिक मुख्यमन्त्री के आवास का हस्तलिखित मानचित्र बना हुआ था। उस पत्र पर राजनेता का नामोल्लेख नहीं था; किन्तु यह लोकविश्रुत है कि उस क्षेत्र में तब चौधरी चरण सिंह रहा करते थे; जिन्होंने, उपप्रधानमन्त्री और तदनन्तर कुछ मासों के लिए देश के पाँचवे प्रधानमन्त्री होने से पूर्व, दो बार उ.प्र. सरकार का नेतृत्व किया था—अप्रैल 1967 से फरवरी 1968 और पुनः फरवरी से अक्टूबर 1970 पर्यन्त। 1985 से ही, भगवनजी के कई शिष्य सार्वजनिक रूप से ऐसा कहते आ रहे हैं कि चरण सिंह नितरां एकान्त में भगवनजी के दर्शनार्थ आया करते थे। एतावता पाँच मुख्यमन्त्रियों का भगवनजी के साथ सम्पर्क होना सम्भावित था। किन्तु यह विलक्षण बात थी कि ऐसे देश में, जहाँ महात्माओं के राजनेताओं से सम्पर्क होने पर उनका विशेषतः लाभान्वित होना कोई असाधारण बात नहीं है; वहाँ भगवनजी उन सभी लोगों से कोई लाभ नहीं लेते थे।

भगवनजी के राजनैतिक सम्बन्धों की गाथा का उपसंहार यहीं नहीं होता। उनकी कथाओं में यदा-कदा सुना गया एक अन्य नाम है—राजनारायण; जो एक स्वतन्त्रता-सेनानी, समाजवादी और उ.प्र. विधानसभा में विपक्षी नेता थे। कालान्तर में उन्होंने चुनावी छल के प्रसंग में प्रधानमन्त्री इन्दिरा गांधी के विरुद्ध विजयी होकर तथा क्रमशः 1977 में उनको आम चुनाव में हराकर राष्ट्रीय स्तर पर ख्याति प्राप्त की थी। स्थानीय समाचारपत्रों ने जब अक्टूबर 1985 में भगवनजी की पहचान के बारे में चर्चाएँ आरम्भ की, तब पत्रकार अशोक टण्डन [जिन्होंने इस पूरे प्रकरण को प्रथमतया प्रकाशित किया] को एक शाम स्वयं राजनारायण ने पधारकर विस्मित कर दिया। राजनारायण ने उनसे तत्काल प्राप्त हुए सभी निष्कर्षों पर लगभग दो घण्टों तक विमर्श किया।

इससे पूर्व; राजनारायण का दृष्टिकोण अमेरिकी केन्द्रीय गुप्तचर संस्था (CIA) की एक शाखा—फ़ॉरेन ब्रॉडकास्ट इनफ़ार्मेशन सर्विस (FBIS) के संज्ञान में आया था; जिसको उसने मार्च 1986 में दिल्ली के समाचारपत्र *पैट्रियट* में प्रकाशित हुए एक समाचार को नोट किया था। तदनुसार; राजनारायण का यह दृढ़ विश्वास था कि गुमनामी बाबा नेताजी सुभाष चन्द्र बोस ही थे। उन्हें उनकी

मृत्यु की सूचना से इतना दुर्दान्त कष्ट हुआ कि उन्हें चिकित्सालय में भर्ती करवाना पड़ा था।

इस प्रकरण पर आगे कुछ नहीं हुआ; क्योंकि उस वर्ष के अन्त तक राजनारायण परलोक सिधार गए।

लखनऊ-प्रवास के समय कुछ ऐसा संयोग बना कि भगवनजी की उपस्थिति लोगों के संज्ञान में आते-आते बची। चश्मे की एक नई जोड़ी के लिए वे अमीनाबाग-स्थित "बी.एन. बैजल ऑप्टिकल" नामक एक प्रसिद्ध चश्मा विक्रेता के पास पहुँचे। कभी स्वयं महात्मा गांधी भी वहाँ के ग्राहक रह चुके थे। उस समय किसी मुण्डित बौद्ध भिक्षु के वेश में विद्यमान भगवनजी ने, एक गोल चश्मे को पहनकर जांचने हेतु, अपने सिर से पगड़ी को कुछ देर के लिए हटाया एवं दर्पण में स्वयं को निहारा। अगले ही क्षण में वहाँ खड़ा एक अन्य ग्राहक, उन मुण्डित भिक्षु-वेशधारी को पहचानकर बोल पड़ा, "नेताजी!" सहसा दो अन्य युवक उनके चरणों में दण्डवत् गिर पड़े और भगवनजी तुरन्त वहाँ से भाग खड़े हुए। कई वर्षों के बाद; उन्होंने अपने एक अनुयायी को बताया, "यही कारण है कि मैं अब मूँछ और दाढ़ी रखता हूँ।"

लखनऊ में लगभग दो वर्ष व्यतीत करके, 1958 की नवरात्रि में, भगवनजी नैमिषारण्य (नीमसार, ज़िला सीतापुर, उ.प्र.) पहुँचे; जहाँ वे प्रसिद्ध "चक्रतीर्थ" के निकटवर्ती [उड़िया बाबा के] प्राचीन शिवमन्दिर में रहे। बहुत ही कम समय में, स्थानीय लोगों ने अपने कक्ष तक सीमित रहने वाले उन दिव्य महात्माजी के सन्दर्भ में चर्चाएँ आरम्भ कर दीं। क्षेत्र का एक सब-इन्स्पेक्टर; जिन्हें सरस्वती देवी भगवनजी तक नहीं पहुँचने दे रहीं थीं, SHO एवं अनेक कॉन्स्टेबलों के साथ वहाँ पहुँच गया। आगे जो कुछ भी हुआ, वैसा ही कुछ पहले भी हुआ था और आगे आने वाले दिनों में पुनः होने वाला था। भगवनजी ने SHO को अपने कक्ष में बुलाया और आधे घण्टे तक उसके साथ कुछ एकान्त वार्ता की। कक्ष से बाहर निकलने तक वह उनका भक्त बन चुका था एवं सारा विवाद वहीं शान्त हो गया।

दरभंगा में जन्में ध्रुवचैतन्य नामक एक ब्रह्मचारी साधु भी ऐसी ही घटना के तटस्थ साक्षी बने। एक दिन, उनके सुपरिचित सेवानिवृत्त पुलिस सुप्रिटेण्डेण्ट

(SP) शंकर लाल शर्मा; जो उस समय एक वानप्रस्थी के रूप में वहाँ विद्यमान थे, लगभग एक घण्टे तक भगवनजी से भेंट-वार्ता करके लौटे। लोकचर्चाओं के माध्यम से भगवनजी की उपस्थिति को जानने वाले ब्रह्मचारी ने जिज्ञासावश उनसे पूछा, "क्या आपकी भेंट सुभाष बाबू से हुई?" तब अपने सेवाकाल में कभी नेताजी का दर्शन कर चुके शर्मा, उन छात्र साधु के प्रति आँखों के इशारे से पुष्टि करते हुए यकायक बोले पड़े, "अरे! बच्चे हो, जानकर क्या करोगे?" जुलाई 2021 में अपने प्रयाग-स्थित आश्रम में स्वयं उन ब्रह्मचारी—जो अब पुरीपीठाधीश्वर जगद्गुरु शंकराचार्य अनन्तश्री स्वामी निश्चलानन्द सरस्वती महाराज के रूप में प्रसिद्ध हैं—ने इस संस्मरण को अपनी एक सार्वजनिक सभा में सुनाया; जो सौभाग्यवश गोवर्धनमठ (पुरी) के आधिकारिक YouTube चैनल पर उपलब्ध है। यद्यपि उ.प्र. के मुख्यमन्त्री के लिए इस रहस्योद्घाटन का कोई मूल्य नहीं होगा, परन्तु श्रीपुरी-शंकराचार्यजी में आस्थान्वित तथा साधु-समाज के अग्रणियों में से एक गोरक्षपीठ के महन्त योगी आदित्यनाथजी महाराज इसपर क्या कहेंगे?—यह जानने हेतु हम अतीव लालायित हैं।

[29 जनवरी 2020: तीर्थराज प्रयाग में ज.गु.शं. स्वामी निश्चलानन्द सरस्वती से आशीर्वाद प्राप्त करते हुए उत्तर प्रदेश के मुख्यमंत्री। स्रोत: गोवर्धनपीठ, पुरी]

वहीं, नैमिषारण्य में, श्रीकान्त शर्मा नामक एक कवि ने [भगवनजी के] दूर तक सुनाई देने वाले विशुद्ध मन्त्रोच्चारण एवं मनोरम संस्कृत-पाठ का श्रवण किया। कौतुकवश उन्होंने भगवनजी के दर्शनों की अनुमति प्राप्त करने हेतु सरस्वती देवी को सम्पर्क किया। शिव मन्दिर के पुजारी उनके रिश्तेदार थे। तब उन्हें कक्षद्वार पर लगे पर्दे के माध्यम से ही भगवनजी से संवाद करने का सुअवसर प्राप्त हुआ। शर्मा ने 1939 में सुभाष बोस के उस प्रदेश में भ्रमण के समय उन्हें सीतापुर, सिधौली और बिसवाँ में एकाधिक बार देखा एवं सुना था। अतः, भगवनजी से सम्पर्क होने एवं उनकी वाणी को सुनने पर, उनकी जिज्ञासा और भी बढ़ गई। कालान्तर में उन्हें भगवनजी के प्रत्यक्ष दर्शन का सौभाग्य भी मिलने वाला था।

तत्पश्चात् प्रो. अतुल सेन इस समूचे घटनाक्रम का एक महत्त्वपूर्ण घटक बने; जिससे भगवनजी की गाथा में एक नया मोड़ आया। सेन एक स्वतन्त्रता-सेनानी थे और वे अंग्रेज़ो के समय में बंगाल में विधायक चुने गए थे। अपने समय के शीर्षस्थ नेताओं (यथा पं. नेहरू, नेताजी आदि) से सेन का सम्बन्ध रहा। 1962 की ग्रीष्म ऋतु में सेन नैमिषारण्य के एकान्तिक क्षेत्रों में तीर्थाटन करते हुए सहसा मूर्च्छित हो गए। सुयोगवश उन्हें उसी शिव मन्दिर के परिसर में लाया गया; जहाँ भगवनजी विराजमान थे।

वापस कोलकाता पहुँचकर सेन ने अपने मित्र और प्रसिद्ध इतिहासकार डॉ. आर.सी. मज़ूमदार को यह बताया कि उनकी वार्ता सुभाष बोस से हुई थी; जिसको सुनकर मज़ूमदार अवाक् रह गए। मज़ूमदार ने *जयश्री* नामक बांग्ला पत्रिका (1966) में लिखा: “उन-जैसे सुशिक्षित एवं सम्मानित सज्जन वस्तुतः यह मानते थे कि जिस व्यक्ति के साथ उनकी वार्ता हुई थी; वे नेताजी ही थे।”

सेन ने, भगवनजी की चेतावनी की अवहेलना करते हुए, 28 नवम्बर 1962 को प्रधानमन्त्री नेहरू के प्रति एक पत्र लिखा; जिसकी एक छायाप्रति हमें RTI के माध्यम से प्राप्त हुई। उसमें उन्होंने प्रधानमन्त्री को यह सूचित किया: “नेताजी जीवित हैं और भारत में कहीं आध्यात्मिक साधना में निरत हैं।”

तत्पश्चात् सेन ने जो लिखा, उसे पढ़कर पाठकगण भयाकुल हो जाएँगे:

"नेताजी से संवादकर मैं यह समझ पाया हूँ कि वे आज तक मित्र राष्ट्र-शक्तियों के प्रबलतम शत्रु माने जाते हैं तथा वे, उनके जीवित पाए जाने पर भारत सरकार द्वारा उन्हें मित्र राष्ट्र-शक्तियों के प्रति सौंप दिए जाने के एक गुप्त अनुबन्ध के कारण प्रकट नहीं हो रहे हैं।"

Prof. Atul Sen
(Ex. M. L. A.)

269

PHONE. Resi :-46-1815 Office :-23-3882

18/22/4A, DOVER LANE.
CALCUTTA-29

Dated August 28, 1962.
Bhadra 6, 1884 Saka.

Sri Jawharlal Nehru,
Prime Minister of India,
NEW DELHI.

Dear Jawharlalji,

I take the liberty of addressing these few lines to you in the matter of the widely prevalent belief that Netaji Subhas Chandra Bose is not dead. Mine is not mere belief but actual knowledge that Netaji is alive and is engaged in spiritual practice somewhere in India. Not the Sadhu of Shoulmari, Cooch-Behar, in West Bengal about whom some Calcutta - politicians are making a fuss at this moment. I deliberately make the location a little vague because from the talks I had with him for months together not very long ago I could understand that he is yet regarded as Enemy No.1 of the Allied Powers and that there is a

सेन ने जवाहरलाल नेहरू से इसकी पुष्टि हेतु प्रश्न किया तथा यह प्रस्ताव भी रखा कि यदि सरकार उपर्युक्त शक्तियों की ऐसी किसी भी गतिविधि को निरस्त करने का आश्वासन देती है; तो वे नेताजी को प्रकट होने हेतु प्रार्थनापूर्वक मना सकते हैं। किन्तु इसके उपलक्ष्य में पं. नेहरू की प्रतिक्रिया कुछ विचित्र थी। प्रथमतः; उन्हें, 1945 में नेताजी की तथाकथित मृत्यु पर बारम्बार दिए गए अपने वक्तव्यों को ध्यान में रखते हुए, सेन के किसी (उपर्युक्त) कथन पर विचार ही नहीं करना चाहिए था। द्वितीयतः; उपर्युक्त गुप्त अनुबन्ध का सन्दर्भ इतना असंगत था कि उसका तिरस्कारपूर्ण खण्डन भी अपेक्षित था। अब चूंकि नेहरू अपने प्रति लिखित एवं प्राप्त अनेक पत्रों के सारगर्भित प्रत्युत्तर लिखने की अपूर्व बौद्धिक क्षमता रखते थे, अतः उन्होंने इस विषय में सेन द्वारा लिखित वाक्यों को ध्यानपूर्वक अवश्यमेव पढ़ा होगा।

किन्तु 31 अगस्त को नेहरू द्वारा लिखित प्रत्युत्तर में नेताजी के जीवित होने का मुख्यतम विषय सर्वथा अस्पृष्ट रहा। मानो वे इसपर किसी भी चर्चा से बचना चाहते थे। तथापि प्रधानमन्त्री ने कथित गुप्त अनुबन्ध का पुरजोर खण्डन किया, "यदि कोई देश, भारत सरकार को उन्हें सौंपने के लिए कहेगा; तो भी उस बात को नहीं माना जाएगा।"

सेन भगवनजी से पुनः कभी नहीं मिल पाए; किन्तु "नेताजी" से हुई उनकी उस भेंट की सूचना, कोलकाता में लोगों के एक छोटे-से समूह तक पहुँच गई। वे सभी "अनुशीलन समिति" नामक उस पुराने क्रान्तिकारी दल के भूतपूर्व सदस्य थे; जिसमें कभी भगत सिंह और डॉ. केशव बलीराम हेडगेवार (कालान्तर में RSS के संस्थापक) भी सम्मिलित रहे। उन दिग्गज सदस्यों ने एक गुप्त बैठक बुलाई और डॉ. पबित्र मोहन रॉय को अतुल सेन के दावे के परीक्षणार्थ नियुक्त किया।

रॉय के अत्यन्त साधारण-से दीखने वाले मुखमण्डल एवं सादगीपूर्ण छवि के पीछे उनका पराक्रमपूर्ण इतिहास छिपा था। पेशे से एक चिकित्सक, रॉय भारत की स्वतन्त्रता हेतु दक्षिणपूर्वी एशिया में नेताजी के साथ हो गए थे। फिर 1944 में वे INA सीक्रेट सर्विस (गुप्तचर विभाग) के एक अधिकारी के रूप में किसी जापानी पनडुब्बी पर सवार होकर भारत आए, किन्तु विश्वासघात के

कारण उनका अभियान असफल रहा। पबित्न और उनके दो साथियों [जिनमें से एक—हरिदास मित्ना] पर एनिमी एजेण्ट्स आर्डिनेंस (शत्नु प्रतिनिधि अध्यादेश) के अन्तर्गत एक मुकद्दमा चला और सभी के लिए मृत्युदण्ड का विधान हुआ। किन्तु मित्ना की धर्मपत्नी (नेताजी की भतीजी) के अनुरोध पर गांधीजी ने उन सभी के लिए कृपा की याचना की और आगे चलकर, परिस्थितयाँ परिवर्तित होने के कारण,1946 में उनको मुक्त कर दिया गया।

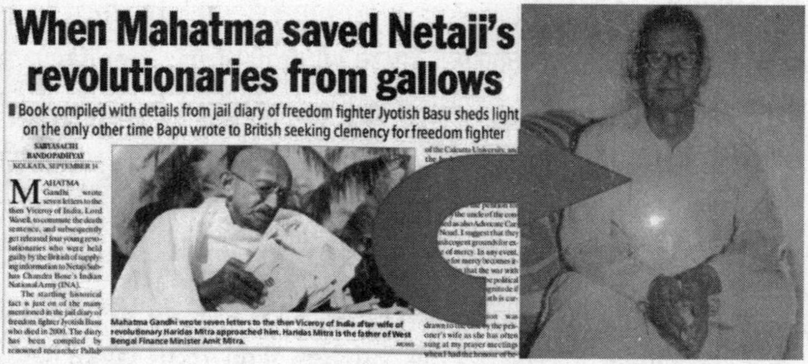

[सितम्बर 2014 में *इण्डियन एक्सप्रेस* में प्रकाशित एक आलेख एवं 1993 में ली गई रॉय की अन्तिम छवि का एक संयुक्त चित्न]

दिसम्बर 1962 में पबित्न भगवनजी से भेंट करने में सफल हुए। उस समय वे पश्चिम बंगाल विधानसभा के एक सदस्य की भूमिका में अपने कार्यकाल के अन्तिम वर्ष में थे। भगवनजी ने, पबित्न के धैर्य को जांचकर, अपना हृदय ही उनके समक्ष खोलकर रख दिया। पर्दे के पीछे से एक परिचित एवं प्रभावशाली वाणी ने जैसे ही पबित्न को अपना "इण्टैलिजेंस अफ़सर" (गुप्तचर अधिकारी) कहकर पुकारा; वैसे ही रॉय के लिए 17 साल पहले "दिवंगत" हो चुके नेताजी की स्मृतियाँ पुनरुज्जीवित हो उठीं।

पबित्न का हृदय अपने नेताजी को ऐसी दयनीय परिस्थिति में पाकर विदीर्ण हो गया। भगवनजी ने उनसे कहा, "तुम यह नहीं समझ सकते कि मैं किन असामान्य मानसिक तनावों, शारीरिक पीड़ाओं एवं परिस्थितिजनित बाधाओं के साथ जीवनयापन कर रहा हूँ।" पबित्न के कोलकाता लौट जाने पर भगवनजी ने

उन्हें अंग्रेजी में लिखा, "मैं एक विशेष कार्य के सम्पादनार्थ इन सभी भयानक समस्याओं और विपत्तियों को सहन कर रहा हूँ।" और फिर ... उनका सर्वाधिक महत्त्वपूर्ण आदेश प्राप्त हुआ: किसी को कानों-कान यह सूचना नहीं मिलनी चाहिए की वे "N" (नीमसार) में निवास कर रहे हैं।

उन्होंने लिखा: "From this moment you must not mention me and 'N' to anyone, whatsoever and whoever...." = अब इसी क्षण से तुम किसी के भी समक्ष मेरा अथवा 'N' का उल्लेख तक नहीं करोगे; चाहे जो कुछ भी हो जाए अथवा कोई भी हो। हमारी अग्रिम भेंट के बाद से तुम कहीं यह आंशिक संकेत भी नहीं दोगे कि तुमने 'N' में मुझसे सम्पर्क किया था। तुम अपना शीश कटवा लोगे, किन्तु अपना मुँह नहीं खोलोगे = "You shall sacrifice your head, but keep your lips sealed."

आगामी समय में; भगवनजी ने पबित्र को 1945 के बाद की अपनी गुप्त गतिविधियों की जानकारी दी।

"When your Dead Man was in Berlin, a great German doctor-scientist became very very friendly—affectionate and attached" ... = जब तुम्हारा मृतक व्यक्ति बर्लिन में था, तब वहाँ एक महान् जर्मन चिकित्सक एवं वैज्ञानिक अत्यन्त स्नेही बन गया ... और एक दिन चर्चा करते समय उसने यह बताया कि उसने अपनी प्रयोगशाला में यह पाया कि रडार-किरणों के कण प्रतिरुद्ध होकर पुनरावृत्त नहीं होते—यदि वे "..." से टकराते हैं, तो। यद्यपि वह इससे अचम्भित हुआ; किन्तु अपने इस अनुभव को किसी सरकारी विभाग या अन्य वैज्ञानिकों के साथ साझा नहीं कर पाया। वह एक बमबारी में आहत होकर वह दिवंगत हो गया। ... किसी गुप्त स्थान पर, तुम्हारे इस मृतक व्यक्ति ने भी उस जर्मन वैज्ञानिक द्वारा प्रदत्त निष्कर्षों की पुष्टि हेतु परीक्षण किया तथा उसको 100% यथार्थ पाया। ... शक्तिशाली राष्ट्रों के उत्कृष्ट वैज्ञानिक लोग आज तक रडार से बचने के उपाए खोज रहे हैं = "Particles of beams, directed at a point blank range, on 'something' did not bounce back... Even now, the scientists of the

Great Powers are feverishly trying to find out some means to avoid Radar detection."

प्रसंगवश भगवनजी अपने बाल्यकाल, माता-पिता, भाई-बहन, बेनी माधब दास (नेताजी के अध्यापक), हेमन्त सरकार (नेताजी के बालसखा) और अन्यों के विषय में चर्चाएँ करते हुए स्वयं को भुला देते थे। अनेक बार उनके चित्त में अतीत की कटु स्मृतियाँ समुदित हो आतीं थीं। जैसा कि एक बार उन्होंने लिखा:

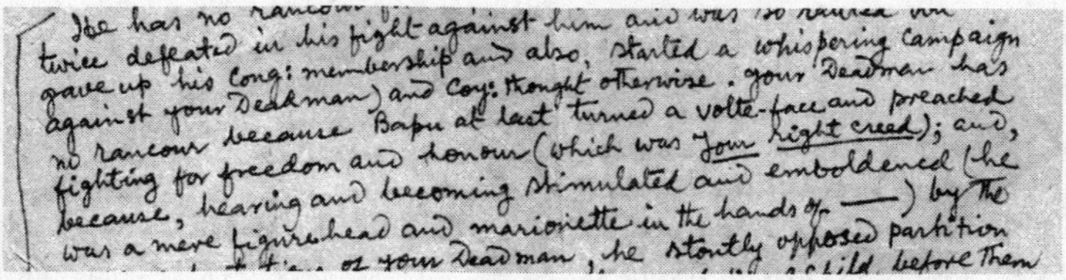
He has no rancour ... against him and was so ...
twice defeated in his fight-against him and also, started a whispering campaign
gave up his Cong: membership and Cong: thought otherwise. Your Deadman has
against your Deadman) and Bapu at last turned a volte-face and preached
no rancour because freedom and honour (which was Your right creed); and,
fighting for freedom and honour ... stimulated and emboldened (he
because, hearing and becoming stimulated ...) by the
was a mere figurehead and mariorette in the hands of ——) he stoutly opposed partition
... of your Deadman, ... child before them

तुम्हारे इस मृतक व्यक्ति के मन में बापू के प्रति कोई विद्वेष नहीं है; क्योंकि बापू अन्ततः अपने पक्ष को परिवर्तितकर स्वतन्त्रता एवं सम्मान हेतु लड़ाई करने की शिक्षाएँ देने लगे थे; जो कि समुचित भी था। इसका कारण था कि तुम्हारे इस मृतक व्यक्ति के रेडियो-भाषणों के श्रवण से उत्तेजित एवं दृढ़संकल्प होकर उन्होंने [भारत के] विभाजन का मुखर विरोध भी किया था। और अन्तिम निर्णायक बैठक में वे उन सभी लोगों के बीच एक बालक के समान रोए तथा विभाजन को रोकने हेतु उन सभी के प्रति प्रार्थनाएँ भी करते रहे; किन्तु उनकी एक न सुनी गई।

नीमसार से अपनी गुप्त यात्रा को पूर्णकर पबित्र वापस अपने कोलकाता के दमदम-क्षेत्र में स्थित आवास पर पहुँचे। वे अत्यन्त विचलित थे, कारण कि भगवनजी ने अपने लिए अपेक्षित कुछ विचित्र वस्तुओं और सामग्रियों की एक सूची बनाकर उन्हें थमा दी थी; जिन्हें एकत्र कर पाना पबित्र के लिए अतिदुरूह था। उक्त सूची में बिना किसी रूपान्तरण के सर्वथा शुद्ध समय बताने वाली क्रोनोमीटर हाथघड़ी-जैसी वस्तुएँ सम्मिलित थीं। तदतिरिक्त; अत्यन्त उच्चस्तरीय एवं शक्तिशाली दूरबीन, एक ह्रस्व एवं मध्यम तरंगों वाला प्रभावशाली ट्रांज़िस्टर, सिगार तथा अंग्रेजी भाषा के फ़ाउलर शब्दकोश की एक

प्रति। भगवनजी ने पवित्र को कहा कि इस (पुस्तक) को उपहार के-जैसा सजाकर उन्हें भेजा जाए; क्योंकि वे उसको सोवियत रूस में साइबेरिया के एक सांसद [जो एक प्रकाण्ड विद्वान् तथा भगवनजी के "घनिष्ठ सहायक" थे] के लिए उपहाररूप में भेजने के इच्छुक थे।

जब पवित्र उपर्युक्त सामग्रियों को जुटा पाने में असमर्थ रहे; तब उन्हें "दीदी" का स्मरण आया। वे थीं—PSP [प्रजा सोशलिस्ट पार्टी; जिसके वे भी सदस्य थे] की तात्कालिक सभापति तथा सभी क्रान्तिकारियों के लिए बड़ी बहन के रूप में समादृत—लीला रॉय। सुभाष बोस उन्हें अपने समकक्ष मानते थे। 2008 में संसद भवन में उनके चित्र का अनावरण प्रधानमन्त्री डॉ. मनमोहन सिंह के तत्त्वावधान में किया गया। इसी से स्वतन्त्रता-सेनानियों की पंक्ति में लीला रॉय का अग्रणी होना ध्वनित होता है। ढाका के डिप्टी मजिस्ट्रेट पद से सेवानिवृत्त हुए एक धनी रायबहादुर की सुपुत्री लीला नाग ने शिक्षा के साथ-साथ खेल में भी अपनी प्रतिभा को प्रदर्शित किया। तदनन्तर वे ढाका विश्वविद्यालय से अंग्रेज़ी में परास्नातक कक्षा को समुत्तीर्ण करने वाली पहली महिला बनीं। तत्पश्चात् वे बंगाल आर्डिनेन्स एक्ट के अन्तर्गत अपने शहर की पहली महिला बन्धक भी बनीं। विश्वविद्यालय में उनकी भेंट अपने भावी पति—अनिल रॉय से हुई; जो एक गुप्त क्रान्तिकारी संगठन (कालान्तर में "श्रीसंघ" के नाम से प्रसिद्ध) के संस्थापनार्थ प्रयासरत थे। लीला ने उन्हीं के क्रान्तिकारी चिन्तन का अनुसरण किया तथा कालान्तर में चटगाँव शस्त्रागार की वीरांगना प्रीतिलता वादेदार को भी यथायोग्य नियुक्त किया।

महिलाऽधिकारवादी रॉय ने कोलकाता कांग्रेस-सत्र (1928) में बंगाल में महिला आन्दोलन का इतिहास पर एक शोधपत्र को प्रस्तुत किया तथा कन्याओं के लिए अनेक महाविद्यालयों की स्थापना की। फिर उन्होंने गुरुदेव रवीन्द्रनाथ ठाकुर के आशीर्वाद से जयश्री नामक एक पत्रिका का उपक्रम किया। 1931 से 1938 तक तथा पुनः 1942 से 1946 के मध्य वे अनेक बार कारावास में रहीं तथा उन्होंने 1946 में संविधान-सभा के लिए चयनित होकर, भारत के विभाजन का मुखर विरोध करते हुए, त्यागपत्र दे दिया। तदुपरान्त उन्होंने स्वयं को

शरणार्थियों के पुनर्वास एवं साम्प्रदायिक हिंसा के पीड़ितों के उद्धार हेतु संलग्न कर लिया; जिसके लिए गांधीजी ने भी उनकी प्रशंसा की।

[लीला रॉय 1946 में। स्रोत: बिजय नाग]

नेताजी से केवल तीन वर्ष छोटी लीला रॉय उन्हें 1920-दशक से जानती थीं। 1938 में भारतीय राष्ट्रीय कांग्रेस के अध्यक्ष बन चुके नेताजी ने लीला को प्लानिंग समिति (आज के नीति आयोग) की महिला उपसमिति का प्रमुख नियुक्त किया था। नेताजी द्वारा कांग्रेस-अध्यक्ष पद को त्याग देने पर, लीला और अनिल रॉय ने फ़ार्वर्ड ब्लॉक के संगठन का कार्यभार सँभाला। नेताजी उनसे दक्षिणपूर्वी एशिया में मिलने के इच्छुक थे; किन्तु उनका सन्देश लीला के पास बहुत विलम्ब से पहुँचा। 1946 में जब वे बन्धनमुक्त हुईं, तब तक नेताजी की तथाकथित "मृत्यु" हो चुकी थी।

7 जनवरी 1963 को पवित्र ने लीला रॉय को बताया कि वे नेताजी से नीमसार में मिले थे। स्तब्ध लीला ने इसको उसी सायं अपनी व्यक्तिगत डायरी में निम्नलिखित शब्दों के द्वारा उपनिबद्ध किया:

"आज दोपहर एक आश्चर्यजनक सत्य उद्घाटित हुआ। इसकी अथाह सम्भावनाएँ हैं तथा इससे सम्बद्ध प्रत्येक बात अकल्पनीय है। मैं अपनी भावनाओं का विश्लेषण करने या उन्हें शब्दशः गुम्फित करने का प्रयास नहीं करूँगी। किन्तु इतना अवश्य कहूँगी, 'हे प्रभो! कृपया असम्भव को सम्भव बनाइए। मैंने सहसा घटित हुईं घटनाओं को पुनः घटित होते हुए देखा है। किन्तु शाश्वत असम्भावना ही अब सम्भावना के रूप में प्रकट हुई है। जिन्हें मैंने सूचित किया, उन सभी से विचित्र और विविध प्रतिक्रियाएँ प्राप्त हुईं।"

तदनन्तर स्वयं रॉय अपने कुछ सहयोगियों के साथ 23 मार्च 1963 को नीमसार पहुँची। अनिल दास INA गुप्तचर विभाग में रहे थे। समर गुहा अपनी युवावस्था (1930-दशक) में स्वतन्त्रता-आन्दोलन से जुड़े थे। फिर वे 1960-70 के दशकों में एक सांसद और नेताजी-सम्बन्धी एक मुखर वाणी बनकर उभरे।

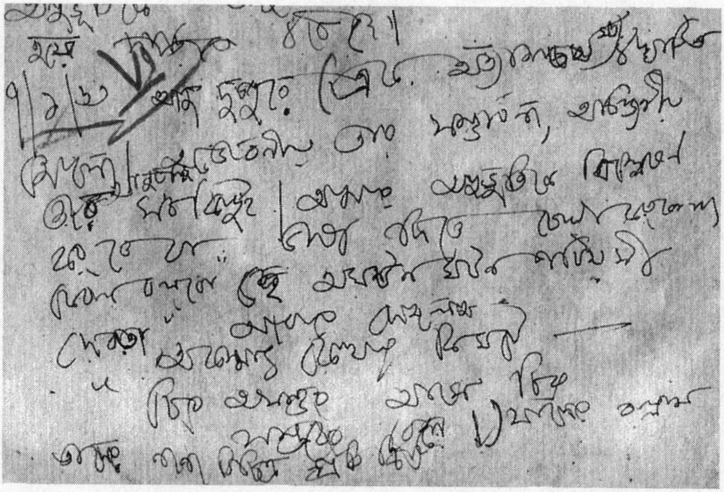

[पवित्र मोहन रॉय से भगवनजी का समाचार मिलने पर लीला रॉय द्वारा अपनी डायरी में लिखित आलेख।
स्रोत: बिजय नाग, जयश्री प्रकाशन]

लीला रॉय का आगमन श्रीकान्त शर्मा के सौभाग्य का विज्ञापक सिद्ध हुआ। उन्होंने आगन्तुकों और भगवनजी के बीच एक सन्देशवाहक की भूमिका का निर्वाह किया। भगवनजी ने उन्हें अपने कक्ष में प्रवेश करने दिया। कक्ष के भीतर श्रीकान्त ने "वृद्ध नेताजी" के दर्शन किए। श्रीकान्त ने देखा कि भगवनजी के दाँतों में अन्तराल था; जो उन्होंने पहले 1939 में देखा था; जब सुभाष उ.प्र. में आए थे। 93 साल की उम्र में शर्मा ने मुखर्जी आयोग के समक्ष अपनी गवाही देते समय ये सब विवरण दिया। जस्टिस मुखर्जी के अनुसार; श्रीकान्त शर्मा के साक्ष्य को न मानने का कोई प्रयोजन नहीं था।

भगवनजी ने शर्मा से, लीला रॉय को यह सूचित करने को कहा कि उनका सार्वजनिक रूप से प्रकट होना न तो देश के लिए हितकर है; और न स्वयं उनके लिए। शर्मा ने मुखर्जी आयोग के समक्ष अपने वक्तव्य में भगवनजी के शब्दों का स्मरण किया: "भारत अभी अपनी शैशव अवस्था में है, अतः वह संयुक्त राष्ट्र एवं अन्य बड़ी शक्तियों के विरुद्ध नहीं जा सकता।"

अन्ततः, भेंट का बहुप्रतीक्षित संयोग उपस्थित हुआ तथा रॉय अगली प्रातः

मन्दिर में पहुँची। वहाँ जो कुछ भी हुआ, उसके कारण वे अपनी बहती अश्रुधाराओं को रोक न सकीं। कोलकाता लौटने पर, रॉय ने अपने दत्तक पुत्र बिजय नाग (वस्तुतः उनके भाई के पुत्र) को बताया, "उन्होंने (भगवनजी ने) देश के लिए बहुत कुछ किया है; किन्तु वे आज भी इतने पीड़ित है।" नाग ने कालान्तर में हमें बताया, "वहाँ से लौटने के बाद; उन (लीला) का एकमात्र उद्देश्य केवल यही सुनिश्चित करना था कि भगवनजी के पास जीवन की मौलिक सुविधाएँ सदैव उपलब्ध रहें।"

तत्पश्चात् लीला रॉय ने प्रथमतः वैद्य कमलाकान्त घोष को तत्काल भगवनजी की अपेक्षित स्वास्थ्य सुविधाओं को व्यवस्थित करने हेतु नीमसार भेजा। अनिल रॉय से प्रेरित होकर घोष, क्रान्तिकारी आन्दोलन में सम्मिलित हुए थे और उन्हें 1930 में बंगाल के गवर्नर एवं वॉयसरॉय की हत्याओं के षड्यन्त्र करने के अभियोग में बन्धक बनाया गया था। घोष को भगवनजी की दो तात्कालिक समस्याओं (अर्शरोग और नसों की सूजन) का उपशमन करना था; क्योंकि अधिकांश समय तक एक ही स्थान पर अवरुद्ध रहने के कारण उनका स्वास्थ्य सतत शिथिल पड़ रहा था।

तत्पश्चात् रॉय ने कुछ महनीय लोगों को नेताजी के भारत में पुनरागमन की सूचना देना आरम्भ किया। उन लोगों में अग्रणी थे—सुरेश चन्द्र बोस (सुभाष के तत्काल जीवित बड़े भाई); जिन्हें सुभाष सेज़दा कहकर बुलाते थे। तदनन्तर आए सुभाष के घनिष्ठ मित्र—दिलीप कुमार रॉय। इनके अतिरिक्त; इस सूचना को पाने वाले लोगों में त्रैलोक्यनाथ चक्रवर्ती महाराज, हेमचन्द्र घोष, सत्यरंजन बख्शी, मौलवी अशरफ़ुद्दीन अहमद चौधरी, हरि विष्णु कामथ और स्वामी असीमानन्द सरस्वती भी अन्यतम थे। इतिहासकार आर.सी. मज़ूमदार भी इस सूची में सम्मिलित थे। किन्तु प्रत्येक ने रॉय की बात पर विश्वास नहीं किया। जब उन्होंने [सुरेश बोस के अतिरिक्त] अन्य बोस-परिजनों को इस विषय में बताने का प्रयत्न किया, तो उन्हें केवल अपमानजनक उपेक्षा ही हाथ लगी।

वहीं दिलीप कुमार रॉय के पास, बिजय नाग को भेजकर, उक्त सूचना से युक्त पत्र को पहुँचाया गया। नेताजी से केवल एक दिन पूर्व जन्मे तथा प्रेज़िडेंसी

कॉलेज में उनके घनिष्ठतम मित्रों में से एक—दिलीप और सुभाष की मित्रता उनके भारतवास पर्यन्त रही। दिलीप एक प्रसिद्ध संगीतकार थे। अपने जीवन के उत्तरार्ध में उन्होंने संन्यास ग्रहण कर लिया था।

[बायाँ चित्र इंग्लैण्ड के कैम्ब्रिज विश्वविद्यालय में 1920-दशक के आरम्भिक वर्षों में लिया गया था; जिसमें दिलीप नीचे बाईं ओर बैठे हैं, जबकि सुभाष दायीं ओर पीछे खड़े हैं। दायाँ चित्र 1970-दशक में हरिद्वार में विद्यमान संन्यासी दिलीप का है। स्रोत: हरिकृष्ण मन्दिर (ट्रस्ट), पुणे]

लीला रॉय ने अशान्त मन तथा कुछ समय पूर्व लगे मस्तिष्क के आघात के कारण त्रस्त शरीर एवं कम्पित हाथों से उस पत्र में लिखा:

"मैं आपको आपके मित्र के विषय में बताना चाहती हूँ। मैं अधिक बताने हेतु अधिकृत नहीं हूँ, तथापि मैं आपको केवल यह सूचित कर सकती हूँ कि 'वह जीवित है—भारत में है।' उन्होंने कई बार आपके साथ अपनी मित्रता का वर्णन किया था। उदाहरण: वे कहते थे कि 'वह दिलीप ही था; जो सदा मुझे एक सन्यासी बनाना चाहता था।' इन कारणों से, प्रस्तुत पत्र अवधेय है ... यदि आप मुझ पर विश्वास करें, तो यह अवश्य मानिए कि यह बात शत-प्रतिशत सत्य है। किसी अन्य को इसकी भनक न पड़े—यह मेरे लिए एक कठोर निर्देश है।"

वहीं, त्रैलोक्यनाथ चक्रवर्ती तक पहुँचना अत्यन्त दुष्कर था; क्योंकि वे पूर्वी पाकिस्तान (कालान्तर में बांग्लादेश) में विद्यमान थे। क्रान्तिकारियों के श्रद्धास्पद "महाराज" ने स्वतन्त्रता संग्राम के समय अंग्रेज़ों को इतना विक्षुब्ध किया था कि उन्होंने आपको तीस वर्षों की अकल्पनीय दीर्घ अवधि तक बन्धक बनाकर रखा; जिनमें से उनके दशाधिक वर्ष पोर्टब्लेयर के नरक-तुल्य कारावास (अर्थात् काला

पानी) में बीते। उस समय वीर सावरकर भी वही बन्धक थे। ज्ञातव्य है कि कांग्रेस के नेता मणिशंकर अय्यर ने अपनी एक पुस्तक में त्रैलोक्य के साहस का उल्लेखकर सावरकर की दुर्दशा का अवमूल्यांकन करने का कुत्सित प्रयास किया है।

लीला रॉय ने पूर्व क्रान्तिकारी शैलेन्द्र रॉय को, पूर्वी पाकिस्तान में प्रवेश करके, व्यक्तिगत रूप से त्रैलोक्य तक अपने अत्यन्त गुप्त सन्देश को पहुँचाने हेतु नियुक्त किया। यह कार्य अंगारों पर पैर रखने-जैसा था। बहरहाल! आनन-फ़ानन में पासपोर्ट और वीज़ा की व्यवस्था करवाई गई। शैलेन्द्र ने महाराज तक पहुँचने हेतु ढाका में अपने पुराने सम्पर्कों का सहारा लिया। तात्कालिक पूर्वी पाकिस्तान सरकार द्वारा चक्रवर्ती को सतत पुलिस अभिरक्षण में रखा गया था तथा उनके पास आने वाले प्रत्येक व्यक्ति (विशेषतःभारतीय) सदा सन्दिग्ध ही समझे जाते थे। पकड़े जाने पर शैलेन्द्र को कारावास या फ़ाँसी तक पहुँचने में अधिक समय नहीं लगता। किन्तु शैलेन्द्र अपने अभिभावक परिवार के पास किसी नौकर के वेश में रहे तथा उन्होंने अपने गन्तव्य तक पहुँचने हेतु अनेक प्रयास किए। फलतःएक संक्षिप्त [किन्तु नाटकीय] भेंट हुई। यह जानने पर कि उन्हें किसने भेजा है और उनकी यात्रा का क्या उद्देश्य है—महाराज ने शैलेन्द्र से, मौखिक बात न करके, लिखित संवाद करने को कहा; जिसको कोई जानकर पुलिस को न बता सके। अतः शैलेन्द्र ने एक-एक करके पृष्ठों पर लिखना आरम्भ कर दिया, और महाराज उन्हें पढ़-पढ़कर जलाने लगे। वस्तुस्थिति से पूर्णतः अवगत होने के बाद; वे दुर्जेय क्रान्तिकारी बहुत व्याकुल हो गए। उनका निम्नांकित पत्र भगवनजी के सामानों की सूची में परिगणित है।

महाराज ने अपने पत्र का उपक्रम करते हुए लिखा: "वे महानुभाव ... जिनके साथ मैं माण्डळे जेल में बन्धक बना; जिनके साथ टेनिस खेला और दुर्गापूजा में भी सहभाग प्राप्त किया—मैं उनको नहीं भूला हूँ। मैं अब भी उनके साथ हूँ।" तत्पश्चात् अपने पुराने दिनों का स्मरण करते हुए उन्होंने लिखा: "दिल्ली में, 1940 में, शंकर लाल के निवास पर, मैं उनके साथ था ... जब हम संयुक्त प्रान्त के भ्रमण हेतु आए थे, तब मैं उनके इतना निकटस्थ हुआ। एक समय, आगरा के किसी मैदान में शीतकालीन रात्रि में, सैकड़ों लोग रात्रि नौ बजे तक

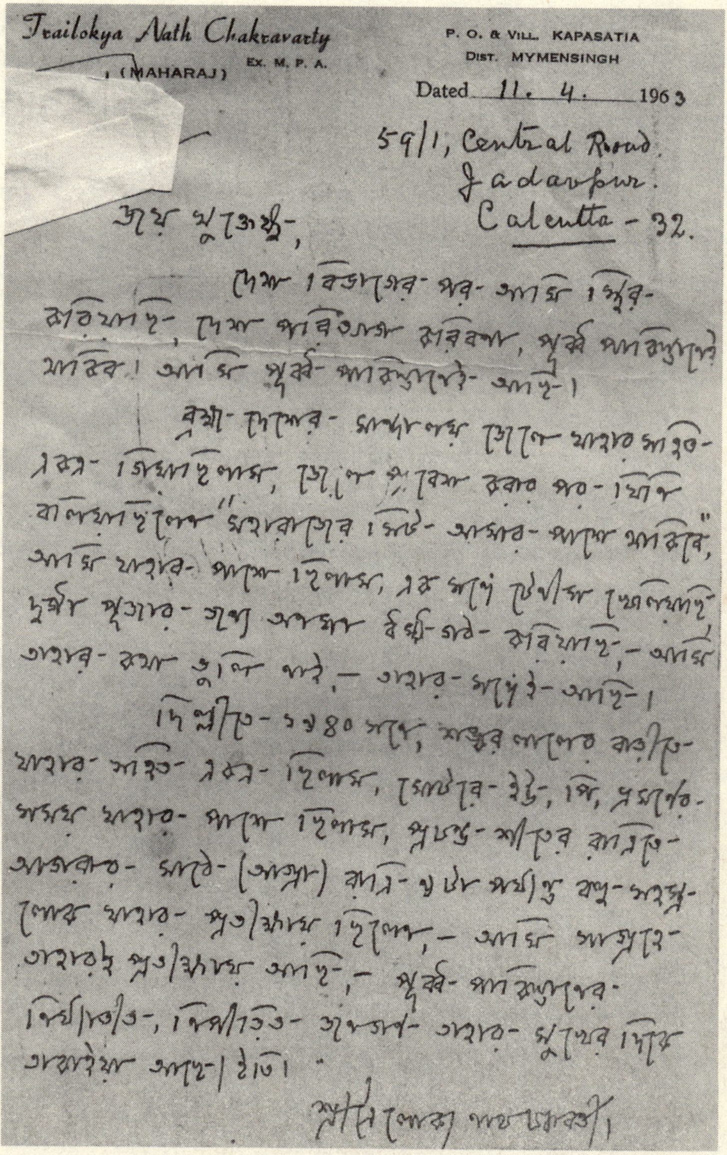

Trailokya Nath Chakravarty
(MAHARAJ) EX. M. P. A.

P. O. & VILL. KAPASATIA
DIST. MYMENSINGH

Dated 11. 4. 1963

59/1, Central Road.
Jadavpur.
Calcutta - 32.

[मुखर्जी आयोग द्वारा क्रमांकित 151वीं वस्तु; प्रस्तुत चित्र हेतु अशोक टण्डन धन्यवादार्ह हैं]

उनकी प्रतीक्षा करते रहे"। तदनन्तर, अपनी सहृदयता एवं उनके दर्शनार्थ अपनी व्याकुलता को ज्ञापित करने हेतु उन्होंने लिखा: "मैं उत्सुकतावश उन्हीं महानुभाव की राह देख रहा हूँ। पूर्वी पाकिस्तान के पीड़ित और प्रताड़ित लोग उनकी प्रतीक्षा कर रहे हैं।"

त्रैलोक्य ने "सुभाष" नाम का उल्लेख किए विना इसको स्पष्टीकृत कर दिया कि उनके मन में विद्यमान वे व्यक्ति कौन थे? 1940 में फ़ॉर्वर्ड ब्लॉक के महासचिव शंकरलाल के दिल्ली-स्थित आवास पर त्रैलोक्य और सुभाष की अन्तिम भेंट हुई थी। वे तब भी सुभाष के साथ ही थे; जब उन्हें 1920-दशक में भयावह माण्डळे जेल में बन्धक बनाया गया था।

महाराज 1970 में नई दिल्ली पधारे तथा 8 अगस्त को स्वयं प्रधानमन्त्री इन्दिरा गांधी, लोकसभा अध्यक्ष जी.एस. ढिल्लों सहित अनेक सांसदों ने अनुशीलन समिति के 83-वर्षीय महापुरुष का भव्य स्वागत किया। किन्तु 9 अगस्त की रात्रि में चक्रवर्ती का आकस्मिक निधन हो गया; जिसके बाद प्रधानमन्त्री खिन्नमना होकर बोल पड़ीं, "उनका साक्षात्कार वस्तुतः प्रेरणादायक था।"

[अपने स्वर्गवास के एक दिन पूर्व त्रैलोक्यनाथ चक्रवर्ती, प्रधानमन्त्री इन्दिरा गाँधी के साथ। स्रोत: आनन्द मुखर्जी]

लुप्त नायक की खोज

लीला रॉय द्वारा भगवनजी के पास भेजे गए लोगों में एक ऐसे सज्जन भी थे; जिन्हें सुभाष चन्द्र बोस INA के दिनों से जानते थे। वे थे—INA इण्टैलिजेंस सर्विस के भूतपूर्व गुप्तचर अनिल चन्द्र दास। 1997 में सार्वजनिक हुए तथा दिल्ली-स्थित राष्ट्रीय अभिलेखागार में सुरक्षित अंग्रेज़ो के युग के एक गुप्तचर दस्तावेज़ से यह ज्ञात होता है कि अगस्त 1945 में जापानियों के समर्पण के बाद, बैंकॉक में अपनी अन्तिम रात्रि के समय, सुभाष बोस ने अनिल दास से विश्वयुद्ध समाप्त होने के बाद किए जाने योग्य कार्यों के सन्दर्भ में चर्चा की थी। वहीं एक अन्य दस्तावेज़, उनको बन्धक बनाने हेतु अधिकारियों की उत्सुकता को दर्शाता है; क्योंकि नेताजी की तथाकथित मृत्यु के उपरान्त दास भी लापता हो गए थे।

तदतिरिक्त; एक अन्य दस्तावेज़ था—नेताजी द्वारा आज़ाद हिन्द सरकार एवं जापानी सरकार के मध्य संवाद बनाए रखने वाली जापानी सैन्य संस्था—"हिकारी किकन" के प्रति लिखित एक गोपनीय पत्र। उसमें नेताजी ने युद्धोत्तर कार्यों के लिए दास को पचास बँदूक, कुछ वायरलेस और अंग्रेज़ी मुद्रा उपलब्ध करवाने का निवेदन किया था। अब चूंकि भगवनजी और दास के जीवनकाल में उपर्युक्त कोई भी दस्तावेज़ सार्वजनिक नहीं हुआ था, तो यह माना जा सकता है कि यह प्रकरण केवल अनिल दास, नेताजी एवं [आंशिक रूप से] गुप्तचर

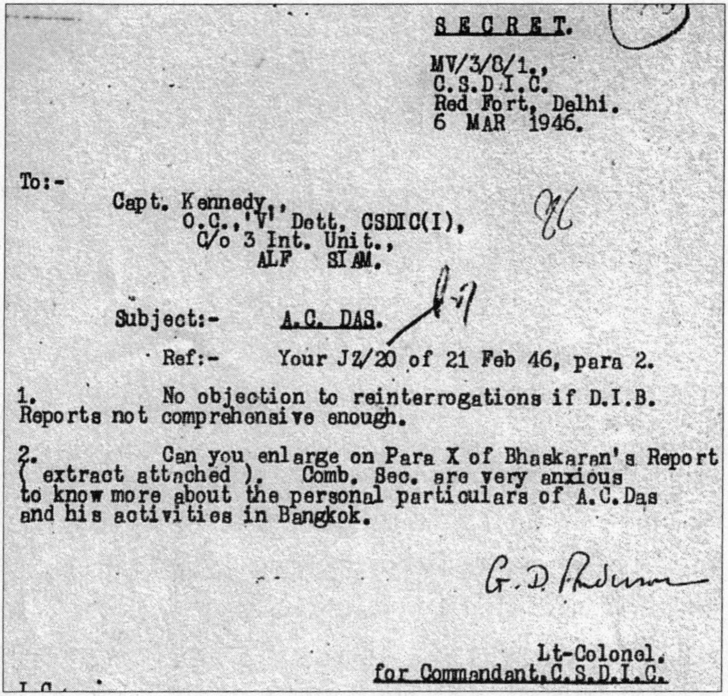

S E C R E T.

MV/3/8/1.,
C.S.D.I.C.
Red Fort, Delhi.
6 MAR 1946.

To:-
Capt. Kennedy,,
O.C.,'V' Dett, CSDIC(I),
C/o 3 Int. Unit.,
ALF SIAM.

Subject:- A.C. DAS.

Ref:- Your JZ/20 of 21 Feb 46, para 2.

1. No objection to reinterrogations if D.I.B. Reports not comprehensive enough.

2. Can you enlarge on Para X of Bhaskaran's Report (extract attached). Comb. Sec. are very anxious to know more about the personal particulars of A.C.Das and his activities in Bangkok.

G. D. Anderson

Lt-Colonel.
for Commandant,C.S.D.I.C.

[स्रोत: राष्ट्रीय अभिलेखागार, दिल्ली]

अधिकारियों के ही संज्ञान में रहा होगा। उ.प्र. के एक कोने में बैठे किसी साधू महात्मा को तो स्वप्न में भी ऐसे विवरणों से कोई वास्ता नहीं होगा।

किन्तु 1987 में इलाहाबाद उच्च न्यायालय के आदेशानुसार रामभवन से प्राप्त हुए [भगवनजी के] सामानों की बृहत् सूची को बनाते समय अनिल दास द्वारा भगवनजी के प्रति लिखित एक बांग्ला पत्र भी लोगों के हाथ लगा। वह 1964 में लिखा गया एक संस्मरण पत्र था; जो लीला रॉय के द्वारा प्रशस्त और प्रमाणित किया गया था। उस पत्र में दास ने स्वतन्त्रता संग्राम में 1930 से 1945 तक अपनी भूमिका का संक्षेपतः स्मरण किया; जहाँ उन्होंने लिखा: "बैंकॉक को छोड़ने से एक रात्रि पूर्व नेताजी ने कई लोगों के व्यक्तिगत साक्षात्कार लिए। लगभग रात 2:30 बजे उन्होंने मुझे बुलाया और मुझे, युद्धोत्तर कार्यों के विषय

में सूचित करते हुए, मेरी गिरफ़्तारी के विषय में सावधान किया। फिर उन्होंने मुझे हिकारी किकन के प्रति लिखित एक पत्र दिया।"

"नेताजी बोले कि वे कहीं भी जाएँ, वायरलेस के माध्यम से सम्पर्क में रहेंगे ... तत्पश्चात् जब मैंने उनके विमान की दुर्घटना का समाचार सुना, तब मुझे इसका पूर्वानुमान था कि ऐसी कोई-न-कोई सूचना अवश्य आएगी और वह सत्य नहीं होगी। मैंने एक दशक से भी अधिक काल तक प्रतीक्षा की और 1956 में भारत आकर मौसीजी (लीला रॉय) को यह सब कुछ बताया। 1961 में मैंने बैंकॉक को भला छोड़ा; कि मौसीजी ने विगत वर्ष मुझे नैमिषारण्य भेजा। तभी से मेरे जानने-योग्य प्रत्येक छोटा या बड़ा समाचार मुझे उन्हीं से मिलता रहा। अब मैं आपके आदेशों की प्रतीक्षा में हूँ।"

दास के उस पत्र को पढ़ने के बाद; भगवनजी ने दास को 16 अगस्त 1945 के बाद के घटनाक्रम और बन्धक बना लिए गए INA सैनिकों के विषय में विशेषतः पूछा। अग्रिम पत्र में दास ने भगवनजी को एक विस्तृत वक्तव्य दिया; जिसकी पहली पंक्ति थी कि "उन्हें हिकारी किकन से दो वायरलेस, कुछ बँदूकें, पिस्टल और स्टेन-गन प्राप्त हुईं थीं"।

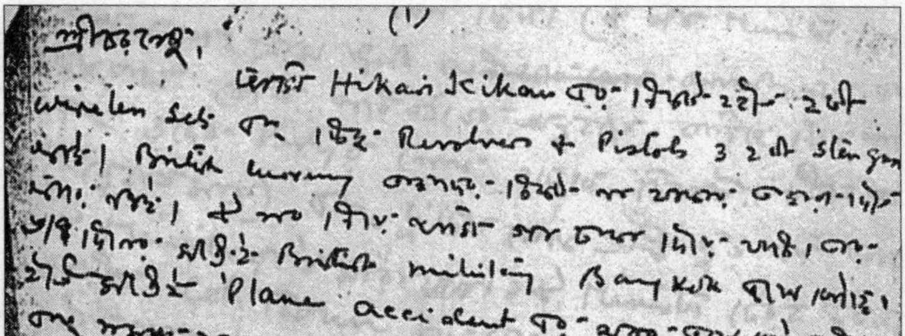

इसका आशय यह है कि 1945 में नेताजी और अनिल दास के मध्य जो गुप्त संवाद थाईलैण्ड में हुआ था; उसका अग्रिम अध्याय लगभग 20 वर्षों के बाद उ.प्र. में लिखा गया। जब अनिल दास की भगवनजी से भेंट हुई; तो पर्दे के पीछे से भगवनजी ने, 1945 के साक्षात्कार का पुनःस्मरण करते हुए, उनके किसी एक बिन्दु को संशोधित किया। दास ने कोलकाता लौटकर लीला रॉय को बताया,

"नेताजी के अतिरिक्त कोई अन्य मेरे और उनके उस साक्षात्कार के विषय में नहीं जान सकता था।" उन्होंने भगवनजी को नहीं देखा, पर उनकी वाणी सुनी। उनके मतानुसार; "वह बिलकुल वैसी ही थी; जैसी INA के दिनों में थी।"

लीला रॉय के ही माध्यम से उनके विशिष्टतम सहयोगी सुनील दास ने भी भगवनजी के साथ सम्पर्क स्थापित किया। कुछ ही समय में वे भगवनजी के अनेक आँखों एवं कानों में से एक बन गए। भगवनजी को लिखित सुनील दास के अनेक पत्र किन्हीं गुप्तचर-रिपोर्ट के समान प्रतीत होते हैं; जिनमें सुभाष बोस से सम्बन्धित समस्त सामग्रियाँ एकत्रित करके भगवनजी के संज्ञानार्थ भेजी गईं थीं। उदाहरण: जनवरी 1964 में सुनील दास ने भगवनजी को बंगाल मुख्यमन्त्री के कार्यालय में, एक सांसद के साथ संयोगवश हुई उनकी भेंट का विवरण दिया। वह सांसद थे—सुरेन्द्र मोहन घोष; जो कभी सुभाष बोस के निकटस्थ क्रान्तिकारी थे और क्रमशः कांग्रेस के तात्कालिक सर्वोच्च नेता के प्रति समर्पित भी हुए। दास ने घोष को "नेहरू का एजेण्ट" बताते हुए अंग्रेजी में लिखा: "घोष ने कहा कि मित्रराष्ट्र-शक्तियों की परस्पर यही सहमति है कि उन्होंने नेताजी का नाम युद्धापराधियों की सूची से निकाल दिया है; क्योंकि आधिकारिक रूप से वे लोग नेताजी को मृत घोषित कर चुके हैं [— यह सरकारी दृष्टिकोण है]। अब यदि नेताजी पुनः प्रकट होते हैं; तो मित्रराष्ट्र-शक्तियों के द्वारा उनको 'बहुरूपिया' घोषित कर दिया जाएगा।"

अपने विद्यार्थी-जीवन में अत्यन्त मेधावी रहे तथा *अमेरिकन जर्नल ऑफ़ फ़िज़िकल केमिस्ट्री* में अपने शोधपत्र को प्रकाशित करवाने वाले सुनील दास ने, राष्ट्र के प्रति अपने प्राणों को समर्पित करने वाले अपने तीनों क्रान्तिकारी [किन्तु अद्यावधि अप्रसिद्ध] भाईयों के ही समान स्वतन्त्रता-सेनानी होना सुनिश्चित किया। 1932 में उनके बड़े भाई को पुलिस के अभिरक्षण में मृत्युपर्यन्त यातनाएँ प्राप्त हुईं। 1931 में स्वयं दास को भी ढाका के ज़िलाधिकारी की हत्या के प्रयास में कारावास मिला। फिर 1933 में ज़िलाधिकारी (मिदनापुर) की हत्या के षड्यन्त्र में सम्मिलित होने के अभियोग में उन्हें बन्धक बनाया गया। तदनन्तर 1938 में उन्हें बिना किसी जांच के ही अनेक कारावासों में भेजा गया। तदुपरान्त

1942 में वे पुनः जेल गए और 1946 तक उन्हें नहीं छोड़ा गया। स्वतन्त्रता के पश्चात्, वे बंगाल विधानसभा में चयनित हुए। उन्होंने आपातकाल का सतत विरोध किया तथा जयश्री प्रकाशन के सम्पादक की भूमिका से सुभाष बोस की सम्पूर्ण रचनावली के बांग्ला-संस्करण को सम्पादित भी किया। सुनील दास, कोलकाता एवं अन्यत्र शिक्षित वर्ग में सक्रिय होने पर भी, भगवनजी से अपने सम्बन्धों के सन्दर्भ में आजीवन मौन रहे।

दास, भगवनजी-विषयक चर्चा के अत्यन्त सन्निकट तब आए; जब खोसला आयोग उनका वक्तव्य रिकॉर्ड कर रहा था। निहारेन्दु दत्त मज़ूमदार (भूतपूर्व कानून मन्त्री, बंगाल; बोस परिवार के निजी वकील) भी वहाँ उपस्थित थे। फ़ॉर्वर्ड ब्लॉक के एक सदस्य तथा भावी सांसद—अमर प्रसाद चक्रवर्ती ने दास से अनेक रहस्यों को उजागर करवाना चाहा:

मैं जानना चाहता हूँ कि क्या आप नेताजी को इतनी घनिष्ठता से जानते थे कि उन्हें पहचानने में कहीं चूक न सकें?

उनकी पहचान में? हे भगवान्! जहाँ तक मेरी बात है, तो नहीं। मैं उनको पहचानने में कैसे चूक सकता हूँ?

क्या आप यह मानते हैं कि यदि नेताजी वस्तुतः जीवित हों; तो कोई ऐसा गम्भीर और अलंघ्य कारण है; जो उन्हें प्रकट होने से रोकता है। विशेषतः तब; जब भारत इतने संकटो से जूझ रहा है ?

आपके प्रश्न के दो भाग हैं। इसके पूर्वार्ध हेतु मेरा उत्तर है: मेरा यह विश्वास है कि नेताजी जीवित हैं; किन्तु मैं उत्तरार्ध पर बोलने की सामर्थ्य नहीं रखता।

क्या कभी दीदी (लीला रॉय) ने नेताजी के अन्तर्धान-विषयक कुछ लिखा था?

कुछ अवसर आए; जब 1963 के बाद [उनकी पत्रिका 'जयश्री' के] सम्पादकीय का यह विषय बना। मैं कह सकता हूँ कि हम सभी ने उनमें एक परिवर्तन का अनुभव किया था। यद्यपि मैं उनका निकटस्थ सहकर्मी था और अनेक विषयों में वे मुझसे चर्चा करती थीं। किन्तु जैसा आप जानते हैं कि

हमलोगों को गोपनीय क्रान्तिकारी राजनीति का कठिन प्रशिक्षण मिला है तथा हमने एक नियम बना रखा है; जिसका हम सभी अनुपालन करते हैं। जब तक विशेषतः कहा न जाए और यदि संगठन का कोई सदस्य किसी तथ्य को अपने पास सुरक्षित रखने का इच्छुक हो, तब तक हम उसे जानने का प्रयत्न भी नहीं करते। यही हमारी प्रशिक्षण-प्रणाली रही है; जिसको मैं आज तक धारण किए हुए हूँ।

[दाएँ से बाएँ: सुनील दास, सुनील कृष्ण गुप्त, अमर प्रसाद चक्रवर्ती (सूट में) और एन.डी. मज़ूमदार (बोस परिवार के वकील)। दास अस्वस्थ थे, अतः आयोग ने उनके आवास पर जाकर उनकी जांच की थी। स्रोत: जयश्री प्रकाशन]

ऐसे अनेक प्रभावशाली व्यक्तित्व के धनी लोग थे; जो दृढ़तापूर्वक यह मानते थे कि भगवनजी ही सुभाष बोस हैं तथा वे सब उनसे गुप्तरूप से मिलते रहे। कोलकाता में लीला रॉय के विश्वस्त जनसमूह में लगभग 40 लोगों को भगवनजी की स्थिति ज्ञात थी। हालांकि सभी लोग उनके पास तो नहीं पहुँचे, और न ही सबने उनके साथ पत्रव्यवहार भी किए। उन्हीं सब में एक वरिष्ठ क्रान्तिकारी थे—आशुतोष काली। वे अनुशीलन समिति के उस दल का भाग थे;

जिसने प्रो. अतुल सेन के भगवनजी से मिलने के बाद पबित्र को नीमसार भेजने का निश्चय किया था। आशुतोष रासबिहारी बोस के विश्वस्त सहयोगियों में से एक थे। इन्हीं ने काकोरी काण्ड के प्रसिद्ध राजेन लाहिड़ी को नियुक्त किया था। त्रैलोक्य महाराज की भांति; काली भी दीर्घ काल तक कारावास में अवरुद्ध रहने के कारण स्वतन्त्रता-संघर्ष में प्रमुख भूमिका का निर्वाह करने से वंचित रह गए। 1940 में, सुभाष बोस के संगठनात्मक कार्यों के लिए उग्र कार्यकर्ताओं को एकत्रित करने के कारण, उनको बन्धक बनाया गया था।

काली, 1965 की एक दुर्घटना में हुई अपनी मृत्यु से पूर्व, मई 1963 में भगवनजी के पास आए थे तथा उन्होंने अधोलिखित लेख भगवनजी के पास भेजा: “हमें जब से आपका समाचार मिला है, हम सभी—समूचा अनुशीलन समिति समूह, आपसे मार्गदर्शन पाने और आपके निर्देशानुसार कार्य करने हेतु उत्सुक है ... मैं 70 वर्ष से अधिक आयु का हो चुका हूँ; किन्तु मैंने सभी पराक्रमी क्रान्तिकारियों से जो शिक्षाएँ प्राप्त की हैं तथा जिस साहस से सारा संघर्ष किया है, वह सब मुझमें उद्दीप्त हो रहा है ... जीवन की इस अवस्था में भी यदि आप बिगुल बजा दें, तो आपके निर्देशानुसार मैं आन्दोलन से जुड़ने में संकोच नहीं करूँगा। मैं आपको यह सूचित करना चाहता हूँ कि बासन्ती देवी आपके समाचार को पाने हेतु व्याकुल हैं। उन्होंने हमसे अनुरोध किया है कि आपके कुशल-क्षेम से हम उन्हें अवगत करवाएँ।”

काली के पत्र में बासन्ती देवी का उद्धरण, सुभाष बोस के मार्गदर्शक—चित्तरंजन दास की पत्नी के सन्दर्भ में था; जिनको वे मातृतुल्य मानते थे और जो बहुत वृद्धावस्था तक जीवित रहीं। वहीं, लीला रॉय से निर्देश पाकर, सुरेश बोस ने अपने विश्वासपात्र सुनील कृष्ण गुप्त को भगवनजी के पास भेजा।

तत्पश्चात् सुरेश बोस मुखरता से यह कहने लगे कि मेरा भाई जीवित है। उन्होंने 1972 में खोसला आयोग के समक्ष शपथपूर्वक इस वक्तव्य को प्रस्तुत किया।

किन्तु जब उनसे, आयोग को विश्वास में लेकर, उपर्युक्त मान्यता के आधार को अभिव्यक्त करने का अनुरोध किया गया; तब सुरेश बोस ने संक्षेपतः उत्तर दिया, “आयोग को विश्वास में लेने का कोई प्रयोजन नहीं है, अतः मैं ऐसा क्यों करूँ?”

[1970 में दिवंगत हुई लीला रॉय को श्रद्धांजलि अर्पित करते हुए सुरेश बोस। स्रोत: बिजय नाग]

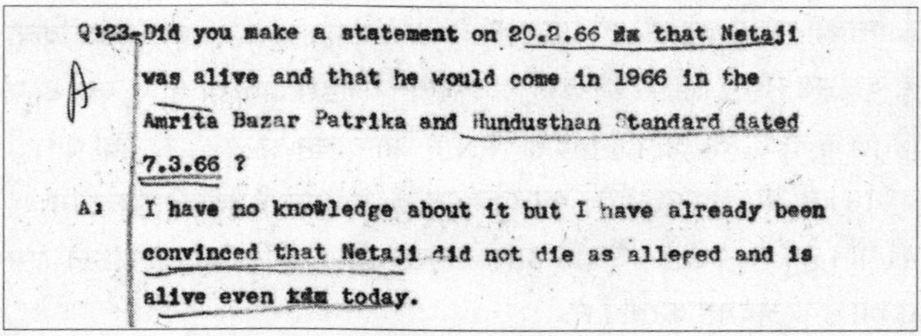

Q:23-Did you make a statement on 20.2.66 dx that Netaji was alive and that he would come in 1966 in the Amrita Bazar Patrika and Hundusthan Standard dated 7.3.66 ?

A: I have no knowledge about it but I have already been convinced that Netaji did not die as alleged and is alive even kdx today.

[खोसला आयोग की मौखिक कार्यवाही का एक दस्तावेज़। RTI के अन्तर्गत प्राप्त]

बोस परिवार आगे जो कुछ भी कहना चाहता था, वह उसने अपने अधिवक्ता के माध्यम से कहा। जी.डी. खोसला ने अपनी रिपोर्ट में लिखा कि निहारेन्दु दत्त मज़ूमदार ने, बोस परिवार की ओर से, अदम्य दृढ़ता के साथ, यह वाद प्रस्तुत किया कि भारत सरकार ने स्वार्थवश उन साक्ष्यों को नष्ट अथवा विलुप्त कर दिया है; जिनसे यह प्रमाणित हो सकता था कि नेताजी का नाम युद्धापराधी-सूची में उल्लिखित है। यह भगवनजी का भी आरोप था, और बोस परिवार का पक्ष भी। परिवार ने न्यायाधीश खोसला को यह बताया कि नेताजी पर युद्धापराधी होने का अभियोग [यदि एकमात्र नहीं, तो कम-से-कम] सर्वाधिक

प्रबल कारण अवश्य है; जिसके रहते उन्हें 1970-दशक के आरम्भिक वर्षों में भी अज्ञातवास करना पड़ रहा है।

यदि नेताजी की मृत्यु ताईपेई या साइबेरिया में हो चुकी होती, तब दशकों के बाद उनको युद्धापराधी मानने का तो प्रश्न ही नहीं उठता। फलतः सिद्ध है कि बोस परिवार के अधिवक्ता, भगवनजी की एकान्तिक उक्तियों का वाचनमात्र कर रहे थे। वहीं भगवनजी तब व्यग्र हो उठे; जब उन्होंने जनवरी 1971 में यह सुना कि भारत सरकार ने संयुक्त राष्ट्र की एक सन्धि पर सम्मति प्रदान की है। तदनुसार; द्वितीय विश्वयुद्ध-कालीन युद्धापराधियों को केवल इसीलिए नहीं छोड़ा जा सकता; कि एक अवधि-विशेष में उनके विरुद्ध कोई कानूनी मामला नहीं बन सका। निहारेन्दु दत्त मज़ूमदार ने खोसला आयोग के समक्ष एक सटीक प्रश्न रखा, "मुझे यह समझ नहीं आ रहा है कि भारत, ऐसे कौन-से लाभ को चरितार्थ करने की भावना से भावित है; कि हमने इस सन्धि पर अपनी सम्मति दे दी। भारत की इसमें क्या विशेष रुचि थी? सिवाए इसके कि भारत की दृष्टि में कोई युद्धापराधी है, अथवा कुछ ऐसे कारण हैं; जिनको मैं नहीं जानता।"

limitations for prosecution of War Criminals. I am wondering what was the special urgency or occasion for India at this time to make such a ratification and what was India's special interest in this matter, unless India has somebody in view or may be for reasons not known to me. Now the question therefore arises that whether in the fitness of things, this Hon'ble Commission should not have a copy of such a Convention placed before it by the Government of India.

[खोसला आयोग का एक दस्तावेज़। RTI के अन्तर्गत प्राप्त]

प्रसंगवश यह स्पष्ट करना उचित है कि नेताजी के युद्धापराधी होने अथवा न होने पर के विषय में एक महत्त्वपूर्ण सरकारी दस्तावेज़ हमें कुछ समय पूर्व ही प्राप्त हुआ है। विदेश मन्त्रालय में ऐतिहासिक विभाग के प्रमुख सर्वपल्ली गोपाल

(पूर्व राष्ट्रपति सर्वपल्ली राधाकृष्णन् के सुपुत्र) ने एक टिप्पणी में लिखा कि उन्होंने कानून एवं रक्षा मन्त्रालयों से परामर्श किया। "सुभाष बोस से सम्बद्ध सभी रिकार्ड 1947 में ही नष्ट कर दिए गए थे। किन्तु जहाँ तक हमें ज्ञात है, बोस को सावर्जनिक रूप से युद्धापराधी घोषित नहीं किया गया था।" यह बहुत विस्मयकारी बात है कि सरकार ने कभी यह स्वीकार नहीं किया कि नेताजी-विषयक सभी रिकार्ड पहले (1947 में) ही नष्ट कर दिए जा चुके थे। उनके पास ऐसी स्वीकृति हेतु अनेक अवसर थे; क्योंकि नेताजी के युद्धापराधी होने का विवाद बारम्बार सरकार, संसद, न्यायलय एवं आयोगों के समक्ष उछला था। भारत सरकार के द्वारा यू.एन. (संयुक्त राष्ट्र) की द्वितीय विश्वयुद्ध-कालीन युद्धापराधियों-विषयक सन्धि पर झटपट सम्मति प्रदान करना अपने आप में एक अतिशय सन्देहास्पद बात है। और वह भी तब; जब हम जानते हैं कि विश्वभर में अहिंसा एवं मानवता की दुहाई देने वाले हमारे देश ने "यातना और अन्य क्रूर, अमानवीय या अपमानजनक व्यवहार या सज़ा के विरुद्ध यू.एन. कन्वेंशन (1984)" की आज तक पुष्टि नहीं की है।

इस प्रकार; बोस परिवार द्वारा खोसला आयोग के समक्ष यह दावा करना—कि नेताजी 1970-दशक के आरम्भिक वर्षों में भी जीवित थे—इस बात से मेल नहीं खाता कि उसी परिवार के वंशज आज यह दावा कर रहे हैं कि 1945 में नेताजी की मृत्यु एक विमान दुर्घटना में हो गई थी। परिवार के सदस्य किसी को नहीं बताते कि क्यों उनके पूर्वजों ने खोसला आयोग के समक्ष शपथपूर्वक उपर्युक्त वक्तव्य दिया था। प्रत्युत उन्हें इसका स्मरण करवाने पर वे अप्रसन्न हो जाते हैं। क्यों? उ.प्र. के स्थानीय लोगों, पुराने क्रान्तिकारी मित्रों और अपने बंगाली सुहृदों को अपने गुप्ततम सम्पर्क में रखते हुए भी; भगवनजी ने मात्र सुरेश बोस एवं अपने अन्य एक-दो परिजनों से ही सम्पर्क साधा। अब चाहे उचित हो या अनुचित; किन्तु भगवनजी अपने परिजनों पर रत्तीभर विश्वास नहीं करते थे। 1973 में पबित्र के प्रति लिखित एक बांग्ला पत्र में भगवनजी ने यह आरोप लगाया था कि कांग्रेस सरकार ने उनके परिजनों को अपने वशीभूत करने हेतु कुछ करोड़ रुपये खर्चे थे।

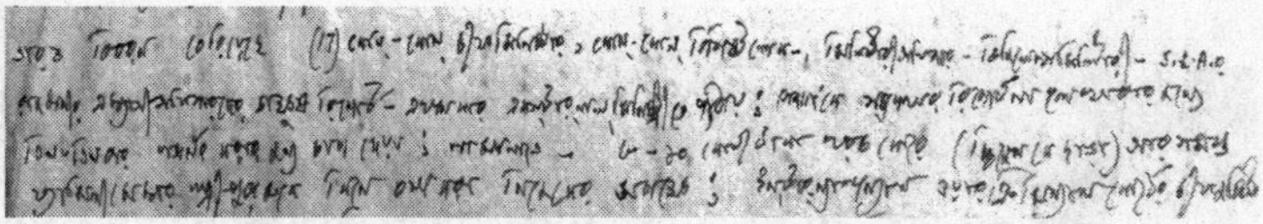

तो इस तरह यह पूरा प्रकरण केवल एक ही बिन्दु पर आकर सिमट जाता है। आजकल बोस-परिजन, गुमनामी-बाबा-पक्ष का विरोध इसीलिए करते हैं, कि यदि वह सत्य सिद्ध हो गया; तो यह उनके लिए एवं उनके परिवार की छवि के लिए सर्वथा प्रतिकूल होगा। आत्मश्लाघा और अहम्मन्यता, विवेकी लोगों को भी अविवेकी और क्षुद्र बना देते हैं।

1963 में सुरेश चन्द्र बोस के द्वारा भगवनजी के पास भेजा गया व्यक्ति, उनसे अपने गोपनीय सम्पर्क के अद्वितीय अनुभवों को साझा करने के लिए 2010 तक जीवित रहा। जैसा कि भगवनजी ने पबित्र को एक समय लिखा: "सेज़दा (मेरे मँझले भाई) ने सुकृत (सुनील कृष्ण गुप्त) को एक विस्तृत पत्र के साथ यहाँ भेजा, और मैंने उसको अपना अशेष प्रेम एवं स्नेह दिया।" दोनों भाईयों में पारस्परिक पत्रव्यवहार सुरेश के स्वर्गवास (अर्थात् 1972) पर्यन्त होता रहा। जब सन्तोष भट्टाचार्य ने सुरेश बोस की मृत्यु का समाचार भगवनजी को सुनाया, तो पर्दे के पीछे बैठे वे संन्यासी फ़फ़क-फ़फ़ककर रो पड़े। किसी के भी व्यक्तित्व के मौलिक लक्षण कालक्रम से परिवर्तित नहीं होते। जैसा कि एक जापानी जनरल ने देखा था; जब नेताजी को अपनी माताजी के स्वर्गवास का समाचार मिला; तो वे एक बच्चे के समान बिलखकर रो पड़े थे।

एक समय भगवनजी ने सुरेश को अपने सभी पत्र जला देने को कहा। उन्होंने पबित्र को बताया, "सौभाग्यवश वे उन सभी पत्रों को एक-साथ जलाने में सफल रहे, किन्तु वे केवल एक पत्र को नष्ट नहीं करना चाहते थे; क्योंकि एतदर्थ उनके हृदय ने सम्मति नहीं दी। उन्होंने वह मुझे तब लौटा दिया; जब सन्तोष भट्टाचार्य ने उनको तत्सम्बन्धी भावी संकटों से अवगत करवाया।"

खोसला आयोग के द्वारा की जा रही जांच पर दृष्टि रखने हेतु भगवनजी ने सुनील गुप्त को नियुक्त कर रखा था। स्वयं गुप्त ने मुखर्जी आयोग को बताया, "मैं सभी कार्यवाहियों के विषय में उन्हें अवगत करवाता था।"

[सन्तोष भट्टाचार्य।
स्रोत: बिजय नाग]

गुप्त के सभी भाई-बहन स्वतन्त्रता-सेनानी थे। प्रसिद्ध बादल-बिनय-दिनेश नामक एक तिकड़ी के सदस्य दिनेश गुप्त, सुनील के रिश्तेदार थे। यह दुर्भाग्य का विषय यह कि बादल-बिनय-दिनेश की यशोगाथा बंगाल से बाहर प्रचलित नहीं है। उन तीन नवयुवकों ने जान को हथेली पर लेकर, 1930 में राइटर्ज़ बिल्डिंग में प्रवेश किया और एक अंग्रेज़ पुलिस उच्चाधिकारी को दिन-दहाड़े गोली मार दी; क्योंकि उस अधिकारी ने सुभाष बोस एवं अन्य क्रान्तिकारियों के साथ दुर्व्यवहार किया था।

1990-दशक में, सुनील गुप्त ही रुद्रज्योति भट्टाचार्य की उस जनहित याचिका के मूल प्रेरक थे; जिसके कारण 1999 में मुखर्जी आयोग का गठन हुआ था। *टाइम* पत्रिका के एक आलेख ने सुनील गुप्त को एक ऐसे व्यक्तित्व का धनी बताया; जो प्रसिद्धि नहीं चाहते थे। यदि आप आजकल के बोस-परिजनों के समक्ष गुप्त का नाम लेंगे; तो उन्हें कुछ स्मरण नहीं आएगा। सौभाग्यवश मोदी सरकार द्वारा सार्वजनिक किए गए दस्तावेज़ों में से एक में, 1950-दशक के अन्तिम चरण का एक रोचक पत्राचार उजागर हुआ है। एस. बालाकृष्णन् शेट्टी (IB उपनिदेशक; सुभाष-सम्बन्धी विषयों के प्रभारी अधिकारी) ने गृह मन्त्रालय के प्रति लिखित अपने पत्र में गुप्त पर नेताजी-सम्बन्धी कुछ गोपनीय दस्तावेज़ों को अपने पास छिपाने का आरोप लगाया। गृह मन्त्रालय ने इस विषय को बंगाल सरकार के संज्ञान में डाला तथा एक अनुसन्धान के बाद; बंगाल के मुख्य सचिव ने गृह मन्त्रालय को यह लिखा: “सुनील कृष्ण गुप्त ... एक प्रशिक्षित सज्जन हैं; जिनके पास पर्याप्त सांस्कृतिक उपलब्धियाँ हैं और वे बोस परिवार के घनिष्ठ परिचित हैं। सुनील के सभी परिजन, उनकी दो बड़ी बहनों सहित, स्व. सुभाष चन्द्र बोस द्वारा सुदूर पूर्वी देश में प्रायोजित राजनैतिक आन्दोलन के सहभागी थे।”

सुनील अपने परिवार के एकमात्र ऐसे सदस्य नहीं थे; जो भगवनजी के प्रति

समर्पित थे। उनके बड़े भाई अतुल एवं उनके दोनों भतीजे (जगतजीत और सुराजित दासगुप्त) भी भगवनजी की कृपा से अभिभूत हुए थे।

कई वर्षों तक लीला रॉय और पवित्र मोहन रॉय द्वारा भगवनजी के पास भेजे गए लोगों की सूची में कई अन्य नाम भी सम्मिलित थे। यथा एक भूतपूर्व विधायक थे—कुमार बिश्वनाथ रॉय; जिनके पास भगवनजी की विविध आवश्यकताओं की परिपूर्ति हेतु वित्तीय संसाधन उपलब्ध थे। भगवनजी को लिखे अपने एक पत्र में बिश्वनाथ ने अत्यन्त स्पष्ट बात लिखी: "मैं बारह वर्ष का एक बालक था; जब आप देशबन्धु चित्तरंजन दास के साथ 1923 में मेरे आवास के निकटवर्ती मैदान में बिधान रॉय के प्रचारार्थ आए थे। आपके व्यक्तित्व से प्रभावित होकर, मैंने संकल्प लिया था कि मैं एक दिन बड़ा होकर सुभाष चन्द्र-जैसा बनूँगा।"

1965 में, लीला रॉय ने अपने अन्य सहयोगियों में से एक—दुलाल नन्दी को भेजा; जिनसे भगवनजी अतीव प्रमुदित रहते थे। नन्दी ने 1965 से 1985 पर्यन्त [1973 के अतिरिक्त] प्रतिवर्ष भगवनजी का सान्निध्य प्राप्त किया; किन्तु यह भी कहा कि वे उनके मुखमण्डल को कभी नहीं देख पाए। उनके सहयोगी सन्तोष भट्टाचार्य; जिन्होंने 1930-दशक-उत्तरार्ध में युवादल कार्यकर्ता के रूप में नेताजी की सेवा की थी, इस विषय में अधिक सौभाग्यशाली रहे। शोचनीय है कि इन्हीं भट्टाचार्य की सुपुत्री द्वारा लिखित केवल एक पत्र को आधार बनाकर, जस्टिस सहाय ने भगवनजी का नेताजी न होना सिद्ध कर दिया। एक अत्यन्त जटिल और बहुआयामी प्रकरण को, बिना उसकी तह तक गए, रफ़ा-दफा कर देने का इससे अच्छा उदाहरण कहाँ मिलेगा!

भगवनजी के पाँच प्रमुख शिष्यों में से, मुखर्जी आयोग के समक्ष गवाही देने हेतु, केवल तीन ही जीवित रहे—सुनील गुप्त, दुलाल नन्दी (दोनों अब स्वर्गीय) और बिजय नाग। किन्तु जिन सज्जन का वक्तव्य कानून की दृष्टि से सर्वाधिक महत्त्वपूर्ण है; वे थे—94 वर्षीय अपूर्व चन्द्र घोष; जो लीला रॉय के एक विश्वस्त सहयोगी थे और सुभाष बोस से बहुधा मिल चुके थे। 1939 में मानिकगंज (ढाका) में एक संयोग सधा; जब घोष किसी ज़मींदार के कचहरी भवन में बोस को रुकवाने हेतु नियुक्त थे। जब वे भगवनजी से प्रथमतया मिले, तो अपूर्व से

[बिजय नाग, मधुसूदन पाल, दुलाल नन्दी, अनुज धर, प्रो. नन्दलाल चक्रवर्ती और सुराजित दासगुप्त; कुछ वर्षों पूर्व कोलकाता में। सुराजित और उनके मित्र—चक्रवर्ती एवं पाल, मुखर्जी आयोग के समक्ष सर्वाधिक सक्रिय अभिसाक्षी थे। दुलाल एवं सुराजित का देहान्त हो चुका है।]

यह पूछा गया कि वह कहाँ से थे? अपूर्व ने मुखर्जी आयोग के समक्ष अपने वक्तव्य में इस संस्मरण को सुनाया:

"मैंने [भगवनजी को] उत्तर दिया कि मैं मानिकगंज से आया था। उन्होंने मुझसे पूछा कि क्या तुम वही व्यक्ति हो; जिसने उन्हें स्नानोपरान्त कचहरी भवन के स्नानागार से बाहर निकलते ही कँघी निवेदित की थी? तब मैंने सहमति व्यक्त की। फिर उन्होंने मुझसे पूछा कि क्या तुम्हें स्मरण है कि जब तुमने मेरे प्रति कँघी निवेदित की, तो मैं मुस्कुराया था? जब मैंने उत्तर दिया कि मैंने उन्हें मुस्कुराते हुए देखा था, तो उन्होंने मुझे बताया कि वे इसीलिए मुस्कुराए थे; क्योंकि कँघी देते समय एक त्रुटि हो गई थी। वस्तुतः उस कँघी को, अपने निरावृत हाथों से प्रस्तुत करने के बजाय, किसी थाली इत्यादि में रखकर प्रस्तुत करना चाहिए था।"

नीमसार में भगवनजी के सम्पर्क में आने वाले पुराने विश्वासपात्रों के साथ-साथ, उनके द्वारा लिखित पत्रों की संख्या भी बढ़ती जा रही थी; जिससे उनका हस्तलेख प्रमुख आकर्षण का प्रथम केन्द्र बन गया। यद्यपि उनके अनुसार; वे लगभग दो दशकों के बाद बांग्ला लिख रहे थे, तथापि उन्हें यह प्रतिक्रिया मिली कि उनकी लेखनशैली एवं वाक्य-विन्यास—यहाँ तक कि उनके शाब्दिक प्रयोग भी—सुगमता से पहचाने जा सकते थे। लीला रॉय ने उन्हें सचेत किया: "आप जिस शब्दावली का उपयोग करते हैं, उसको आप परिवर्तित नहीं सकते हैं; और यह शब्दावली ही आपके रहस्योद्घाटन का कारण बन सकती है। आपके अतिरिक्त कोई अन्य बंगाली, शब्दों-मुहावरों आदि का ऐसा उपयोग नहीं करता है।" इसपर भगवनजी ने उत्तर दिया:

"कुछ समय पूर्व, तीन लोग मुझसे मिलने आए। मैं नहीं जानता कि उन्हें मेरे विषय में सूचना कैसे मिली। उनमें से एक का परिचय स्वयं देशबन्धु (चित्तरंजन दास) ने अपनी बैठक में तब करवाया था; जब यह 'मृतक व्यक्ति' ICS बनने के बाद इंग्लैण्ड से लौटा था ... वे मुझसे बोल रहे थे कि 'आप केवल इसीलिए सुरक्षित हैं; क्योंकि आप उ.प्र. में हैं। कदाचित् आप बंगाल में होते, तो सात दीवारों के द्वारा सुरक्षित आवास में रहने पर भी, आपको न खोज पाना असम्भवप्राय था। आपके बोलने की शैली में कोई परिवर्तन नहीं है ... आज आप जिस धाराप्रवाह में बांग्ला बोलते हैं, उच्चारण को लम्बा खींचते हैं; ठीक वैसे ही पहले भी बोलते थे।'—यह सुनकर मेरी साँसें रुक गई।

अब ... आज तुम भी यही कह रही हो। *Le style, C'est L'hommemême* [अर्थात् शैली, किसी के व्यक्तित्व का प्रतिफलन ही है]—यह फ्रांसीसी लोकोक्ति यथार्थ है। अतः परिवर्तन नितान्त आवश्यक है। अब कोई अवसर नहीं, कोई आशंका नहीं, कोई विफलता नहीं। कृपया अपने इस 'मृतक व्यक्ति' की सहायता हेतु कुछ करो; यथा अपनी टिप्पणियों के साथ-साथ कुछ सुझाव विस्तरशः लिखो; जो मेरी वर्तमान लेखनशैली, भाषाई उपयोग और अभिव्यक्ति से सर्वथा अलग हो। मैं तदनुरूप सोचना, बोलना और लिखना आरम्भ करूँगा।"

रामभवन (अयोध्या) में भगवनजी के कक्ष से प्राप्त हुई वस्तुओं में एक पुस्तिका सम्मिलित थी; जिसमें चौबीस प्रकार की लेखनशैलियाँ एवं हस्तलेख-प्रतिमान अंकित थे। कदाचित् लीला रॉय ने वही किया; जिसका आदेश भगवनजी ने उन्हें दिया था। प्राप्त पत्रों में अंकित हस्तलेख का परीक्षण करते समय हस्तलेख-विशेषज्ञ बी. लाल ने पाया था कि भगवनजी, अपनी वास्तविक पहचान को छिपाने हेतु, बारम्बर अपने हस्तलेख में परिवर्तन करने का प्रयास कर रहे थे; जिसमें वे असफल रहे। कोई भी व्यक्ति एक समय के पश्चात् अपने हस्तलेख को परिवर्तित नहीं कर पाता।

भगवनजी को सुभाष बोस पहचानकर उनके सम्पर्क में रह चुके लोगों को पूर्णतः सूचीबद्ध कर पाना अतीव दुष्कर है। उनसे मिलने वाले सभी लोगों को

गोपनीयता की शपथ दिलाई जाती थी तथा स्वयं भगवनजी भी अनेक पत्रों को जला दिया करते थे। इस सूची में नेताजी के भतीजे और स्वतन्त्रता सेनानी द्विजेन्द्र नाथ बोस भी सम्मिलित थे। किन्तु यथार्थ विवरण को प्रमाणपूर्वक उपस्थापित नहीं किया जा सकता। तथापि रोमांचित कर देने वाला वाला सत्य यह है कि द्विजेन्द्र ने 1972 में खोसला आयोग के समक्ष शपथपूर्वक यह कहा था कि उनके चाचा (सुभाष) अभी जीवित हैं। विस्तरशः पूछे जाने पर उन्होंने कुछ अग्रिम विवरण देने से स्पष्ट मना कर दिया। किन्तु वे केवल इतना ही बोले, "यदि मैं इस आयोग को कोई सूचना देता हूँ, तो उसको यथाशीघ्र सार्वजनिक कर दिया जाएगा तथा सरकार को इसका संज्ञान मिलना नेताजी के लिए हितकर नहीं है। इसका निर्णय उन्हीं को करने दीजिए कि उन्हें कब प्रकट होना है अथवा भारत में लौटना है"।

बंगाल या उ.प्र. के लोग भगवनजी के सम्पर्क-जाल का मात्र एक भाग थे; प्रत्युत समूचे देश में अनेक लोग प्रबल गोपनीयता के साथ उनके सम्पर्क में बने हुए थे। उ.प्र. के मुख्यमन्त्री योगी आदित्यनाथ—जिन्होंने आँख मूँदकर सहाय आयोग की रिपोर्ट को मान लिया—को तो इस बात से कोई अन्तर नहीं पड़ेगा, परन्तु भगवनजी से सम्पर्क रखने वाले उन सभी लोगों के नामों में से एक, संघ कार्यकर्ताओं के होश उड़ा देगा। वह नाम है—माधवराव सदाशिव गोलवलकर; जो द्वितीय सरसंघचालक तथा वर्तमान RSS एवं BJP के शीर्षस्थ नेताओं [यथा लालकृष्ण आडवाणी, डॉ. मुरली मनोहर जोशी, मोहन भागवत, नरेन्द्र मोदी इत्यादि] के मार्गदर्शक।

गोलवलकर द्वारा 1972 में भगवनजी के प्रति लिखित एक पत्र यह प्रमाणित करता है कि वे उनके प्रति कितने श्रद्धावनत थे। उन्होंने अपने पत्र का आरम्भ "आपकी सेवा में शतशः प्रणाम"—इस अभिवादन के द्वारा किया है। निश्चिततः यह अभिवादन किन्हीं ऐसे व्यक्ति के प्रति समर्पित प्रतीत होता है; जो गोलवलकर के लिए अत्यन्त श्रद्धास्पद एवं समादरणीय रहे हों। साथ ही; इस पत्र का विषयवस्तु इसका स्फुट प्रतिपादन करता है कि भारत की सर्वोत्कृष्ट सामाजिक संस्था के उन्नायक (गोलवलकर) सुदूर एकान्त क्षेत्रों में अज्ञातवास करने वाले

एक अदृष्ट संन्यासी से कुछ निर्देश प्राप्त कर रहे थे। स्वयं डॉ. जोशी ने गोलवलकर के इस हस्तलेख की पहचान की। ज्ञातव्य है कि इस पत्र के ऊपर भगवनजी के हस्तलेख में संघ के संस्थापक—डॉ. हेडगेवार का नाम लिखा है; जबकि उसके पिछले भाग में भगवनजी के हस्तलेख में तत्काल अस्वस्थ गोलवलकर-विषयक कुछ ज्योतिषीय गणनाएँ अंकित हैं।

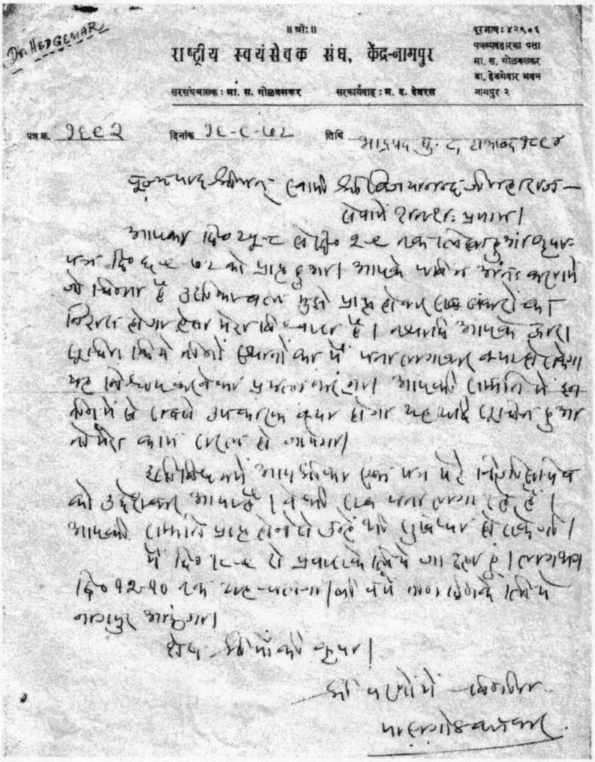
॥ श्रीः ॥

राष्ट्रीय स्वयंसेवक संघ, केंद्र-नागपुर

सरसंघचालक : मा. स. गोळवलकर सरकार्यवाह : भ. द. देवरस

दूरभाष : ४२९०६
पत्रव्यवहारका पता
मा. स. गोळवलकर
डा. हेडगेवार भवन
नागपुर २

पत्र क्र. दिनांक तिथि

गोलवलकर इस पत्र को लिखने के पश्चात् केवल नौ मास तक ही जीवित रहे। उनके स्वर्गवास पर भगवनजी शोकाकुल होकर बोले, "कोई इसको कभी नहीं समझ पाएगा कि यह मेरे लिए कितनी बड़ी हानि है।" हमारे पास यह कोई सूचना नहीं है कि गोलवलकर के कार्यकाल में, उक्त दोनों का परस्पर संवाद और

सम्बन्ध कैसे स्थापित हुआ तथा इतने वर्षों के अन्तराल में वह वृद्धि को कैसे प्राप्त हुई। किन्तु पाँचवे संघप्रमुख के.एस. सुदर्शन ने अप्रैल 2005 में कुछ सुस्पष्ट सार्वजनिक उद्बोधन दिए; जिनसे वरिष्ठतम संघ कार्यकर्ताओं को भगवनजी के अस्तित्व की पूर्णतः अवगत होना संकेतित होता है। अब केवल यही प्रश्न अनुत्तरित रह जाता है कि वे इस विषय में कितना जानते हैं तथा इस प्रकरण में उनकी क्या भूमिका थी?

प्रसंगवश उल्लेखनीय है कि CIA की एक रिपोर्ट के अनुसार; 1948 के पूर्व, RSS के नेताजी से सम्बद्ध होने की चर्चा उड़ी थी। 10 जनवरी 1949 दिनांक वाले उस दस्तावेज़ के शब्दों में: "कुछ लोग मानते हैं कि बोस जीवित हैं। उनके मतानुसार; इन दिनों बोस, RSS की गोपनीय गतिविधियों में सम्मिलित हैं।"

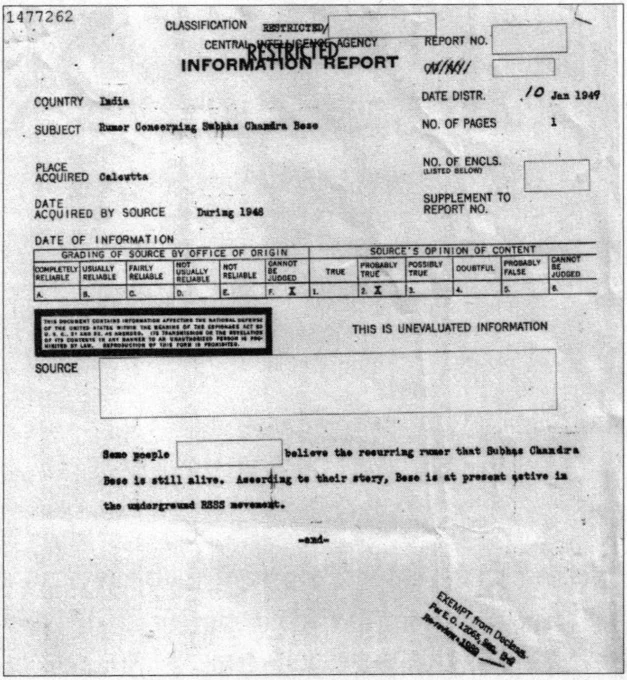
1477262

CLASSIFICATION RESTRICTED/

CENTRAL INTELLIGENCE AGENCY RESTRICTED

INFORMATION REPORT

REPORT NO.

COUNTRY India

SUBJECT Rumor Concerning Subhas Chandra Bose

PLACE ACQUIRED Calcutta

DATE ACQUIRED BY SOURCE During 1948

DATE OF INFORMATION

DATE DISTR. 10 Jan 1949

NO. OF PAGES 1

NO. OF ENCLS. (LISTED BELOW)

SUPPLEMENT TO REPORT NO.

GRADING OF SOURCE BY OFFICE OF ORIGIN						SOURCE'S OPINION OF CONTENT					
COMPLETELY RELIABLE	USUALLY RELIABLE	FAIRLY RELIABLE	NOT USUALLY RELIABLE	NOT RELIABLE	CANNOT BE JUDGED	TRUE	PROBABLY TRUE	POSSIBLY TRUE	DOUBTFUL	PROBABLY FALSE	CANNOT BE JUDGED
A.	B.	C.	D.	E.	F. X	1.	2. X	3.	4.	5.	6.

THIS DOCUMENT CONTAINS INFORMATION AFFECTING THE NATIONAL DEFENSE OF THE UNITED STATES WITHIN THE MEANING OF THE ESPIONAGE ACT 50 U. S. C., 31 AND 32, AS AMENDED. ITS TRANSMISSION OR THE REVELATION OF ITS CONTENTS IN ANY MANNER TO AN UNAUTHORIZED PERSON IS PROHIBITED BY LAW. REPRODUCTION OF THIS FORM IS PROHIBITED.

THIS IS UNEVALUATED INFORMATION

SOURCE

Some people believe the recurring rumor that Subhas Chandra Bose is still alive. According to their story, Bose is at present active in the underground RSSS movement.

-end-

EXEMPT from Declass. Per E.O. 12065, Sec. 3-4

[अमेरिकी RTI अधिनियम के अन्तर्गत प्राप्त]

दो दशकों की यात्रा

भगवनजी ने अगस्त 1963 तक नीमसार को छोड़ने का मन बना लिया था। नए स्थान को खोजे जाने के बाद; अनिल दास, कमलाकान्त घोष एवं सन्तोष भट्टाचार्य ने उनके उस गोपनीय स्थानान्तरण को कार्यान्वित किया; जो आगामी वर्षों में होने वाली स्थानान्तरण-शृंखला में प्रथम था। तब भगवनजी, पिछली सीट पर सरस्वती देवी और राजकुमार को बैठाकर, स्वयं वाहनतल पर लेटकर, नीमसार से 200 कि.मी. से अधिक दूरी तक यात्रा करके, फ़ैज़ाबाद (ज़िला अयोध्या) से लगभग 6 कि.मी. पूर्व—गाँव दर्शननगर पधारे।

शीघ्र ही उन्हें वहाँ स्थित "शंकर निवास" नामक अपना नवीन आवास, अत्यधिक नमी और कीड़ों द्वारा अभिभूत होने के कारण, अनुपयुक्त लगा। सर्वाधिक महत्त्वपूर्ण बात यह थी कि उसमें आवागमन हेतु केवल एक ही मार्ग था; जो आवास-निर्धारण में भगवनजी की सुरक्षा-योजना के सर्वथा प्रतिकूल था। और एक दिन, सब चौपट हो गया। उत्सुकतावश कुछ ग्रामीण लोग, उस अपरिचित आगन्तुक को देखने के लिए, शंकर निवास के पार्श्ववर्ती ऊँचे वृक्षों पर चढ़ गए। तब सहसा, अनधिकृत रूप से प्रवेश करने वाले उन सभी के सम्मुख, अपनी बँदूक से उन्हें मारने की धमकी देता हुआ एक व्यक्ति उपस्थित हुआ; जिसको देखकर वे सब भाग खड़े हुए।

अगस्त 1964 के पूर्वार्ध में भगवनजी के कोलकाता वाले सहायक दल ने उन्हें लखनऊ के व्यवसायी एवं स्पीड मोटर्ज़ के मालिक—विष्णु नारायण की बक्सरिया-टोला (अयोध्या) में स्थित लालकोठी में स्थापित कर दिया। कालान्तर में; नारायण ने *नॉर्दर्न इण्डिया पत्रिका* (NIP) को बताया: "स्वामीजी कभी किसी के समक्ष प्रकट नहीं हुए और सदा अपने कक्ष के आवृत-स्थान में ही रहे। उनके सेवकों के व्यवहार से मुझे यह विश्वास हो गया था कि वे निःसन्देह एक रहस्यमय महापुरुष हैं।" शीघ्र ही यह बात अयोध्या कोतवाली के प्रभारी इन्स्पेक्टर जितेन्द्रबहादुर सिंह तक पहुँची। फिर जो पुलिस को करना चाहिए था, वही उन्होंने किया: अपने सिपाहियों के साथ घोर रात्रि में अकस्मात् लालकोठी में छापा मारा; किन्तु उनके हाथ केवल रिक्त कक्ष ही लगे।

फिर 1965 में वे "मृतक व्यक्ति" अयोध्या से 70-90 कि.मी. पूर्व में स्थित—बस्ती पहुँचे। वहाँ उनका पहला आवास अत्यन्त संकुचित था। अतः उन्हें, दुलाल नन्दी एवं अन्य सहयोगियों के द्वारा, पुरानी बस्ती के राजा मैदान में स्थित शरिष्ठा कोठी (बस्ती-राजपरिवार की निजी सम्पत्ति) में पहुँचाया गया। आज वह स्थान खण्डहर हो चुका है। वहाँ भगवनजी ने अपने अन्य सभी आवासों की अपेक्षा सर्वाधिक समय (अर्थात् लगभग दस वर्षों से अधिक) व्यतीत किया।

बस्ती में भगवनजी के विश्वासपात्रों में सम्मिलित होने वाले एक महत्त्वपूर्ण व्यक्ति थे—दुर्गाप्रसाद पाण्डेय नामक एक स्थानीय वकील। अन्य स्थानों की भांति; यहाँ भी उन रहस्यमय साधु की वास्तविक पहचान-विषयक बहुत-सी बातें उड़ने लगीं। अपरिचित बंगाली लोग उनसे मिलने आते हैं, उस दूरवर्ती एकान्त स्थान में डाकिया पत्रों और *द इलस्ट्रेटिड वीक्ली ऑफ़ इण्डिया, टाइम* (अमरीकी पत्रिका)-जैसे प्रकाशनों की गठरी देने आता है ... इत्यादि चर्चाएँ आग की तरह फैलने लगीं। बस्ती के मोहम्मद मोबीन नामक एक बीट कॉन्स्टेबल ने भी प्रतिष्ठित लोगों को रात्रि के गहन अन्धकार में अपनी गाड़ियों से उतरकर शरिष्ठा कोठी का रुख करते हुए देखा था।

अतः 1967 में, भगवनजी से सम्पर्क में आने के अनेक निष्फल प्रयासों के

बाद, पाण्डेय ने उन्हें परिष्कृत अंग्रेज़ी में एक पत्र लिखा: "यहाँ बस्ती में मैं सतत देख रहा हूँ कि पहले आपश्री, वकील श्रीरूपकिशोर के मकान में विराजमान थे और अब, राजा बस्ती के हाता में स्थानान्तरित हो चुके हैं।" पुनः पाण्डेय ने लिखा: "पत्र, तार, बाज़ार से खरीदे हुए सामान, उत्कृष्ट अंग्रेज़ी पत्रिकाएँ एवं सामयिक पत्र—ये सभी सिक्के के दूसरे पहलू हैं; जिनसे स्थानीय लोग चकित हो रहे हैं और उनके मनों में आशंकाएँ उठ रही हैं।" इसके बाद; उन्होंने अपनी गुप्त सूचना के स्रोत को विज्ञप्त किया: "एक वृद्ध और अत्यन्त धार्मिक सेवामुक्त राजस्व-अधिकारी—श्री ज्वालाप्रसाद मिश्र ने अपनी अन्तिम श्वास लेते हुए मुझे आपश्री की वास्तविक पहचान बताई थी।" तदनन्तर पाण्डेय ने, "नेताजी" का नामोल्लेख किए बिना, इस आशंका हेतु कोई अवकाश नहीं छोड़ा कि वे किन्हें पत्र लिख रहे थे: "आप अपूर्व विद्वत्ता से सम्पन्न एक भूतपूर्व ICS हैं … इस देश का पवित्रतम दिन—23 जनवरी; जब समूचे भारतवर्ष में 'जय हिन्द' का अमर जयघोष गूँजता है, यहाँ आपके जन्मदिवस के रूप में मनाया जाता है … मैं प्रतिज्ञा करता हूँ कि जब तक मैं इस संसार में हूँ, मैं इस बात को गुप्त रखूँगा" इत्यादि।

पाण्डेय की प्रार्थना के उपलक्ष्य में उन्हें भगवनजी की ओर से अधोलिखित अस्पष्ट प्रत्युत्तर प्राप्त हुआ:

"I am a bonafide Dashnami Sannyasi and you will know that a man under the holy orders incurs death according to the civil laws and a Sannyasi is dead to his former life.—मैं एक मर्यादित दशनामी संन्यासी हूँ और तुमको यह ज्ञात होगा कि लोकव्यवहार के लिए इस दैवी मर्यादा में प्रतिबद्ध व्यक्ति की मृत्यु हो जाती है। एक संन्यासी अपने पूर्वजीवन के लिए मर जाता है।"

तत्पश्चात् भगवनजी ने आगे लिखा: "In passing, you shall find cogent answers to all your hypotheses, queries, thoughts … both as expressed in your letter, and which remain unexpressed in your heart ..." अर्थात् "तुम्हें अपने सभी अनुमानित

प्रश्नों, प्रार्थनाओं एवं आकांक्षाओं—जो तुम्हारे पत्र में अभिव्यक्त हैं, अथवा तुम्हारे हृदय में अनभिव्यक्त हैं—के समुचित उत्तर यथासमय प्राप्त हो जाएँगे। शान्तिपूर्वक प्रेम से, सावधान एवं दत्तचित्त होकर, अध्ययन करने पर तुम्हें यह लगेगा कि मेरे प्रत्येक शब्द, वाक्य एवं इनके विन्यास तुम्हारे लिए दिग्दर्शक हैं। ये सभी सम्भावनाओं से गर्भित हैं, तुमने खोजा तो अवश्य पाओगे।"

अन्ततः पाण्डेय को अपने अथक प्रयासों का प्रतिफल प्राप्त हुआ। कालान्तर में उन्हें वहाँ प्रवेश मिला; जहाँ पहुँचना प्रायशः दुर्लभ था। तदुपरान्त उन्होंने भगवनजी के अनेक बार दर्शन किए। लगभग तीन दशकों के बाद; 84-वर्षीय पाण्डेय ने मुखर्जी आयोग को बताया, "भगवनजी वही व्यक्ति थे; जिन्हें मैंने, 1940 में गंगाप्रसाद मेमोरियल सभागार में, बहुत निकट से लगभग ढाई घण्टों तक भाषण देते हुए देखा था [अर्थात् वे सुभाष चन्द्र बोस ही थे]। मैंने पाया कि उनके सिर के बहुत केश उड़ चुके हैं और उनके मुख पर एक लम्बी दाढ़ी है। तदतिरिक्त; मैंने देखा कि उनका उदर कुछ भारी हो चुका है।"

भगवनजी के बस्ती निवास के समय में अनेक महत्त्वपूर्ण ऐतिहासिक घटनाएँ घटीं। 1965 में भारत-पाक युद्ध में भारत विजयी हुआ। जनवरी 1966 में प्रधानमन्त्री लालबहादुर शास्त्री, ताशकन्द सन्धि पर हस्ताक्षर करने के तुरन्त बाद, रहस्यपूर्ण ढंग से दिवंगत हो गए। इन्दिरा गांधी का शासनकाल आरम्भ हुआ। 1971 में अगला भारत-पाक युद्ध हुआ और नवनिर्मित बांग्लादेश को मुज़ीबुर् रहमान का नेतृत्व मिला। इन सभी घटनाओं के चलते, लोगों ने अपने उस रहस्यमय अतिथि के निकट अनेक विचित्र बातों का अनुभव किया। 1985-86 में NIP के पत्रकारों ने अपने अनुसन्धान में यह पाया कि "घने अन्धकार में ही ... बड़े-बड़े पर्दों से सजी विविध गाड़ियाँ, देशी और विदेशी, सूट-बूट में रहने वाले शहरी लोग—वे सब सहसा प्रकट होते थे और तत्क्षण अचानक अदृश्य भी हो जाते थे"।

जब बस्ती से स्थानान्तरित होने का समय आया; तब भगवनजी के लिए एक नवीन आवास को सुरक्षित करने का दायित्व पाण्डेय के कँधों पर आया। उन्होंने पण्डा राम किशोर मिश्र की अयोध्या-स्थित प्रह्लाद धर्मशाला का चयन किया। 1974 के धनतेरस वाली रात्रि, वे भगवनजी को वाहन द्वारा अयोध्या ले आए।

उनके प्रति उदासीन मिश्र, आश्रय देने हेतु तब माने; जब पाण्डेय ने, अपने वयोवृद्ध गुरुजी के निमित्त नए स्थान को खोजने में होने वाले कष्ट का हवाला देकर, उन्हें दो मास के अग्रिम किराए का भुगतान कर दिया।

मिश्र अपने किरायेदार—जिनको एक "सन्त-महात्मा" बताया गया था—से मिलने पहुँचे। उन्हें पहले ही बता दिया गया था कि वे किसी से प्रत्यक्ष नहीं मिलते, अतः उन्हें अपने किरायेदार के साथ बन्द कपाट से बात करने में कोई आश्चर्य नहीं हुआ। जब दो दिन बाद मिश्र अपनी पत्नी के साथ पुनःआए, तब भगवनजी ने उन दोनों से एक ऐसा सम्बन्ध बनाया; जिसका पालन उन्हें अपने अन्तिम समय तक करना था। वे बोले, "आप मेरे नन्द बाबा हैं और ये मेरी यशोमती मैया हैं। मैं आपकी शरण में हूँ, अब यह आपका दायित्व है कि मेरी साधना में आने वाली प्रत्येक बाधा से आप मेरी रक्षा करें।"

इस चर्चा के पश्चात् उस दम्पत्ति को यह विश्वास हो गया कि वे किसी उत्कृष्टतम महापुरुष के सम्पर्क में आए हैं। उनके हिन्दी उच्चारण से मिश्र; जो देश के सभी प्रान्तों से आने वाले लोगों से मिलते थे, अत्यन्त आश्वस्त थे कि वे सन्त बंगाली हैं। किन्तु ठीक उसी समय, उर्दू शब्दों का प्रचुर प्रयोग उन्हें विस्मित भी करता था। यथासमय कौतूहल बढ़ने लगा। अयोध्या की एक शीतकालीन रात्रि में, यह सोचकर कि भीतर उस 70 से अधिक वर्षों की आयु वाले साधु को ठण्ड लगती होगी, राम किशोर ने उन्हें अपनी वह अंगीठी देनी चाही; जिसका वे स्वयं प्रयोग कर रहे थे। किन्तु भीतर से आवाज़ आई, "यह शरीर साइबेरिया में रह चुका है, इसको गर्मी नहीं चाहिए।"

दो मास बाद; भगवनजी ने प्रह्लाद धर्मशाला को छोड़ दिया। किन्तु अगले कुछ वर्ष [अर्थात् जनवरी 1975 से मई 1978 तक; जब वे रामकोट-स्थित गुरुद्वारा ब्रह्मकुण्ड के पास रहे] उनके लिए विशेषतः क्लेशकारी थे। गृहस्वामी गुरुबख्श सिंह सोढी ने NIP को अचम्भित होकर बताया, "वे सदैव छिपकर रहते थे, रात में अनेक आकार-प्रकार के वाहनों में लोग उनसे मिलने आते थे, उनकी वाणी असाधारण थी और उनके आय-स्रोत अज्ञात थे। हाँ! कुछ लोग कहते हैं कि वे नेताजी सुभाष चन्द्र बोस के सिवा कोई अन्य नहीं थे।"

गुरुद्वारा ब्रह्मकुण्ड साहिब के वर्तमान मुख्य ग्रन्थी—ज्ञानी गुरजीत सिंह खालसा ने अपनी 17 वर्ष की अवस्था में, भगवनजी के तेजस्वी मुखमण्डल का अकस्मात् दर्शन किया था। उन्होंने 2015 में *टाइम्स ऑफ़ इण्डिया* को बताया, "उनके मुख का तेज अतीव आह्लादक था; उसको शब्दों के द्वारा अभिव्यक्त नहीं किया जा सकता।"

पूर्ववर्ती स्थानों के ही समान, यहाँ भी चर्चाएँ तेज़ी से उठने लगीं। सोढी अपने किरायेदार को बाहर निकालना चाहते थे। अतः उन्होंने मुम्बई से प्रकाशित होने वाले *करण्ट* नामक एक साप्ताहिक पत्र के संवाददाता—वीरेन्द्र कुमार मिश्र से सम्पर्क किया। मिश्र ने, अपने स्तर पर अनुसन्धान करने के पश्चात् उपयुक्त लगने पर, फैज़ाबाद पुलिस सुप्रिटेण्डेण्ट ज्ञानेश्वर झा को एक गोपनीय पत्र के माध्यम से सूचना दी। उसमें उन्होंने लिखा: "मुझे गुरुदेव स्वामी [भगवनजी] के विषय में कुछ आशंका है। कुछ लोग कहते हैं कि बाबाजी CIA के जासूस हैं। उनके पास एक ट्रान्समीटर है और वे कहीं सन्देश भेजते हैं।" फिर उन्होंने अन्य लोगों के मत को भी प्रस्तुत करते हुए लिखा: "बाबाजी सुभाष चन्द्र बोस हैं; जो अज्ञातवास में रहना चाहते हैं।" इसपर कार्यवाही करते हुए झा, अपने साथ एक पुलिस दल को लेकर भगवनजी के आवास पर पहुँचे—ऐसा हमें मिश्र ने बताया। एक वरिष्ठ पुलिसकर्मी की भांति; वे अकड़ते हुए भगवनजी के आवास में प्रविष्ट हुए। किन्तु जब वहाँ से बाहर निकले; तो उनके चेहरे पर हवाईयाँ उड़ी हुईं थीं। उन्होंने पुलिसकर्मियों को चुपचाप वहाँ से निकल चलने का संकेत दिया। अगले ही दिन उनके स्थानान्तरण का सरकारी आदेश उनकी मेज़ पर रखा मिला। यदि जस्टिस सहाय ने सत्य के अन्वेषण का प्रयत्न किया होता, तो वे जान पाते कि वीरेन्द्र मिश्र का ज्ञानेश्वर झा को लिखा पत्र सरकारी फ़ाइलों में अद्यावधि सुरक्षित है।

मिश्र के साथ 2016 में हुई हमारी भेंट में उन्होंने हमें खुलकर सब कुछ बताया कि अब उनका निजी मत यही है कि गुमनामी बाबा नेताजी ही थे। हमें पता चला कि सहाय आयोग की कार्यवाही के दौरान ज्ञानेश्वर झा नोयडा में निवास कर रहे थे। यदि सत्य के अन्वेषण की इच्छा हो, तो यह इतनी भी टेढ़ी खीर नहीं है; जिसका समाधान खोजा ना जा सके।

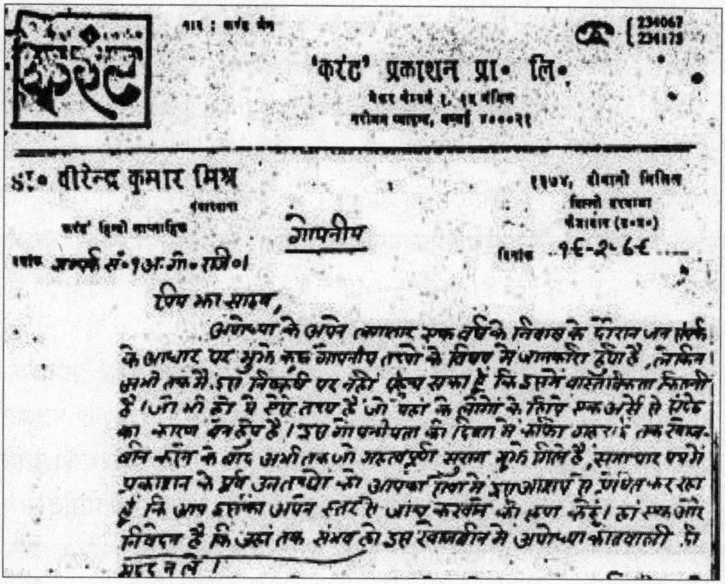
'करंट' प्रकाशन प्रा० लि०

डा० वीरेन्द्र कुमार मिश्र

गोपनीय

दिनांक 19-2-69

प्रिय भा साहब,

अयोध्या के अपने लगातार एक वर्ष के निवास के दौरान जन श्रुति के आधार पर मुझे कुछ गोपनीय तथ्यों के विषय में जानकारी हुई है, लेकिन अभी तक मैं इस निष्कर्ष पर नहीं पहुँच सका हूँ कि इसमें वास्तविकता कितनी है। जो भी हो ये ऐसे तथ्य हैं जो वहां के लोगों के लिए एक अर्से से संदेह का कारण बने हुए हैं। इस गोपनीयता की दिशा में काफी गहराई तक खोज-बीन करने के बाद अभी तक जो महत्वपूर्ण सुराग मुझे मिले हैं, समाचार पत्रों में प्रकाशन से पूर्व उन तथ्यों को आपका [illegible] प्रेषित कर रहा हूँ कि आप इसकी अपने स्तर से जांच करवाने की कृपा करें। हां एक और निवेदन है कि जहां तक संभव हो इस खोजबीन में अयोध्या कोतवाली की मदद न लें।

भूतपूर्व पत्रकार एवं साकेत पोस्ट ग्रेजुएट कॉलेज (अयोध्या) के सेवानिवृत्त प्रधानाचार्य प्रो. वी.एन. अरोड़ा के साथ एक अद्भुत घटना घटी। उन्हें 1978 में भगवनजी के विषय में सूचना मिली। तब उनके दर्शन हेतु अरोड़ा ने भगवनजी की सेविका सरस्वती देवी के पास अपना सन्देश छोड़ा; जिसके प्रत्युत्तर में उन्हें अगले दिन दोपहर 4:00 बजे पधारने का निर्देश मिला। अरोड़ा उस अवसर का लाभ लेना चाहते थे, किन्तु उन्होंने हमें [और कालान्तर में जस्टिस सहाय को] यह बताया कि पुलिस के डिप्टी सुप्रिटेण्डेण्ट रैंक के एन.पी. तिवारी नामक एक IB अधिकारी ने "उन्हें दोपहर 2:00 बजे से सायं 6:30 बजे तक उनके आवास पर घेर लिया तथा उन्हें बहलाया-फ़ुसलाया कि वे संसार से अतीत एवं आत्मसाक्षात्कार के लिए ध्यानयोग में तल्लीन रहने वाले उन महात्माजी के एकान्त को बाधित न करें"। अरोड़ा उस अधिकारी के उपर्युक्त कथन का महत्त्व तब जाकर समझे; जब 1985 के अन्तिम चरण में उन्होंने NIP के एक अनुसन्धाता के रूप में कार्य किया।

जस्टिस सहाय ने प्रो. अरोड़ा के इस वक्तव्य पर IB से पूछताछ करने की भी कोई आवश्यकता नहीं समझी; बल्कि उन्होंने अपनी रिपोर्ट में लिखा कि यदि अरोड़ा आश्वस्त थे कि भगवनजी नेताजी ही थे "तो वे निश्चिततः उनसे मिलते"। सहाय के मतानुसार; चूंकि अरोड़ा भगवनजी को नहीं मिले, इसीलिए वे नेताजी नहीं थे। और कल्पना कीजिए कि यदि अरोड़ा उनसे मिल लेते, तो यही जज साहब लिख देते [जैसा उन्होंने बारम्बार अपनी रिपोर्ट में किया है] कि भगवनजी नेताजी नहीं थे; क्योंकि सरकारी हस्तलेख एवं DNA-रिपोर्टों ने यह पहले ही सिद्ध कर दिया है। सीधी और स्पष्ट बात है: चित भी मेरी, पट भी मेरी!

यद्यपि भगवनजी का ब्रह्मकुण्ड पर निवास उनके प्रतिकूल अनेक लोगों का ध्यान आकर्षित करने वाला रहा, तथापि कुछ ऐसे लोगों से भी उनका परिचय हुआ; जो उनके अन्तिम वर्षों में उनके सर्वाधिक निकटस्थ अनुयायी बने। इनमें मुख्य थे—डॉ. टी.सी. बनर्जी (एक सुप्रसिद्ध होम्योपैथ), डॉ. रघुनाथ प्रसाद मिश्र (ज़िला के एक शल्य चिकित्सक), डॉ. बी. राय (एक निश्चेतक विशेषज्ञ) और कृष्णगोपाल श्रीवास्तव (कला शिक्षक, राजकरण वैदिक पाठशाला इण्टरकॉलेज, फ़ैज़ाबाद)। भगवनजी तक पहुँचने वाले एक अन्य सज्जन थे—डॉ. दशरथ सिंह तोमर (अयोध्या के एक अन्य होम्योपैथ)। तोमर, कोलकाता होम्योपैथिक मेडिकल कॉलेज और अस्पताल के एक स्नातक थे तथा धाराप्रवाह बांग्ला सम्भाषण करते थे। उन्होंने भगवनजी की हृदयतन्त्री को तब छूआ; जब उन्होंने बताया कि कोलकाता में उनके अध्यापक थे—स्वतन्त्रता-सेनानी बिजय कुमार बोस; जो कालान्तर में चिकित्सक बन चुके थे।

उपर्युक्त सभी लोगों में डॉ. टी.सी. बनर्जी का अनुभव सर्वाधिक अनुपम था। उनके सुपुत्र डॉ. प्रियब्रत बनर्जी द्वारा प्रस्तुत संस्मरण के अनुसार; 1975 की एक दोपहर को सरस्वती देवी उनके चिकित्सालय पहुँची और उनके पिता से अत्यन्त रुग्ण भगवनजी को देखने हेतु आग्रह करने लगीं। कई घण्टों बाद उनके पिता अपने घर को लौटे और बहुत अवाक् दिखे। इससे पूर्व वे किसी विचारशून्य व्यक्ति के समान सड़कों पर अकारण घूमते रहे, मानो आज उनके साथ क्या हो गया हो। कारण कि वे गुमनामी बाबा से अपनी पहली भेंट में वह कार्य करने में

सफल रहे; जो अन्य लोग कई वर्षों की सेवा-भक्ति के बाद भी न कर सके। उन्होंने अपने रोगी (भगवनजी) को प्रत्यक्ष देखा; और उनके होश उड़ गए। कारण कि डॉ. बनर्जी ने अपनी युवावस्था के समय [1939 में] लखनऊ में तात्कालिक कांग्रेस-अध्यक्ष के रूप में अपने इन्हीं रोगी का दर्शन किया था।

कालान्तर में डॉ. बनर्जी ने राम किशोर मिश्र के सम्मुख अपने हार्द भावों को अभिव्यक्त किया। एक बार जब मिश्र गुरुद्वारा ब्रह्मकुण्ड पहुँचे, तब उन्होंने डॉ. बनर्जी को बाहर खड़ा पाया। भगवनजी के स्वास्थ्य-विषयक सामान्य चर्चा के बाद; डॉ. बनर्जी सहसा बोल पड़े, "आप धन्य हैं; जो कि सुभाष बाबू की सेवा में कुछ समय दे पाते हैं।" यह सुनकर मिश्र मूक-से रह गए।

शीघ्र ही बनर्जी की धर्मपत्नी (पुष्पा) और उनके पुत्र एवं पुत्रवधु (प्रियब्रत और रीता) को भी कक्ष में प्रवेश की आज्ञा मिली; जहाँ उन्होंने भगवनजी के सम्मुख बैठकर उन से वार्ता की। फिर उनके एक स्वजन को भी वहाँ प्रवेश का अत्यन्त दुर्लभ सुअवसर प्राप्त हुआ। वह था—बनर्जी का भतीजा—दिलीप कुमार मुखर्जी (गोरखपुर-स्थित एक LIC अधिकारी); जिसको अनेक वर्षों के सतत प्रयासों के बाद कक्ष में यह सौभाग्य मिला। यह 1980-दशक के आरम्भिक वर्षों की घटना है। वह "नेताजी" को अपने सम्मुख पाने के उस कल्पनातीत संयोग से भावविभोर हो गया और फूट-फूटकर रोने लगा। उसका शरीर काँप रहा था। जब भगवनजी ने उसको दुलारकर स्वस्थ किया, तब वह उनसे संवाद कर सकने में समर्थ हुआ। तभी, कम्यूनिस्टों की कुछ प्रशंसा करने पर, उसे हिन्दी में भगवनजी की डाँट भी सुनने को मिली, "तुम उनके बारे में क्या जानते हो? मैंने उन्हें निकट से देखा है। मैं रूस होकर आया हूँ। मैंने देखा है कि कैसे कुछ-एक लोग मौज उड़ा रहे हैं; जबकि अन्य सभी जीते-जी मर रहे हैं। मैं उनके बड़े-बड़े महलों में भी गया हूँ। इस शरीर ने साइबेरिया में यातनाएँ सही हैं।"

1981 में दुर्भाग्य ने ज़ोर मारा और स्नानागार में गिरने से भगवनजी की नितम्बास्थि टूट गई। जिन दिनों वे अयोध्या के लखनऊ वाली हाता में रहते थे, तभी से उन्हें व्हीलचेयर की आवश्यकता पड़ने लगी। उसी दुस्सह स्थिति में उन्होंने अपना अन्तिम स्थानान्तरण किया। 1983 में डॉ. मिश्र, भगवनजी को

फ़ैज़ाबाद-स्थित सिविल लाइन्स के “रामभवन” नामक बँगले में ले आए; जिसके पृष्ठवर्ती उपगृह में उन्हें किराए पर ठहराया गया। गृहस्वामी गुरुबसन्त सिंह (शक्ति सिंह के पिता) ने अपने किरायेदार को कभी नहीं देखा, केवल उनकी वाणी ही सुनी। “मैंने अपने जीवन में वैसा स्वर अन्यत्र कहीं नहीं सुना। उनका स्वर और धाराप्रवाह [एक साधु-बाबा के बजाय] किसी सेनाप्रमुख के-जैसा लगता था”—उन्होंने अपने संस्मरण में कहा।

भगवनजी के अन्तिम वर्षों में उनके निकटस्थ शिष्यों में से एक—रवीन्द्र शुक्ल ने हमें [और कालान्तर में सहाय आयोग को] यह बताया कि जिस दिन प्रधानमन्त्री इन्दिरा गांधी की हत्या हुई, उस दिन उन्होंने भगवनजी को यह कहकर पछताते हुए सुना था कि उन्होंने किसी “काव” को बारम्बार इन्दिरा की सुरक्षा को बढ़ाने का निर्देश दिया था; जिसकी अवहेलना हुई। “कभी किसी स्त्री पर हथियार नहीं उठाना चाहिए,” भगवनजी बोल रहे थे। 1984 में अयोध्या के ग्रामीण क्षेत्रों में रहने वाले नागरिकों को कदाचित् ही इसका ज्ञान होगा कि अप्रसिद्ध रामेश्वर नाथ काव, तात्कालिक प्रधानमन्त्री के सुरक्षा सलाहकार थे। उससे पूर्व वे अंग्रेज़ो के ज़माने से इण्टैलिजेंस ब्यूरो के एक बड़े अधिकारी थे। 1968 में जब भारत के विदेशी गुप्तचर विभाग (R&AW या “रॉ”) का गठन हुआ, तब काव उसके प्रथम प्रमुख बने और 1971 के युद्ध में भी उनकी प्रमुख भूमिका रही।

भगवनजी ने अपनी अन्तिम श्वास 16 सितम्बर 1985 को रामभवन में ही ली। तब [23 जनवरी 1897 को दोपहर 12:15 बजे आविर्भूत होने के कारण] वे लगभग 88 वर्ष के हो चुके थे; क्योंकि उनके जीवनकाल में बंगाल से आए उनके अनुयायियों के द्वारा उपर्युक्त दिनांक एवं समय पर ही उनका जन्मदिवस मनाया जाता था।

मृत्यु के दो दिनों के बाद तक, भगवनजी का पार्थिव देह डॉ. मिश्र के परिवार के सतत संरक्षण में रहा; जो वहाँ तात्कालिक कार्यवाहक थे। अन्य सभी शिष्यों को डॉ. मिश्र ने यह बताया कि वे भगवनजी के उन बंगाली शिष्यों की प्रतीक्षा कर रहे हैं; जिनको उनके निधन की सूचना दे दी गई है। जब अज्ञात

कारणों के चलते कोई भी वहाँ नहीं पहुँचा, तब डॉ. मिश्र ने भीड़ को यह कहकर भ्रमित किया कि देह को अयोध्या के श्मशान में ले जाया जाएगा। फिर कुछ देर तक अकारण भ्रमण करने के बाद, देह को ले जा रहे वाहन को फ़ैज़ाबाद-कैण्ट की ओर घुमा दिया गया। 18 सितम्बर की सायं वे सभी सरयू नदी के तट पर स्थित गुप्तार घाट (भगवान् श्रीराम की लीलासंवरण-स्थली) के समीपवर्ती एकान्त स्थान पर पहुँचे।

कुछ ही क्षणों में चिता तैयार की गई। चिता के पास भगवनजी के केवल 13 शिष्य उपस्थित थे; जिनमें डॉ. मिश्र, डॉ. राय, रवीन्द्र शुक्ल, डॉ. प्रियब्रत बनर्जी, पण्डा राम किशोर मिश्र और सरस्वती देवी के सुपुत्र राजकुमार शुक्ल अन्यतम थे। पार्थिव देह के अग्निज्वालाओं में घिरते ही वे सभी शिष्य भी भावनाओं में दावानल में घिर गए। भगवनजी के जीवनकाल में उन सभी लोगों ने उनकी पहचान को गुप्त रखने की प्रतिज्ञा की थी। किन्तु अब वे महापुरुष ब्रह्मीभूत (दिवंगत) हो चुके थे। अतः पण्डा राम किशोर फूट-फूटकर रोने वाले पहले व्यक्ति हुए; जिनके मुख से सहसा निम्नलिखित वाक्य प्रस्फुटित हुआ, "यहाँ उनकी अन्तिम यात्रा में केवल हम 13 लोग हैं; जबकि यहाँ 13 लाख लोग होने चाहिए थे।"

कदाचित् यह प्रकरण वहीं समाप्त हो जाता और कोई साहसी पत्रकार इसको छाप नहीं पाता। परन्तु *नये लोग* नामक दैनिक हिन्दी समाचारपत्र के सम्पादक—अशोक टण्डन ने इसको प्रकाशित करने का बीड़ा उठाया। उनकी चेतना जागृत हुई तथा उन्होंने चन्द्रेश श्रीवास्तव एवं रामतीर्थ विकल आदि पत्रकारों को इसके अनुसन्धान हेतु अनुरोध किया। फलतः यह प्रकरण 28 अक्टूबर 1985 का एक बड़ा समाचार बनकर उभरा।

नये लोग में प्रकाशित इस समाचार ने पूरे शहर में एक लहर बना दी। टण्डन ने उनके समाचारपत्र के प्रकाशन एवं प्रचार को निरुद्ध करने से सम्बन्धित कुछ सुनियोजित दुरभिसन्धियों के विषय में भी सुना। किन्तु यह समाचार बहुत बड़ा बन चुका था, अतः दब न सका। जैसे ही पूरे प्रदेश में एक स्वैच्छिक दृष्टिकोण बना, अधिकाधिक पत्रकारों ने इस घटना का विश्लेषण करना आरम्भ कर दिया।

इस पूरे प्रकरण ने कोलकाता में तुषार कान्ति घोष का ध्यान आकर्षित किया। वे भारतीय पत्रकारिता के क्षेत्र में एक सुविख्यात नाम थे; जिन्हें पद्मभूषण सम्मान प्राप्त था। वे *अमृत बाज़ार पत्रिका, युगान्तर* एवं *नॉर्दन इण्डिया पत्रिका* के सम्पादक भी थे तथा नेताजी से पूर्व में परिचित थे। गुमनामी-बाबा-प्रकरण की बढ़ती चर्चाओं पर विचार-विमर्श करने के बाद घोष ने NIP में एक अनुसन्धान-मूलक लेख-शृंखला के प्रकाशन को प्रशस्त किया। निर्मल निबेदॉन, विश्वम्भरनाथ अरोड़ा एवं सैय्यद क़ौसर हुसैन—इन तीनों ने एक अनुसन्धाता-दल के रूप में उस कार्य को संयुक्ततः सम्पादित किया; जो 20 दिसम्बर 1985 से प्रारम्भ होकर 23 जनवरी (सुभाष बोस के अग्रिम जन्मदिवस) पर्यन्त कुल 17 भागों में पूर्ण हुआ।

NIP द्वारा प्रकाशित किए जाने पर भगवनजी के रहस्यमय व्यक्तित्व ने फ़ैज़ाबाद के निवासियों में भावनाओं का एक भँवर खड़ा कर दिया। किन्तु राज्य सरकार की यह प्रतिक्रिया थी कि यह (भगवनजी-विषयक चर्चाएँ) जनता पार्टी और BJP द्वारा प्रचारित एक षड्यन्त्रमात्र है। जबकि सत्य यह है कि वह जनाक्रोश स्वतः स्फूर्त था, कारण कि वह समाज के प्रत्येक वर्ग से उठा था; जिसमें कांग्रेस के स्थानीय नेता भी सम्मिलित थे। इस समूचे प्रकरण को प्रकाशित करने हेतु सर्वप्रथम तत्पर हुए सज्जन—पण्डा राम किशोर, अयोध्या के एक प्रसिद्ध कांग्रेसी नेता थे।

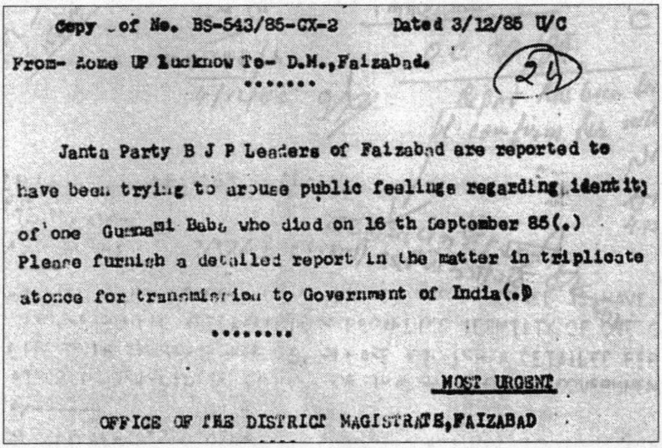
Copy of No. BS-543/85-CX-2 Dated 3/12/85 U/C
From- Home UP Lucknow To- D.M.,Faizabad.
(25)
....

Janta Party B J P Leaders of Faizabad are reported to have been trying to arouse public feelings regarding identity of one Gumnami Baba who died on 16 th September 85(.) Please furnish a detailed report in the matter in triplicate atonce for transmission to Government of India(.)

....

MOST URGENT

OFFICE OF THE DISTRICT MAGISTRATE,FAIZABAD

मृतक के वृत्तान्त

नेताजी सुभाष चन्द्र बोस की तथाकथित मृत्यु के उपरान्त; सोवियत रूस में उनकी उपस्थिति-विषयक विविध दावों में—हेवी इंजीनियरिंग कॉर्पोरेशन (HEC Ltd) के एक भूतपूर्व मुख्य-अभियन्ता द्वारा प्रस्तुत वक्तव्य सर्वाधिक विश्वसनीय प्रतीत होता है। अर्धेन्दु सरकार [जो UK से मैकेनिकल इंजीनियरिंग के परास्नातक थे] ने अपनी सद्भावना का परिचय देते हुए मुखर्जी आयोग के समक्ष शपथपूर्वक अपना वक्तव्य प्रस्तुत किया।

कालान्तर में, कोलकाता-स्थित अपने भव्य आवास में, उन्होंने अपने अनुभवों को लेखकद्वय में से एक के साथ साझा किया। 1960-दशक के आरम्भिक वर्षों में यूक्रेन के दोनेत्स्क [जो तात्कालिक सोवियत रूस का एक भाग था] में स्थित गोर्लोवका मशीन निर्माणशाला में अर्धेन्दु के साथ एक घटना घटित हुई। निर्माणशाला में बी.ए. ज़ेरोवीन नामक एक उच्चाधिकारी, यह जानने के बाद कि सरकार बंगाल के मूलनिवासी हैं, उनके प्रति विशेष सौहार्द रखने लगा। एक बार सौहार्द के क्षणों में उस "रूसी" ने इस सत्य को उजागर कर दिया कि ज़ेरोवीन उसका वास्तविक नाम नहीं है। वस्तुतः वह एक जर्मनी यहूदी है; जो द्वितीय विश्वयुद्ध के पश्चात् USSR लाया तथा एक नई पहचान के साथ साइबेरिया के एक गुलाग में मतशिक्षण हेतु भेजा गया था।

तदुपरान्त ज़ेरोवीन ने सरकार को यह बताया कि उसकी सुभाष बोस के साथ प्रथमतया बर्लिन में तथा "पुनः 1948 में" यूराल पर्वतीय शृंखला की तलहटी में स्थित ट्राँस-साइबेरियन रेलवे के अन्तिम बिन्दु से भी आगे किसी एक गुलाग में भेंट हुई थी। उसने आगे बताया कि ऐसा लगता था, जैसे बोस के प्रति वहाँ सम्मानजनक व्यवहार होता था तथा उन्हें एक वाहन एवं दो अंगरक्षक भी प्राप्त थे। अपनी अत्यन्त संक्षिप्त वार्ता में, बोस ने ज़ेरोवीन को यह बतलाया था कि वे यथाशीघ्र भारत लौटने हेतु प्रयत्नशील हैं।

सरकार के समक्ष उक्त रहस्योद्घाटन के पश्चात् ज़ेरोवीन को लगा कि उन्होंने कुछ ज़्यादा ही मुँह खोल दिया था। अतः उन्होंने सरकार को चेताया कि वे उन दोनों के हित में इस वृतान्त को अपने तक ही सुरक्षित रखे। अपनी युवावस्था के जोश में, अज्ञानी अर्धेन्दु सीधे भारतीय दूतावास जा पहुँचे; जहाँ उन्होंने एक अधिकारी को यह सब विवरण सुना दिया। दूतावास अधिकारी ने सरकार को चेताया कि वे उस देश की राजनीति में दखल देने के लिए यहाँ नहीं आए थे। फिर, एक सांकेतिक धमकी मिलने के बाद, अर्धेन्दु सरकार ने उसी क्षण से लेकर दशकों तक अपने मुँह पर ताला लगाए रखा और वे तब तक कुछ नहीं बोले; जब तक उनके बच्चे आर्थिक दृष्टि से स्वावलम्बी एवं स्थिर नहीं हो गए।

वहीं दूसरी ओर भगवनजी एवं उनके निकटवर्ती शिष्यों की एकान्तिक चर्चाओं एवं पत्रों सहित वार्ताओं की लिखित प्रतिलिपियों में बारम्बर सोवियत रूस, साइबेरिया, गुलाग तथा रूसी नेताओं के उल्लेख दृष्टिगोचर होते हैं। वे कहते थे कि उन्होंने दक्षिण-मध्य साइबेरिया के एक गुलाग [जो बयकल झील एवं यूराल पर्वतों की तलहटी के पास ही स्थित था] में कुछ काल व्यतीत किया। उन्होंने सुनील गुप्त से हुई अपनी चर्चा में यहाँ तक कहा, "[रूसी तानाशाह जोसेफ़] स्टालिन ने मेरे साथ शत्रुवत् व्यवहार नहीं किया, किन्तु मेरे अपने लोगों ने किया है।"

भगवनजी के अनुसार; रूस जाने की उनकी योजना तथाकथित "विमान दुर्घटना" से बहुत पहले ही बन चुकी थी तथा उसको क्रियान्वित करने हेतु उन्होंने 1944 के अन्त में रूस की एक गुप्त यात्रा की।

प्रचलित मतानुसार; नेताजी 1944 में कभी रूस नहीं गए। हाँ! युद्धसमाप्ति के कुछ मास पूर्व, वे टोक्यो तक अवश्य गए थे। शाहनवाज़ समिति की रिपोर्ट के शब्दों में: "अक्टूबर 1944 में नेताजी ने जापान की तृतीय [एवं अन्तिम] यात्रा की।" परन्तु दिल्ली के राष्ट्रीय अभिलेखागार में कुछ वर्ष पूर्व सार्वजनिक हुए इण्टैलिजेंस दस्तावेज़ इससे असहमति रखते हैं। SACSEA आयोग-1 की रिपोर्ट (6 नवम्बर 1945) यह उल्लेख करती है कि बोस ने दिसम्बर 1944 में, चीन एवं रूस से अपनी सम्भावित मैत्री के सन्दर्भ में, जापानी सरकार के साथ वार्ता करने हेतु टोक्यो की यात्रा की थी।

किन्तु नेताजी रूस क्यों जाना चाहते थे? IB द्वारा की गई एक कठिन पूछताछ में जापानी अनुवादक किंजी वातान्बे ने नेताजी के [निम्नांकित] शब्दों का स्मरण किया:

"मैं टोक्यो से आग्रहपूर्वक यह अनुरोध करता हूँ कि वह तत्परतापूर्वक मुझे सोवियत रूस से संवाद स्थापित करने दें। मुझे यह विश्वास है कि रूसी राजदूत के साथ मेरे एक साक्षात्कार में ही मैं रूसियों को भारत के स्वतन्त्रता आन्दोलन का सहयोग करने हेतु मना लूँगा। और साथ ही; मैं एतदर्थ निश्चिन्त हूँ कि मैं जापान और रूस के पारस्परिक सम्बन्धों को सुधारने हेतु भी कुछ प्रयत्न कर सकता हूँ; ताकि जापान को मंचूरिया के मोर्चे पर सम्प्राप्त संकट कुछ कम हो सकें।"

1980-दशक के उत्तरार्ध में USSR के पतन के पश्चात् रूसी अनुसन्धाता विक्टर टूराज़िएव ने मॉस्को-स्थित सोवियत रूस के गुप्तचर विभाग (KGB) के अभिलेखागार में एक पत्र को खोज निकाला; जिसको नेताजी ने अक्टूबर 1944 में टोक्यो-स्थित सोवियत राजदूत याकोव मलिक के प्रति लिखा था। उसमें उल्लिखित था कि वे (नेताजी) उनसे मिलना चाहते थे; ताकि सोवियत रूस सरकार द्वारा भारतीय स्वतन्त्रता संघर्ष की सफलता हेतु अपेक्षित सहयोग पर कुछ परिचर्चा हो सके।

दिल्ली-स्थित राष्ट्रीय अभिलेखागार में अन्य सार्वजनिक दस्तावेज़ भी विद्यमान हैं; जो नेताजी की गोपनीय रूस यात्रा की चर्चा को प्रकाशित करते है। तदनुसार;

> In Nov. 44 there was a general rumour in Ye-U that S.C.Bose was preparing to leave for Moscow in order to place all information about the Indian Freedom Movement before the leaders of the U.S.S.R. It was also said that Col. S.A.Malik would follow S.C. Bose to Moscow. B766 heard these rumours from Lt. Subramaniam (ex-Azad Hind Dal, and then Adjutant of the Ye-U Rest Camp). In Dec. 44 Lt. Sadhu Singh of H.Q. 1 Div I.N.A., who was then acting as Q.M. of the Ye-U Rest Camp, informed B766 that S.C.Bose had left for Moscow, and was soon expected back in Tokyo.

"नवम्बर 1944 में एक सामान्य चर्चा उठी ... कि एस.सी. बोस, USSR के नेताओं के साथ भारतीय स्वतन्त्रता-आन्दोलन-विषयक परिचर्चा करने हेतु मॉस्को जाने हेतु प्रयासरत हैं। ... दिसम्बर 1944 में, लै. साधु सिंह (HQ,1 Div, INA; जो YE-U विश्राम-शिविर के QM का भूमिका का निर्वाह कर रहे हैं) ने B766 को यह सूचित किया कि एस.सी. बोस मॉस्को की ओर प्रस्थान कर चुके हैं तथा आशा है कि वे शीघ्र ही टोक्यो लौटेंगे।"

सुरेश बोस ने भी खोसला आयोग के समक्ष कुछ ऐसे ही वक्तव्य को प्रस्तुत किया था। अब चूंकि उनका सम्पर्क भगवनजी के साथ सध चुका था, अतः यह माना जा सकता है कि वे अपने भाई द्वारा उल्लिखित तथ्यों का ही वाचन कर रहे होंगे। 6 नवम्बर 1970 के *टाइम्स ऑफ़ इण्डिया* ने उनके कथन को उद्धृत करते हुए यह प्रकाशित किया कि नेताजी की रूस यात्रा-योजना "1944 के आरम्भ में ही बन चुकी थी तथा वह जापानी सरकार द्वारा भी प्रशस्त हो चुकी थी"। [सुरेश के अनुसार] उसी योजना की क्रियान्विति हेतु सुभाष ने आगे जो कुछ किया; वह *हिन्दुस्तान टाइम्स* द्वारा निम्नलिखित शब्दों में छापा गया:

"दिसम्बर 1944 में जब आज़ाद हिन्द सरकार सक्रिय थी तथा INA युद्धभूमि में संलग्न थी; तब नेताजी लगभग 15 दिनों के लिए वहाँ अनुपस्थित रहे। उस समय वे रूस गए और सम्भवतः मार्शल स्टालिन से मिले।"

भगवनजी ने अनुसार; वे न केवल USSR में विद्यमान थे, बल्कि वहाँ के शीर्षस्थ नेता उनसे मिला करते थे। शीघ्र ही रूसियों के माध्यम से उनका सम्पर्क चीनियों से हुआ। तदतिरिक्त; उन्होंने यह दावा भी किया कि मध्यवर्ती एशिया में रूसियों के विविध गुप्त प्रबन्धन केन्द्र थे; जहाँ उनका आवागमन निरन्तर होता रहता था। उनके संकेतानुसार; वहाँ उनके प्रारम्भिक दिन सहज नहीं थे; किन्तु

शीघ्र ही वे "उस प्रान्त [जिसका अधिकांश भाग रूस या चीन—दोनों के ही अधिकार-क्षेत्र में नहीं आता] में अपनी गतिविधियों के लिए पूर्णतः उन्मुक्त एवं स्वतन्त्र" हो गए। उन्होंने यह दावा किया कि "अन्तर्राष्ट्रीय नियमों के अन्तर्गत उसको एक प्रतिषिद्ध क्षेत्र की संज्ञा प्राप्त" है। वहीं एक "अत्यन्त महत्त्वपूर्ण एवं मार्मिक गुप्त केन्द्र" है; जिसके ऊपर से "रूसी विमानों का आवागमन भी प्रतिषिद्ध है"।

भगवनजी ने यह भी इंगित किया कि कैसे साइबेरिया में उनके कारावास की कथा भारत में प्रचलित हो गई। वे रूस के द्वारा साइबेरिया के एक विशाल निर्जन प्रदेश में अन्य विशेषज्ञों के साथ एक गुप्त परियोजना में नियुक्त थे। वहाँ उस परियोजना के अन्तर्वर्ती अनेक विशालतम यन्त्र स्थापित थे तथा वह क्षेत्र सरकारी अधिकारियों की कार्यपरिधि से भी सर्वथा अतीत था। वहाँ भगवनजी सहित उस परियोजना के विभिन्न विभागाध्यक्षों के लिए आवासीय-व्यवस्थाएँ उपलब्ध थीं। उन्होंने यह दावा भी किया कि वहाँ उनके साथ आज़ाद हिन्द सरकार के अनेक लोग भी थे। यह सूचना किसी प्रकार से विजयलक्ष्मी पण्डित (रूस में प्रथम भारतीय राजदूत; नेहरू की मेधावी बहन) तक पहुँच गई।

भगवनजी ने यह भी उल्लेख किया कि प्रथम भारतीय विदेश सचिव के.पी. एस. मेनन ने भी उनके सन्दर्भ में सुना तथा सोवियत अधिकारियों से उक्त क्षेत्र में प्रवेश हेतु अनुमति माँगी; जो उन्हें नहीं मिली। भगवनजी ने वर्णन किया कि उस साइबेरिया-स्थित परियोजना में उनकी उपस्थिति का समाचार सर्वत्र चर्चित होते ही, लोगों ने उन कठोर श्रमिक-शिविरों (गुलाग) के विषम वातावरण को ध्यान में रखते हुए अपनी ओर से ही यह अनुमान कर लिया कि उनको वहाँ एक बन्धक बनाकर रखा गया है; जबकि वे तो सोवियत सरकार के एक अतिथि थे।

मोदी सरकार द्वारा सार्वजनिक की गईं नेहरू-कालीन फ़ाइलों में साइबेरिया में नेताजी की उपस्थिति-विषयक कोई सन्दर्भ नहीं मिला। किन्तु [प्रस्तुत पुस्तक के लेखकों को] अमेरिकी सूचनाऽधिनियम के अन्तर्गत प्राप्त एक CIA रिपोर्ट यह कहती है कि 1950 के आसपास "बोस साइबेरिया में हैं तथा पुनरागमन हेतु प्रतीक्षारत हैं" इत्यादि विषय नई दिल्ली के ऊँचे हलकों में निश्चिततः चर्चित था।

सम्भवतः भारतीय IB फ़ाइलों [यदि वे भी नेताजी-विषयक अन्य महत्त्वपूर्ण दस्तावेज़ों के समान विनष्ट न कर दी गईं हों, तो उन] में इससे अधिक कुछ सामग्री प्राप्त हो सके; किन्तु मोदी सरकार ने इण्टैलिजेंस की फ़ाइलों को सार्वजनिक नहीं किया है। "सत्यमेव जयते" का आदर्श कहने-सुनने की दृष्टि से मनोरम है, परन्तु सत्य एवं अहिंसा की इस भूमि पर अंग्रेज़ो द्वारा गोपनीयता सुनिश्चित करने के लिए निर्मित ऑफिशियल सीक्रेट्स एक्ट (1923) कानून का ही डँका बज रहा है।

भगवनजी ने अपने शिष्यों को साइबेरिया-स्थित श्रमिक-शिविरों के विषय में तब बताया था; जब पूरा विश्व उनके विषय में लगभग अविदित ही था। प्रथमतः उनका विवरण 1974 में एलेक्ज़ैण्डर सोल्शेनीत्सिन की अनुपम कृति द *गुलाग आर्क़ेपैलेगो* में मिलता है। वहीं, भगवनजी के शब्दों में:

"मध्य साइबेरिया के श्रमिक-शिविरों में स्त्री एवं पुरुष श्रमिक, किसान, शिल्पकार, लेखक, वैज्ञानिक और अध्यापक [प्रत्येक लगभग 5 से 25 हज़ार की संख्या में] विद्यमान थे। एक या दो नहीं; बल्कि वहाँ कुल 49 श्रमिक-शिविर थे। वे दैनिन्दिन उपयोग की सामग्रियों का उत्पादन करते थे; जिन्हें मुख्य शहरों की खुदरा दुकानों पर भेजा जाता था। सम्भव है कि उन सामग्रियों को खरीदने वाले लोग यह न जान पाते हों कि वे सामग्रियाँ उन्हीं के माता-पिता, भाई-बहनों अथवा किसी अन्य परिजन द्वारा ही उत्पादित हैं। यदि तुम्हें वहाँ होने वाली गतिविधियाँ वस्तुतः ज्ञात हो जाएँ, तो तुम निश्चित ही अपने जीवन की रक्षा हेतु प्रयत्न करोगे। एक स्थिति ऐसी भी थी; जब क्षुधातुर लोग अपने ही मांस को खाने हेतु विवश कर दिए गए थे। एक नया शिविर निर्माणाधीन था; अतः सैनिकों ने 10,000 बन्धकों को अपने साथ लिया। किन्तु वहाँ कोई छत नहीं थी। उन सभी का कार्य था—अपने सिरों पर छत बनाने के लिए बर्फ़ में 12 फ़ुट के गड्ढे खोदकर उनमें स्तम्भारोपण करना। 'कठोर परिश्रम करके अपने शरीर को ऊष्म रखो' इत्यादि निर्देश को न मानने वाला जमकर स्वयं ही मर जाता था। यह सुनी-सुनाई बात नहीं है, बल्कि मेरा अपना स्वयं का अनुभव है।"

अपने घनिष्ठतम शिष्यों [विशेषतः पबित्र मोहन रॉय] के प्रति लिखे गए

भगवनजी के सांकेतिक पत्रों को विसंकेतित करने पर, यह रहस्य उद्घाटित होता है कि कैसे उन्होंने सोवियत प्रदेशों में अपने प्रभाव को उपस्थापित किया। स्टालिन-काल से ही, रूस उक्त क्षेत्र में चीन के विरुद्ध अतीव गोपनीय गतिविधियों को उस विधा से सम्पादित कर रहा था; ताकि किसी को सन्देह न हो सके। किन्तु वह पर्याप्त शक्ति एवं सम्पत्ति होने के बाद भी उसमें असफल रहा। जब भगवनजी वहाँ पहुँचे, तब उन्होंने उक्त गतिविधियों के यथेष्ट सम्पादन में रूस की सहायता की। इससे भगवनजी को मॉस्को के उच्चस्तरीय स्थानों में स्वयं को स्थापित करने हेतु प्रचुर सुविधा मिली। फलतः रूसियों के मन में उनके प्रति विशिष्ट आदरभाव आविर्भूत हुआ; जो यथासमय "सौहार्दपूर्ण प्रेम" में परिवर्तित हो गया। भगवनजी ने यह दावा किया कि अपने प्रति उनके द्वारा किए गए उपकारों के उपलक्ष्य में रूस उनके प्रति अत्यन्त कृतज्ञ था। हालांकि भगवनजी की रूस के प्रति घनिष्ठता एवं साम्यवाद (कम्यूनिज़्म) के प्रति घृणा एक-साथ ही बढ़ते रहे।

जब भगवनजी ने लगभग 1949 में, युद्धापराध मुकद्दमों की समाप्ति के निकट, सोवियत रूस को छोड़ा; तब उनकी तुरन्त भारत लौटने की कोई योजना नहीं थी। कारण कि उनका यह आरोप था कि भारत तब भी एक स्वतन्त्र देश नहीं था। भगवनजी का यह मानना था कि 1947 में सत्ता के हस्तान्तरण (Transfer of Power) के समय औपनिवेशिक शासकों ने भारतीय नेताओं के साथ एक गुप्त सन्धि की थी; तदनुसार उन (भगवनजी) को एक "युद्धापराधी" के रूप में अंग्रेज़ों एवं अमरीकियों के प्रति सौंप दिया जाता। उन्होंने इसके लिए मुख्यतः "JN" (पं. नेहरू) को ही दोषी ठहराया। उनके अनुसार; "वह (नेहरू) घण्टों-घण्टों अंग्रेज़ों को धिक्कारता रहता है; किन्तु सदैव इसके विपरीत आचरण करता है।"

पबित्र के प्रति लिखित अपने प्रारम्भिक पत्रों में से एक में उन्होंने विविध उत्तेजक आरोप लगाए। उन्हीं के शब्दों में:

"You must understand once for all that JN is a confirmed communist—in disguise ..."—तुम्हें यह बात

अवश्य समझ लेनी चाहिए कि JN एक प्रच्छन्न कम्यूनिस्ट है। वह भारतीय जनता [जिनमें अधिकांश अशिक्षित किसान-श्रमिक-आदि हैं] के भोलेपन को भलीभांति समझता है तथा उन्हीं के कपटसुलभ मतों से आज वह अपने उच्चतम पद पर प्रतिष्ठित है। वह छलविद्या में अपूर्व सिद्धहस्त है। अकेले उसी के कारण आज कम्यूनिस्ट इतने फल-फूल रहे हैं। इतने वर्षों से साम्यवाद को पोषित करने हेतु ही वह, वाग्जाल को बुनकर समाजवाद और लोककल्याण की आड़ में, लोगों के मस्तिष्क में साम्यवादी सिद्धान्तों को अन्तःक्षिप्त कर रहा है। और उसने भारत को इतने कपटपूर्वक इस पापमयी प्रपंच में धँसा दिया है कि भारत माता को इस पैशाचिक प्रपंच से निकालने हेतु साक्षात् भगवान् को ही योजना बनानी पड़ेगी ... उसके सभी सगे-सम्बन्धियों और अन्य परिजन अतीव उत्कृष्ट एवं सुव्यवस्थित स्थिति में हैं। स्वयं उसके ऊपर लगभग एक करोड़ रूपया व्यय किया जाता है। किन्तु अब उसे कुछ-एक वर्षों तक ही जीना है। अतः उसकी मृत्यु के पश्चात्; भारत या विश्व किस दिशा में जाएगा—इससे उसको क्या प्रयोजन? वह किसी ईश्वर को नहीं मानता, वह एक अनीश्वरवादी व्यक्ति है। अतः उसको अपनी अन्तरात्मा की वाणी कहाँ सुनाई देगी?—He is a Godless man. So, why shall he feel the qualms of consciousness?"

उपर्युक्त अभियोग अत्यन्त घृणास्पद एवं विक्षोभकारक हैं। भगवनजी के मतानुसार; नेहरू ने स्वतन्त्र भारत को अंग्रेज़-राष्ट्रमण्डल (Commonwealth of Nations) का सहभागी बनाकर, उसके हितों की पूर्णतया उपेक्षा की थी। यहाँ अन्तर्निहित आशय यह था कि भारत के दीर्घावधि सामरिक हित, विश्वशक्तियों के अधीन कर दिए गए थे। एतावता यदि भगवनजी ने अपने 1947 के परवर्ती कार्यों को सम्पादित न किया होता, तो आगामी समय में भारत शीतयुद्ध का रणांगण बन जाता। 1962 में उन्होंने यही लिखा:

"JN ने, भारत के लोगों के साथ अपना [मीर ज़ाफ़र-जयचन्द-विभीषण-जैसा] धूर्ततापूर्ण खेल खेलकर समस्त घटनाक्रम को कुटिलतापूर्वक व्यावर्तित कर दिया है; कि एक अनुचित गतिविधि भी सरल एवं अबोध भारत तथा उसके निवासियों को अतिभयंकर तथा नारकीय युद्धक्रीडा में झोंक सकती है!"

भगवनजी ने यह दावा भी किया कि भविष्य में जब कभी "सत्ता हस्तान्तरण सन्धि" (1947) से सम्बद्ध सभी दस्तावेज़ सार्वजनिक कर दिए जाएँगे, तब भारतीय लोग यह स्वतः समझ जाएँगे कि क्यों उन्हें अज्ञातवास का मार्ग चुनना पड़ा।

आज तक Transfer of Power से सम्बन्धित अधिकांश दस्तावेज़ सार्वजनिक हो चुके हैं; जिनमें कुछ-एक सुभाष के अन्त पर भी प्रकाश डालते हैं [कि वे ताइवान में दिवंगत नहीं हुए तथा सम्भवतः सोवियत रूस में थे]। किन्तु कुछ दस्तावेज़ ऐसे भी हैं; जो अद्यावधि अंग्रेज़ी सरकार द्वारा अपने अधिकार में सुरक्षित रखे गए हैं। मई 2013 में विदेश मन्त्रालय (नई दिल्ली) ने, प्रसिद्ध RTI प्रयोक्ता एस.सी. अग्रवाल के एक सूचनाऽधिकार-आवेदन के उपलक्ष्य में, यह [सर्वथा अविश्वसनीय] प्रत्युत्तर दिया कि 1949 में अंग्रेज़-राष्ट्रमण्डल में भारत के सम्मिलित होने से सम्बद्ध कोई दस्तावेज़ भारत के पास उपलब्ध नहीं हैं।

इस सन्दर्भ में कुछ महत्त्वपूर्ण लोगों के खुलासे आश्चर्यजनक हैं। सुप्रसिद्ध विदेश सचिव एवं रूस और अमेरिका—दोनों में भारत के राजदूत रहे टी.एन. कॉल [जो पं. नेहरू के रिश्तेदार भी थे] ने अपनी पुस्तक *रिमिसियन्स, डिस्क्रीट एण्ड इण्डिस्क्रीट* में लिखा कि स्वतन्त्रता के बाद भी, रूसी लोग "भारत को ब्रिटेन की एक उपनिवेश बस्ती के रूप में ही देखते थे" तथा "यह नहीं समझ पा रहे थे कि हम (भारतीय) लोग, अंग्रेज़ी साम्राज्यवाद के कारण अत्यधिक सन्त्रस्त हो जाने पर भी, अंग्रेज़-राष्ट्रमण्डल [अर्थात् भूतपूर्व अंग्रेज़ शासित प्रदेशों के समूह] में क्यों सम्मिलित हैं?" यह शब्दावली अत्यन्त साहसपूर्ण थी; विशेषकर उस व्यक्ति के लिए जिसे *इण्डिया टुडे* में प्रकाशित उनकी पुस्तक की समीक्षा में उनको "एक स्वस्वीकृत एवं निर्मम नेहरूनिष्ठ" बताया गया हो।

जनवरी 1950 में जोसेफ़ स्टालिन ने भारतीय राजदूत सर्वपल्ली राधाकृष्णन् (कालान्तर में राष्ट्रपति) को वार्ता का एक अवसर प्रदान किया। नेहरू मेमोरियल संग्रहालय एवं ग्रन्थालय में सुरक्षित उस भेंट-विषयक विदेश मन्त्रालयीय दस्तावेज़ में यह अंकित है कि "स्टालिन ने अंग्रेज़-राष्ट्रमण्डल में भारत की स्थिति के सन्दर्भ में विविध प्रश्न किए तथा वे यह जानने के इच्छुक थे कि भारत [कनाडा इत्यादि की अपेक्षा] कितना (न्यून अथवा अधिक) स्वातन्त्र्य-अधिकार रखता है"।

अधिकतर भारतीयों को यह ज्ञात नहीं है कि “पूर्ण स्वराज” के पुराने सभी नारों को भुलाकर, देश के नेताओं ने 1947 में “औपनिवेशिक स्वराज (डोमिनियन स्टेटस)” को स्वीकार कर लिया था। स्वयं महात्मा गांधी ने भी इसका समर्थन किया; किन्तु सुभाष सदा से ही इसके विरोध में थे। भारत का अंग्रेज़-राष्ट्रमण्डल में सम्मिलित होना उन्हें कदापि स्वीकार्य नहीं था।

OGDENSBURG JOURNAL — THURSDAY, MAY 1

Gandhi's Successor May Be Man Who'll Seek Full Independence From Britain

Chandra Bose Clinches His Hold on Indian Congress

By MILTON BRONNER

London—After Mahatma Gandhi—who?

That is a question asked not only by the massed millions of India, but by the British government which must face the future desires of over 350,000,000 people in that great sub-continent.

Time was when it looked as if the man who would be the favorite leader of the masses would be Pandit Jawahar Lal Nehru. But now Gandhi's successor is expected to be Subhas Chandra Bose.

The two last in past times have been Gandhi's

Pandit Nehru

Mahatma Gandhi

Subhas Chandra Bose

Indian National Congress, that powerful political party which has 5,000,000 dues-paying members

Officer of the big city of Calcutta and later, in 1930, was elected Mayor. In 14 years, he was arrested 10 times and jailed for a total of eight years, often without any trial. At one time, as Mayor, he conducted his office in jail. Several times the British had to release him lest he die of tuberculosis.

Last year he mocked Chamberlain, asking why, if he was so concerned about self-determination for the Sudeten Germans, he did not grant the same right to nationalists in the British Empire.

He scorns the constitution the Brisith parliafent voted to India. His objective is complete Indian independence, with the Indians making their own constitution.

"Then," he says, "we will determine our future relations with Britain through a voluntary treaty in which we will meet as equals."

N. BARNES, WIFE ARE GUESTS AT NORFOLK

[*ऑग्डेंस्बर्ग जर्नल*, 11 मई 1939: “नए कांग्रेस-अध्यक्ष एवं गांधी के उत्तराधिकारी ब्रिटेन से पूर्ण स्वतन्त्रता चाहते है”।]

अतः 1949 में सोवियत रूस को छोड़ते समय, उन “मृतक व्यक्ति” के लिए “स्वतन्त्र” भारत एक प्रतिषिद्ध क्षेत्र था। उस समय भी, भारत के वायु एवं जल—दोनों सेनाओं के प्रमुख, अंग्रेज़ ही थे; जबकि उनके भारतीय अनुचर भीतर से उनसे भी अधिक “अंग्रेज़” थे। भारत की थल, वायु एवं जलसेनाओं को क्रमशः 1949, 1955 तथा 1958 पर्यन्त भारतीय प्रमुख सुलभ नहीं थे।

अंग्रेज़ों के निष्कासन के बाद भी, भारत की राष्ट्रीय सुरक्षा संरचना से सम्बद्ध परिस्थितियों में कोई विशिष्ट परिवर्तन नहीं आया था। कार्गिल समीक्षा आयोग (1999) की रिपोर्ट इसका स्पष्ट अनुमोदन करती है:

[1953 में राष्ट्रपति राजेन्द्रप्रसाद के साथ सेना प्रमुख; जिनमें से दो अंग्रेज़ थे।
स्रोत: राष्ट्रपति सचिवालय, दिल्ली]

"भारतीय नेतृत्व ने लॉर्ड इस्माय द्वारा संरचित तथा लॉर्ड माउण्टबैटन द्वारा संस्तुत संरचना को, राष्ट्रीय सुरक्षा प्रबन्धन की सूक्ष्मताओं से परिचित न होने के कारण, यथावत् स्वीकार कर लिया था। इसमें विगत 52 वर्षों में अत्यल्प संशोधन किए गए हैं।"

1962 में चीन के साथ अपने विनाशकारी युद्ध के बाद सचेत हुआ भारत, अपनी सेनाओं के कायाकल्प हेतु बाध्य हो गया। परिणामतः लॉर्ड माउण्टबैटन एवं शीर्षस्थ अंग्रेज़ी सेनाध्यक्ष, नेहरू के निमन्त्रण पर मई 1963 में भारत पधारे।

भारत के इण्टैलिजेंस-क्षेत्र में, अंग्रेज़ों का वर्चस्व 1960-दशक के अन्त तक बना रहा। कुछ वर्ष पूर्व; ब्रिटिश गुप्तचर विभाग M15 ने स्वयं ही उद्घोषित कर दिया कि यह कार्य Transfer of Power के एक गोपनीय प्रावधान के अन्तर्गत हुआ। चौकाने वाली बात यह है कि यह बात उस देश ने कभी अपनी जनता को नहीं बताई; जिसकी सरकार, नेतागण एवं नौकरशाह समूचे विश्व को सत्य और अंहिसा के सिद्धान्तों पर चलने का प्रवचन देते हैं। इसका आशय यह

भी है कि जैसा दशकों से आरोप लगाए गए है, Transfer of Power Agreement (सत्ता हस्तान्तरण सन्धि) से सम्बद्ध सभी तथ्य एवं रिकार्ड अभी तक सावर्जनिक नहीं किए गए हैं। M15 से हमें ज्ञात होता है कि "जवाहरलाल नेहरू की सरकार, अंग्रेज़ी शासन के समाप्त हो जाने के बाद, नई दिल्ली में एक M15 सुरक्षा सम्बन्ध अधिकारी (SLO) को स्थापित करने के लिए सहमत हो गई थी। ... अन्य हाल में ही स्वतन्त्र हुए अंग्रेज़-राष्ट्रमण्डलीय देशों में भी, भारत के ही समान, SLO की सतत उपस्थिति सामान्यतः गोपनीय, किन्तु अप्रकाशित सत्ता हस्तान्तरण सन्धि का एक महत्त्वपूर्ण अवयव बन चुकी थी"।

M15 के आधिकारिक इतिहास के लेखक प्रो. क्रिस्टोफ़र एण्ड्रयू ने आधिकारिक दस्तावेज़ों के आधार पर यह ज्ञापित किया कि मार्च 1947 में M15 के उपाध्यक्ष गाय लिडल ने नेहरू सरकार से SLO की स्थापना-विषयक एक अनुबन्ध प्राप्त किया था। प्रथम SLO थे—लै. कर्नल केन्नेथ बॉर्न। इन्हीं के माध्यम से M15 को IB द्वारा नेताजी-विषयक सूचनाएँ प्रेषित की जाती थीं।

MAIL TODAY
SUNDAY
YOU COULD DIE AT A PETROL STATION
GUNG-HO
PARRIKAR SAYS RAFALE DEAL IS LIKE OXYGEN TO IAF
'Bourne paper' from National Archives shows how British-era surveillance on Netaji's family continued after Independence
IB RATTED ON BOSE'S KIN TO BRITISH INTEL
EXCLUSIVE
AS MORE damaging revelations tumble out of the snooping on Netaji Subhas Chandra Bose's family by the Jawaharlal Nehru government, a declassified document from National Archives shows the Intelligence Bureau (IB) informed British internal secret service MI5 about its discoveries.
McCULLUM HITS FIRST CENTURY IN IPL-8 OFF 56 BALLS

[मेल टुडे, 10 अप्रैल 2015]

यदि इतनी दीर्घ कालावधि तक यह सब कुछ गुप्त रूप से घटित हो सकता था [भारत सरकार आज तक इस विषय पर गहन मौन साधे हुए है], तो एतदतिरिक्त गुप्त क्रिया-कलापों पर अक्ल के घोड़े दौड़ाना भी असंगत नहीं होगा। फलतः इसकी प्रबल सम्भावना है कि अंग्रेज़ी-प्रस्तावों का मूक समर्थन करने वाले सत्तालोलुप भारतीय नेताओं ने 1947 में सत्ता-हस्तान्तरण के समय कुछ अन्य गुप्त, अलिखित एवं अविज्ञप्त सन्धियाँ भी की होंगी; जो आज भी हमारे लिए अज्ञात हों।

भारत में 1947 की उत्तरवर्ती गतिविधियों के प्रति भगवनजी की असम्मति ने ही उनके आत्मारोपित निर्वासन को अधिक बढ़ा दिया। अपनी मातृभूमि को लौटने के बजाय, वे अपने आश्रयदाता सोवियत सहयोगियों के प्रति कृतज्ञता-ज्ञापन हेतु, एक गुप्त कार्य के सम्पादनार्थ साइबेरिया से चीन गए। वे स्वयं को सदा से ही रूस और चीन का ऋणी मानते थे। कई वर्षों के बाद; एक अवसर पर अतीव क्रुद्ध होकर उन्होंने कहा, "रूस और चीन ने मुझको सब कुछ दिया है। उन्होंने मुझको जीवित रखने के लिए सारे प्रयास किए हैं ... क्या मुझे उनका होना चाहिए अथवा भारत का; जिसने मेरा परित्याग कर दिया?"

रूस और चीन के प्रति अपने प्रत्यक्ष सहयोग के बाद भी, वे उनके वास्तविक मनोभावों को असन्दिग्ध रूप से जानते थे। इसीलिए 1973 में उन्होंने बिजय नाग के समक्ष कहा था, "यह न समझना कि मैं चीन के प्रत्येक कार्य का समर्थक हूँ।" कृतज्ञता के भाव ने उनके दृष्टिकोण अथवा संकल्प को अभिभूत नहीं किया था। सभी प्रसंगों के उपसंहार में वे [उन्हीं के शब्दों में] अपनी "मातृभूमि के हठी भक्त" थे।

1949 में भारत तथा अन्यत्र ये चर्चाएँ गर्म होने लगीं कि नेताजी चीन में हैं। तदुपरान्त शरत चन्द्र बोस [सुभाष (तथा सुरेश) के बड़े भाई; जो उनके सर्वाधिक घनिष्ठ थे] ने एक विस्मयकारी रहस्योद्घाटन किया। यह सर्वथा निर्विवाद है कि यदि नेताजी 1945 के पश्चात् कहीं जीवित होते तथा सम्पर्क कर पाने की स्थिति में होते; तो वे अपने मेज़दा [मँझले भैय्या] शरत के साथ ही अपना सर्वप्रथम संवाद स्थापित करते। शरतने एक ऐसी सार्वजनिक उद्घोषणा की; जो भगवनजी-प्रकरण की संगति को साधने में पूर्ण सहयोगी है। 7 अक्टूबर 1949 को शरत के समाचारपत्र द *नेशन* के आवरण पृष्ठ पर निम्नांकित आलेख छपा। इसमें कहा गया था कि नेताजी चीन में थे।

ध्यान रहे; शरत-जैसे आप्त एवं बुद्धिमान् महानुभाव, किसी पुष्ट प्रमाण के बिना ऐसा दावा नहीं कर सकते थे। द *नेशन* के आलेख के अनुसार; जब उनसे पूछा गया कि "क्यों आपके भाई भारत नहीं लौटते", तब शरत ने कहा, "मुझे नहीं लगता कि यह समय उनके लौटने हेतु उपयुक्त है।"

SCOPE for REFUGEES

The Nation

LEUCODERMA

LEPROSY

Chairman, Editorial Board: SARAT CHANDRA BOSE

CALCUTTA, FRIDAY, OCTOBER 7, 1949. ASWIN 20, 1356 B.S. TOWN EDITION TWO ANNAS

NETAJI IN RED CHINA

SARAT BOSE ASSERTS GOVT. POSSESS INFORMATION

Why Truman Invites Nehru

Greater Betrayal In Offing

(By The Nation's Staff Reporter)

आगे चलकर, 1956 में एक अन्य विस्मयजनक तथ्य प्रकाशित हुआ। सुभाष बोस के एक अन्तरंग सहयोगी—मुत्तुरामालिंग थैवर ने देश में अनेक स्थानों पर प्रेस वार्ताएँ करके इस रहस्य को उद्घाटित किया कि 1949 में वे शरत बोस के निर्देशानुसार गुप्त रूप से चीन गए थे; जहाँ वे नेताजी से मिले थे। भारत के इतिहास में थैवर की महत्ता का अनुमान आप इस बात से लगा सकते हैं कि हमारे संसद भवन में उनकी प्रतिमा स्थापित है।

Wednesday, April 4, 1956

STORY OF MEETING NETAJI LAST FEBRUARY

REPORTED STAY NOW IN CHINA

From Out Delhi Office

APRIL 3.—Sri Muthuramalinga Thevar, member of the Madras Legislative Assembly and a Forward Bloc leader, told a Press conference in New Delhi on Tuesday that he would furnish conclusive proof that Netaji Subhas Chandra Bose was alive if the Inquiry Committee appointed by the Government of India to go into this question was reconstituted.

HE said that he was prepared to tell the Committee as much as it was possible in the circumstances, provided he was convinced that the Committee would be able to resist outside influence.

His suggestion was that Dr. Radhabinod Pal, the eminent Jurist, be appointed Chairman of the Committee.

Sri Thevar who claims to have been a member of the Secret War Council formed by Netaji before his mysterious disappearance from India said that he might tell the Prime Minister also about Netaji ...

... war criminals in Tokyo should be invited to function as the Chairman.

Apart from this, it is necessary on the part of the Govt. to make it known categorically to the public whether Netaji's name is still in the list of war criminals and if not, when it was ...

... 28th March, 1946 said that Mr. Nair (who was Engineering-in-Charge of Municipal Works of Singapore at the time of its fall to Japanese, said "I do not believe the story of Netaji's death, because the plane in which he was travelling and which is alleged to have crashed was seen in Hong-kong the next day without any damage or repair—on March 12th, 1946.

Gandhiji while talking to Messrs. Shah Nawaz and Sehgal, the I. N. A. heroes, said "whatever you may tell me to the contrary, I still believe in my heart of hearts that Netaji Subhas Bose is alive."

Subhas Babu was taken to Manchuria by the Japanese because it is due to Subhas Babu that the neutrality pact between Russia and Japan was kept in tact in spite of Japan remaining in the Axis Block and Russia declaring war against Japan before one week of surrender. The surrender of Japan was an arranged affair, to avoid Anglo-American entry into Manchuria. The military might of Japan land, navy and air to a very great extent had been transferred to Manchuria long before the surrender. War ended in September, 1945. An Asiatic Liberation Army was formed by Netaji and the Japanese, Chinese (under the leadership of Mao Tse Tung), Burmese Indo-Chinese, Malays, Indonesians, Philippines, Siamese had all joined this army with the assistance of the Russian Govt. The army started fighting in January, 1946 in China. This was reported as a Communist revolt. The so called revolt was able to drive Chiang-kai-Shek out of China because the Chinese military rose and understood the co-operation of China, Japan, India and all the South-East Asian countries. Then they came to the conclusion that Chiang-kai-Shek was ...

[थैवर का दावा, *हिन्दुस्तान स्टैण्डर्ड* में प्रकाशित]

भगवनजी अपने शिष्यों को रूस एवं चीन-विषयक अपनी कथाओं तथ टिप्पणियों के मध्य, तिब्बत के पर्वतीय-प्रान्तों के 1950-दशक-कालीन रहस्यमय यात्रा-वृत्तान्तों द्वारा भी बहुधा प्रहर्षित किया करते थे। यद्यपि तिब्बत-सम्बन्धी उनके अधिकांश वृत्तान्त अध्यात्म-विषयक थे; तथापि उन सभी के बीच उन्होंने एक ऐसा रोमांचक दावा किया; जो [दीर्घकालीन भारत-चीन-मतभेदों को जन्म देने वाले] भारत-तिब्बत-सम्बन्ध के एक महत्त्वपूर्ण घटनाक्रम से साक्षात् सम्बद्ध है। उनके कथनानुसार; उन्होंने दलाई लामा को, अधिगृहीत प्रदेश से निकलकर, भारत पहुँचने हेतु मार्गदर्शित किया था। भगवनजी ने यह दावा भी किया कि वहाँ उन्होंने स्थानीय योद्धा-जनजातियों को छापामार-रणनीति का प्रशिक्षण दिया था; जिससे कम्यूनिस्ट-शासन के प्रति एक विद्रोह प्रजनित हुआ और [परिणामतः] दलाई लामा का निष्क्रमण सहज हो सका। यह 1959 की बात है। दुर्भाग्यवश तीन वर्षों के बाद भारत-चीन-युद्ध का दुर्योग उपस्थित हो गया।

किसी अन्तरंग सूत्र के आधार पर, भगवनजी ने विश्वासघात के उन कुछ उदाहरणों का वर्णन किया; जिनसे चीनी-आक्रमण उपकृत था। 1960-दशक के मध्य में भगवनजी ने एक पत्र में लिखा: "बंगाल के एक पुत्र ने, अपने विशिष्ट अभिमत से युक्त एक रिपोर्ट के व्याज से, कुछ महत्त्वपूर्ण सुझाव JN के पास भेजे; जिनका अनिर्वाय अनुपालन, हिमालय के कुछ मार्मिक मार्गों पर शत्रु के आक्रमण को बाधित करने हेतु, नितरां अपेक्षित था। किन्तु JN उस रिपोर्ट को नहीं देख पाया।" भगवनजी का दावा था कि रक्षा मन्त्रालय से यह रिपोर्ट लीक हो गई, और पाकिस्तान पहुँच गई तथा वहीं से यथाशीघ्र चीन को प्राप्त हो गई। फिर चीन ने ठीक उन्हीं मार्मिक मार्गों का प्रयोग किया; जो उक्त रिपोर्ट में चिह्नित थे। कुतूहल का विषय यह है कि कुछ समय पहले अशाली वर्मा (सुपुत्री लै. जनरल पी.एस. भगत—सहलेखक, 1962-पराजय-विषयक सुप्रसिद्ध "हेण्डर्सन ब्रुक्स - प्रेमिन्दर सिंह भगत रिपोर्ट") ने कुछ ऐसा ही कहा; जो उन्होंने अपने पिता से सुना था।

भगवनजी के अनुसार; प्रारम्भ में चीन, भारतीय प्रदेशों को अधिगृहीत करने का इच्छुक नहीं था। किन्तु प्रधानमन्त्री नेहरू की गीदड़भभकियों ने उसको

आक्रामक बना दिया। उन्हीं के शब्दों में: "It is suicidally foolish and sheer meanness to underestimate and make fun of one's adversary—अपने प्रतिद्वन्द्वी का उपहास तथा अवमूल्यांकन करना क्षुद्रता एवं आत्महानिकारक मूढ़ता के लक्षण है।"

पबित्र मोहन रॉय भारत-चीन-युद्ध के विराम के तुरन्त बाद भगवनजी से मिले थे। तब भगवनजी द्वारा उनके प्रति लिखित पत्र अतिशय चित्ताकर्षक एवं दर्शनीय हैं। यथा:

"Everyone knows that no war can be conducted and fought with kid gloves ... सभी यह जानते हैं कि किसी भी युद्ध का क्रियान्वयन कोई बालसुलभ क्रीडा नहीं है। विशेषकर आधुनिक युद्ध में जान और माल की बड़ी हानि होती है। एतावता कोई शिष्ट देश, युद्ध को सहजता से नहीं लेता। किन्तु यदि कोई अन्य विकल्प न बचे, तब इसका क्रियान्वयन कुछ इस तरह से होना चाहिए कि आपका प्रतिद्वन्द्वी स्वयं ही कराह उठे। इसे प्रतिशोध की भावना से नहीं, अपितु एक गम्भीर एवं सुचिन्तित प्रणाली से किया जाना चाहिए; ताकि प्रतिद्वन्द्वी के मनोबल को इतना विध्वस्त कर दिया जाए कि वह स्वयं ही शान्ति की भीख माँगे। युद्ध के संचालन में निःसार सिद्धान्तों की कोई महत्ता नहीं है।"

भगवनजी के मतानुसार; "Concentration-Dispersion-Distribution" (संकेन्द्रण-विक्षेपण-वितरण) का क्रम ही युद्धविद्या की मुख्यतम नीति है तथा उन्होंने इसका उपदेश पबित्र को भी दिया:

"Basically, the approach is simple: The enemy must be made to disperse his forces under pressure and should be kept in the dark about the point or points; where a concentrated attack will be made to bring about disorganization ... वस्तुतः सिद्धान्त अतीव सरल है—शत्रु पर उसके बलों को छिन्न-भिन्न करने हेतु दवाब बनाना चाहिए, और उसको अन्धकार में रखना चाहिए कि किस तरह या दिशा से उसपर संकेन्द्रित हमला किया जाएगा;

ताकि उसके शिविर में अव्यवस्था छा जाए। सफलता को सुनिश्चित करने के लिए दो मुख्य बिन्दुओं का अनुशीलन अपेक्षित है—विघटन और शोषण। इनमें से एक, निर्णायक प्रहार का पूर्ववर्ती है; जबकि दूसरा, उसका अनुगामी। जैसे-तैसे शत्रु की चेष्टाओं को शिथिलकर उसके महत्त्वपूर्ण स्थानों (सीमावर्ती एवं गृह मोर्चों) पर तैनात सेनाओं को विघटित करने का प्रयास किया जाना चाहिए। जितना तुम शत्रु को दर्शाओगे कि तुम उसके वांछित क्षेत्रों में, उसकी इच्छानुसार अपनी शक्तियों को विघटित करते हुए, युद्ध करोगे; उतना ही अपना अहित करोगे। तुम्हें शत्रु को हर मोर्चे पर सताना होगा; जिसमें उसका गृह मोर्चा भी अवश्य होना चाहिए। विश्व के तथाकथित बुद्धिजीवी कहते है कि 'युद्ध का कोई भविष्य नहीं है।' किन्तु यह अनुभवसिद्ध है कि मानवीय समस्याओं के समाधान होने का एक कल्पनीय अविवेकपूर्ण उपाय होते हुए भी, प्रत्येक युद्ध का एक निश्चित उद्देश्य होता है। वह उद्देश्य—समष्टि दुष्टता का परिशोधन, जनमानस की चित्तशुद्धि तथा भ्रष्टाचार एवं पापाचार की निवृत्ति हो सकता है।"

भगवनजी ने कहा कि चीनी लोग, युद्धविद्या में दक्ष विशेषज्ञों के द्वारा निर्धारित मौलिक युद्धनीतियों का अनुसरण कर रहे थे। उनके अनुसार; यह विषय "JN और उसके गुर्गों" के संज्ञान में लाना चाहिए। कार्यकुशल युद्धनीतिज्ञों के लिए भगवनजी द्वारा निर्दिष्ट निम्नलिखित "Do's and Don'ts" (विधि-निषेध) सर्वथा विचारणीय हैं:

विधि (क्या करें)—Do's:

- Adjust your ends to your means … अपने लक्ष्य को ध्यान में रखकर अपने साधनों को समायोजित करें। अपनी चबाने की क्षमता से अधिक मुँह में ठूँस लेना मूर्खता है और सैन्य-विषयक बुद्धिमत्ता का आरम्भिक बिन्दु यही है कि आप पहचानें कि क्या नहीं किया जा सकता। अतः आस्थान्वित होकर वस्तुस्थिति का सामना करना सीखें।
- परिस्थिति के साथ अपनी योजना को समन्वित करते हुए अपने उद्देश्य को मस्तिष्क में अवश्य रखें।
- शत्रु के विरुद्ध न्यूनतम अपेक्षा वाले मार्ग [अथवा प्रणाली] का चयन करें।

- शत्रु की कमज़ोरी का अनुचित लाभ उठाएँ।
- क्रियान्वयन के उस मार्ग का चयन करें; जिसमें वैकल्पिक उद्देश्य भी सिद्ध हो जाएँ। इससे आप अपने प्रतिद्वन्द्वी को भ्रमित कर पाएँगे, और जिससे आप न्यूनतम एक उद्देश्य (जिसपर शत्रु का कम ध्यान हो) को अवश्य ही प्राप्त कर पाएँगे। यह सफलता आपको अधिकाधिक सक्षम बनाएगी; ताकि आप अग्रिम लाभ हेतु निरन्तर अग्रसर रहें।
- यह सुनिश्चित कर लें कि आपकी योजनाएँ एवं उनकी क्रियान्विति—दोनों ही लचीली अथवा अनुकूलनीय हों।

निषेध (क्या न करें)—Don'ts:

- तब कदापि प्रहार न करें; जब आपका प्रतिद्वन्द्वी प्रतिकार करने में समर्थ हो। यह ऐतिह्य अनुभव है कि तब तक कोई प्रभावशाली प्रहार सम्भव नहीं है; जब तक शत्रु में प्रतिकार या परिहार करने की क्षमता कुण्ठित न हो जाए।
- समान प्रणाली या स्वरूप में किसी प्रहार को न दोहराए। ... Don't renew an attack along the same line or form.

भारत की राष्ट्रीय गतिविधियों में भगवनजी का स्वघोषित प्रथम हस्तक्षेप 1962 में चीन के आक्रमण के समय पर हुआ। इस बात को लेकर विशेषज्ञों में पर्याप्त मतभेद है कि क्यों 21 नवम्बर 1962 को चीन ने अकस्मात् एकपक्षीय युद्धविराम की घोषणा कर दी थी। वहीं भगवनजी ने पबित्र एवं अन्यों के समक्ष यह दावा किया कि उनके हस्तक्षेप के कारण ही चीन ने यह कदम उठाया था। अगस्त 1962 में अतुल सेन ने पं. नेहरू को भगवनजी-विषयक सूचना दी थी; किन्तु यथाशीघ्र नीमसार पहुँचकर भी पबित्र को भगवनजी के साथ संवाद स्थापित करने हेतु नवम्बर तक प्रतीक्षा करनी पड़ी। कारण कि उस समय भगवनजी नीमसार में उपस्थित नहीं थे।

भगवनजी ने दिसम्बर 1962 में पबित्र के प्रतिलिखित अपने पत्र में यह

उल्लेख किया: "यहाँ रहते हुए इस वृद्ध फ़कीर को दो बार विदेश जाना पड़ा था—एक बार, नवम्बर से पूर्व लगभग 5½ सप्ताहों के लिए तथा दूसरी बार [ठीक उससे एक मास पूर्व] लगभग 7 सप्ताहों के लिए।" उन्होंने यह दावा भी किया कि वे चीनी नेतृत्व के पास गए थे; ताकि चीनी सेना की वापसी हो सके। स्वयं उन्हीं के शब्दों में: "यह कुछ भी नहीं है कि एक वृद्ध व्यक्ति, अपने जीवन को ताक पर रखकर, विगत कुछ मासों में दो बार भारत से बाहर गया; और उसका परिणाम तुम्हारे समक्ष है। जैसा कि मैंने तुम्हें बताया था कि युद्ध कोई भावना-प्रधान नहीं, अपितु एक गम्भीर एवं सुचिन्तित कार्य है।"

उन्होंने लीला रॉय को बताया कि उनके पुनरागमन के 15 दिनों के भीतर ही एकपक्षीय युद्धविराम घोषित हो गया। तदनन्तर 1964 में लीला के प्रति लिखित एक अन्य बांग्ला पत्र में उन्होंने यह संकेत दिया कि भारत सरकार उनकी गतिविधियों का पता लगाने हेतु प्रयासरत है तथा यह सोचती है कि वे चीन में हैं [जबकि वे तो भारत में ही थे]। उन्हीं के शब्दों में: "कोई जो मर चुका है, हिमालय के इस ओर नहीं है। क्या तुम समझे? कहने को यही है कि 'मृतभूत' आधिकारिक रूप से इस ओर नहीं है।"

युद्धोत्तर कालावधि में भगवनजी के द्वारा प्रेषित "खूफ़िया (इण्टैलिजेंस)" इससे भी अधिक सनसनीखेज़ थी। उनके अनुसार; उन्होंने चीनियों को नेहरू के पास एक अतिगोपनीय मित्रतापूर्ण प्रस्ताव भेजने हेतु मनाया—एक ऐसा प्रस्ताव; जिसको चीन ने केवल उनके प्रति अपना सम्मान ज्ञापित करते हुए मान लिया था, पीछे भले ही वैश्विक साम्यवादी समाज में उसकी प्रतिष्ठा दाँव पर लग जाती। उस प्रस्ताव के साथ नेहरू के प्रति उन (भगवनजी) का यह प्रस्ताव भी गुप्त रूप से प्रेषित हुआ कि "मैं वापस आना चाहता हूँ"; किन्तु उसका कोई प्रत्युत्तर नहीं मिला। तत्पश्चात् दूसरी बार वही सन्देश एक पारस्परिक परिचित एवं प्रतिष्ठित विदेशी सज्जन के तथा तीसरी बार एक भारतीय के माध्यम से सम्प्रेषित करवाया गया। परन्तु प्रत्येक बार, उत्तर में केवल मौन ही हाथ लगा। भगवनजी ने यह उल्लेख किया कि नेहरू के निधन के बाद, लालबहादुर शास्त्री भी उनकी भारत "लौटने" की इच्छा पर मौन ही रहे।

उपर्युक्त कथनों की प्रामाणिकता का सत्यापन तब तक नहीं हो सकता; जब तक सरकार अपनी सभी इण्टैलिजेंस फ़ाइलों को सार्वजनिक रूप से प्रकाशित न कर दे। तथापि, इस समय पर उपलब्ध कुछ-एक सन्दर्भों से यह ज्ञात होता है कि नेताजी और चीन से सम्बद्ध चर्चाएँ 1962 के आस-पास प्रचलित हुईं थीं तथा स्वयं IB ने भी इनका संज्ञान लिया था। शास्त्री के निकटस्थ एवं भूतपूर्व दिल्ली प्रदेश कांग्रेस-अध्यक्ष जगदीश कोदेसिया ने खोसला आयोग के समक्ष कुछ आश्चर्यजनक दावे किए। उन्होंने यह गवाही दी थी कि 1962-युद्ध के समय उन्होंने गृहमन्त्री लालबहादुर शास्त्री के आवास पर यह बात सुनी थी कि "चीनी आक्रमण के समय यह सूचना प्राप्त हुई थी कि नेताजी तब जीवित थे"।

उस समय के IB निदेशक बी.एन. मलिक द्वारा हस्ताक्षरित नवम्बर 1963-कालीन एक अत्यन्त गोपनीय रिपोर्ट RTI के माध्यम से हम (लेखकों) को प्राप्त हुई। अपने 14-वर्षीय उल्लेखनीय कार्यकाल में, IB के बेताज़ बादशाह—मलिक, प्रधानमन्त्री नेहरू से कार्यतः प्रतिदिन मिलते थे तथा उनके अन्तरंग विश्वसनीय लोगों में से एक थे। उन्हीं (मलिक) के शब्दों में:

"दुर्भाग्यवश भारत में ऐसे कई लोग है; जो नेताजी के नाम का प्रयोग करना चाहते है। इनमें से कई समाज में उच्च स्थान रखते है। वे पिछले 14 वर्षों से प्रचार कर रहे है कि नेताजी वापस आएँगे। जब चीनियों ने हमारे देश पर पिछले वर्ष हमला किया था, तब भी यह पाखण्ड फैलाया गया था कि नेताजी हमलावर चीनी सेना के साथ आ रहे है।"

unfortunately, there are people in India, including
some in leading positions in public life, who want
to exploit Netaji's name. They have been propagatin[g]
since the last 14 years that the Netaji would return.
A propaganda was even started when the Chinese invade[d]
our country last year that Netaji was coming with
the invading army. This group, whose leadership

जैसा कि कोई जूनियर IB अधिकारी भी बता सकता है: IB निदेशक, बृहत् सामग्री का प्रतिनिधित्व करने वाली किसी रिपोर्ट पर ही व्यक्तिगत टिप्पणी-हस्ताक्षर-आदि करता है। अतः मलिक द्वारा प्रधानमन्त्री-कार्यालय को भेजी गई

उपर्युक्त रिपोर्ट से सम्बद्ध अन्य अनेक रिपोर्टें भी अवश्यमेव होनी चाहिए; जो समूचे प्रकरण के प्रत्येक पक्ष का यथोचित प्रकाशन करती होंगी। अतः IB के पास इस चीनी-युद्धकालीन "पाखण्ड" [कि "नेताजी हमलावर चीनी सेना के साथ आ रहे है"] से सम्बद्ध अनेक रिपोर्टें भी निःसन्देह सुरक्षित होंगीं।

अब यदि न्यायाधीश विष्णु सहाय ने IB एवं अन्यों से जानकारियाँ और रिकार्ड निकालने का प्रयत्न किया होता, तो कुछ और ही बात होती। आयोग को दिए गए हमारे लिखित बयान में हमने विनिर्दिष्टतः अनुरोध किया था कि आयोग इण्टैलिजेंस-विभागों से गुमनामी बाबा-पक्ष सहित समग्र नेताजी-रहस्य पर उनकी सारी जानकारियों का पूरा हिसाब ले। यदि आयोग ने ऐसा कर दिया होता, तो हम अग्रिम अनुरोध करते कि सेवानिवृत्त IB अधिकारियों के परिप्रश्न से ही श्रीगणेश किया जाए; क्योंकि वे लोग ही सरकार की इस समूची किलाबन्दी को भलीभांति समझते हैं।

तब तक के लिए, हमारे पास केवल भगवनजी के ही वृत्तान्त हैं—एक-के-बाद एक, और एक-से-बढ़कर एक। कुछ को सुनकर आप स्तम्भित हो जाएँगे। यथा 1970-दशक में उन्होंने यह कहा था कि वे चीन के एक ऐसे भूमिगत सर्व-सुविधा-सम्पन्न शहर की यात्रा कर चुके हैं; जिसको [उनके कथनानुसार] दस परमाणु बमों के द्वारा भी ध्वस्त नहीं किया जा सकता। "डिक्सिया चेंग" बीजिंग के नीचे विद्यमान एक विशाल "बंकर" या विस्फोट-सुरक्षित शहर है; जो माओ द्वारा बनवाया गया था। सन् 2000 से पूर्व सार्वजनिक होने से पहले यह बंकर विश्व के लिए अज्ञात ही था। विस्मय इसी बात का है कि उ.प्र. के सुदूर पिछड़े क्षेत्रों में रहने वाले एक संन्यासी को इतनी पहले ऐसी अत्यन्त गुप्त सूचना कैसे मिली?

भगवनजी ने, व्यक्तिगत चर्चाओं में सोवियत और चीनी नेताओं की प्रशंसा करते हुए भी, कम्युनिज़्म के समूल नाश की बारम्बार भविष्यवाणी की थी। उन्होंने 1963-पूर्वार्ध के अपने एक पत्र में लीला रॉय को यह बताया कि कदाचित् यह समूल नाश उस (कम्युनिज़्म) की जन्मभूमि में ही होगा तथा दोनों स्थानों [सम्भवतः सोवियत संघ एवं चीन] से वह एक राजनैतिक क्षमता के रूप में सदा-सर्वदा के लिए विलुप्त हो जाएगा।

भगवनजी द्वारा उक्त लगभग सभी बातें असाधारण थीं। उन्हीं के शब्दों में: "China is dreaming that it has to re-establish the Central Celestial State that it once was ... चीन यह स्वप्न देख रहा है कि उसको एक केन्द्रीय महान् राज्य की पुनः स्थापना करनी है; जैसा कि वह कभी पूर्वकाल में था। साम्यवाद विश्व को दिखाने के लिए बनाई गई एक बाड़ है ... चीनी लोग एक महान् प्रजाति हैं; जो एक लम्बे समय से सुप्त थे अथवा नशे में धुत्त रखे गए थे। वे विदेशी लोगों के अधीन थे। ऐसी सोई हुई प्रजाति को जगाने के लिए लोकतान्त्रिक ढाँचा पर्याप्त नहीं है। ... A sleeping race like this cannot be reawakened to do something big by imposing a democratic framework."

नवम्बर 2020 में US के शीर्षस्थ कूटनीतिज्ञ बैनेथ ब्रेनवेट ने 'हैलीफ़ैक्स अन्तर्राष्ट्रीय सुरक्षा गोष्ठी" को सम्बोधित करते हुए कुछ ऐसा ही मनोभाव व्यक्त किया: "चीनी लोग अपने इतिहास की गवेषणा कर रहे हैं। वे जानते हैं कि वे कभी एक ऐसी उच्चतम सत्ता (Middle Kingdom) थे; जहाँ मानवता का श्रेष्ठतम उत्थान हुआ। वे जानते हैं कि उस स्थिति में पहुँचने हेतु सुअवसर उनके हाथ में है।"

अपने रूस के अनुभवों का वर्णन भगवनजी ने कुछ ऐसे किया: "Communism, as was understood by dogmatists, is no more in 'R'! ... सिद्धान्तवादियों द्वारा समझा जाने वाला साम्यवाद अब 'R' (रूस) में विद्यमान नहीं है! 'R' में अब पाँच विलक्षण सामाजिक स्तर हैं: (1) अत्यन्त उच्चतम श्रेणी, (2) उच्च अथवा बुद्धिजीवी, (3) विशेषाधिकृत अधिकारी अथवा शासक, (4) मध्यम-वर्गीय तथा (5) सामान्य जनता (ठीक यहाँ के समान)। अब 'सरकार एवं दल', 'R' की महिलाओं को अत्यधिक आकर्षक, कोमल, विकसित तथा [सुविज्ञ पश्चिमी स्त्रियों के समान] सुडौल बनने हेतु बलात् प्रोत्साहित तथा प्रलोभित कर रहे हैं! ... इन दिनों 'R', कुलीनतन्त्र के द्वारा शासित है। ... 'R' is now being governed by oligarchy."

1965 में पाकिस्तान के साथ युद्ध तथा उसकी उत्तरगामी प्रगतियों ने

भगवनजी को भारतीय-नेतृत्व के प्रति हतोत्साहित कर दिया। किन्तु फिर भी पुनः किसी ऐसे व्यक्ति; जिसके पास विभिन्न स्रोतों से उच्चस्तरीय ख़ुफ़िया-समाचार आते हों, के समान भगवनजी ने यह दावा किया कि पाकिस्तान, UK की कूटनैतिक प्रेरणा से ही हमपर आक्रमण करने हेतु उद्यत हुआ था। भगवनजी ने लीला रॉय को यह लिखा कि 1962-कालीन चीनी आक्रमण में भारतीय सेना की छवि धूलिधूसरित हो जाने के बाद; पाकिस्तानी सेना ने [भारत का] कण्ठावरुद्ध करने का संकल्प किया।

उन्होंने लन्दन में हुई पाकिस्तानी शासक जनरल अयूब खान और प्रधानमन्त्री लालबहादुर शास्त्री की एक वार्ता का आंशिक उद्धरण दिया। तदनुसार; खान ने शास्त्री को धमकाया था, "तुम जानते हो? मैं स्वेच्छा से किसी भी समय दिल्ली पहुँच जाऊँगा।" भगवनजी ने आगे कहा कि अयूब ऐसे ही पाकिस्तान में बात करता था और हिन्दुओं के प्रति अपनी घृणा को प्रकट करता था: "ये धोती वाले हिन्दू लड़ना क्या जानें? ये केवल हारना या मैदान से भागना ही जानते हैं। ये बस इतना ही जानते हैं कि एक अच्छा गुलाम कैसे बना जाता है।"

जैसा कि पिछले कुछ दशकों में उजागर हुआ है, अयूब खान ने अपने सेनाप्रमुख जनरल मोहम्मद मूसा के पास एक अतीव गुप्त निर्देश भेजा था (अनुबन्ध G से GHQ, पत्रसंख्या 4050/5/MO-1, 29 अगस्त 1965): "यह सामान्यतः विदित है कि हिन्दुओं का साहस, उचित अवसर एवं स्थान पर किए गए दो भीषण प्रहारों के समक्ष टिक नहीं सकता। अतः ऐसे सुअवसरों को पहचानकर इनका लाभ लेना चाहिए।" इसका आशय यह है कि गुमनामी बाबा ने 1960-दशक में जो कहा था, वह समुचित था। यदि वे वस्तुतः केवल एक साधारण संन्यासी थे; तो उन्हें यह सब कैसे ज्ञात रहता था?

अयूब खान की "धोती वाले हिन्दू" वाली बात को सुना कर, भारतीय राजनेताओं पर तँज कसते हुए भगवनजी ने प्रत्युत्तर दिया: "पाकिस्तानी जो कुछ भी सोच अथवा कह रहे हैं, वह एक कटु सत्य है। किन्तु वह केवल राजनेताओं पर लागू होता है; भारतीय सेनाओं पर नहीं।"

भगवनजी ने "किन्हीं जटिल एवं विस्तृत माध्यमों के द्वारा" न केवल

अनुल्लिखित सैन्य अधिकारियों के प्रति अपने कुछ विचारणीय निर्देशों के सम्प्रेषण को इंगित किया; बल्कि यह दावा भी किया कि वे स्वयं पाकिस्तान होकर आए थे [जो कि भारतीय सेना के सहयोग के बिना सर्वथा असम्भवप्राय था]। हालांकि, वे अन्तिम परिणामों के कारण अत्यन्त निराश हो गए थे तथा शोकाकुल होकर उन्होंने यह भी कहा था कि उनके निर्देशों पर यथायोग्य चिन्तन नहीं किया गया। उन्होंने लीला रॉय को लिखा:

"पाकिस्तानी सेना लाहौर में मैदान छोड़कर गिलहरियों के समान भाग रही थी। सियालकोट, मुज़फ़्फ़राबाद और कश्मीर का 1/3 भाग तो केवल एक सप्ताह का काम था। 'कोई' स्वयं वहाँ था और इच्छोगिल को लाँघकर पुनः लौटकर आया था। वह तीन बार शालिमार में भी था। चम्बा का वह मुख्य क्षेत्र वस्तुतः एक बीभत्स नरक बन गया था; जिसमें अल्लाह को पुकारने वाला भी कोई नहीं बचा था! भारत और पाकिस्तान—दोनों के सैनिक नकल करने वाली कठपुतलियों-जैसा व्यवहार कर रहे थे। दोनों पक्ष केवल सैण्डहर्स्ट [अंग्रेज़ी सैन्य संस्थान] में सीखी शैली पर ही चिपके हुए थे। प्रत्येक पक्ष के जनरल, दूसरे पक्ष की अग्रिम गतिविधियों का पूर्वानुमान कर पा रहे थे। तथापि इससे भी अधिक कुछ हो सकता था [— सात दिनों में कश्मीर समस्या न रहती, लाहौर भी तुम्हारा होता], यदि LB (लालबहादुर शास्त्री) 'दूसरों' की फटकार से निस्तेज न हो जाते। मैं यह सोच भी नहीं सकता था कि जयन्त बाबू [सेनाप्रमुख जयन्तोनाथ चौधरी] भी राजनीति में उलझ जाएँगे।"

ताशकन्द घोषणा के कुछ ही समय बाद; भगवनजी ने लीला रॉय को एक पत्र के द्वारा अपनी एक आश्चर्यजनक भविष्यवाणी सुनाई। जून 1966 से पूर्वी पाकिस्तान में शेख़ मुज़ीबुर् रहमान के नेतृत्व में प्रान्तीय स्वायत्ता की माँग करने वाला आन्दोलन चलने वाला था। हालांकि तब, आगामी वर्षों में होने वाले प्रचण्ड राजनैतिक विस्फोट [जिसके फलस्वरूप पूर्वी पाकिस्तान को बलात् छीनकर एक नवीन देश (बंग्लादेश) उद्भावित हुआ] का कोई चिह्न दृष्टिगोचर नहीं था। पूर्वी पाकिस्तान को प्राप्त सैन्य-उत्पीड़न एवं अत्याचारों का कोई संकेत भी नहीं था। तब भगवनजी ने रॉय को लिखा:

"पूर्वी और पश्चिमी पाकिस्तान में ऐसी विकट परिस्थिति उपस्थित हो चुकी है; जिसके कारण अयूब को पूर्वी पाकिस्तान को अपने पैरों तले रौंदने हेतु नादिर शाह बनना पड़ेगा। यदि उक्त लक्ष्य की सिद्धि हेतु अयूब पूर्णरूप से नादिर शाह न बन सका, तो कोई अन्य व्यक्ति उसके स्थान को ग्रहणकर एक पूर्ण नादिर शाह बन जाएगा ... भारत सरकार की सुरक्षा आपत्तिग्रस्त हो जाएगी। किन्तु यह सुनिश्चित करने हेतु पर्याप्त व्यवस्थाएँ कर दी गईं है कि अन्य शक्तियाँ दखल न दे पाएँ।"

उपर्युक्त सब कुछ भगवनजी ने, पूर्वी पाकिस्तान में विनाश एवं लाखों सामूहिक हत्याओं का विकराल ताण्डव आरम्भ होने से वर्षों पहले ही बोल एवं लिख दिया था। 1969 में अयूब खान के स्थान पर जनरल याह्या खान पाकिस्तान के नए तानाशाह बने और उन्होंने पूर्व पाकिस्तान (आज के बांग्लादेश) में विद्रोह की भावना को कुचलने के प्रयास आरम्भ कर दिए। 6 सितम्बर 1972 को सुनील दास ने खोसला आयोग के समक्ष अपनी गवाही में यह संस्मरण सुनाया कि 1965 में ही लीला रॉय ने अपने निकटस्थ सहयोगियों को सावधान कर दिया था कि "भारत एवं पूर्वी पाकिस्तान की सीमा पर कुछ ऐसा होने वाला है"; जिसके परिणामस्वरूप 50-60 लाख शरणार्थियों की भीड़ यहाँ पहुँचेगी। अपने सहयोगियों सहित रॉय ने सीमा के निरीक्षण हेतु कई घण्टे व्यतीत किए थे। दास ने [भगवनजी का उल्लेख किए बिना] यह कहा, "मार्च 1971 में, भारत-पाक-संघर्ष आरम्भ हुआ ... जब एक करोड़ लोगों ने सीमा पारकर पूर्वी पाकिस्तान से भारत में प्रवेश किया ... मैं नहीं जानता कि लीला रॉय को भेजा गया कोई संकेत था; अथवा एक दैवी रहस्योद्घाटन।" भगवनजी ने जुलाई 1971 में [जैसे ही भारतीय सेना ने मुक्ति वाहिनी का प्रशिक्षण आरम्भ किया] पबित्र को लिखा: "ध्यानपूर्वक उन सबका [वर्तमान घटनाक्रम के साथ] मिलान करो; जो मैंने तुमको नैमिषारण्य में समझाया था ... यह मेरे दैवी वचन के अन्तिम दो अंशों की परिपूर्ति का उपक्रम है।"

सितम्बर 1971 में जब बिजय नाग दुर्गापूजा के दिनों में बस्ती पहुँचे, तब भगवनजी अत्यधिक मुखर हो गए: "इतिहास में केवल एक पंक्ति लिखी जाएगी

कि यह भूभाग कुछ समय तक पाकिस्तान कहलाता था।" सहसा उन्होंने जेस्सोर के सामरिक महत्त्व का वर्णन आरम्भ किया, "क्या तुमने जेस्सोर का किला (कैण्टोन्मेण्ट) देखा है? मैं उसका मानचित्र जानता हूँ ... उसके आग्नेयकोण (दक्षिणपूर्व) में बलूच रेजिमेण्ट की बैरेक है—जिसके नीचे एक विशाल शस्त्रागार है; पूर्व की ओर अधिकारियों का स्थान है; ईशानकोण (पूर्वोत्तर) में पठान रेजिमेण्ट है—जिसके नीचे एक विशाल सरोवर-जैसा भूमिगत तैलकुण्ड है; मध्य में एक विशाल स्तम्भ है; उत्तरपश्चिम में—एक बृहत् धावनपथ है। केवल भारी वर्षा के दिनों में ही उसपर अपना आधिपत्य स्थापित किया जा सकता है। वह किला केवल तीन दिनों में ही जीता जा सकता है।"

उत्तर भारत में कहीं एक जीर्ण भवन के आवृत कक्ष तक स्वयं को अवरुद्ध रखने वाला एक काषाय-वस्त्रधारी संन्यासी, किसी विदेशी स्थान के उस गूढ़ सामरिक महत्त्व इतनी सहजता से समझा रहा था; जिसको हमारा देश लगभग दो मासों के बाद समझ पाया।

7 दिसम्बर 1971 को जेस्सोर, पूर्वी पाकिस्तान का वह पहला प्रान्त बना; जिसको भारतीय सेना ने पाकिस्तानी सेना से मुक्त कर दिया था। जैसा कि द *न्यूयॉर्क टाइम्स* में प्रकाशित हुआ; जनरल सैम मानेक शॉ ने पाकिस्तानी सेना को [जेस्सोर के उनके हाथ से निकलने पर] यह सन्देश भिजवाया: "तुम्हारा खेल अब ख़त्म है।"

भगवनजी ने बारम्बार यह इंगित किया कि वे [युद्ध के पूर्व एवं पश्चात्] देश के भीतर और बाहर यात्राएँ कर रहे थे। उस काल में उनके द्वारा लिखित अनेक पत्रों में से सर्वाधिक विस्मयकारी पत्र 11 नवम्बर 1971 को पबित्र के प्रति लिखा गया था। यह भारत सरकार के आधिकारिक चिह्न से अलंकृत था। उन्होंने लिखा: "आज मैं अन्यत्र कहीं हूँ ... इन हाथों में अनेक चाबियों और उत्तोलकों का दायित्व लिए।"

लगभग उन्हीं दिनों में, भगवनजी ने पबित्र को यह भी सूचित किया था कि वे विदेशों में कुछ नियोगों को सम्पादित करके लौटे हैं तथा जब तक कुछ विशिष्ट लक्ष्य प्राप्त नहीं हो जाते, तब तक वे अप्रत्यक्ष ही रहेंगे। उस नियोग का मुख्य

लक्ष्य था—"पाकिस्तान को विघटित करके यह सुनिश्चित करना कि अपने सैन्य हस्तक्षेप द्वारा भारत लाभान्वित हो और [1966 में सेनाप्रमुख जनरल जे.एन.] चौधरी के समान भयाकुल होकर कोई त्रुटि न करे।"

भगवनजी के शिष्यों के संस्मरणानुसार; सैम मानेकशॉ, सेनाध्यक्ष बनने से पूर्व ही, भगवनजी की उपस्थिति से सुपरिचित थे। कारण कि [भगवनजी के अनेक दावों में से एक के अनुसार] पूर्वी मोर्चे के GOC-in-C पद पर प्रतिष्ठित होते हुए वे, भगवनजी के एक दूत के माध्यम से, उनसे गुप्त-मन्त्रणा करते रहते थे। आगे चलकर, 1971 के युद्ध के समय, घोर अन्धकारमयी रात्रि में, ठीक एक रोमांचक गुप्तचरी कहानी के समान ही, मानेकशॉ किसी गुप्त स्थान पर भगवनजी से भेंट करके भावी रणनीतियों का सृजन भी करते थे। भगवनजी ने यहाँ तक कहा कि पाकिस्तान द्वारा आत्मसमर्पण करने से ठीक एक दिन पूर्व ढाका के राज्यपाल आवास को विस्फोटित करवा देना भी उन्हीं के निर्देशानुसार हुआ था। प्रधानमन्त्री इन्दिरा गांधी के साथ वैचारिक दृष्टि से असहमत होते हुए भी, भगवनजी ने उनके अदम्य साहस तथा [उनके पिता नेहरू एवं लालबहादुर शास्त्री की अपेक्षा] परिष्कृत राष्ट्रीय सुरक्षा चिन्तन की प्रशंसा की थी।

किन्तु समग्र कथानक का दुसरा पहलु यह है कि कोई भी प्रकाशित सामग्री अथवा सार्वजनिक दस्तावेज़, 1971 के युद्ध में किसी रहस्यमय व्यक्ति के हस्तक्षेप को द्योतित नहीं करता। हमारी जानकारी में; सार्वजनिक हुए अमेरिकी दस्तावेज़ों में सुभाष बोस का मात्र एक उद्धरण परिलक्षित होता है; जो कि 3 जनवरी 1975 को ढाका-स्थित अमेरिकी दूतावास से निकले एक राज्य-विभागीय तार में व्यंग्यात्मक एवं असंगत टिप्पणी के रूप में प्रदर्शित है। किसी राजनेता की कथित हत्या का उल्लेख करते हुए, वह दूतावासीय तार कहता है कि जब तक उसके शव का लोकप्रदर्शन नहीं होगा, "तब तक, सुभाष चन्द्र बोस के समान, उसके विषय में भी यथाशीघ्र यही प्रचारित होता रहेगा कि वह आज भी जीवित है।" इसका आशय यह है कि नेताजी के जीवित होने का लोकप्रवाद, उस कालखण्ड में बांग्लादेश में भी प्रचलित था।

अब सोचा जाए, तो निःसन्देह बांग्लादेश मुक्तियुद्ध के समय नेताजी की

स्मृतियाँ जनमानस में सतत आवेशित हो रही थीं। यतीन्द्र भटनागर की पुस्तक *बांग्लादेश: बर्थ ऑफ़ अ नेशन* में यह उल्लिखित है कि सी.सी. देसाई (कैम्ब्रिज विश्वविद्यालय में नेताजी के सहपाठी, कालान्तर में एक ICS अधिकारी)—जो, एक सांसद बनने से पूर्व, पाकिस्तान-सहित विभिन्न देशों में भारतीय राजदूत बनकर कार्यरत रहे—ने मुज़ीबुर् रहमान के कार्यचातुर्य में अपने मित्र (बोस) का पर्याप्त प्रभाव पाया। मुक्ति वाहिनी का युद्धघोष "जय बांग्ला", "जय हिन्द" से प्रभावित था।

हम भगवनजी की "पूर्वी पाकिस्तान में घटित सब कुछ मेरी योजना के अनुसार हुआ" इत्यादि आत्मश्लाघाओं को प्रमाणित करने में असमर्थ हैं। किन्तु यह अत्यन्त शोचनीय विषय है कि 9 मई 2010 को *टाइम्स ऑफ़ इण्डिया* में प्रकाशित एक समाचार के अनुसार; 1971 युद्ध से सम्बद्ध अनेक अमूल्य दस्तावेज़ विनष्ट किए जा चुके हैं। उन विनष्ट फ़ाइलों में मुक्ति वाहिनी की संस्थापना, युद्धकाल में भारतीय सेनाओं द्वारा निर्मित अभिमूल्यन एवं मूल्यांकन, व्यूहरचना-विषयक निर्देश तथा अन्य मार्मिक परिचालन-तथ्य इत्यादि संकलित थे।

Bangladesh war files destroyed by Army

True Story Of 1971 Is Lost Forever

Josy Joseph | TNN

New Delhi: The history of the 1971 India-Pakistan war will never be fully written. Most official records of the war that led to the liberation of Bangladesh have been destroyed. The destroyed files include those on the creation of the Mukti Bahini — the Bangladesh freedom fighters — all appreciation and assessments made by the army during the war period, the orders issued to fighting formations, and other sensitive operational details.

Authoritative army sources said all records of the period, held at the Eastern Command in Kolkata, were destroyed immediately after the 1971 war. This has remained secret until now.

According to at least two former chiefs of the Eastern Command and other senior army officers TOI spoke to, the destruction may have been deliberate.

They say the destruction may have happened when Lt General Jagjit Singh Aurora, the Indian army's commanding officer on the east-

General A A K Niazi (centre) signs the surrender documents in Dhaka on December 16, 1971. Lt General Aurora is on the left

The Missing Files

- Include those on the creation of the Mukti Bahini and sensitive operational details
- The files were probably shredded when Lt General Jagjit Singh Aurora, hero of the war, was heading the Eastern Command
- Army headquarters may have some records but the picture can never be complete

were part of the operations

er in August 1974 I asked to

जिस देश में इन्दिरा सरकार द्वारा गांधी-नेहरू को अभिनन्दित करने वाले मिथ्याप्रचारों को पोषित करने के लिए दिल्ली के लाल किले में धरती में टाइम कैप्सूल गाड़ा गया था, उसी देश में 1971-युद्ध-विषयक दस्तावेज़ों को सदा के लिए विनष्ट कर देना निश्चिततः दुर्भाग्यपूर्ण है।

वहीं दूसरी ओर, यह कुतूहल का विषय है कि परमश्रद्धेय बंगाली संन्यासी सीताराम ओंकारनाथ ठाकुर के साथ भगवनजी का गुप्त सम्पर्क था। 1945 के पूर्ववर्ती काल में ओंकारनाथ सुभाष बोस से परिचित थे। आगे चलकर, उनके प्रमुख शिष्यों में से दो के नाम आपको चकित कर देंगे। पहले थे—IB निदेशक बी.एन. मलिक; और दूसरे थे—मेजर जनरल सुजान सिंह उबान।

उबान, भारत की "स्पेशल फ्रण्टियर फ़ोर्स" (SFF) नामक प्रथम गुप्त सेना [जिसका गठन IB द्वारा 1962-युद्ध के बाद किया गया था] के प्रथम प्रमुख थे। कालान्तर में, SFF का संचालन R&AW के परिचालन निर्देशों पर ही होने लगा। 1971 में SFF ने पूर्वी पाकिस्तान में अनेक सफलतम परिचालन-कार्यों को सम्पादित किया; जिससे गौरान्वित करने वाली अनेक किंविदन्तियाँ जुड़ी हैं। गोपनीयता के कारण, सामान्यतः भारत में SFF की चर्चा कोई नहीं करता। सितम्बर 2020 में एक विरला अवसर आया; जिसमें यह प्रकाशित हुआ कि चीन-भारत के टकराव के समय लद्दाख के [पहले अनधिवासित] उच्चतम भूभाग को अधिवासित करने में SFF की भूमिका थी।

[सीताराम ओंकारनाथ ठाकुर एवं बी.एन. मलिक। स्रोत: *रिफ़्लेक्शन्स ऑफ़ एन इण्टर्नल बींग: फ़ोटोग्राफ़िक केलाईडोस्कोप ऑफ़ श्रीसीतारामदास ओंकारनाथ*]

अब एक अन्य रोमांचक तथ्य आपके समक्ष प्रस्तुत किया जाता है। स्वयं मेजर जनरल उबान ने अपनी पुस्तक द *गुरुज़ ऑफ़ इण्डिया* में इस तथ्य को उद्भासित किया है कि दिसम्बर 1970 में जब "कहीं युद्ध की कोई सम्भावना नहीं थी", तब ओंकारनाथ उनको लेकर एक मन्दिर में पहुँचे और वहाँ वे भगवती दुर्गा के समक्ष खड़े होकर बोले, "माँ! यह सुजान है। यह युद्ध लड़ने हेतु जाएगा ... देश को विजयी बनाने के लिए इसको एक सशक्त यन्त्र बना दीजिए।" उबान के शब्दों में:

"युद्ध में वस्तुतः जो हुआ, उसका यहाँ वर्णन नहीं किया जा सकता। किन्तु मुझे मेरे संज्ञान में यह विश्वास है कि शत्रु की युद्धेच्छा को नष्ट करने वाली एवं किसी अभेद्य कवच के समान हमारी सुरक्षा करने वाली एक अनुपमेय शक्ति, हमारे लिए क्रियान्वित थी।"

[ओंकारनाथ के साथ मेजर जनरल उबान। इस चित्र का स्रोत लेखकों के लिए अज्ञात है; जो कि ज्ञात होते ही निर्दिष्ट किया जाएगा]

भारतीय उपमहाद्वीप में प्रस्फुटित तीन मुख्य सैन्य-संघर्षों में अपनी भूमिका को प्रस्तुत करने के अतिरिक्त; भगवनजी ने कई अन्य वैश्विक गतिविधियों में भी अपने हस्तक्षेप का अभिकथन किया। एतदर्थ उन्होंने गुप्त रूप से बारम्बार विदेश यात्राएँ करनी पड़ीं। उन्हीं के शब्दों में: "Oh, you simply cannot understand how terribly floating the Ghost of the Dead shall have to be! … ओह! तुम यह समझ ही नहीं सकते कि इस 'मृतक भूत' को किस तत्परता के साथ सक्रिय रहना पड़ता है। इस 'मृतक भूत' को भीतर और बाहर, यहाँ और वहाँ तथा 'अन्य स्थानों' में प्रवाहित होना पड़ता है; एक 'प्रेत' के समान … कहीं राजकुमार लुसीफ़र, कहीं इरेबस और कहीं गैब्रियल बनकर।"

यह हमारी समझ से बाहर है कि तब भगवनजी 1964 में चीन द्वारा किए गए हाइड्रोजन बम के विस्फोट, अरब-इज़राइल के संवाद [तत्रापि रूस और मिस्र के मध्य हुई गोपनीय एवं उच्चतम कूटनैतिक सन्धि वार्ता] इत्यादि विषयों का प्रसंगवश उल्लेख कैसे पाए; जबकि वे सभी विषय पूरे विश्व के लिए तत्काल पूर्णतः गुप्त तथा अपने भावी प्रकाशन से कोसों दूर थे।

एक शिष्य ने हमें बताया कि भगवनजी के पास एकाधिक कृत्रिम पासपोर्ट थे। मार्च 1963 में अपने शिष्यों से सम्पर्क में आने के प्रारम्भिक दिनों में तथा भारत-चीन-युद्ध के तुरन्त बाद उन्होंने लिखा: "इस सीमा में प्रवेश करने के बाद, मैंने विगत दो यात्राओं सहित कुल 25 प्रवास किए हैं।" उ.प्र. में उनके निवास के अनेक कारणों में से एक यह भी था कि यह प्रदेश, नेपाल की सीमा के पास है। वे स्वयं कहते थे, "I know the Himalayan region like my palm … मैं हिमालय क्षेत्र को करतलवत् जानता हूँ।"

उनका यह भी कहना था कि उन्होंने अपने पाँच प्रतिरूप (कृत्रिम भगवनजी) भी उपस्थापित कर रखे हैं; जो उनकी अनुपस्थिति में [भगवनजी बनकर] सक्रिय रहते हैं। वे स्वयं उन सभी को, अपने जीवन के विविध प्रासंगिक [अन्य सभी के लिए पूर्णतः अथवा अंशतः अविदित] विवरणों का संज्ञान देकर, प्रशिक्षित करते हैं।

स्वयं भगवनजी द्वारा चित्रित उनका आत्मचरित्र किसी ऐसे महामानव-जैसा लगता है; जो विविध शक्तियों के प्रयोगपूर्वक, अनेक रूपों के माध्यम से,

केवल “भारत को महिमामण्डित करने” का संकल्प लिए, समूचे विश्व में भ्रमण कर रहा था। उनके सभी त्याग, परिश्रम, प्रवास, समझौते तथा हस्तक्षेप का पर्यवसान इसी एक लक्ष्य में हो रहा था। उन्हीं का कहना था:

तुम्हारा यह वृद्ध फ़कीर, माता जगदम्बा दुर्गा भवानी चण्डी की आन पर, तुम्हें यह वचन देता है कि बंगाल एवं भारत अपनी पूर्ण महिमावधि-पर्यन्त पुनः समुन्नत होंगे।

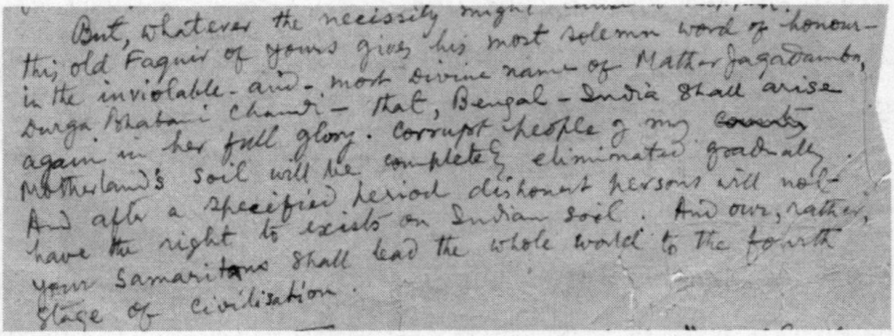
But, whatever the necessity might [illegible]
this old Faquir of yours gives his most solemn word of honour–
in the inviolable-and-most divine name of Mathar Jagadamba,
Durga Bhabani Chandi– that, Bengal-India shall arise
again in her full glory. Corrupt people of my ~~country~~
Motherland's soil will be completely eliminated gradually.
And after a specified period dishonest persons will not
have the right to exists on Indian soil. And our, rather,
your Samaritans shall lead the whole world to the fourth
stage of civilisation.

कपटी बाबा?

“नेताजी का किसी गुमनामी बाबा के रूप में होना पूर्णतः असम्भव है”—ऐसा विश्वास रखने वाले लोग यह मानते हैं कि वे बाबा कोई कपटी थे। ऐसे लोग, सभी प्रमाणों को बिना सुने-समझे, केवल यही कहकर इस पूरे पक्ष की निष्कारण उपेक्षा कर देते हैं कि “मैं इस बात को नहीं मानता”। वे हस्तलेख एवं DNA परीक्षणों की उन सरकारी रिपोर्टों की दुहाई देते रहते है; जिनका प्रामाणिक आलोचन हम विगत अध्यायों में कर चुके हैं।

ऐसे लोगों की सूची में BJP के प्रसिद्ध नेता एवं सांसद डॉ. सुब्रह्मण्यम् स्वामी, सेवानिवृत्त मेजर जनरल जी.डी. बख्शी (भारत के महनीय समीक्षकों में से एक) तथा डॉ. पूर्बी रॉय-जैसे कुछ अनुसन्धाता सम्मिलित हैं। हमलोग नेताजी-सम्बन्धी अनेक विषयों पर उनके साथ पूर्ण सहमति रखते हैं; किन्तु, साक्ष्यों के आधार पर, गुमनामी बाबा-विषयक उनके मनोभाव हमारे लिए सर्वथा अस्वीकार्य हैं।

ज्ञातव्य है कि जस्टिस सहाय आयोग के समक्ष, गुमनामी बाबा की वास्तविक पहचान से सम्बन्धित विविध मतों एवं तथ्यों को यथायोग्य प्रस्तुत करने वाले हम ही थे [न कि हमारे उपर्युक्त समालोचक; जो आयोग के समक्ष प्रस्तुत ही नहीं हुए]। आयोग ने, गुमनामी बाबा और नेताजी के सम्बन्ध को निराकृत करने के

अभिप्राय से, अपनी सुविधानुसार हमारे द्वारा प्रदत्त विषयवस्तु का आंशिक प्रयोग किया। सारांश में ... गुमनामी बाबा की पहचान के सन्दर्भ में निम्नलिखित मत उपस्थापित किए जाते हैं; जिनके अनुसार वे:—

- कृष्णदत्त उपाध्याय नामक एक छिपकर रहने वाले एक हत्यारे थे।
- एक आनन्दमार्गी साधु थे।
- CIA के प्रतिनिधि गुप्तचर थे। अथवा;
- IB द्वारा प्रायोजित एक कृत्रिम सुभाष बोस थे।

"भगवनजी वस्तुतः कृष्णदत्त उपाध्याय थे" इत्यादि मत का प्रथमतया प्रकाशन *जनमोर्चा* नामक एक हिन्दी समाचारपत्र ने 3 नवम्बर 1985 को किया। लगभग 30 वर्षों के बाद; धीरेन्द्र के. झा नामक एक राजनैतिक पत्रकार ने इसी मत का पुनर्लेखन एवं प्रसार [चार अंकों की एक लेखशृंखला के माध्यम से] *Scroll.in* नामक एक ऑनलाइन न्यूज़ पोर्टल पर किया। *Scroll.in* की जांच को प्रेरित करने वाले तथा *जनमोर्चा* के लिए सर्वप्रथम उस कथानक को प्रचारित करने वाले थे—शीतला सिंह (अयोध्या के एक अनुभवी पत्रकार तथा उक्त समाचारपत्र के सम्पादक)। *Scroll.in* ने सभी [तथाकथित] तथ्यों को संकलितकर प्रस्तुत किया एवं कृष्णदत्त उपाध्याय (उपाख्य कप्तान बाबा) का गुमनामी बाबा होना विज्ञप्त किया। जिन आधारों पर उन्होंने यह निष्कर्ष निकाला; वे निम्नलिखित हैं:—

1. शीतला सिंह की अध्यक्षता में एक दल ने 1985 में कोलकाता की यात्रा की और वहाँ उन्होंने गुमनामी बाबा को दृढ़तापूर्वक नेताजी न मानने वाले पबित्र मोहन रॉय का वक्तव्य प्राप्त किया। वस्तुतः *जनमोर्चा* के प्रथम पृष्ठीय समाचार का शीर्षक था—"नेताजी के घनिष्ठ साथियों ने माना, वे नहीं थे नेताजी"।
2. *जनमोर्चा* को 2 नवम्बर के दिन किसी अज्ञात व्यक्ति द्वारा लिखित एक पत्र प्राप्त हुआ। तदनुसार; गुमनामी बाबा निश्चित रूप से उपाध्याय ही थे; जो किसी की हत्या करने के बाद अयोध्या से भागकर कुछ समय बाद बस्ती में

जाकर रहे। समाचारपत्र ने उक्त कथन को अगले ही दिन प्रकाशित कर दिया था।

3. लखनऊ के दैनिक समाचारपत्र *अमृत प्रभात* में 8 नवम्बर 1985 को यह प्रकाशित हुआ कि पुलिस इसकी जांच कर रही है कि क्या वे रहस्यमय साधु, छिपकर रहने वाले उपाध्याय थे।
4. इन्दुकुमार पाण्डेय (भूतपूर्व ज़िलाधिकारी, फ़ैज़ाबाद/अयोध्या) ने *Scroll.in* के प्रति यह वक्तव्य दिया कि एक अफ़वाह के अनुसार; गुमनामी बाबा ने किसी की हत्या कर दी थी और वे छिपकर रह रहे थे। किन्तु गुमनामी बाबा की पहचान से सम्बन्धित जांच तब स्थगित हो गई; जब इलाहाबाद उच्च न्यायालय ने बाबा की वस्तुओं को सुरक्षित रखने का आदेश दिया।
5. कृष्णदत्त उपाध्याय द्वारा जिस व्यक्ति की हत्या की गई थी; उसके एक भाई ने यह वक्तव्य दिया कि उपाध्याय के घनिष्ठतम सहयोगियों में से एक थे—सेठ ईश्वरदास बेनी प्रसाद। *Scroll.in* ने यह प्रकाशित किया कि गुमनामी बाबा के घनिष्ठ शिष्य डॉ. आर.पी. मिश्र की धर्मपत्नी ने यह बताया कि प्रायः गुमनामी बाबा के सौजन्य से उनके पति की भेंट, प्रसाद से वाराणसी में हुआ करती थी।

एतदतिरिक्त; *Scroll.in* ने संघ परिवार [विशेषतः शक्ति सिंह (रामभवन के स्वामी)] पर गुमनामी बाबा को नेताजी बताने के षड्यन्त्र को प्रश्रय देने का अभियोग भी लगाया है।

उक्त सभी तर्कों पर हमारी अनुपपत्तियाँ निम्नोक्त हैं:—

पबित्र मोहन रॉय का "वक्तव्य": 1985 की पुलिस जांच रिपोर्ट [जिसकी एक छायाप्रति हमारे पास उपलब्ध है] में *जनमोर्चा* द्वारा प्रचारित कथा से भिन्न तथ्य संकलित हैं। उनके शब्दों मे: "एक पुलिसदल को डॉ. पबित्र मोहन रॉय एवं 'नेताजी' के अन्य साथियों के मनोभाव जानने हेतु कोलकाता भेजा गया; किन्तु उनमें से किसी ने भी इस विषय में कोई जानकारी नहीं दी। वस्तुतः, वे पुलिस को कोई भी जानकारी देने के इच्छुक नहीं दीखे।"

इन्हीं पवित्र मोहन रॉय ने उन्हीं दिनों भगवनजी के एक शिष्य को बताया, "यदि मैंने अपना मुख खोला, तो यह देश जल जाएगा।"

कोई भी कथन किसी भी समाचारपत्र में प्रकाशित होने मात्र से परम सत्य नहीं बन जाता। और यदि ऐसा मानें; तो हमारे पास NIP इत्यादि अन्य प्रकाशित समाचारपत्रीय आलेख भी उपलब्ध हैं; जिनमें अधिकारियों द्वारा पवित्र से की गई पूछताछ वर्णित है। उस पूछताछ में वे प्रश्नों का स्पष्ट उत्तर नहीं दे रहे थे।

वस्तुतः रॉय ने कोलकाता में अपने पास पहुँचे अधिकारियों और पत्रकारों के सामने टाल-मटोल की थी। रणेन्द्र (पवित्र के सुपुत्र; स्वयं भी भगवनजी के एक शिष्य) ने हमें बताया कि उनके पिताजी ने अधिकारियों एवं पत्रकारों को चकमा दिया। कारण कि "मेरे पिताजी, नेताजी के एक सिपाही थे"—मृदुभाषी रणेन्द्र ने अपने कोलकाता-स्थित आवास पर [जहाँ पवित्र के साथ अधिकारियों एवं अन्य लोगों की 1985 में भेंट हुई थी] हमलोगों के समक्ष अपने स्व. पिता का इन्हीं शब्दों में परिचय दिया। उन्होंने बताया [और जैसा कि प्रस्तुत पुस्तक में अन्यत्र भी वर्णित है] कि उनके पिता के "जनरल" का यह आदेश था—"अपने मुँह को बन्द रखना।" हमने रणेन्द्र रॉय का साक्षात्कार YouTube पर सार्वजनिक रूप से उपलब्ध करवा दिया है। शोकास्पद है कि जस्टिस सहाय ने, रणेन्द्र रॉय का अभिसाक्ष्य लेना उचित न समझकर, शीतला सिंह के कथन के बल पर यह निष्कर्ष प्रस्तुत करना समुचित समझा कि पवित्र ने भगवनजी को नेताजी नहीं माना।

रॉय-परिवार की दृष्टि में शीतला सिंह के सभी कथन और जस्टिस सहाय की रिपोर्ट हास्यास्पद हैं। "नेताजी" ही वे केन्द्रबिन्दु थे; जिनके चारों ओर पवित्र का समग्र लोकव्यवहार गतिमान् था। जैसा कि उनकी पौत्री इन्द्राणी ने, अपने अमरीकाऽन्तर्वर्ती मिशिगन-स्थित आवास पर, लेखकद्वय में से एक को यह बताया कि उनके पितामह अपने अन्तिम वर्षों में भगवनजी को अपने घर की चारदीवारी के भीतर सीधा-सपाट "नेताजी" कहकर ही याद करते थे।

इसीलिए सहाय आयोग की रिपोर्ट में वर्णित यह दावा—कि भगवनजी सुभाष बोस नहीं थे; क्योंकि पवित्र ने शीतला सिंह को ऐसा बताया था—पूर्णतः खण्डित हो जाता है। पवित्र के पुत्र द्वारा सुरक्षित रखे गए [भगवनजी के उनके

पिता के प्रति लिखित] पत्रों पर हस्तलेख विशेषज्ञों (कर्टबैगट एवं अशोक कश्यप) की विस्तृत रिपोर्टें गुमनामी बाबा के नेताजी होने को सत्यापित करती है।

2 नवम्बर 1985 का एक अज्ञातकृत पत्र: शीतला सिंह ने, *जनमोर्चा* के किसी अज्ञात पाठक की ओर से प्राप्त एक पत्र का आधार लेकर, एक-पृष्ठीय आलेख लिखा। यह पत्रकारिता का आदर्श नहीं है; क्योंकि किसी भी कथन का यथायोग्य परीक्षण अत्यावश्यक है। *जनमोर्चा* ने उस कथन की पुष्टि हेतु किसी साक्ष्य को प्रस्तुत नहीं किया। क्या यह सम्भव नहीं है कि वह पत्र, स्थानीय IB कार्यालय में कार्यरत किसी व्यक्ति के द्वारा, इस पूरे प्रकरण को दिशाहीन करने हेतु लिखा गया हो?

***अमृत प्रभात* के अनुसार; पुलिस इसकी जांच कर रही थी कि क्या गुमनामी बाबा कृष्णदत्त उपाध्याय थे:** क्या मात्र यह कह देना कि पुलिस "इसकी जांच कर रही थी कि क्या गुमनामी बाबा कृष्णदत्त उपाध्याय थे" यह प्रमाणित कर देता है कि गुमनामी बाबा कृष्णदत्त उपाध्याय ही थे? प्रश्न यह है कि क्या पुलिस ने अपनी जांच में वस्तुतः यह पाया कि गुमनामी बाबा कृष्णदत्त उपाध्याय थे? पाना तो दूर की बात है, समापक पुलिस रिपोर्ट में हमें किसी उपाध्याय का कोई भी उल्लेख तक नहीं मिला। इस रिपोर्ट में केवल उनके नेताजी होने या न होने का ही विवरण संकलित है।

इन्दुकुमार पाण्डेय का वक्तव्य: उत्तराखण्ड मुख्यसचिव के पद से सेवानिवृत्त हुए पाण्डेय ने 1985-86 में गुमनामी बाबा विवाद को फ़ैज़ाबाद ज़िलाधिकारी के रूप में सँभाला। हमारे पास ज़िलाधिकारी कार्यालयीय फ़ाइलों की प्रतियाँ उपलब्ध हैं। पहली बात तो यह कि, *Scroll.in* में उद्धृत पाण्डेय का दावा [कि इलाहाबाद उच्च न्यायालय द्वारा इस विषय में हस्तक्षेप करने पर जांच स्थगित हो गई थी] ही मिथ्या है, और किसी दुर्भावना से प्रेरित प्रतीत होता है। फ़ाइलें यह उपस्थापित करती हैं कि उच्च न्यायालय द्वारा 10 फरवरी 1986 को भगवनजी की वस्तुओं को सुरक्षित करने के आदेश देने से महीनों पूर्व गुमनामी बाबा-विषयक जांच स्थगित हो चुकी थी। न्यायालय ने किसी भी प्रकरण में सरकार को जांच रोकने के आदेश कदापि नहीं दिए थे।

Scroll.in में प्रकाशित हुए पाण्डेय के [तथाकथित] वक्तव्य—“कि एक अफ़वाह के अनुसार; गुमनामी बाबा ने किसी की हत्या कर दी थी और वे छिपकर रह रहे थे” [जिसका आशय है कि वे भगोड़े उपाध्याय हो सकते हैं]—वाले मत में कोई प्रामाणिकता नहीं दिखती। कारण कि इसका उल्लेख, स्वयं इन्दुकुमार पाण्डेय द्वारा हस्ताक्षरित टिप्पणियों से युक्त बृहत् फ़ाइलों में कहीं नहीं मिलता है। यदि कहीं भगवनजी के एक भगोड़े हत्यारे होने की सम्भावना होती, तो सरकारी अधिकारियों ने सर्वत्र इस बात पर बल अवश्य दिया होता; क्योंकि वे मुख्यतः नेताजी-विषयक मत को निरस्त करने हेतु ही प्रयत्नशील थे। नेताजी की भतीजी ललिता बोस ने, इलाहाबाद उच्च न्यायालय में अपनी जनहित याचिका में पाण्डेय पर यह आरोप लगाया था कि वे इस प्रकरण के प्रति दृढ़तापूर्वक निष्क्रिय होकर बैठे हुए थे।

और जैसा कि हुआ, ज़िलाधिकारी कार्यालय ने भगोड़े उपाध्याय वाली अफ़वाह के समर्थन में कभी कोई साक्ष्य उपलब्ध नहीं करवाया। हमें प्राप्त हुए आधिकारिक दस्तावेज़ों में उपाध्याय का एक भी उल्लेख नहीं मिलता। राज्य सरकार ने भी विधानसभा में फरवरी 1986 में और मार्च 2013 में हुई गुमनामी-बाबा-प्रकरण-विषयक विस्तृत चर्चाओं में कभी भगोड़े उपाध्याय वाली अफ़वाह का कोई उल्लेख नहीं किया। इलाहाबाद उच्च न्यायालय के समक्ष इस पूरे प्रकरण पर कई वर्षों तक विस्तृत चर्चाएँ हुईं। ललिता बोस की याचिका (1986) के प्रत्युत्तर में राज्य सरकार द्वारा 1999 में प्रस्तुत विस्तृत शपथपत्र में उपाध्याय का कोई उल्लेख नहीं है। वहाँ केवल इतना ही वर्णित है कि वे व्यक्ति नेताजी नहीं हो सकते; क्योंकि पुलिस को पूछताछ में तद्विषयक कोई स्फुट प्रमाण नहीं मिला।

2013 में उच्च न्यायालय का आदेश आ जाने तक उ.प्र. सरकार ने न्यायालय के समक्ष केवल यही कहा कि गुमनामी बाबा नेताजी नहीं थे। उन्होंने कृष्णदत्त उपाध्याय [अथवा अन्य किसी] का नाम तक नहीं लिया; क्योंकि सरकार का उद्देश्य केवल यही सिद्ध करना था कि वे नेताजी नहीं थे। वे जानते हैं की झूठ-मूठ में भगवनजी को कृष्णदत्त उपाध्याय या फिर कोई अन्य बताने का प्रयास हुआ, तो सारे प्रपंच का भण्डा फोड़ हो सकता है। इन परिस्थितिजन्य

साक्ष्यों से यह अनुमानित है कि उपाध्याय वाली अफ़वाह, केवल जनता को भ्रमित करने के षड्यन्त्र से मीडिया में प्रचारित की गई थी। इसका भी अनावरण हो जाता, यदि जस्टिस सहाय सरकारी दस्तावेज़ों [विशेषतः IB की फ़ाइलों] तक पहुँचने का प्रयास करते। किन्तु उन्होंने यह जांचने का प्रयत्न ही नहीं किया कि तालाब कितना गहरा है। उन्होंने शीतला सिंह के कथन (कि बाबा नेताजी नही थे) को परम सत्य घोषित कर दिया। परन्तु उसी शीतला सिंह के दावे कि बाबा का असली नाम कृष्णदत्त उपाध्याय को एक वितर्क एवं मात्र एक सन्देह बताते हुए अस्वीकार कर दिया। आधा तीतर, आधा बटेर!

अन्ततः हम एक साक्ष्य प्रस्तुत करना चाहते हैं। 2 मार्च 1986 को स्वयं इन्दुकुमार पाण्डेय ने आधिकारिक जांच के निष्कर्ष को संक्षेपतः अभिव्यक्त करते हुए लिखा: "इस प्रकरण में राज्य सरकार को पुलिस द्वारा की गई जांच से अवगत करवा दिया गया है तथा अब सरकार के अग्रिम निर्देशों की प्रतीक्षा है।" पाठकगण स्वयं ध्यानपूर्वक देखेंगे कि निम्नांकित दस्तावेज़ में पवित्र एवं नेताजी उल्लिखित हैं, किन्तु उपाध्याय का कोई वर्णन प्राप्त नहीं होता है।

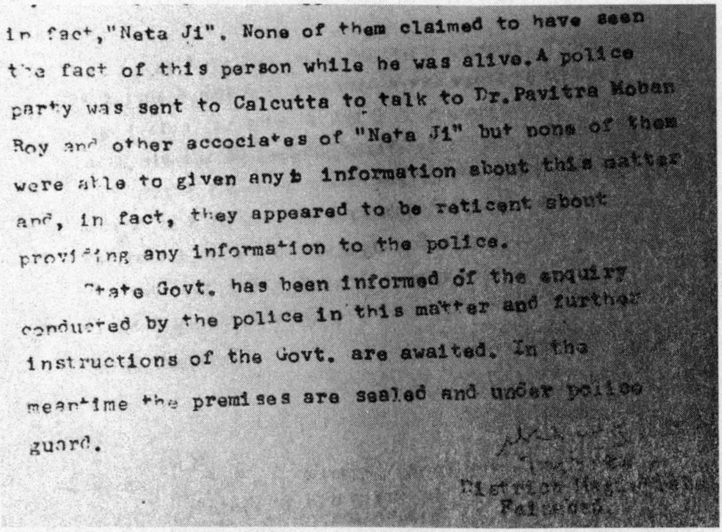
in fact,"Neta Ji". None of them claimed to have seen the fact of this person while he was alive. A police party was sent to Calcutta to talk to Dr. Pavitra Mohan Roy and other accociates of "Neta Ji" but none of them were able to given any information about this matter and, in fact, they appeared to be reticent about providing any information to the police.

State Govt. has been informed of the enquiry conducted by the police in this matter and further instructions of the Govt. are awaited. In the meantime the premises are sealed and under police guard.

District Magistrate
Faizabad.

[फ़ैज़ाबाद-ज़िलाधिकारी द्वारा संक्षेपतः प्रस्तुत समग्र प्रकरण, 2 मार्च 1986]

कृष्णदत्त उपाध्याय द्वारा हत व्यक्ति के भाई का वक्तव्य: *Scroll.in* द्वारा, सेठ ईश्वरदास बेनी प्रसाद के एक दावे के आधार पर, भगवनजी को उपाध्याय से जोड़ने का प्रयास कहाँ तक युक्तियुक्त है? प्रथमतः; यह मान्यता—कि प्रसाद, उपाध्याय के मित्र थे और भगवनजी से भी सम्पर्क रखते थे—कहीं प्रमाणित नहीं करती कि भगवनजी और उपाध्याय एक ही व्यक्ति थे। यदि 'क' और 'ख' परस्पर मित्र हैं तथा 'ख' और 'ग' भी मित्रवत् हैं; तो इससे यह सिद्ध नहीं होता कि 'क' और 'ग' एक ही व्यक्ति हैं। द्वितीयतः; भगवनजी का कोई भी परिचित उन्हें उपाध्याय के रूप में नहीं जानता था। यह एक सामान्य बात है कि उ.प्र. के रहने वाले "उपाध्याय" उपनाम वाले किसी सज्जन को हिन्दी भाषा से निश्चिततः परिचित होना चाहिए। किन्तु अंग्रेज़ी भाषा के व्याकरण से प्रभावित असामान्य वाक्य-विन्यास और बांग्ला एवं उर्दू शब्दों के प्रचुर प्रयोग ही यह सिद्ध कर देते है कि हिन्दी, गुमनामी बाबा की मातृभाषा नहीं थी। निम्नांकित पत्र में गुमनामी बाबा की त्रुटिपूर्ण हिन्दी का एक प्रतिरूप देखा जा सकता है।

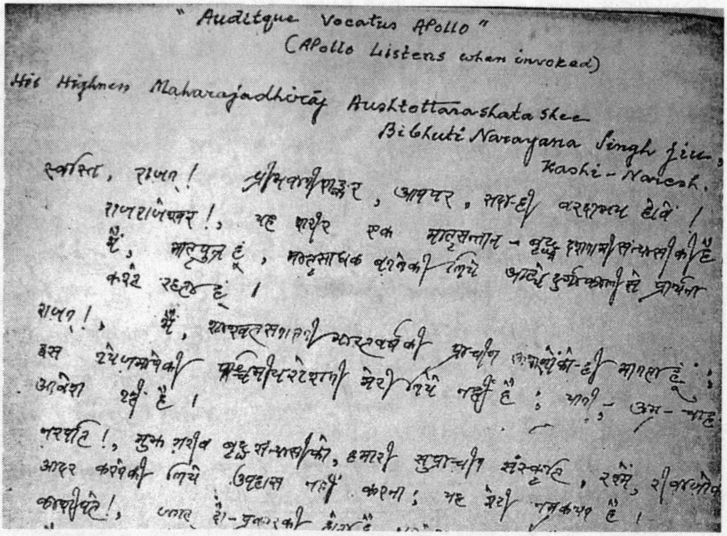
"Auditque Vocatus Apollo"
(Apollo Listens when invoked)
His Highness Maharajadhiraj Aushtottarashata Shee
Bibhuti Narayana Singh jiu,
Kashi-Naresh.
स्वस्ति, राजन्!

[भगवनजी भूतपूर्व काशी नरेश डॉ. विभूति नारायण सिंह के प्रति लिखते हैं: "मैं मातृभूमि का पुत्र हूँ।" सौजन्य: अशोक टण्डन]

तृतीयतः; गुमनामी बाबा के सहस्रों अनुस्मरणों-पत्रों इत्यादि में हमने कहीं बेनी प्रसाद का कोई उल्लेख नहीं पाया। जबकि किसी प्रमुख हितैषी का यत्किंचित् उल्लेख कहीं-न-कहीं तो अवश्य मिलना चाहिए था। न ही कोलकाता-स्थित भगवनजी के शिष्य [जिन्होंने अपने रहस्यों को हमारे साथ साझा किया] इस नाम को जानते हैं। भगवनजी को जानने वाले एकमात्र "प्रसाद" थे—शिव प्रसाद नाग [जिनको भगवनजी प्रेमपूर्वक "प्रसाद" कहा करते थे], किन्तु वे एक कोलकाता-स्थित शिक्षक थे; न कि व्यापारी। उनके सुपुत्र गवाह के रूप में मुखर्जी आयोग के समक्ष उपस्थित भी हुए थे।

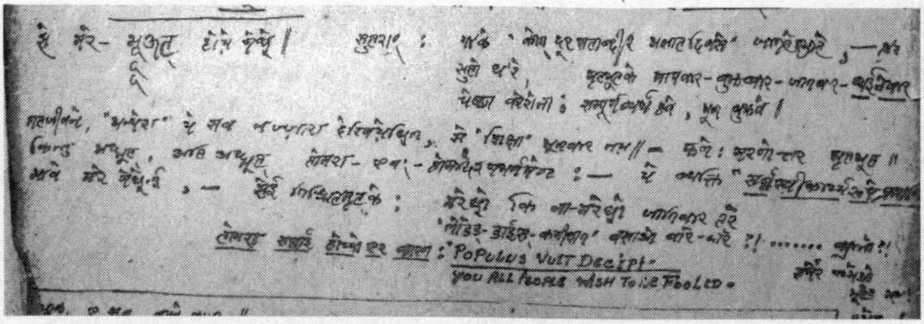
POPULUS VULT DECIPI - YOU ALL PEOPLE WISH TO BE FOOLED.

[भगवनजी प्रसाद के प्रति एक बांग्ला पत्र (देवनागरी लिपि में उपनिबद्ध) में लिखते हैं: "मैं मर चुका हूँ और एक भूत बन चुका हूँ। तुम और तुम्हारी सरकारें बहुत विचित्र हैं; जो बारम्बार शंकालु आयोगों को गठित करके यही जानना चाहते हैं कि मैं मर चुका हूँ या नहीं! इन सबके पीछे केवल तुम सभी लोग कारण हो। Populus vult decipi—तुम सभी लोग ठगे जाने के अभिलाषी हो।"]

चतुर्थतः; *Scroll.in* के पास भगवनजी और प्रसाद के कथित सम्बन्ध-विषयक जानकारी की कौतूहलपूर्ण स्रोत थीं—डॉ. आर.पी.मिश्र की धर्मपत्नी। सम्भवतः उन वृद्धा महिला ने शिव प्रसाद नाग को सन्दर्भित किया हो; क्योंकि वे अपने पति डॉ. मिश्र के भगवनजी के बंगाली शिष्यों से प्रायशः मिलतीं थीं। डॉ. मिश्र के पूरे परिवार [जिनसे सेवित होकर भगवनजी ने अपने अन्तिम वर्ष बिताए] ने उनकी पहचान के सन्दर्भ में सदा एक सार्वजनिक मौन धारण किया। डॉ. मिश्र ने मुखर्जी एवं सहाय आयोगों के समक्ष सत्य को छिपाए रखा; जिससे विवश होकर जस्टिस सहाय को भी अपनी रिपोर्ट में लिखना पड़ा: "स्व. सरस्वती देवी के अतिरिक्त; गुमनामी बाबा की पहचान पर प्रकाश डालने हेतु आर.पी. मिश्र ही सर्वाधिक उपयुक्त व्यक्ति हैं ... किन्तु दुर्भाग्यवश वे ऐसा नहीं कर रहे हैं। शोचनीय!"

स्व. मिश्र-दम्पति एवं उनके पुत्रों के साथ हुई हमारी अनेक वार्ताएँ हमें आश्वस्त करतीं हैं कि उनके सार्वजनिक वक्तव्यों एवं गोपनीय स्वीकारोक्तियों में आकाश-पाताल का अन्तर है। कदाचित् अल्पश्रम-साध्य जांच के द्वारा ही *Scroll.in* को वस्तुस्थिति का ज्ञान हो जाता। ध्यान रहे; यद्यपि *Scroll.in* ने श्रीमती मिश्र के वक्तव्य को उद्धृत अवश्य किया है; किन्तु भगवनजी की पहचान-सम्बन्धी उनके अन्य वक्तव्य सर्वथा अस्पृष्ट ही रहे। क्या श्रीमती मिश्र ने उन्हें कभी यह बताया कि गुमनामी बाबा कृष्णदत्त उपाध्याय थे? यह बात उस मान्यता से सर्वथा विपरीत है; जो हमें उनसे एवं उनके परिजनों से ज्ञात हुई। श्रीमती मिश्र ने बताया कि उन्होंने कभी भगवनजी का मुख नहीं देखा, किन्तु उनकी सुपुत्री को अकस्मात् एक बार इसका सौभाग्य मिला। एक बार; जब वह भगवनजी से मिलकर अपने आवास पर पहुँची; तो उसने एक चित्र को देखकर कहा, "ये वही हैं; जिनसे मैं अभी मिलकर आई हूँ।" वह चित्र नेताजी का था।

Scroll.in की जांच का एक अन्य अंश कहता है कि BJP एवं राष्ट्रीय स्वयंसेवक संघ से सम्बद्ध लोगों द्वारा भगवनजी और नेताजी के परस्पर सम्बन्ध की कपोल-कल्पना की गई है। स्मरण रहे; शीतला सिंह का वामपन्थी दृष्टिकोण लोकविश्रुत है, अतः उन्होंने BJP के एक क्षेत्रीय नेता (शक्ति सिंह) को विलक्षित किया। किन्तु वे कांग्रेस के क्षेत्रीय नेता तथा भगवनजी के उन शिष्य (पण्डा राम किशोर) को इंगित करना भूल गए; जिनके कारण सितम्बर 1985 में यह समाचार प्रथमतः प्रचारित हुआ था।

Scroll.in ने सैय्यद क़ौसर हुसैन (मुस्लिम), निर्मल निबेदॉन (ईसाई) एवं [अशोक टण्डन के ही समान सभी राजनैतिक दलों से सर्वथा असम्बद्ध] वी.एन. अरोड़ा (हिन्दू) द्वारा NIP के लिए सम्पादित मौलिक जांच पर भी कोई विचार नहीं किया। न ही उसने ललिता बोस (तात्कालिक कांग्रेस सदस्या), मोहम्मद हलीम (राजनारायण से सम्बद्ध) तथा विश्वबन्धु तिवारी का ही कोई संज्ञान लिया। इन तीनो ने ही इलाहाबाद उच्च न्यायलय में 1986 में जनहित याचिका लगाई थी। *Scroll.in* को यह ज्ञात भी न होगा कि भगवनजी की वस्तुओं को सुरक्षित करने का 1986-कालीन आदेश देने वाले न्यायाधीश कौन थे? वे थे—जस्टिस

सैय्यद शाघीर अहमद (कालान्तर में न्यायाधीश, उच्चतम न्यायालय) एवं जस्टिस जी.बी. सिंह। और न ही *Scroll.in* ने 2002 में *हिन्दुस्तान टाइम्स* के पत्रकार अनुज धर द्वारा की गई जांच का ही कोई उल्लेख किया है।

इस समूचे प्रकरण में एक दुर्भाग्यपूर्ण सत्य यह भी है कि उ.प्र. और केन्द्र में BJP की सरकारों ने भगवनजी-प्रकरण में कभी कोई रुचि नहीं ली। प्रत्युत वे नेताजी-मृत्यु-प्रकरण में कांग्रेस द्वारा लिए गए निर्णय को ही अग्रेसरित करते रहे है। इस पक्ष पर विशद चर्चा प्रस्तुत ग्रन्थ के अन्तिम अध्याय में द्रष्टव्य है।

अस्तु! अब "आनन्दमार्गी" वाले मत का विश्लेषण किया जाता है। 1985-86 में गुमनामी बाबा विवाद पर *नवभारत टाइम्स* में पत्रकार राकेश कुमार द्वारा लिखित छः "अनुसन्धान" लेख प्रकाशित हुए थे। 7 जनवरी 1986 की अन्तिम अंशिका में, गुमनामी बाबा के नेताजी होने की सम्भावना का अपरोक्ष खण्डन करते हुए, कुमार ने यह मनःकल्पित निष्कर्ष निकाल लिया कि वे "या तो कोई गुप्तचर थे, अथवा कोई नेताजी-समर्थक आनन्दमार्गी संन्यासी"। 1986 में गुमनामी-बाबा-प्रकरण के दब जाने के बाद, कुमार को पुनः कभी नहीं सुना गया। उन्होंने अपने मत को प्रमाणित करने हेतु प्रमाणोपस्थापन का कोई यत्न नहीं किया। यदि उनका मत यथार्थ होता, तो वे इलाहबाद उच्च न्यायालय, मुखर्जी आयोग अथवा स्थानीय अधिकारियों के समक्ष अपना वक्तव्य देने हेतु उत्साहपूर्वक अवश्य उपस्थित होते। गुमनामी बाबा के इस जटिल रहस्य को "सुलझा" देने के लिए राकेश कुमार को राष्ट्रीयस्तर की ख्याति प्राप्त हो जाती। काश! जस्टिस सहाय कुमार को खोज निकालते और उनसे जान पाते कि किस सूचना अथवा साक्ष्य के बल पर वे आनन्दमार्गी या गुप्तचर वाले [मनःकल्पित एवं हास्यास्पद] मतों को पत्रकारिता बताकर परोस रहे थे। हमारी अपनी जानकारी के अनुसार; भगवनजी आनन्दमार्ग का अनुमोदन कदापि नहीं करते थे।

भगवनजी को CIA का जासूस बताने वाला दावा, स्थानीय किंविदन्तियों पर आधारित था। पुस्तक के आठवें अध्याय में अयोध्या के पत्रकार वीरेन्द्र मिश्र एवं फैज़ाबाद पुलिस सुप्रिटेण्डेण्ट ज्ञानेश्वर झा वाले प्रकरण का उल्लेख किया जा चुका है। फरवरी 1979 में मिश्र ने झा को एक पत्र लिखकर यह सूचित किया

कि गुमनामी बाबा को लोग नेताजी या फिर CIA का एक जासूस बता रहे थे। मिश्र का पत्र आज भी ज़िलाधिकारी की सम्बन्धित फ़ाइलों में सुरक्षित है। वयोवृद्ध एवं ज्ञानवृद्ध वीरेन्द्र मिश्र, कालक्रम से अब नेताजी-पक्ष के अत्यन्त सन्निकट आ चुके हैं। उन्होंने हमें बताया कि उनके पत्र को प्राप्त करते ही SSP ज्ञानेश्वर झा, निजी रूप से गुमनामी बाबा के आवास पर पहुँचे थे।

हमने सहाय आयोग के समक्ष अपनी गवाही में अपेक्षित तथ्यों को यह सोचकर प्रस्तुत किया कि झा को आयोग के समक्ष उपस्थित होकर शपथपूर्वक गवाही देने हेतु आमन्त्रित किया जाएगा; कि उन्होंने मिश्र के पत्र को पाकर क्या कार्यवाही की तथा उसका क्या परिणाम निकला? किन्तु नहीं! न ही आयोग ने झा को आमन्त्रित किया तथा न ही प्रान्तीय अथवा केन्द्रीय सरकारों से इस दावे पर प्रकाश डालने हेतु कोई अनुरोध किया। सोचने की बात है, यदि किसी विदेशी गुप्तचर विभाग को अपना कोई जासूस भारत में बिठाना हो, तो वह ऐसी मूर्खता का परिचय नहीं देगा कि किसी वयोवृद्ध व्यक्ति को देश के किसी कोने में पर्दे के पीछे छिपाकर बैठा देगा। ऐसे जासूस दिल्ली-मुम्बई-जैसे अतिमहत्त्वपूर्ण नगरों में रहते है; ताकि सामरिक दृष्टि से उपयोगी गुप्त सूचना को जुटा सकें।

वहीं, केन्द्र सरकार के पास भी गुमनामी बाबा को CIA जासूस बताने वाले दावे को मानने का एक सुअवसर आया था। 1988 में, संसद में विनिर्दिष्टतः यह पूछा गया था कि गुमनामी बाबा कौन थे? CIA जासूस अथवा नेताजी। किन्तु सरकार इस प्रश्न को टाल गई। इसका क्या अर्थ निकाला जाए?

अब हम गुमनामी बाबा को एक "कृत्रिम (बहरूपिया)" नेताजी बताने वाले मत की समालोचना करेंगे; जिसकी प्रबलतम प्रचारिका हैं—अनुसन्धाता प्रो. पूर्बी रॉय (भूतपूर्व सदस्या, भारतीय इतिहास शोध परिषद्/ICHR)।

इण्डज़् विश्वविद्यालय (अहमदाबाद) में एक भाषण देते हुए प्रो. रॉय ने यह दावा किया कि उन्होंने नेताजी-प्रकरण पर पं. नेहरू एवं तात्कालिक IB निदेशक बी.एन. मलिक के लिखित संवादों वाली कुछ फ़ाइलें देखीं हैं। उनमें यह वर्णित था कि नेताजी के पुनरागमन से आशंकित नेहरू के परिप्रश्नों के उपलक्ष्य में मलिक ने उन्हें दस कृत्रिम नेताजी को स्थापित करने का परामर्श दिया। तदनन्तर; इन्दिरा

गांधी ने 1975 में उन्हीं मे-से एक का गुमनामी बाबा के रूप में प्रयोग किया।

थोड़ी देर के लिए यदि इस बात को सत्य मान भी लिया जाए, तो विचारणीय बात यह है कि मलिक एवं नेहरू इतने मूर्ख तो थे नहीं; जो ऐसी विस्फोटक बात को किसी सरकारी फ़ाइल में लिखा छोड़ देंगे। बहरहाल! सार्वजनिक हुई फ़ाइलों में ऐसा कोई भी तथ्य अद्यावधि दृष्टिगोचर नहीं हुआ है। अब केवल डॉ. रॉय ही यह बता सकतीं हैं कि उन्होंने उन फ़ाइलों को कहाँ देखा है। न ही उन्होंने अपने किसी परिचित के साथ आज तक इस जानकारी को साझा किया है; और न ही अपनी पुस्तकों अथवा लेखों में भी इस विषय पर कोई प्रकाश डाला है। फलतः हम उनके इस मौखिक दावे को काल्पनिक मानने हेतु बाध्य हैं।

रॉय यह भी कहतीं हैं कि अधिकारियों द्वारा भगवनजी के कृत्रिम हस्तलेख-प्रतिरूप बनाए गए हैं। यह विचारधारा प्रायः हर उस व्यक्ति की है; जो, अपने "भगवनजी नेताजी नहीं हो सकते" इत्यादि व्यक्तिगत पूर्वाग्रह के कारण, विद्वान् हस्तलेख-विशेषज्ञों द्वारा प्रदत्त निष्कर्षों [कि बाबा के हस्तलेख में कृत्रिमता के कोई चिह्न नहीं है इत्यादि] को निरस्त करने का दिवास्वप्न देख रहा है।

वस्तुतः उपर्युक्त परिकल्पना इसलिए अनुचित है; क्योंकि इतनी बड़ी संख्या में कृत्रिम हस्तलेखों को स्थापित करना किसी ऊँट को सुई की नोंक से निकालने-जैसा असाध्य कार्य है। ऐसा व्यापक फ़ॉरेन्सिक छल, IB अथवा किसी अन्य भारतीय गुप्तचर विभाग के सामर्थ्य का विषय नहीं है। हाँ! कुछ-एक कृत्रिम दस्तावेज़ अवश्य बनाए जा सकते हैं, किन्तु उसकी सम्भावना भी अत्यन्त सीमित है।

प्रसंगवश आयरिश क्रान्तिकारी रॉजर केसमैण्ट की "काली डायरियाँ" उदाहरणत्वेन उल्लेखनीय हैं; जिनमें कथित रूप से किशोर लड़कों के साथ उसके समलैंगिक सम्बन्धों का वर्णन उल्लिखित था। 1916 में केसमैण्ट को हिरासत में लेने के बाद; वे सब स्कॉटलैण्ड यार्ड के अधिकार में प्रेषित कर दी गईं। तदुपरान्त उनका प्रयोग केसमैण्ट की फ़ाँसी तक उसके स्वेच्छाचार को सार्वजनिक रूप से प्रचारित करने हेतु होने लगा। 1930-दशक से ही उन डायरियों की प्रामाणिकता विवादास्पद थी। कारण कि बारम्बार यह कहा जा रहा था कि अंग्रेज़ी अधिकारियों ने केसमैण्ट को कलंकित करने के लिए उन कृत्रिम डायरियों का विनिर्माण किया

था। 2002 में विश्वप्रसिद्ध दस्तावेज़-फ़ॉरेन्सिक वैज्ञानिक ऑड्रे जाईल्स के द्वारा जांच करने पर यह प्रमाणित हुआ कि उन डायरियों में उपलब्ध सभी हस्तलेख निःसन्देह केसमैण्ट के ही हैं।

2009 में क्रिस्टोफ़र एण्ड्र्यू (खूफ़िया-सेवा इतिहास के गणमान्य विद्वान्) ने द *डिफ़ेन्स ऑफ़ द रेल्म: द ऑथोराईज़्ड हिस्ट्री ऑफ़ MI-15* में उपर्युक्त प्रकरण पर टिप्पणी करते हुए लिखा कि किसी अंग्रेज़ी गुप्तचर विभाग के लिए इतनी बड़ी संख्या में हस्तलेख-प्रतिरूपों को बनाना कदापि सम्भव नहीं था। उन्हीं के शब्दों में: "यहाँ तक कि KGB—जिसकी डिसिन्फ़ोर्मेशन-विभागीय सेवा 'A' ने, किसी पश्चिमी खूफ़िया-संस्था की अपेक्षा, कृत्रिम-रचनाओं का सर्वाधिक प्रयोग किया है—ने भी इस सीमा तक कृत्रिम हस्तलेख नहीं बनाए होंगे।"

तीन दशकों की कालावधि में लिखे गए भगवनजी के उपलब्ध हस्तलेख-प्रतिरूपों की संख्या इतनी अधिक है, कि 1985 या उससे पूर्व, KGB, CIA, MI6, IB द्वारा संयुक्ततः भी उतने कृत्रिम प्रतिरूप बनाना असम्भव था। दो विभिन्न भाषाओं (अंग्रेज़ी एवं बांग्ला) में किसी व्यक्ति के हस्तलेखों का कई दशकों तक अनुकरण कर सकना वैज्ञानिक दृष्टि से असंगत है। और जैसा कि पूर्वोल्लिखित है कि बी. लाल, कर्ट बैगेट, अशोक कश्यप को [अथवा नकारात्मक निष्कर्ष को प्रस्तुत करने वाले किसी सरकारी विशेषज्ञ को भी] भगवनजी के हस्तलेख में कृत्रिमता का कोई चिह्न नहीं मिला। हस्तलेख उपलब्ध हैं, सर्वथा प्रामाणिक हैं तथा नेताजी के हस्तलेख से पूर्णतः साम्य भी रखते हैं। अतः जो लोग इसको ताक पर ही रख चुके हैं, उनका हम क्या करें?

फ़ॉरेन्सिक के अतिरिक्त; अन्य आकस्मिक एवं वस्तुगत साक्ष्यों के विश्लेषण से भी हम वही निष्कर्ष पाते हैं; जो हस्तलेख के बल पर प्राप्त है। ऐसा भी नहीं है कि हमने "कृत्रिम नेताजी" वाले दावे की गवेषणा नहीं की। किन्तु दो युक्तियों के द्वारा उक्त दावे का निराकरण हो जाता है: 1. किसी की विलक्षणताओं का अनुकरण करना सम्भव है। किन्तु, तीन दशकों तक किसी अन्य व्यक्ति के रूप-व्यवहार-संस्मरण-हस्तलेख-वैश्विकज्ञान-इत्यादि की सम्पूर्ण अनुकृति सर्वथा असाध्य है। तथा; 2. तीन दशकों तक की गई किसी की अनुकृति [छल नहीं;

अपितु] वास्तविकता ही होगी। कारण कि कोई कपटी किसी लाभ की अपेक्षा में ही छल का आश्रय लेगा; न कि ऐसे अज्ञातवासी होकर जीवनयापन करेगा।

अब इस बिन्दु पर विचार करते हैं कि कहीं IB द्वारा भगवनजी के रूप में एक "कपटी" को प्रायोजित कर उसको नेताजी बताने का प्रयोजन—रूस में हुई उनकी हत्या को छिपाना तो नहीं था? सुब्रह्मण्यम् स्वामी का यह अभिमत है कि नेताजी ने अपनी मृत्यु का मिथ्या-प्रचार किया; किन्तु स्टालिन ने उनको, किसी साइबेरिया-स्थित कारावास में बन्धक बनाकर, लगभग 1953 में फ़ाँसी देकर अथवा गला घोटकर मरवा दिया था। स्वामी पुनः कहते हैं कि गुमनामी बाबा, नेहरू के शासनकाल में, IB के द्वारा प्रायोजित एक छल है।

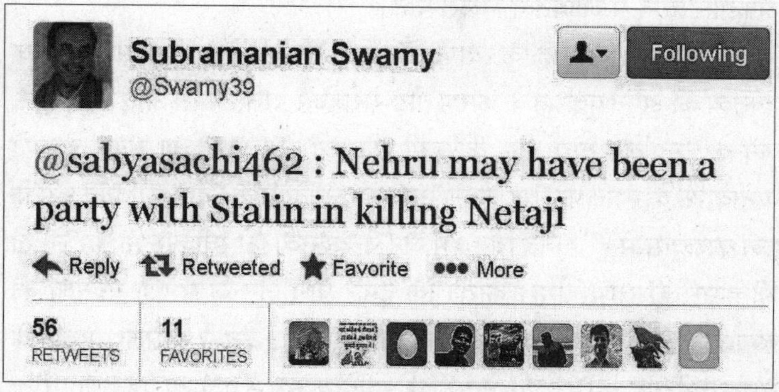

[डॉ. स्वामी का एक ट्वीट]

2015 के *टाइम्स ऑफ़ इण्डिया* के एक अंक के अनुसार; स्वामी यह तर्क देते हैं कि स्टालिन ने नेहरू को दिसम्बर 1945 में एक पत्र लिखकर यह सूचित किया कि बोस उसके अभिरक्षण में हैं तथा नेहरू से यह परामर्श माँगा कि उनके साथ क्या करना चाहिए। पत्र प्राप्त होते ही; नेहरू ने यथाशीघ्र अपने टाइपिस्ट श्यामलाल जैन को बुलवाया और अंग्रेज़ी प्रधानमन्त्री के प्रति लिखित एक पत्र को टंकित करवाया। जैन ने इन तथ्यों को खोसला आयोग के समक्ष प्रस्तुत किया। पूर्वोक्त समाचारपत्र के शब्दों में: "स्वामी ने जैन के वक्तव्य के आधार पर यह कहा कि नेहरू ने अंग्रेज़ी प्रधानमन्त्री को यह चेताया कि उनके पास बोस

के सोवियत रूस-स्थित किसी कारावास में होने की सूचना है। मेरे मतानुसार; अंग्रेज़ी अधिकारी यथाशीघ्र सोवियत रूस पहुँचे और उन्होंने बोस की मृत्यु को सुनिश्चित किया।”

स्वामी का यह दावा सुनने में सत्याभासी प्रतीत होता है; किन्तु वस्तुतः सत्य से कोसों दूर है। स्टालिन नेहरू के प्रति कोई विशेष सौहार्द नहीं रखते थे। प्रत्युत सन् 2000 में एशिएटिक सोसाइटी के अनुसन्धाताओं ने मॉस्को-स्थित दस्तावेज़ों में पाया कि स्टालिन ने नेहरू को “राजनैतिक वेश्या” करार दिया था। दूसरी ओर; अनेक साक्ष्य उपलब्ध हैं; जो यह दर्शाते हैं कि नेताजी और रूस के परस्पर अच्छे सम्बन्ध थे। 1941 में यदि रूस ने नेताजी की सहायता न की होती, तो वे अफ़गानिस्तान से जीवित न निकल पाते।

दुर्भाग्य का विषय है कि स्वामी, जैन द्वारा खोसला आयोग के समक्ष प्रस्तुत वक्तव्य को अपने पूर्वाग्रह के कारण तोड़-मरोड़कर प्रस्तुत करते आए हैं। उन्होंने, जैन के “स्टालिन द्वारा बोस को रूसी सीमाओं में प्रवेश दिया गया” इत्यादि वक्तव्यांश के स्थान पर, यह कहना आरम्भ कर दिया कि “बोस सोवियत रूस के एक कारावास में हैं”। कदाचित् हम जैन के वक्तव्य को स्वीकार भी कर लें, तो भी हमारा ही लाभ होगा। कारण कि हमारे पास जैन के सम्पूर्ण वक्तव्य की छायाप्रति (RTI द्वारा प्राप्त) उपलब्ध है। तदनुसार; जैन ने खोसला आयोग के समक्ष कभी यह नहीं कहा कि नेताजी की सोवियत रूस में हत्या हो गई। तद्विपरीत; जैन ने यह दावा किया कि नेताजी आज (गवाही के समय तक) भी जीवित हैं तथा यह भी कहा कि 1967 में वे नेताजी से मेरठ (उ.प्र.) में मिल चुके हैं।

स्वामी का “नेहरू-काल में IB ने भगवनजी को प्रायोजित किया” इत्यादि दावा भी सर्वथा निराधार है। गुमनामी-बाबा-प्रकरण, 1985-उत्तरार्ध में, उन (बाबा) के देहान्त के उपरान्त ही प्रथमतया प्रकाशित हुआ। उस समय, कांग्रेस ऐतिहासिक बहुमत के साथ भारतीय संसद में प्रतिष्ठित हो चुकी थी। अतः तब, IB द्वारा उपर्युक्त प्रकरण को प्रायोजित करने की कोई संगति नहीं बनती। भला अपनी लोकप्रियता के शिखर पर पहुँच चुकी राजीव गांधी सरकार उस गड़े मुर्दे को क्यों उखाड़ेगी?

स्मरण रहे; इन दिनों स्वामी के राजनैतिक दल की सरकार ही सत्तारूढ़ है। अतः वे उन कार्यों को भी सहजतया सम्पादित कर सकते हैं; जो हमारे लिए कल्पनातीत हैं। यदि वस्तुतः गुमनामी बाबा, किसी महत्त्वपूर्ण रहस्य को छिपाने हेतु [नेहरू के निर्देशानुसार] IB द्वारा प्रायोजित थे; तब तो BJP सरकार का यही पवित्र दायित्व बनता है कि वह तत्सम्बन्धी सभी दस्तावेज़ों को सार्वजनिक करे। आज तक की स्थिति यही है कि सरकार ने एक भी IB फ़ाइल को सार्वजनिक नहीं किया है; और न ही नेताजी के परिजनों एवं अन्यों पर होने वाली गुप्तचरी पर अपनी सफाई दी है।

जस्टिस सहाय से हमने यह अनुरोध किया था कि स्वामी को आयोग के द्वारा आमन्त्रित किया जाए; जिससे उनके दृष्टिकोण को जानकर, IB निदेशक के द्वारा उन्हें सत्यापित करवाया जा सके। यह एक अत्यन्त सरल एवं सुगम उपाय था; किन्तु जज साहिब ने इसकी ओर आँख उठाकर भी नहीं देखा।

जनरल बख्शी ने अपनी पुस्तक *एन इण्डियन समुराई* (के.डब्ल्यू. प्रकाशन, दिल्ली, 2016) में यह तर्क दिया है कि यह नेताजी के व्यक्तित्व से सर्वथा विपरीत है कि वे दो से अधिक दशकों तक छिपकर रहें। इसका विस्तृत विवेचन अग्रिम अध्याय में किया जाएगा। बख्शी ने अपनी पुस्तक में अन्यत्र एक अन्य परिकल्पना को प्रस्तुत किया है कि चूंकि अंग्रेज़ी गुप्तचर विभाग ने NKVD (KGB की पुरोगामी संस्था) के साथ दो अनुबन्धों पर हस्ताक्षर किए थे, अतः यह सम्भव है कि अंग्रेज़ों ने उनको सोवियत कारावासों में नेताजी से परिप्रश्न तथा उनकी हत्या करने हेतु प्रेरित किया हो; ताकि भारत में इसपर कोई प्रतिक्रिया या जनाक्रोश न होवे।

बख्शी, सोवियत और अंग्रेज़ों के मध्य हुए युद्धकालीन अनुबन्धों पर अपेक्षाकृत अधिक ही विचार कर रहे हैं। अनुबन्ध हो या नहीं; किन्तु पहले आश्रय देकर, पीछे नेताजी को अंग्रेज़ों के प्रति सौंप देना—यह रूसियों के लिए न्यायसम्मत नहीं था। तदतिरिक्त; उन दिनों रूसियों और अंग्रेज़ों के मध्यवर्ती सम्बन्ध बहुत सौहार्दपूर्ण भी नहीं थे। वे दोनों केवल अपने पारस्परिक शत्रु (नाज़ी जर्मनी) को परास्त करने हेतु सन्धिबद्ध थे। उनकी तो क्या कहें; अंग्रेज़ो

और अमरीकियों तक की इतनी घनिष्ठ पारस्परिक मैत्री नहीं थी।

अंग्रेज़ी एवं अमरीकी खूफ़िया-संस्थानों की परस्पर वार्ताओं के मर्मस्पर्शी विवरण—*इण्टैलिजेंस एण्ड द वॉर अगेन्स्ट जापान: ब्रिटेन, अमेरिका एण्ड द पॉलिटिक्स ऑफ़ सीक्रिट सर्विस* में डॉ. रिचर्ड जे. एल्ड्रिक़ ने यह प्रतिपादित किया है कि 1942 से ही मित्रराष्ट्रों ने, अपने पारस्परिक शत्रु को छोड़कर, एक-दूसरे की भावी महत्त्वाकांक्षाओं पर गुप्तचरी को बढ़ाना आरम्भ कर दिया था। हमारे समय में, CIA ने अमेरिकी आन्तरिक खुफ़िया संस्थान (FBI) के साथ सभी जानकारियाँ साझा करने में आनाकानी की; और यही मुख्य कारण था कि 9/11 के दुर्भाग्यपूर्ण हमले टल नहीं पाए। जनरल बख्शी भलीभांति जानते हैं कि यहाँ भारत में भी R&AW और IB की परस्पर अन्तर्द्वन्द्विता बहुचर्चित है।

जनरल बख्शी के दावे [कि नेताजी रूस में मारे गए] पर विश्वास न करने हेतु अनेक युक्तियाँ उपलब्ध हैं। 14 अक्टूबर 2015 को, बोस परिवार, जनरल बख्शी तथा लेखकद्वय के एक दल ने प्रधानमन्त्री नरेन्द्र मोदी एवं विदेशमन्त्री सुषमा स्वराज से भेंटपूर्वक यह अनुरोध किया था कि वे रूस के साथ इस समग्र प्रकरण की उच्चस्तरीय चर्चा करें।

9 मार्ग 2017 को स्वराज ने संसद में यह उल्लेख किया कि रूसी सरकार ने सूचित किया है: "भारतीय सरकार के नवीनतम अनुरोध पर, रूसी अभिलेखागार में एक नवीन जांच की गई; जिसमें नेताजी बोस की मृत्यु-सम्बन्धी कोई दस्तावेज़ प्राप्त नहीं हुए।" यदि इसे सुबोध भाषा में कहें, तो रूसियों ने बारम्बार यही स्पष्ट किया है कि उनके पास नेताजी की मृत्यु-सम्बन्धी कोई सूचना नहीं है; जो कि उनके

पास अवश्य होती, यदि वे उनके देश में दिवंगत हुए होते तो। इससे पूर्व 1970 में भी, सोवियत दूतावास ने एक संक्षिप्त विज्ञप्ति प्रस्तुत की थी: "सोवियत अधिकारियों का सुभाष चन्द्र बोस के अन्त से कुछ भी लेना-देना नहीं है।"

इस सन्दर्भ में [जी.डी. खोसला आयोग के कार्यकाल में] भगवनजी ने पबित्र मोहन रॉय के प्रति लिखित अपने एक बांग्ला पत्र में एक रोचक टिपण्णी की थी: *भारत सरकार की "चौदह पीढ़ियाँ" भी रूसियों से उनके सन्दर्भ में किसी सत्य को प्रकट नहीं करवा पाएँगी।*

अज्ञातवास की विवशता

यदि भगवनजी ही सुभाष चन्द्र बोस थे, तो वे देश के समक्ष प्रकट क्यों नहीं हुए?—इस प्रश्न का स्पष्टतम उत्तर देने में सबसे बड़ी बाधा है: हम सभी के मनःपटलों पर चित्रित नेताजी की पराक्रान्ती छवि। क्यों एक ऐसा शूरवीर—जिसने स्वावलम्बी होकर महात्मा गांधी सहित सभी शीर्षस्थ कांग्रेसी नेताओं से लोहा लिया; विश्वव्यापी दिग्गज नेताओं [और तानाशाहों] को अपने अनुकूल किया तथा भारत में अंग्रेज़ीराज पर एक निर्णायक प्रहार किया—अपने ही देश में इतनी दीर्घ कालावधि तक अज्ञातवास में रहेगा?

यह धारणा अपने आप में इतनी प्रभावशाली है कि, एक स्वयंसिद्ध सत्य के रूप में सर्वत्र ख्यापित होकर, यह गुमनामी-बाबा-पक्ष को उपस्थापित करने हेतु एक प्रबल चुनौती के रूप में हमारे समक्ष खड़ी हुई है। अधिकतर लोग उन अनाम संन्यासी के नेताजी होने की सम्भावना तक को केवल इसीलिए बिना सुने निरस्त कर देते हैं; क्योंकि उनकी मान्यता के अनुसार, नेताजी के लिए ऐसा अज्ञातवास करना सर्वथा असम्भव था। पराक्रम और प्रतिकार—ये दोनों सुभाष बोस के प्रसिद्ध चारित्रिक लक्षण/गुण थे। तो फिर नेताजी को किसका भय हो सकता है? वे इतने अशक्त कैसे हो सकते हैं कि अपने देशवासियों के बीच रहकर भी उन्हीं से ही छिपकर रहें?

परन्तु क्या ऐसा सोचना वस्तुतः तर्कसंगत है? क्यों न हम पहले यह पूछें कि क्या भगवनजी को नेताजी से जोड़ने वाला कोई साक्ष्य है या नहीं? यदि "नहीं", तो यह कथा यहीं समाप्त हो जाती है। देश के किसी एक कोने में छिपकर बैठा कोई संन्यासी जनता के समक्ष प्रकट नहीं हुआ, तो उससे देशवासियों का क्या लेना-देना? किन्तु यदि उत्तर हो, "हाँ! ऐसे अनेक प्रबलतम साक्ष्य उपलब्ध हैं; जो नेताजी और बाबा का पारस्परिक सम्बन्ध जोड़ते हैं", तब पहला प्रश्न यही खड़ा होगा कि वे क्या कारण थे; जो उनके प्राकट्य में बाधक थे। अब चूंकि हम गवाहों, लिखित साक्ष्यों एवं फ़ॉरेन्सिक-अभिसाक्ष्यों पर विचार करके इस निष्कर्ष पर पहुँच चुके हैं कि भगवनजी निःसन्देह नेताजी थे; अतः उनके प्राकट्य में बाधक बनने वाले कारणों पर चिन्तन करने की योग्यता हम सभी को प्राप्त हो चुकी है।

इस पूरी अन्वेषण-यात्रा में हमारे सबसे बड़े मार्गदर्शक होंगे—स्वयं भगवनजी के कथन; जो प्रत्यक्ष या परोक्ष रूप में लिखित तथा [हमारे लिए] उपलब्ध हैं, अथवा उनके शिष्यों की स्मृतियों में सुरक्षित हैं। हमारे लिए एक अतीव शोचनीय विषय यह भी है कि भगवनजी के मुख्यतम शिष्य बहुत पहले ही दिवंगत हो चुके हैं। शेष जिनसे हमारी भेंट हुई, वे उतने मुखर नहीं हुए; जितनी हमें आशा थी। 1952 से 1962 पर्यन्त लिखित उनका कोई पत्र हमें नहीं मिला। 1962-उत्तरार्ध में बंगाली क्रान्तिकारियों के सम्पर्क में आने के बाद ही उन्होंने सैकड़ों पत्र एवं टिप्पणियाँ लिखीं। उनमें भी अधिकांश हमारे लिए अनुपलब्ध हैं; क्योंकि भगवनजी के शिष्यों ने उन्हें गुप्त रखा है। पवित्र मोहन रॉय को लिखित भगवनजी के कई पत्र हमें प्राप्त हुए; परन्तु संवेदनशील तथ्यों से युक्त अधिकतर पत्र, रॉय द्वारा स्वयं ही विनष्ट कर दिए गए थे।

हमारे पास केवल भगवनजी के कुछ पत्रों एवं ज्ञात कथनों में प्रदर्शित अस्त-व्यस्त जानकारियाँ ही हैं। फलतः उन्हीं में उपलब्ध बिन्दुओं को जोड़कर हम एक चित्र आपके समक्ष प्रस्तुत करते हैं। भगवनजी के प्रकट न हो सकने के स्वदेशी एवं विदेशी संकटों से परिप्लुत अनेक कारण हैं; जो विभिन्न कालों में प्रभावी थे तथा वस्तुस्थिति को पूर्णतः परिवर्तित करने में समर्थ भी थे।

अनेक बार विभिन्न बुद्धिजीवियों एवं अन्यों ने यह परिकल्पना की है कि यदि नेताजी 1947 के आस-पास भारत लौट आते, तो क्या होता। समाजवादी नेता राममनोहर लोहिया ने अपनी पुस्तक *गिल्टी मैन ऑफ़ इण्डियाज़ पार्टिशन* (बी. आर. पब्लिशिंग कॉर्पोरेशन द्वारा प्रकाशित) में लिखा: "यदि नेताजी सुभाष, स्वतन्त्रता हेतु अपने महान् एवं अतुलनीय साहसिक प्रकल्प के बाद, इस देश में लौटते; तो वे नेहरू के लिए अधिकाधिक छः मास तक ही चुनौती बन पाते। यदि नेहरू, बोस के पुनरागमन के छः मास बाद तक जीवित रहते; तो वे छः मास बाद पुनः शीर्षस्थ पद पर प्रतिष्ठित हो जाते तथा सुभाष बोस को विपक्ष अथवा द्वितीय सर्वोच्च पद में से एक प्राप्त होता। कारण कि बोस में नेहरू-जैसा परिष्कृत चातुर्य नहीं था... ।"

"क्या होता, यदि..." इत्यादि सभी परिकल्पनाओं की यही धारणा थी कि नेताजी 1946 या 1947 में ही लौटेंगे। किन्तु वास्तव में 1950-दशक के आरम्भिक वर्षों में जब भगवनजी भारत-नेपाल-सीमा के मार्ग से भारत में प्रविष्ट हुए, तब सभी परिस्थितियाँ अत्यधिक परिवर्तित हो चुकी थीं।

तब तक सरदार पटेल का देहावसान हो चुका था; जबकि पं. नेहरू, कांग्रेस या विपक्ष में अपनी गम्भीर प्रतिद्वन्द्विता के अभाव में, दृढ़तापूर्वक सर्वोच्च सत्ताधीश के रूप में अभिषिक्त हो चुके थे। कांग्रेस ने, [489 में से] 419 सीटों को जीतकर, लगभग पूरी लोकसभा पर अपना एकच्छत्र आधिपत्य स्थापित कर लिया था। उनके प्रमुख प्रतिद्वन्द्वी थे—कम्यूनिस्ट दल, तदुपरान्त सोशलिस्ट दल। नेताजी के प्रति कम्यूनिस्ट दल की दृष्टि अत्याधिक वैषम्यपूर्ण थी; जबकि सोशलिस्ट दल का 1939 [जब नेताजी को उनके सहयोग की सर्वाधिक आवश्यकता थी, उस काल] में उनको छोड़ना वे कदापि भुला नहीं सकते थे।

श्यामा प्रसाद मुखर्जी [जिनके प्रति भगवनजी ने अपने सौहार्द को ज्ञापित किया था] भारतीय जनसंघ को स्थापित कर चुके थे; किन्तु 1953 में वे भी परलोकवासी हो गए। दक्षिण में चक्रवर्ती राजगोपालाचार्य, कांग्रेस को छोड़कर अपने अग्रिम यात्रापथ पर अग्रसर थे। किन्तु, उनके कांग्रेस में प्रवेशकाल से ही, उनके एवं नेताजी के मध्य रहे पर्याप्त वैचारिक मतभेद एवं विरोधाभास सर्वथा

अविस्मरणीय थे। नेताजी का निजी दल फ़ॉर्वर्ड ब्लॉक पहले ही दो भागों में विभक्त हो चुका था तथा द्रुतगति से अग्रिम विघटन की ओर उन्मुख था। 1930-दशक में गांधी और नेहरू के शरणापन्न हुए डॉ. बी.सी. रॉय अब बंगाल के मुख्यमन्त्री बन चुके थे। बंगाल में कम्यूनिस्ट, विपक्ष का नेतृत्व कर रहे थे; जिनके प्रति भगवनजी पहले से ही अवसन्न थे।

संक्षेपतः कहें, तो कुछ-एक फुटकर दलों को छोड़कर, कोई ऐसा बड़ा दल नहीं था; जो पुनरावर्तित या प्रकट होने वाले नेताजी का सहायक सिद्ध हो पाता। कदाचित् वे उभरती लोकभावनाओं के चलते उनके प्रति ऊपरी सहानुभूति भी दिखाते, तो भी उनमें परस्पर ऐसी कोई वैचारिक मैत्री नहीं थी; जिससे उन दोनों में होने वाला गठबन्धन दीर्घ काल तक सुस्थिर रह पाता। न ही उनके कोई ऐसे राष्ट्रीय राजनैतिक आदर्श पुरुष भी थे; जिनको नेताजी अपना निष्ठावान् मित्र समझ पाते। उन्हें सर्वत्र अकेले ही डटना पड़ता। कभी उनके साथ खड़े रह चुके पुराने क्रान्तिकारी अब उस स्थिति में नहीं थे कि कांग्रेस के विरुद्ध एक स्वस्थ प्रतिद्वन्द्वी बनकर उज्जीवित हो सकें।

INA के दिग्गजों तथा नेताजी के निजी सहयोगियों एवं समर्थकों को स्वतन्त्र भारत में पुनः एकत्रित होने नहीं दिया गया था। जबकि द्वितीय विश्वयुद्ध में धुरी राष्ट्रों (जर्मनी-जापान-इत्यादि) के साथ उनके सम्बन्धों का अभिप्राय था—तात्कालिक विश्व के अधिकतम राष्ट्रों से उन्हें कोई सहयोग न मिल सकना। नेताजी के सत्तारूढ़ होने का अर्थ था—वे सभी राष्ट्र, भारत से किसी तरह का सम्बन्ध नहीं रखते। एक अत्यन्त दरिद्र देश—जिसको कुछ समय पूर्व ही स्वतन्त्रता मिली थी—अपने प्रगतिपथ पर अलग-थलग पड़ जाता। परिणामतः भारतीयों को असंख्य कठिनाईयों का सामना करना पड़ता।

एक ओर, भगवनजी असन्दिग्धरूप से प्रकट होने के अभिलाषी थे। लगभग 1980 में उन्होंने पण्डा रामकिशोर को कहा था, “जब हम बाहर आएँगे, तो हम-ही-हम होंगे।” किन्तु दूसरी ओर, वे इस बात पर भी चिन्तित थे कि उनके प्राकट्य पर उनके समर्थकों एवं विरोधियों में रक्तपात होगा। जुलाई 1977 में हुई एकान्तिक वार्ता में सुनील दास के प्रश्न—कि यह नई जनता पार्टी की सरकार

आपको "पुनः लौटने तथा आपके योग्य पद को ग्रहण करने हेतु" आमन्त्रित क्यों नहीं करती?—के प्रत्युत्तर में उन्होंने कहा था, "यदि मैं बाहर निकला, तो कई निर्दोष मारे जाएँगे।"

अनेक अवसरों पर भगवनजी ने यह दावा भी किया कि वे भारत की सेवा करते आ रहे हैं, करते जाएँगे तथा कार्यपूर्ति के अनन्तर वहाँ से अन्तर्धान भी हो जाया करेंगे। उन्होंने 1962 में अपनी भेंट के तुरन्त पश्चात् पवित्र के प्रति निम्नलिखित पंक्तियाँ लिखीं:

"तुम्हारे इस मृतक व्यक्ति ने तुम [अर्थात् बंगाल, भारत और अपने घर] से कुछ नहीं लिया ... उसने कुछ भी नहीं लिया, उसने अपने लिए कुछ भी नहीं रखा, उसने अपने लिए कुछ भी नहीं किया। वह अपने लिए अथवा अपने वैयक्तिक अभ्युदय और सत्ता के लिए कुछ नहीं चाहता। वह स्वयं को भारत के लिए समर्पित कर चुका है। उसने भारत को कुछ दिया और स्वयं को मिटा लिया। वह बंगाल, भारत और दक्षिणपूर्वी एशिया को पुनः कुछ देगा तथा स्वयं को मिटा लेगा।"

इन विचित्र कथनों की पृष्ठभूमि को ध्यान में रखते हुए, अब हम भगवनजी को प्रकट न होने देने वाली सम्भावनाओं का यथायोग्य समीक्षण करते हैं। इनमें से सर्वाधिक तर्कसंगत तथ्य को निर्धारित करने हेतु हम "Occam's Razor" (ऑकम के लाघव-न्याय) और "The Sagan's Standard" (सेगन के मानक) का उपयोग करेंगे। उक्त दोनों मे से प्रथम, तर्कशास्त्र एवं गवेषणा का एक सुप्रसिद्ध दार्शनिक न्याय है; जिसका प्रयोग किसी प्रसंग में वर्णित असम्भव तथ्यों के निरसन हेतु किया जाता है। "ऑकम के लाघव-न्याय" का आशय है—क्लिष्ट के बजाय एक सुगम कल्पना ग्राह्य है। चिकित्सक एवं जासूसी कहानियों के लेखक ऑर्थर कॉनन डॉयल की सूक्तियों में से एक जिसको उन्होंने शरलॉक होम्स के वचन के रूप में अपने *द साईन ऑफ़ द फ़ोर* में स्थान दिया है, इस प्रकार है: "मुझे तुमको यह कितनी बार बताना होगा कि सभी असम्भव विकल्पों को निरस्त कर देने पर जो बच जाता है, चाहे असम्भाव्य ही क्यों न हो; वह सत्य ही होता है।"

जबकि "सेगन का मानक" एक ऐसा सूत्र है; जिसका प्रयोग विद्वद्भोग्य साहित्य में अधिकतर दृष्टिगोचर होता है। विख्यात खगोलशास्त्री कार्ल सेगन के द्वारा निर्मित इस सूत्र का तात्पर्य है—"असाधारण दावों को सिद्ध करने के लिए असाधारण प्रमाणों की आवश्यकता होती हैं।"

प्रथम सम्भावना के अनुसार; भगवनजी का यह दावा था कि वे अलौकिक शक्तियों से सम्पन्न थे। उनके अनन्य शिष्यों ने भी कहा कि भगवनजी उच्चतम आध्यात्मिक अवस्था में प्रतिष्ठित हो चुके थे। यह उन सभी ने सामान्यतः अनुभव किया था। वहीं दूसरी ओर, सुभाष बोस की आध्यात्मिक अभिरुचि लोकविश्रुत है। अपनी किशोरावस्था में गृहत्यागकर उन्होंने हिमालय क्षेत्र में गुरु की खोज की थी। इसी प्रकार; उन्होंने अपनी अपूर्ण आत्मकथा का शीर्षक चुना—*एन इण्डियन पिल्ग्रिम* (एक भारतीय तीर्थयात्री)। 1930-दशक में उन्होंने जर्मनी में अपने एक मित्र को बताया कि भारत में कुछ ऐसे महात्मा विद्यमान हैं; जिनमें स्वयं को [अपनी वर्तमान स्थिति से] अन्यत्र भी प्रकट करने की सिद्धि सन्निहित है।

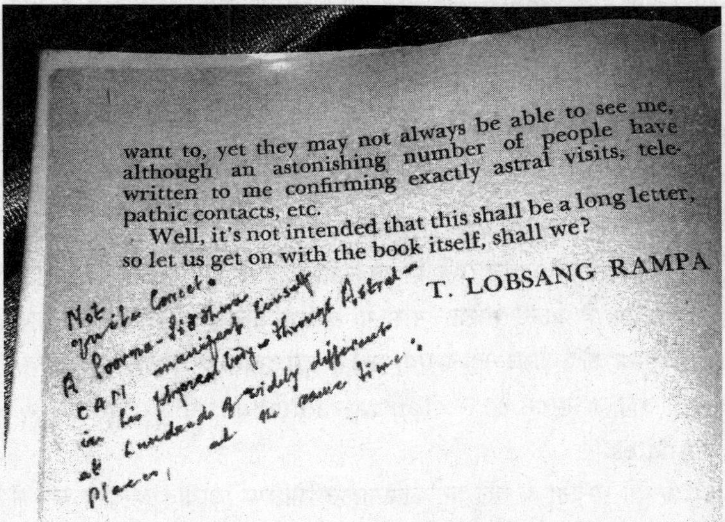

[भगवनजी की टिप्पणी: "एक पूर्ण सिद्ध अपने सूक्ष्मशरीर को कर्षितकर, एक ही समय में सैकड़ों परस्पर भिन्न स्थलों पर, स्वयं को इन्द्रियगोचर रूपों में दृश्यमान बना सकता है।"]

द्वितीय विश्वयुद्ध के समय नेताजी रात्रि को भगवा वस्त्र धारण करके ध्यानस्थ हो जाते थे। भगवनजी ने अपने शिष्यों को यह बताया था कि विश्वयुद्ध के उपसंहार के बाद; जब उन्हें यथेष्ट परिणाम हाथ नहीं लगे; तब भारत के उत्कर्ष की गवेषणा हेतु उन्होंने स्वयं को अध्यात्म के प्रति पूर्णतः समर्पित कर दिया। उनके पत्र तथा उनके शिष्यों के संस्मरण यह दर्शाते हैं कि वे इतिहास, पुराण, वेद और तन्त्र-साहित्य के विशारद विद्वान् थे; जो स्वयं को एक "साधक" [अर्थात् तन्त्रशास्त्र का एक अभ्यासी] कहते थे। भगवनजी के अनुसार; बाल्यकाल से ऐसा बन पाना उनकी प्रबलतम मनोकामना थी। उन्हीं के शब्दों में:

"Shakti-Sadhana is to awaken the Kulakundalini … शक्ति-साधना का अभिप्राय है—कुलकुण्डलिनी-जागरण। स्वयं माँ ही कुलकुण्डलिनी शक्ति कही जाती है। शक्ति-साधना का आशय है—उसी को जागृत एवं निर्देशित करना। यही गुह्यतम राजयोग का भी लक्ष्य है। कुलकुण्डलिनी-जागरण में संलग्न साधक के पास उस स्थिति से भी ऊपर उठ जाने की सम्भावना रहती है, जहाँ राजयोग की परिधि समाप्त हो जाती है। यदि उसमें साहस है, तो वह अवश्य ही आगे बढ़ेगा। राजयोगी भी उस मार्ग को नहीं जानते। यही राजयोगी और तान्त्रिक का परस्पर वैलक्षण्य है। हालांकि दोनों का लक्ष्य कुलकुण्डलिनी-जागरण ही है। जो वस्तुतः तान्त्रिक होते हैं, वे कभी स्वयं को तान्त्रिक नहीं कहते। और जो कोई यह कहता है कि वह एक तान्त्रिक है, वह कभी तान्त्रिक हो ही नहीं सकता। तान्त्रिकों का मार्ग संकटों से अत्यन्त परिपूर्ण है। वे दृढ़ नियमों से आबद्ध रहते हैं। उनके सम्प्रदाय का सम्पर्कजाल समूचे विश्व में फैला हुआ है, किन्तु भारत उन सभी का स्नायुकेन्द्र है। एक तान्त्रिक कभी अपने रहस्यों को उजागर नहीं करेगा, भले ही तुम उसको चूर-चूर कर दो। तन्त्र-साधना श्रेष्ठों में श्रेष्ठतम है। … Tantra-sadhana is the ultimate of ultimates."

उन्होंने साधना के बल पर कल्पनातीत सिद्धियों [अर्थात् हिन्दू-शास्त्रों में वर्णित आध्यात्मिक शक्तियों; यथा सूक्ष्मशरीर के द्वारा सर्वत्र भ्रमण करने की क्षमता इत्यादि] को भी अर्जित कर लिया था।

उनके अनुसार; “जब तुम्हारी साधना अमुक स्थिति तक पहुँच जाती है, तब प्राणशरीर को इस स्थूलशरीर से बाहर निकाल पाना सम्भव हो जाता है। इसका अभ्यास हो जाने पर, वह अपने प्राणशरीर के द्वारा कहीं भी जा सकता है। ... इसकी उच्चतम स्थिति आने पर अन्तरिक्ष, ग्रहों तथा आकाशगंगाओं तक उसकी निर्बाध गति हो जाती है।”

भगवनजी ने अन्यत्र लिखा: “As human beings, we are, at all times radiating energy; which is soaked and stored by items around us ... मनुष्य के रूप में हम सभी सतत ऊर्जा का प्रतिफलन करते हैं; जो हमारे पार्श्ववर्ती संघातों में स्थित एवं सुरक्षित हो जाती है। यहाँ तक कि हमारे विचारों से भी एक ओजस्वी क्षेत्रमण्डल प्रकट होता है; जो हमारे पार्श्ववर्ती संघातों पर अपना ऊर्जामय प्रभाव छोड़ जाता है”। एक स्थल पर उन्होंने गेनेडी सर्गेव नामक किसी व्यक्ति को उद्धृत करते हुए कहा, “प्रत्येक मनुष्य एक ऊर्जामय छाप छोड़ता है ... और साथ ही; अपने द्वारा स्पृष्ट अथवा अपने निकटस्थ प्रत्येक संघात पर वह कुछ सूक्ष्म सूचनाएँ भी प्रसारित करता है।”

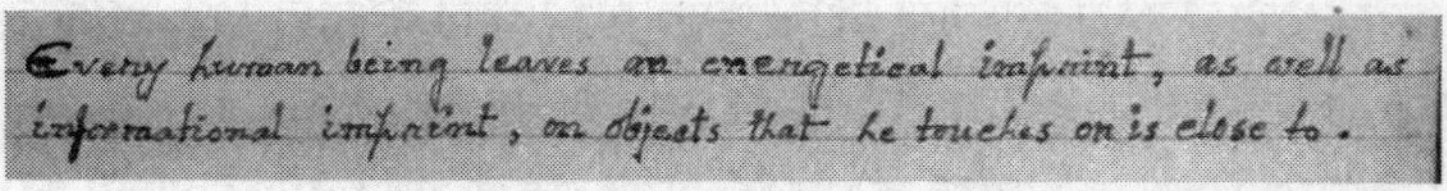
Every human being leaves an energetical imprint, as well as informational imprint, on objects that he touches on is close to.

[भगवनजी द्वारा डॉ. प्रियब्रत बनर्जी के प्रति लिखित पत्र का एकअंश। सौजन्य: रीता बनर्जी]

डॉ. गेनेडी सर्गेव सोवियत सेना के एक ऐसे पारंगत गणितज्ञ थे; जो आविष्कृत गणितीय एवं सांख्यिकीय प्रणालियों के बल पर परामनोवैज्ञानिकों के बुद्धिगत दूरसंवेदन के अनुसरण एवं विश्लेषण पर कार्यरत थे। उक्त विवरण अमेरिकी इण्टैलिजेंस की एक 1972-कालीन रिपोर्ट में प्रदर्शित है; जिसको CIA ने 2004 में सार्वजनिक किया था।

उक्त रिपोर्ट, सोवियत संघ में साईकोकनीसिस [नामक एक मनःसम्बन्धी विषय] पर अनुसन्धान करने वालों के सन्दर्भ में सर्गेव का उल्लेख करती है। उन्होंने स्वयं को अलौकिक शक्तियों से सम्पन्न बताने वाली [नीना कुलगीना नामक] एक रूसी महिला पर इसका गहन प्रयोगशालीय परीक्षण किया था।

सर्गेव ने, साईकोकनीसिस के बल पर संघातों के कथित संचरण के समय, कुलगीना के नेत्रों से निकलने वाले जैविक तेज का उल्लेख किया है। उन्हीं के शब्दों में: “साईकोकनीसिस की क्रियान्विति हेतु मनुष्य के शरीर में विद्यमान तेजोवलय का पर्यावरण के साथ परस्पर सम्बन्ध एवं प्रभाव अनिवार्य है।”

भगवनजी के अनुसार; उन्होंने अपनी आध्यात्मिक शक्तियों का प्रयोग राष्ट्रोत्कर्ष हेतु ही किया था। उन्होंने अपने शिष्यों को बताया, “भविष्य में भारत इतना महान् बन जाएगा; जिसका वर्णन शब्दों में नहीं किया जा सकता।”

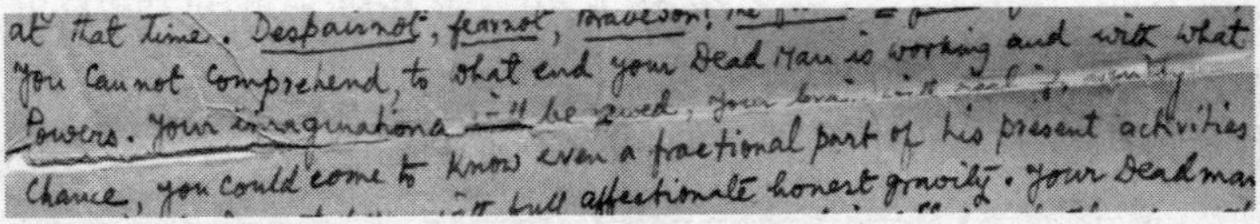
at that time. Despair not, fear not, brave son!
You cannot comprehend, to what end your Dead Man is working and with what
Powers. Your imaginations will be ...
Chance, you could come to know even a fractional part of his present activities
... full affectionate honest gravity. Your Dead man

[भगवनजी पबित्र के प्रति लिखते हैं: “तुम यह नहीं समझ सकते कि तुम्हारा यह मृतक व्यक्ति, किस उद्देश्य को लेकर, किन शक्तियों के साथ कार्यरत है। यदि कहीं तुम उसकी वर्तमान गतिविधियों का अंशमात्र भी जान पाए; तो तुम्हारी कल्पनाशक्ति शिथिल हो जाएगी और तुम्हारा मस्तिष्क कुण्ठित हो जाएगा।”]

पबित्र मोहन रॉय से लेकर डॉ. आर.पी. मिश्र पर्यन्त—लगभग उनके सभी अन्तरंग शिष्यों की यह मान्यता थी कि भगवनजी [अपने कथनानुसार] आगामी कई दशकों तक जीवित रहने वाले थे। उन लोगों ने यह कभी नहीं माना कि भगवनजी 1985 में दिवंगत हो गए थे। भगवनजी ने अपने बंगाली शिष्यों को यह संकेत दिया था कि वे रामभवन (अयोध्या) से अन्तर्धान हो जाएँगे। प्रत्युत वे सब तो उनके लौटकर आने की प्रतीक्षा करते रहे। अतएव उन सभी ने गोपनीयता एवं अस्पष्ट वक्तव्यों का ही आलम्बन लिया। भगवनजी की मृत्यु के सबसे प्रमुख साक्षी डॉ. आर.पी. मिश्र ने हमें बताया कि 1985 में भगवनजी कहीं “चले गए”, और वे वापस लौट आएँगे।

सभी सम्भावनाओं के आव्यूह में प्रथम [कि भगवनजी भारत के उत्कर्ष हेतु एक साधक या तान्त्रिक बन गए तथा वे यथासमय लौटेंगे] अतिकाल्पनिक हैं और इसे उनके अज्ञातवास का वैध कारण नहीं माना जा सकता। विश्व भर में कोई न्यायलय, मीडिया, शैक्षणिक समुदाय इत्यादि इस दावे का संज्ञान भी न लेगा। एक अनुसन्धाता होने के नाते हमारी सीमाए पूर्वनिर्धारित हैं।

द्वितीय सम्भावना भगवनजी के उन कथनों से सम्बद्ध है; जिनके अनुसार; वे किसी महान् लक्ष्य की सिद्धि हेतु सोवियत रूस की गुप्त गतिविधियों (Covert Operations) में संलग्न थे; जिससे भारत को स्वतन्त्र एवं कम्यूनिस्ट देशों के मध्य प्रवर्तित घमासान शीतयुद्ध से बचाया जा सके। अपनी गुप्त गतिविधियों, अन्तर्राष्ट्रीय घटनाओं में अप्रकाशित भूमिका तथा द्वितीय-विश्वयुद्ध-कालीन "युद्धापराधी" का आरोप—एक-साथ इन सभी कारणों के रहते; भगवनजी यह मानते थे कि वे अंग्रेज़ों और अमेरीकी गुट के "प्रबलतम शत्रु" थे। उनके अनुमान से; यदि वे प्रकट होते, तो भारतीय जनमानस संत्रस्त होता। कारण कि उनको बन्धक बनाने के लिए भारत पर आर्थिक प्रतिबन्ध लगाए जाते और अनेकविध दवाब बनाए जाते; जिनका भरसक विरोध उनके भारतीय समर्थकों द्वारा किया जाता। अतः उन्होंने अपने एक शिष्य को संक्षेपतः बतलाया, "मेरा प्रकट होना भारत के हित में नहीं है।"

हमें यह मानना होगा कि गुप्त गतिविधियों में संलग्न होने के कारण भगवनजी के प्रकट न हो पाने की सम्भावना "सेगन के मानक" पर खरी नहीं उतरती है। किसी सुस्पष्ट साक्ष्य [यथा आधिकारिक पत्राचार अथवा घोषणा इत्यादि के अभाव में] भगवनजी के सभी दावे यद्यपि पूर्णरूप से उपेक्षणीय न होते हुए भी, केवल संकेत अथवा सूत्र ही समझे जाएँगे। भगवनजी के शिष्यों के पास उनके अनेक अन्य पत्र एवं टिप्पणियाँ उपलब्ध हैं; जिनमें सुस्पष्ट साक्ष्य की भूमिका का निर्वहण करने में समर्थ तथ्यों का होना सम्भावित हो। किन्तु चूंकि उन लोगों ने हमें वह सब नहीं दिया है, अतः हम उपलब्ध सामग्री के आधार पर ही किसी निष्कर्ष को प्रस्तुत करने हेतु बाध्य हैं।

द्वितीय विश्वयुद्ध के समय नेताजी का "युद्धापराधी" घोषित होना एक ऐसा विवाद था; जो कई दशकों तक चला। आज भी कई लोगों के द्वारा यह माना जाता है कि उनका नाम युद्धापराधियों की सूची में है। "संयुक्त राष्ट्र युद्धापराध आयोग" (UNWCC) द्वारा, "केन्द्रीय युद्धापराधी एवं सुरक्षा-सन्दिग्ध पंजिका" (CROWCASS) नामक एक कोश के साथ, दिसम्बर 1944 से लेकर मार्च 1948 तक के सभी युद्धापराधियों की एक नामसूची सार्वजनिक की

गई है; जिसमें सुभाष बोस का नाम कहीं भी अंकित नहीं है। तथापि भगवनजी का यह दावा [कि द्वितीय विश्वयुद्ध को बहुत समय बीत जाने पर भी US एवं UK उन्हें उत्सुकतावश खोज रहे हैं] तब तक सत्यापित नहीं हो सकता; जब तक हमें कोई विश्वस्तरीय उपयुक्त साक्ष्य सुलभ न हो।

तृतीय सम्भावना, स्वयं भगवनजी के कथनों से निकल कर आती है; जो वर्तमान परिस्थितियों के परिप्रेक्ष्य में अत्यधिक युक्तियुक्त प्रतीत होती है। हमने इस हृदयविदारक सम्भावना पर तब विचार करना आरम्भ किया; जब फरवरी 1963 में पबित्र मोहन रॉय को लिखा गया भगवनजी का एक पत्र हमारी दृष्टि में आया।

भगवनजी की आज्ञा से वह मूल पत्र उन्हें लौटा अथवा विनष्ट कर दिया गया, परन्तु पबित्र ने उसकी एक प्रतिलिपि बना ली थी। इस पत्र में, भगवनजी ने द्वितीय-विश्वयुद्ध-विषयक—विशेषतः अमेरिकी पाँच सितारा जनरल डगलस मैकआर्थर; जिन्होंने 1945 से 1951 तक जापान के प्रभावी शासक के रूप में कार्य किया, के सन्दर्भ में—आश्चर्यजनक कथनों की एक शृंखला को प्रस्तुत किया है। 1950 में जब कोरिया में युद्धारम्भ हुआ, तब जनरल मैकआर्थर संयुक्त-राष्ट्रीय शक्तियों का नेतृत्व कर रहे थे। किन्तु वे कुछ मासों के उपरान्त, वे अमेरिकी राष्ट्रपति हैरी ट्रूमैन के द्वारा निष्कासित कर दिए गए; जो कि अमेरिका का तात्कालिक सर्वोच्च विवाद बना।

अत्यन्त प्राक्कल्पनात्मक शब्दों में, भगवनजी ने यह दावा किया कि मैकआर्थर की पदच्युति ट्रूमैन को भेजी गई एक रिपोर्ट की प्रतिक्रिया में हुई थी। भगवनजी के शब्दों में उस "रिपोर्ट का सारांश" यह था: "Subhas Chandra Bose has escaped again (सुभाष चन्द्र बोस पुनः बच निकला है।)"

क्या तुम इस रिपोर्ट के महत्त्व और प्रभाव को समझते हो? विशालतम हिमालय को हिलाया जा सकता है तथा उसको मिथ्या सिद्ध किया जा सकता है। किन्तु 5-सितारा-अलंकृत जनरल मैक द्वारा अपने उच्चाधिकारियों के प्रति लिखित सभी रिपोर्टों में श्रेष्ठतम को मिथ्या नहीं बताया जा सकता। ऐसी रिपोर्ट अपरिवर्तनीय होती है।

यह सब कोरिया में हुए युद्ध के सन्दर्भ में कहा गया था; जिसमें [भगवनजी के अनुसार] रूसियों के द्वारा उनको उनकी आज़ाद हिन्द सेना की पराजय के सह-उत्तरदायी—अमरीकियों के साथ अपने पुराने ऋण को चुकाने हेतु भेजा गया था।

भगवनजी यहाँ ही नहीं रुके, अपितु उन्होंने एक-के-बाद-एक अविश्वसनीय दावे किए। उनके कथनानुसार; इंगलैण्ड के प्रधानमन्त्री विंस्टन चर्चिल ने अमेरिकी राष्ट्रपति ट्रूमैन को, "एक अकेले व्यक्ति को किसी भी मूल्य पर पकड़ने हेतु", हिरोशिमा एवं नागासाकी पर परमाणु बम गिराने हेतु बाध्य किया था।

There was absolutely no necessity of those two hellish A Bombs but they were dropped ... निश्चित ही उन दोनों अमानुषिक परमाणु-विस्फोटों की आवश्यकता नहीं थी, किन्तु वे हुए। तुम जानते हो कि किसकी योजना से सिंगापुर को जीता गया था। अंग्रेज़ों के आधिकारिक वक्तव्यानुसार; सिंगापुर विश्व का अतिरंजित सर्वोच्च एवं सर्वाधिक अभेद्य अड्डा था। तदुपरान्त मूल भारत के तीन प्रान्तों पर पुनरधिकार हुआ। मित्रराष्ट्रों के हाई कमाण्ड (विशेषकर UK) तनावग्रस्त हो उठे। सम्पूर्ण राष्ट्र आन्दोलित हो रहा था, अतः वे लोग यह सोचकर ही बहुत आतंकित हो चुके थे; कि मैदान में '__' के चरण पड़ते ही सेना-सहित समूचा राष्ट्र, विद्रोह कर उठेगा। व्यर्थ करने हेतु यत्किंचित् समय भी नहीं था। प्रत्येक क्षण मूल्यवान् एवं महत्त्वपूर्ण था। प्रतिदिन '__' यह बिगुल बजा रहा था—मैं आ रहा हूँ, मैं आ गया हूँ। एक बार मैदान में उतरने के बाद; हमको दिल्ली पहुँचने में अधिक समय नहीं लगेगा। ओह! चाहे जो हो जाए, उसको रोकना ही होगा। कारण कि वह विदेशी सेनाओं और लोगों को कोई छूट नहीं देगा। उसको निश्चित ही रोकना होगा। वह UK ही था; जिसने ट्रूमैन को बलात् बाध्य किया। अवरोहण हेतु नागासाकी और हिरोशिमा ही दो द्वार थे। तब दुर्भाग्यवश सब कुछ स्तम्भित हो गया...। Nagasaki, Hiroshima were the only two ports of disembarkation; everything came to a shuddering stop ... .

उपर्युक्त विवरण, इतिहास के साथ कोई साम्य नहीं रखता। अमरीकियों की

सुभाष बोस में रुचि सर्वथा नगण्य थी। केवल उनके मित्र—अंग्रेज़ ही थे; जिनकी वे (बोस) आँखों में खटक रहे थे। जापान पर परमाणु बम गिराने का ऐतिह्य प्रकरण, विगत कुछ दशकों में विशेषतः अनुसन्धेय रहा है। पिछले कुछ समय से सैंकड़ों आधिकारिक दस्तावेज़ एवं संस्मरण सार्वजनिक रूप से उपलब्ध हैं; किन्तु उनमें कहीं सुभाष बोस का कोई नामोल्लेख नहीं मिलता। इसी प्रकार; अप्रैल 1951 में हुए मैकआर्थर के निष्कासन को भी कुछ दशकों से अमरीकी इतिहास में विशेष स्थान प्राप्त है। बहुत-सी बातें कहीं या सुनीं गईं, किन्तु कहीं कुछ ऐसा संकेत नहीं मिला; जिसका सुभाष बोस के साथ दूर-दूर तक भी कोई सम्बन्ध हो।

भारत में नेताजी-सम्बन्धी प्रकरणों पर अधिकृत गोपनीयता तथा मौन के पीछे एक सुस्पष्ट कारण है। हम यह मान कर चल सकते हैं कि आजकल की अंग्रेज़ी सरकार पुराकालिक ब्रिटिशराज के दौर की सवेंदनशीलताओं एवं भारत सरकार से आधुनिक सम्बन्धों को ध्यान में रखकर इस विषयपर चुप्पी साध रही है। किन्तु, यदि यह सब वस्तुतः हुआ था तो, अमेरिका के द्वारा इसको गोपनीय रखने का कोई औचित्य एवं प्रयोजन नहीं बनता। अमेरिका में पारदर्शिता एवं उत्तरदायित्व के मापदण्ड इतने विकसित हैं कि वहाँ कोई उच्चस्तरीय रक्षा सूचनाएँ तथा दस्तावेज़ वैध या फिर अवैध तरीके से नियमतः सार्वजनिक होते रहते हैं। उदहारण के रूप में "पेण्टागन पेपर्स" प्रकरण उल्लेखनीय है; जो, 1945 से 1967 पर्यन्त, वियतनाम में अमेरिका के राजनैतिक एवं सैन्य-हस्तक्षेप की गोपनीयतम विस्तृत रिपोर्ट थी। किन्तु 1971 में वह समाचारपत्र द *न्यूयॉर्क टाइम्स* के साथ अवैध रूप से साझा कर दी गई थी।

वियतनाम के उदाहरण से हम भगवनजी से सम्बद्ध एक चिन्तास्पद दावे पर आते हैं। 24 जनवरी 1973 के दिन; बस्ती में कूट शब्दों से परिपूर्ण एक अतिविस्तृत कथानक के माध्यम से भगवनजी ने रूस, चीन और अमेरिका के प्रतिनिधियों के मध्य वियतनाम-युद्ध की समाप्ति को लेकर हुई एक गुप्त बैठक का विवरण दिया; जिसके साक्षी "नौ वियतनामी जनरल एवं एक अपरोक्ष छायापुरुष बने"। उन्होंने यह कहा कि उस "छायापुरुष" ने अमेरिकी-प्रतिनिधि

को अपनी नाक बचाने हेतु युद्धविराम करने का परामर्श दिया; क्योंकि वे युद्ध में पहले ही मुँह की खा चुके थे। वह छायापुरुष कोई और नहीं, बल्कि स्वयं भगवनजी ही थे।

हमने, भगवनजी के कथनों को सत्यापित करने के लिए, वियतनाम युद्ध-सम्बन्धी सार्वजनिक अमेरिकी दस्तावेज़ों का गहन अन्वेषण किया। किन्तु हमें कुछ भी प्रासंगिक सूचना हाथ नहीं लगी। हमने अमेरिकी सूचनाऽधिकार स्वातन्त्र्य अधिनियम (FOIA) के अन्तर्गत अमेरिकी सेना के गुप्तचर संस्थान Defense Intelligence Agency (DIA) से प्रश्न किया। DIA ने हमें यह बताया कि उसके पास वियतनाम युद्ध में बोस के कथित हस्तक्षेप से सम्बद्ध कोई गुप्तचरी-रिपोर्ट नहीं है।

DEFENSE INTELLIGENCE AGENCY

WASHINGTON, D.C. 20340-5100

U-12-3,827/DAN-1A (FOIA)

JAN 10 2012

Mr. Anuj Dhar

India

Dear Mr. Dhar:

This responds to your request under the Freedom of Information Act, dated September 24, 2007. Therein you requested information concerning copies of Intelligence Information Reports created in between 1962 and 1972 pertaining to Subhas Chandra Bose, specifically in the context of the war in Vietnam. I apologize for the delay in processing your request. DIA continues its efforts to eliminate the large backlog of pending FOIA requests.

Based on the information contained in your request, the Defense Intelligence Agency searched its systems of records for responsive documents. Despite a thorough search, no documents responsive to your request were found.

एतदतिरिक्त; हमने CIA से भी इस प्रसंग में अपेक्षित जानकारियाँ माँगी। CIA ने, हमारे अनुरोध पर विचार करते हुए, FOIA एवं CIA सूचना-अधिनियमों के अन्तर्गत, हमें यह बताया कि 1960-1970 के समय की सुभाष बोस-विषयक कोई रिपोर्ट उनके पास उपलब्ध नहीं है। यदि भगवनजी का स्वविषयक दावा यथार्थ होता, तो ऐसा कोई-न-कोई दस्तावेज़ तो अवश्य

मिलता। अतः इस बात पर बल देने हेतु हम बाध्य हैं कि भगवनजी की अनेक उक्तियाँ ऐतिह्य दृष्टि से वास्तविक प्रतीत नहीं होतीं।

भगवनजी के वचनानुसार; 1950-दशक के आरम्भिक वर्षों में कुछ लोगों के एक दल के साथ भारत में उनका पुनरागमन हुआ। इसका कोई विवरण नहीं है कि वे लोग उनके साथ कैसे आए। हमारे संज्ञान में केवल इतना ही है कि वे सभी मानसरोवर-क्षेत्र में एक-साथ थे; क्योंकि नेपाल-भारत-सीमा उन सभी का गन्तव्य था। किन्तु दो लोग उस विषम क्षेत्र में पथभ्रष्ट हो गए [अर्थात् कहीं खो गए]; जबकि अवशिष्ट लोग विभिन्न स्थानों की ओर निकल पड़े। 1960-दशक के आरम्भिक वर्षों में भगवनजी ने उन लोगों की वास्तविक पहचान को श्रीकान्त शर्मा के समक्ष नैमिषारण्य-स्थित शिव मन्दिर में उजागर किया। उनमें से एक नाम था: एडॉल्फ़ हिट्लर! इतिहास कहता है कि हिटलर ने 1945 में बर्लिन में आत्महत्या कर ली थी। किन्तु भगवनजी के अनुसार; हिट्लर की मृत्यु 1965 में हरिद्वार-स्थित कनखल में हुई थी। भगवनजी ने श्रीकान्त को सावधान भी किया कि यदि उसके सन्दर्भ में कोई बात सार्वजनिक हो गई, तो "भारत तृतीय विश्वयुद्ध का केन्द्र बन जाएगा"।

हिट्लर के साथ भारत में पुनरागमन-विषयक भगवनजी का दावा, स्मृतिविभ्रम का एक प्रत्यक्ष उदाहरण है। यही बात उनके पारलौकिक—देहातीत अनुभूतियों, ज्ञानगंज (हिमालय-स्थित एक पुराकल्पित धाम; जहाँ चिरंजीवी योगियों के साथ उनकी कथित भेंट हुई), भूत-प्रेतों इत्यादि से सम्बन्धित संस्मरणों के सन्दर्भ में भी लागू होती है। उनके अनुसार:

केवल मनुष्य-देह ही इस प्रकार से बना हुआ है कि यथोचित प्रयोग करने पर प्रेत-देव-देवियाँ-अप्सरा-गन्धर्व-आदि उसके समक्ष प्रकट हो सकते हैं। सिद्धपुरुष श्रीश्री सद्गुरुदेव की कृपा से, केवल मनुष्यदेह के माध्यम से ही भवबन्धन को तोड़कर मुक्त हुआ जा सकता है। देवतालोग चाहकर भी मोक्ष को प्राप्त नहीं कर सकते—उसके लिए उन्हें भी मनुष्य-देह में जन्म लेकर साधना करनी पड़ेगी, फिर उन्हें मोक्षप्राप्ति होगी।

हमें यह सर्वथा विदित है कि विश्वभर में सामान्य एवं विशिष्ट—दोनों प्रकार

के असंख्य लोग उपर्युक्त मान्यताओं के प्रति श्रद्धान्वित हैं। **किन्तु हम केवल अनुसन्धाता हैं; अतः हमारे द्वारा लिखित प्रत्येक पंक्ति न्यायालय, विद्वज्जन, शैक्षणिक समुदाय तथा मीडिया के दृष्टिकोण में प्रामाणिक एवं दोषविनिर्मुक्त सिद्ध होनी चाहिए। हम किसी भी प्रकार से न्यायालय या किसी अन्य के समक्ष भगवनजी के पूर्वोक्त वचनों का सत्यापन नहीं कर सकते।** हम यह कैसे कह सकते हैं कि भगवनजी के "अब्राहम लिंकन का भूत व्हाइट हाउस में आता है" इत्यादि वचन यथार्थ हैं? लिंकन अमेरिका के सोलहवें राष्ट्रपति थे; जिनकी 1865 में हत्या हुई थी।

किन्तु इसपर किंचित् विचार अवश्य करें: फरवरी 1987 में, तात्कालिक अमेरिकी राष्ट्रपति रोनाल्ड रीगन ने कहा था कि वे "व्हाइट हाउस में मण्डराने वाले" अब्राहम लिंकन के भूत से मिलना चाहते हैं। रीगन की इच्छा तो पूर्ण नहीं हुई, वे केवल इतना ही देख पाए कि उनका कुत्ता उस शयनकक्ष [जिसमें कभी लिंकन रह चुके थे] में नहीं जाता था तथा वहाँ खड़ा-खड़ा केवल घूरता एवं भौंकता रहता था; मानो उसने कुछ भयावह देखा हो। किन्तु उनकी पुत्री एवं दामाद तो पूर्णतः आश्वस्त थे कि उन्होंने लिंकन के भूत को देखा था। उन दोनों की मान्यता को प्रशस्त करने वाले कुछ अन्य लोग भी थे; जिन्होंने गुलाबी प्रकाश से युक्त एक पारदर्शी [मानुषी] छवि को देखा था। राष्ट्रपति थ्योडोर रूज़वेल्ट, राष्ट्रपति हर्बर्ट हूवर, राष्ट्रपति हैरी ट्रूमैन, ब्रिटिश प्रधानमन्त्री विंस्टन चर्चिल ... यह सूची ऐसे अनेक नामों को अपने में समेटे हुए है।

जिन्हें विज्ञान सिद्ध नहीं कर सकता, ऐसी उन बातों में आस्था रखने वाले असाधारण लोगों की संख्या भी कुछ कम नहीं है। जून 2007 में प्रतिभा देवीसिंह पाटिल ने सार्वजनिक रूप से यह कहा कि बहुत समय पूर्व ब्रह्मीभूत (दिवंगत) हो चुके एक महात्मा ने सशरीर उनके समक्ष प्रकट होकर उन्हें जीवन के एक महत्त्वपूर्ण उत्तरदायित्व का "दैवी पूर्वसंकेत" दे दिया था। उस समय पाटिल राष्ट्रपति पद की उम्मीदवार थीं; और वे 2007 में भारत की प्रथम महिला राष्ट्रपति बनीं। [उच्चतम न्यायालय के] प्रसिद्ध भूतपूर्व न्यायाधीश वी.आर. कृष्णन् अय्यर के अनुसार; वे भी एक माध्यम के द्वारा अपनी दिवंगत धर्मपत्नी से संवाद कर

चुके थे। 1996 में अपनी पुस्तक द *चॉइस: हाओ बिल क्लिण्टन वॉन* में *वॉशिंग्टन पोस्ट* के भूतपूर्व सम्पादक बॉब वूडवर्ड यह लिखते हैं कि हिलैरी क्लिण्टन (तात्कालिक राष्ट्रपति की धर्मपत्नी) महात्मा गांधी के भूत का साक्षात्कार कर चुकीं थीं। 1930-दशक में जन्मीं एक कन्या की कथा, पुनर्जन्म की अनेक प्रचलित घटनाओं में से एक है। शान्ति देवी नामक उस कन्या के दावे की जांच, स्वयं महात्मा गांधी की प्रेरणानुसार, 15 विशिष्ट लोगों के एक दल ने की थी।

भगवनजी भी पुनर्जन्म के सिद्धान्त में श्रद्धा रखते थे; परन्तु विज्ञान इसको नहीं मानता। यह एक कटु सत्य है कि यदि कोई प्रतिष्ठित सामाजिक व्यक्ति पुनर्जन्म, भूत-पिशाच इत्यादि में श्रद्धा प्रकट करें; तो आस्तिक हो या नास्तिक—दोनों प्रकार के लोग उनकी सब बात आदरवश सुनेंगे। परन्तु हम (लेखकों)-जैसे साधारण लोग यदि यह कहेंगे कि भगवनजी ने पुनर्जन्म-आदि के प्रति अपनी श्रद्धा प्रकट की थी; तो तथाकथित शिष्ट समाज हमें किसी मनश्चिकित्सक से मिलने की सलाह देगा। उक्त समाज के ऐसे दोहरे मापदण्ड ही वर्तमान भारत के लिए बहुत बड़ी चुनौती हैं; जिनका निराकरण करते-करते आगामी पीढ़ियों की भी रीढ़ दुःख जाएगी।

फलतः [भगवनजी के सन्दर्भ में] हमारे समक्ष विज्ञान द्वारा स्थापित मान्यताओं का आलम्बन लेना ही एकमात्र विकल्प है। इसीलिए हमने मनश्चिकित्सा-क्षेत्र के दो विशेषज्ञों का मार्गदर्शन लेना उचित समझा। उनके समक्ष हमने दो व्यक्तित्वों का संक्षेपतः चित्रण किया—(क) नेताजी और (ख) भगवनजी; तथा इन दोनों के आधार पर यह पूछा कि यदि "क" और "ख" को एक ही व्यक्ति माना जाए, तो इस प्रबलतम मनःपरिवर्तन का कारण क्या रहा होगा? स्वयं भगवनजी यह कहते थे कि अपने पूर्वजीवन की तुलना में उनका पूर्ण कायाकल्प हो चुका है। हमने विशेषज्ञों से यह भी पूछा कि यातनाओं की प्राप्ति अथवा अप्राप्ति—दोनों परिस्थितियों को भी ध्यान में रखते हुए, क्या वैज्ञानिक अथवा मनोवैज्ञानिक दृष्टि से इस परिवर्तन के मूल कारणों का अन्वेषण कर पाना सम्भव है?

इस प्रश्न पर सर्वप्रथम चिन्तन करने वाले थे—डॉ. अरबिन्द ब्रह्मा (कोलकाता-स्थित एक मनश्चिकित्सक; सहायक महासचिव, भारतीय

मनश्चिकित्सक परिषद्)। चूंकि डॉ. ब्रह्मा यह जानते थे कि उनके समक्ष प्रस्तुत प्रकृत प्रकरण गुमनामी बाबा से सम्बद्ध है, अतः हमने एक विदेशी विशेषज्ञ से परामर्श लेना भी उचित समझा; जो इस प्रकरण की पृष्ठभूमि से अनभिज्ञ थे। हम किसी ऑस्ट्रेलियन विश्वविद्यालय से जुड़े एक विशेषज्ञ के पास पहुँचे; जिन (अपने नाम को प्रकाशित करने के अनिच्छुक) को उस समय यह ज्ञात नहीं था कि प्रकृत प्रकरण गुमनामी बाबा/सुभाष बोस विवाद से सम्बद्ध है। उनके पास केवल एक प्रश्नावली, हमारे एक ऑस्ट्रेलिया-निवासी परिचित के माध्यम से पहुँचाई गई; तथा इस पूरे प्रकरण के साथ हम भी उनके संज्ञान से दूर ही रहे।

विशेषज्ञों से प्राप्त समाधान ने न केवल भगवनजी के पूर्वोक्त व्यवहार तथा सार्वजनिक जीवन में उनके पुनरागमन की बाधाओं को विवृत कर दिया; बल्कि समूचे भगवनजी-प्रकरण की असंख्य विसंगतियों को भी स्पष्टीकृत कर दिया।

अतीव विवशतापूर्वक हमें इस निष्कर्ष को प्रस्तुत कर रहे हैं कि भगवनजी Post-Traumatic Stress Disorder (PTSD; अर्थात् यातनाजनित तनाव) से ग्रस्त थे; जिसके कारण उनके अन्तःकरण में अनेक काल्पनिक संस्मरण, मनोराज्य, भ्रम (उन्माद एवं छल) प्रस्फुटित होते रहते थे। आधुनिक शोध के अनुसार; विखण्डित-मनस्कता और अनिद्रा का प्रत्यक्ष सम्बन्ध है। जबकि यह प्रमाणित बात है कि भगवनजी अनिद्राग्रस्त थे।

हिट्लर और मैकआर्थर-विषयक उनके संस्मरण स्मृतिविभ्रम-मूलक ही थे। यह एक अनुसन्धान-सिद्ध विषय है कि अनेक रोग-लक्षणों का एक स्थान पर युगपत् समावेश किसी भी व्यक्ति के व्यक्तित्व एवं चरित्र को दुष्प्रभावित कर सकता है। डॉ. जूलिया शॉ (अपराधी-मनोवैज्ञानिक, स्मृति-विशेषज्ञ) अपनी उल्लेखनीय कृति द *मेमोरी इल्यूशन* में अपने दृष्टिकोण को अभिव्यक्त करतीं हैं कि "कोई भी घटना—भले ही वह कितनी महत्त्वपूर्ण, भावुक अथवा यातनापूर्ण क्यों न प्रतीत होवे—विस्मृत, दोषसहित स्मृत अथवा पूर्णतः कल्पित हो सकती है।"

भगवनजी की सेवा में सतत उपस्थित रहने वाले लोगों को उक्त सभी हृदय-विदारक लक्षण कभी दृष्टिगोचर नहीं हुए; क्योंकि वे सभी उनको एक ईश्वरीय विभूति ही समझते थे। उन सभी का यह दृढ़ विश्वास था कि वे (भगवनजी)

परकाया-प्रवेश (अपने स्थूलशरीर को छोड़कर, सूक्ष्मशरीर से अन्यत्र गमन करना) इत्यादि चमत्कारों को दिखाने में सक्षम थे। इसीलिए वे लोग उन प्रतिकूल लक्षणों को कभी भाँप ही नहीं पाए।

भगवनजी के मनोविकारों का संकेत, कर्ट बैगेट की रिपोर्ट तथा अशोक कश्यप के पर्यवेक्षण में भी प्रदर्शित है। कर्ट ने, अपनी मुख्य रिपोर्ट के साथ, उस "अज्ञात व्यक्ति" के व्यक्तित्व एवं चारित्रिक लक्षणों का विश्लेषण करने हेतु हस्तलेख का आँकलन भी प्रस्तुत किया; जिसमें उन्होंने यही पाया कि वह व्यक्ति "एक रहस्यमय व्यक्तित्व" का धनी था; जिसमें "अनेक प्रबल एवं अत्यन्त श्रेष्ठतम सद्लक्षण, कुछ-एक दुर्लक्षणों के साथ" विद्यमान थे।

कर्ट के द्वारा इंगित कुछ प्रेरक सद्लक्षणों ने हमें नेताजी का पुण्यस्मरण करवाया; यथा: आत्मबल, व्यवहार-कौशल, उन्नत विचारधारा, कलाकृति एवं/या लेखन-क्षमता, कल्पनाशीलता, क्षणभर में रुष्ट या सन्तुष्ट होना, यथाशीघ्र किसी पर विश्वास न करना, गोपनीयता रखना, हठ, शारीरिक दृष्टि से उग्रता, दिवंगत पिता की चिर स्मृति, दृढ़संकल्पता, शास्त्रार्थ-प्रेम, निष्ठा, कुशल-संगठनात्मक-क्षमता, स्पष्टवादिता, मुखरता एवं सदाशयता।

तदुपरान्त कर्ट ने कतिपय दुर्लक्षण भी इंगित किए गए; यथा: असन्तोष एवं क्रोध, अपने वास्तविक अथवा कल्पित विचारों या व्यक्तियों के खण्डन से तुरन्त कुपित हो जाना, सफलता के प्रति सन्दिग्ध रहना, एक उत्तम श्रोता [किन्तु जब तक सुनने के इच्छा हों; अन्यथा नहीं], 15 वर्ष की अवस्था में भीषण अभिघात की प्राप्ति, किंचित् मनोविक्षेप इत्यादि।

हम केवल यह कल्पना ही कर सकते हैं कि किस अभिघात के कारण भगवनजी/सुभाष बोस के व्यक्तित्व में ऐसा आमूलचूड़ परिवर्तन आया होगा। उन्हीं के वचनानुसार; अपनी तात्कालिक परिस्थितियों के कारण, जनसमर्थन के अभाव में INA द्वारा आक्रमण करवाने पर भी भारत को स्वतन्त्र न करवा पाने के कारण, 1939 में कांग्रेस से निष्कासन के समय उनके साथ हुए दुर्व्यवहार के कारण तथा बंगाली बुद्धिजीवियों एवं पत्रकार-वर्ग द्वारा समालोचित/निन्दित होने के कारण वे अत्यन्त संत्रस्त थे। कालान्तर में हुए भारत के विभाजन एवं विशेषतः

उनकी मातृभूमि (बंगाल) के विखण्डन; जिसमें अनेक बंगाली महिलाएँ विपत्तिग्रस्त हुईं, से भी उनको असह्य वेदना हुई थी।

भगवनजी आजीवन अपने बंगाली शिष्यों से यही कहते रहे कि INA के भारत में पहुँचते ही यदि उनकी मातृभूमि के निवासी उनके साथ कँधे-से-कँधा मिलाकर खड़े हो जाते; तो आज उन्हें यह भीषण अवसाद प्राप्त न होता। वे क्षुब्ध होकर कहा करते थे, "बंगाल ने मेरी हत्या कर दी।" उन्होंने अनेक बार पूर्वी पाकिस्तान की हृदय-विदारक घटनाएँ भी सुनाईं तथा उसमें पीड़ित होने वाली महिलाओं के लिए वे बहुत रोए भी। उपर्युक्त विवरण जवाहरलाल नेहरू; जिनको वे विभाजनरूपी विनाश का प्रमुख सूत्रधार मानते थे, के प्रति उनके रोष को ज्ञापित करने हेतु पर्याप्त है।

क्या इस बात को इंगित किया जा सकता है कि भगवनजी को कभी शारीरिक यातनाएँ प्राप्त हुई होंगी? क्या डॉ. सुब्रह्मण्यम् स्वामी एवं मेजर जनरल जी.डी. बख्शी द्वारा प्रायशः प्रस्तुत की जा रही उस भयावह घटना के सत्य होने की कोई सम्भावना है? वे लोग तो स्पष्टतः यही कहते हैं कि नेताजी को प्राणान्त-पर्यन्त यातनाएँ प्राप्त हुईं।

हालांकि यह दावा करते हुए कि "रूसियों द्वारा मेरा उत्तमोत्तम सत्कार हुआ", भगवनजी ने अपने आलेखों में कुछ-एक विक्षोभक टिप्पणियाँ भी प्रस्तुत की हैं। उन्होंने सोवियत रूस में प्राणियों के मनोनियन्त्रण हेतु उनपर होने वाले वैज्ञानिक प्रयोगों, संगीत के प्रभावों (दुष्प्रभावों) तथा उन्हें दी जाने वालीं यमयातनाओं के विविध प्रभेदों का विस्तृत प्रतिपादन भी किया है। सोवियत रूस में किसी ने उन्हें यह समझाया था कि किसी को कष्टशून्य तात्कालिक मृत्यु कैसे दी जाती है।"

"मैंने उसको पूछा कि इस बात को समझने के लिए उन्होंने यह कितनी बार किया था?" भगवनजी ने उन प्रक्रियाओं का वर्णन किया; जिनके द्वारा व्यक्ति अपनी पहचान को पूर्णतः भुला देता है। उनके एक परिचित ने उन्हें बताया था, "यदि तुम उससे उसका अतीत पूछोगे, तो वह शून्यदृष्टि से तुम्हारा मुँह ताकेगा। इस प्रक्रिया के प्रयोग से कभी-कभी लोग विक्षिप्त भी हो जाते हैं। घोर विक्षिप्त!!"

भगवनजी ने पवित्र को संकेत दिया था कि प्रारम्भ में रूसियों ने उन्हें अपने दामाद के समान नहीं रखा था। शिव प्रसाद नाग द्वारा लिखित एक पत्र से सम्भवतः उनके कारावास एवं वहाँ उन्हें मिली यातनाओं की पुष्टि होती है। नाग भगवनजी के अन्य शिष्य कमलाकान्त घोष से केवल कुछ अंश ही उगलवा पाए थे। नाग के वचन थे: "मैंने एक साधक (कमलाकान्त घोष) से यह सुना था कि लाल सेनाओं ने भगवनजी को लगभग एक दशक के लिए बन्धक बनाकर रखा था और उन्हें लगभग मरणासन्न ही बना दिया था। किन्तु मैंने वहाँ से उनके सुरक्षित लौटने की कथा भी सुनी थी।"

वस्तुतः सुभाष बोस की धर्मपत्नी भी उपर्युक्त कथानक के प्रति आश्वस्त थीं। सुभाष के एक जर्मनी-स्थित पौत्र (भाई के पुत्र) सूर्य बोस के अनुसार; 1950-दशक के आरम्भिक वर्षों में उनकी दादी एमिली शैंकल को रैमण्ड शनैबेल (एक प्रसिद्ध जर्मनी पत्रकार, द्वितीय विश्वयुद्ध के बाद से ही पूर्वी बर्लिन में स्थापित) से यह ज्ञात हुआ था कि "उनके पास 1945 के अनन्तर नेताजी के सोवियत संघ में होने की सूचना थी"। शनैबेल ने अपने KGB-सन्दर्भों को उद्धृत करते हुए यह बताया था: "सुभाष को धीरे-धीरे विष दिया जा रहा था तथा वे अपने मस्तिष्क पर नियन्त्रण खोते जा रहे थे।" परिणामतः एमिली ने, हमारी सरकार द्वारा उनको मनाने के अनेक प्रयासों के पश्चात् भी, कभी विमान दुर्घटना पक्ष को प्रशस्त नहीं किया।

भगवनजी निश्चित रूप से वहाँ दिवंगत नहीं हुए। किन्तु वे वैसे भी नहीं रह गए थे; जैसे कभी हुआ करते थे। वे गुप्त रूप से अपनी उन अशक्तता-जनित समस्याओं को जानते थे, भले ही उनके लक्षण उनमें यदा-कदा प्रकट होते हों। उन्होंने कहीं लिखा था:

"इस विषय में सोचो! क्या कोई अन्य उसके एक प्रतिशत अंश में भी जीवित रह सकता है; जितना 'इस शरीर' ने सहा है?"

अपनी मनोवैज्ञानिक समस्याओं एवं उनके सम्भावित परिणामों का संज्ञान ही उन्हें लोक में प्रकट होने से रोकता था। सम्भवतः उनकी उत्कृष्ट आध्यात्मिक साधनाओं ने उनकी उन समस्याओं के निवारणार्थ यथोचित सहयोग किया हो, किन्तु अन्य बाधाओं का जंजाल सार्वजनिक जीवन में उनके पुनरागमन को

सदैव बाधित करता रहा। जिसने भारत की स्वतन्त्रता के लिए अपना सब-कुछ न्यौच्छावर कर दिया, उस महामानव ने स्वतन्त्र भारत में मृत्यु से भी कोटिगुणित अधिक भीषण एवं दुःसह्य जीवन जिया। यही उनके ...अथवा कहना चाहिए कि स्वयं भारत के दुर्भाग्य की सार-समाख्या है।

सरकार मौन क्यों?

अन्ततः केवल दो प्रश्न अनुत्तरित रह जाते हैं। क्यों नरेन्द्र मोदी के नेतृत्व में संचालित हमारी सरकार नेताजी के सच को उजागर नहीं करती? तथा आज की परिस्थिति में सत्य और न्याय के लिए क्या किया जा सकता है?

इन प्रश्नों का विश्लेषण करने से पूर्व; हम अपने निजी दृष्टिकोण को अभिव्यक्त करना उचित समझते हैं। हमारा यह मानना है कि केन्द्र सरकार को कई दशकों से भगवनजी/नेताजी की भारत में उपस्थिति का पूर्णतः ज्ञात है। 1964 में, पं. नेहरू के निधन के बाद, सरकार उनकी वास्तविक स्थिति से अवगत हो चुकी थी। और चूंकि वह आश्वस्त थी कि अब वे कभी प्रकट नहीं हों पाएँगे तथा न ही सत्ता को उनसे कोई संकट प्राप्त होगा, अतः सरकार ने उन्हें कोई हानि नहीं पहुँचाई। तथापि उसकी दृष्टि भगवनजी पर सतत बनी हुई थी और हम पूर्ण आश्वस्त हैं कि उनके पास सरकारी प्रतिनिधियों का आवागमन होता था। सम्भव है कि यदा-कदा, विशिष्ट प्रसंगों पर, उन्हें आधिकारिक विषयों से अवगत भी करवाया जाता रहा हो। हम तथ्यों के अभाव में समग्र कथानक को प्रस्तुत नहीं कर सकते; क्योंकि इस प्रकरण में सरकार और भगवनजी की शिष्यमण्डली—दोनों ही अपने अलग-अलग कारणों से रहस्योद्घाटन के प्रति उदासीन हैं।

अब मुख्य प्रश्न का उत्तर प्राप्त करने हेतु हमें अंग्रेज़ी शासनकाल के दिनों में पुनः जाना होगा। वस्तुतः नेताजी के सत्य को स्वीकार करते ही आज के समय दुर्दान्त जटिलताएँ उपस्थित हो जाएँगी। भले ही किसी भी दल की सरकार बने, उन जटिलताओं से सभी बचना चाहते हैं। पूरे प्रकरण का सारांश यही है कि 1947 से [लेकर अद्यावधि] हमारी सरकार ने अपने संसाधनों को प्रयोगकर विश्वभर में एक ढकोसले का असीम प्रचार किया है; जिससे सरकार के भीतर और बाहर, देश और विदेशों में—सर्वत्र अनेक लोग लाभान्वित हो चुके हैं [और अद्यतन हो रहे हैं]। यदि नेताजी का सत्य प्रकट हो जाता है, तो इस ढकोसले का पर्दाफ़ाश हो जाएगा; जिसे देश का कुलीन एवं सत्तारूढ़ वर्ग अपने हित में नहीं समझता।

विद्यालयीय पाठ्यक्रमों में आपको यह इतिहास कहीं नहीं मिलेगा। 1945 में द्वितीय विश्वयुद्ध समाप्त होने पर पश्चिमी जगत् आनन्दित हो रहा था; जबकि भारतीय जनता निराशा एवं पराजय के दलदल में धँसती जा रही थी। "भारत छोड़ो आन्दोलन" को लगभग तीन वर्ष बीत चुके थे, किन्तु स्वतन्त्रता की कोई सम्भावना दृष्टिगोचर नहीं हो रही थी। सितम्बर-उत्तरार्ध में हुए कांग्रेस अधिवेशन के प्रस्ताव में सरदार वल्लभभाई पटेल ने देश की मनोदशा को निम्नोक्त शब्दों में व्यक्त किया:

न विश्वयुद्ध का अन्त और न ही ब्रिटेन में एक नई सरकार का आगमन, ब्रिटेन की भारत के प्रति नीति में कोई वास्तविक बदलाव लाया है। उनकी नीति हर प्रगति को विलम्बित करने एवं नई परेशानियों और समस्याओं को उत्पन्न करने वाली है। यह महत्त्वपूर्ण बात है कि इन [ब्रिटिश] प्रसारणों में कहीं भी भारतीय स्वतन्त्रता का कोई उल्लेख नहीं है।

स्पष्ट शब्दों में: सितम्बर 1945 का कांग्रेस-प्रस्ताव हमें वह बताता है; जिसको हमारी सरकार आज तक हमसे छिपा रही है। अन्य सबकी क्या कहें; स्वयं प्रधानमन्त्री नरेन्द्र मोदी ही बारम्बार मिथ्याप्रचार कर रहे है कि 1942-कालीन भारत छोड़ो आन्दोलन के कारण ही 1947 में हमें स्वतन्त्रता प्राप्त हुई थी। किन्तु वस्तुस्थिति यह है कि यह आन्दोलन तो कांग्रेस-अधिवेशन में पटेल के प्रस्ताव से वर्षों पूर्व ही धराशायी हो चुका था।

तो फिर हमें स्वतन्त्रता मिली कैसे? निश्चित ही महात्मा गांधी ने हमारे स्वतन्त्रता संघर्ष में एक महत्त्वपूर्ण भूमिका का निर्वहण किया, तथा वे सार्वकालिक श्रेष्ठतम भारतीय विभूतियों में से एक हैं। उनकी पुण्य स्मृति एवं प्रतिष्ठा सर्वविध श्रद्धास्पद है। किन्तु अद्यावधि उपलब्ध तथ्यों के अनुसार; जिन महाभाग के प्रयासों का भारतीय स्वतन्त्रता संघर्ष पर निर्णायक प्रभाव रहा, वे थे—नेताजी सुभाष चन्द्र बोस। कर्नल आर.एस.एन. सिंह (भूतपूर्व अधिकारी, R&AW) ने *Sify.com* पर लिखा: "1920 (जब गांधी प्रथमतः सक्रिय हुए) से 1947 पर्यन्त, कांग्रेस द्वारा प्रेरित जनान्दोलन नगण्य थे; क्योंकि अंग्रेज़ों को उनसे कोई क्षति नहीं पहुँची।"

1942 में जब गांधी ने भारत छोड़ो आन्दोलन को चलाया, तब वे बोस के एक 1939-कालीन सुझाव [कि अंग्रेज़ी सरकार को अधिकतम छः मास की अवधि की अन्तिम चेतावनी दी जाए] से प्रभावित थे। इससे पूर्व गांधी, जैसा कि स्वयं बोस ने ही अनेक बार दोहराया, किसी भी प्रकार के जनान्दोलन चलाने के अनिच्छुक थे। स्वयं बोस ने उनपर अंग्रेज़ों के साथ समझौता करने का आरोप लगाया था।

जब 1939 में विश्वयुद्ध का प्रारम्भ हुआ, तब गांधी ने दिल्ली में वॉयसरॉय अलेक्ज़ेण्डर लिनलिथगो से भेंट की तथा वक्तव्य दिया: "ब्रिटेन के विपत्तिकाल में भारत को उसका सहयोग करना चाहिए।" सुभाष बोस ने अपनी पुस्तक *इण्डियन स्ट्रगल* में यह लिखा: "यह वक्तव्य भारतीय जनता; जिसको कांग्रेस नेता यही सिखाते आ रहे थे कि अग्रिम विश्वयुद्ध को स्वतन्त्रता-प्राप्ति का एक अद्वितीय अवसर समझना चाहिए, के लिए एक वज्रपात-जैसा था।" हालांकि, बोस एवं अन्य लोगों द्वारा बनाए गए दबाव के कारण, कांग्रेस कार्यकारिणी ने 15 सितम्बर को यह प्रस्तावित किया: "भारत किसी भी ऐसे युद्ध में भाग नहीं ले सकता जो कि कथित तौर पर लोकतान्त्रिक स्वतन्त्रता के लिए लड़ा जा रहा है; जबकि वही स्वतन्त्रता भारत को नहीं दी जा रही है।"

जनवरी 1940 में गांधी ने *हरिजन* में लिखा कि वे "उपनिवेशक शासकों से लड़ने के आतुर" नहीं थे। उन्हीं के शब्दों में: "मैं सुभाष बोस के अभियोग का पूर्णतः अनुमोदन करता हूँ कि मैं अंग्रेज़ों के साथ समझौता करने का इच्छुक हूँ;

यदि वह मान-सम्मान से हो सके, तो।" जून में सुभाष ने गांधी के पास जाकर यह निवेदन किया कि वे इस दुर्लभ अवसर का लाभ लेते हुए एक असहयोग आन्दोलन का श्रीगणेश करें। किन्तु गांधी ने उन्हें कहा कि इसके लिए अभी हवा का रुख ठीक नहीं है। गांधीजी के पक्षधर जवाहरलाल नेहरू ने 10 सितम्बर को यह वक्तव्य दिया कि भारत को "ब्रिटेन की विपत्तियों का लाभ नहीं लेना चाहिए"। उसी वर्ष हुए कांग्रेस अधिवेशन में गांधी ने भी कहा: "मैं नहीं चाहता कि इंग्लैण्ड पराजित एवं अपमानित हो।"

वहीं, ब्रिटेन की भारत के प्रति सौहार्द की जो कोई भी सम्भावनाएँ थी, वे मई 1940 में तब नष्ट हो गईं; जब मदान्ध भारतद्रोही एवं हिन्दूविरोधी विंस्टन चर्चिल वहाँ के प्रधानमन्त्री बन गए।

1942 में नववर्ष की पूर्व सन्ध्या पर गांधीजी ने वॉयसरॉय लिनलिथगो को लिखा कि उनके जीवन का लक्ष्य समस्त "मानवता में सत्य और अहिंसा का प्रचार करना था"। जैसे-तैसे, आठ महीनों के बाद, भारत छोड़ो आन्दोलन का उपक्रम हुआ। बोस; जो अंग्रेज़ो को भारत से भगाने के उद्देश्य से उनके शत्रुदेश जर्मनी पहुँच चुके थे, ने गांधी के 8 अगस्त 1942 को दिए गए भाषण की मुक्तकण्ठ प्रशंसा की। किन्तु फिर भी वे मानते थे कि "प्रत्येक प्रचण्डता और चुनौती दिखाने के बाद, गांधी हर बार अंग्रेज़ो से समझौता करने का प्रयास करते है"।

और जैसा कि हुआ; भारत छोड़ो आन्दोलन शुरू होते ही बिखर गया। कर्नल सिंह ने टिप्पणी की: "तत्काल कांग्रेस का समग्र शीर्षस्थ नेतृत्व बन्धक बना लिया गया। नेतृत्व एवं सिद्धान्तों से विहीन आन्दोलन कुल एक वर्ष से भी कम कालावधि में निरस्त हो गया। कांग्रेस नेता युद्ध के उपसंहार पर्यन्त कारागार में ही रहे। इससे अंग्रेज़ों के साथ-साथ कांग्रेसी नेताओं के सम्मान, प्रतिष्ठा और राजनैतिक छवि की रक्षा हो गई।" लेखक-पत्रकार खुशवन्त सिंह ने *हिन्दुस्तान टाइम्स* में 2003 में लिखा कि वह आन्दोलन "कुल तीन सप्ताहों में ही दबा दिया गया"। उल्लेखनीय है कि खुशवन्त, दूर-दूर तक नेताजी के प्रशंसक नहीं थे।

वहीं, लन्दन में, प्रधानमन्त्री विंस्टन चर्चिल को सारी सूचनाएँ प्राप्त हो रहीं थीं। 1950 में प्रकाशित अपनी पुस्तक *हिन्ज ऑफ़ फेट* में उन्होंने लिखा कि

भारत छोड़ो आन्दोलन “कुछ ही महीनों में ठप्प हो गया, [अंग्रेज़ो को] बिना किसी जान-माल की हानि के”।

कर्नल सिंह ने यह रेखांकित किया कि “उसी काल में जब कांग्रेस नेता निष्प्रभावी हो चुके थे, तब सुभाष चन्द्र बोस स्वयं को भारत की स्वतन्त्रता हेतु सतत नियुक्त किए हुए थे”।

प्रायशः भारतीयों के लिए यह अविदित होगा; किन्तु 1943-उत्तरार्ध से गांधी ने वॉयसरॉय लिनलिथगो को “August Disturbances” (“अगस्त की अशान्ति”; “भारत छोड़ो आन्दोलन” का तात्कालिक नाम) में अपनी भूमिका को स्पष्टीकृत करने हेतु अनेक पत्र लिखे। दिल्ली के राष्ट्रीय अभिलेखागार में उपलब्ध उस समय की गोपनीय गृह-विभागीय सार्वजनिक फ़ाइलों में गांधी की उक्त क्रिया को “Apologia” (पक्षपोषण अथवा खेद प्रकाशन) की संज्ञा प्राप्त है।

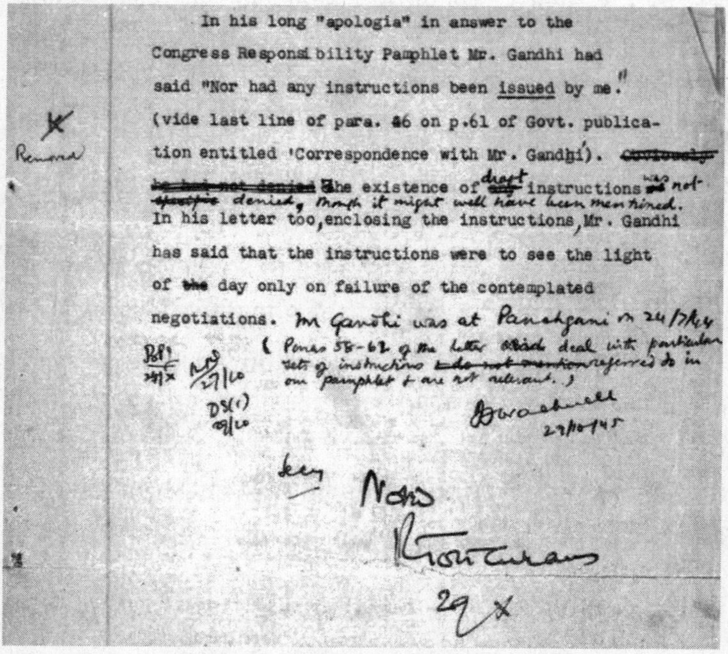

In his long "apologia" in answer to the Congress Responsibility Pamphlet Mr. Gandhi had said "Nor had any instructions been issued by me." (vide last line of para. 46 on p.61 of Govt. publication entitled 'Correspondence with Mr. Gandhi'). The existence of draft instructions was not denied, though it might well have been mentioned. In his letter too, enclosing the instructions, Mr. Gandhi has said that the instructions were to see the light of day only on failure of the contemplated negotiations. Mr Gandhi was at Panchgani on 24/7/44

(Paras 58-62 of the letter which deal with particular sets of instructions referred to in our pamphlet & are not relevant.)

[स्रोत: राष्ट्रीय अभिलेखागार, नई दिल्ली]

सुप्रसिद्ध इतिहासकार डॉ. आर.सी. मज़ूमदार का अभिमत था कि अपनी 1942-कालीन उपलब्धियों का श्रेय लेना तो दूर, गांधी एवं अन्य मुख्य कांग्रेस नेताओ ने अपने बन्धक बनाए जाने के बाद; लोगों द्वारा की गई हिंसक गतिविधियों के लिए क्षमायाचना एवं पक्षपोषण किया।

गांधी ने वॉयसरॉय को लिखा कि अंग्रेज़ी सरकार के कारण ही यह विप्लव उद्भावित हुआ था; न कि उनके आन्दोलन के कारण। उनके शब्दों में: यह अंग्रेज़ सरकार ही थी; जिसने "लोगों को उस पागलपन के लिए उकसाया था" ("goaded the people to the point of madness")। फरवरी 1943 में तात्कालिक कांग्रेस-अध्यक्ष मौलाना आज़ाद ने वॉयसरॉय को पत्र लिखकर इस बात का खण्डन किया कि कांग्रेस पार्टी "अगस्त की अशान्ति" के दौरान होनी वाली हिंसा के लिए दोषी थी। उन्हीं के शब्दों में: "आप कहते हैं कि आपके पास इसकी पर्याप्त सूचना है कि अन्तर्ध्वंस का पूरा प्रकल्प कांग्रेस के सौजन्य से प्रसारित गुप्त प्रेरणा द्वारा हुआ है। किन्तु हमें यह विदित है तथा हम अपने पूर्ण उत्तरदायित्व के साथ यह कहना चाहते हैं कि कांग्रेस ने कभी ऐसे किसी प्रकल्प को न चलाया है तथा न ही कभी एतदर्थ कोई गुप्त अथवा प्रकट निर्देश भी दिए हैं।" सितम्बर 1945 में नेहरू, पटेल और जी.बी. पन्त ने कांग्रेस की ओर से एक वक्तव्य को प्रस्तुत किया; जिसमें यह अंकित था: "अखिल भारतीय कांग्रेस कमेटी (AICC) अथवा गांधीजी ने आधिकारिक रूप से किसी आन्दोलन का उपक्रम ही नहीं किया।"

इस पृष्ठभूमि में कांग्रेस 1945-46 के शीतकालीन आम चुनावों की तैयारी में लग गई। ये चुनाव नए ब्रिटिश प्रधानमन्त्री क्लिमेण्ट एट्ली के नेतृत्व वाली लेबर पार्टी गवर्नमेण्ट के द्वारा इसीलिए करवाए जा रहे थे; ताकि आगे चलकर भारत की स्वतन्त्रता वाले मुद्दे पर भारतीय राजनैतिक दलों में पारस्परिक सम्मति बन सके। अंग्रेज़ स्वतन्त्रता देने से पूर्व, कांग्रेस एवं मुस्लिम लीग के मध्य एक सन्तोषजनक सन्धि हेतु ज़ोर दे रहे थे। कांग्रेस के समावेशी चुनावीय घोषणापत्र में यह कहा गया कि एकमात्र लक्ष्य था—भारत की स्वतन्त्रता। मुस्लिम-लीग की उद्घोषणा [कि भारतीय मुसलमानों का प्रतिनिधित्व करने हेतु केवल लीग ही

अधिकृत है] के विपरीत कांग्रेस, धर्मनिरपेक्षता पर बल दे रही थी। इसी महत्त्वपूर्ण अवसर पर नेताजी की आज़ाद हिन्द फ़ौज (INA) के योद्धाओं पर दिल्ली के लालकिले में अंग्रेज़ी भारतीय सेना द्वारा मुकद्दमें प्रारम्भ हुए। INA के योद्धाओं में हिन्दू, मुस्लिम, सिख, ईसाई सहित सभी वर्णों के भारतीयों का प्रतिनिधित्व था। नेताजी सभी भारतीयों को ऐसी अपूर्वता से संगठित कर पाए थे; जिसका कोई समकक्ष उदाहरण भारतीय इतिहास में नहीं मिलता।

SECRET.

Survey of Press references to I.N.A. dated 7.2.46.

.....

Publicity for the I.N.A.

1. "Mr. Frank Anthony, President of the All-India Anglo-Indian and Domiciled Europeans Association, on Tuesday, met Col. C.J. Stracey of the I.N.A. who is now in detention in the Red Fort, Delhi. Mr. Anthony spent several hours with him. Col. Stracey is a member of a distinguished Anglo-Indian family, one brother being in the Imperial Forest Service, another in the Indian Civil Service, a third in the Imperial Police Service and a sister an officer in the I.M.S. Col. Stracey himself received a permanent commission in the Indian Army, having passed through Dehra Dun after a competitive examination. His attitude is one of honest and deeply sincere conviction. He felt that he was serving India and the Anglo-Indian community by joining the I.N.A. He is popular with thousands of men of the I.N.A. Col. Stracey impressed Mr. Anthony by his deeply sincere and courageous conviction. Col. Stracey, not having participated in any acts of brutality, is not likely to be sent up for trial. If, however, the military authorities decide to try him, Mr. Anthony has indicated his willingness to defend him."
(Hindustan Times dated 7-2-46.)

[आज़ाद हिन्द फ़ौज के कर्नल सी.जे. स्ट्रेसी ने कहा कि वे देश और आंग्ल-भारतीय समाज (अंग्रेजों की भारतीय माताओं से प्रजनित सन्तानों का समुदाय) की सेवा हेतु नेताजी की फ़ौज में शामिल हुए थे।
स्रोत: राष्ट्रीय अभिलेखागार, नई दिल्ली]

कांग्रेस के शीर्षस्थ नेताओ ने इस अवसर का सर्वोत्तम लाभ उठाया; क्योंकि उन्हें इसमें एक महापरिवर्तन दिखाई दिया। द्वितीय विश्वयुद्ध के दौरान कांग्रेसी नेता आज़ाद हिन्द फ़ौज के जिन योद्धाओं को "भटके हुए लोग" बताते थे, उन्हीं INA योद्धाओं का सितम्बर 1945 के कांग्रेस अधिवेशन में परोक्ष अभिनन्दन किया गया। उसी समय से, इन कुटिल नेताओ ने 1942 के निष्फल आन्दोलन

को (जिससे उन्होंने पल्ला झाड़ लिया था) "अगस्त क्रान्ति" के रूप में महिमामण्डित करना आरम्भ कर दिया।

भारत की स्वतन्त्रता के दशकों बाद; ब्रिटिश सरकार द्वारा सार्वजनिक किए गए दस्तावेज़ों का सदुपयोग करके हम यह जान पाते हैं कि क्यों कांग्रेसी नेता, लाल किले के मुकद्दमों के समय, नेताजी की INA के पृष्ठपोषक बनकर उपस्थित हुए—जबकि अंग्रेज़ो के प्रति हिंसा करना उनके मौलिक विचारधारा के सर्वथा विपरीत था। मिलिट्री इण्टैलिजेंस की 1945 की एक रिपोर्ट के अनुसार; कांग्रेसी शीर्षस्थ नेतृत्व ने अपने एक उच्चस्तरीय नेता को, जनमानस की INA विषयक भावनाओं को टटोलने हेतु, नियुक्त किया। उस नेता ने भारत भ्रमण करके यह पाया कि जनता INA की अत्यधिक पक्षधर थी। फिर मिलिट्री इण्टैलिजेंस ने लन्दन को सूचित किया कि कांग्रेस द्वारा INA और सुभाष के समर्थन का मूल कारण था—"राजनैतिक अवसरवादिता"। ऐसी अनेक रिपोर्टें अन्य अधिकारियों से भी प्राप्त होती हैं। प्रमुख सेनाध्यक्ष, अंग्रेज़ी भारतीय सेना, जनरल क्लॉड ऑकिन्लेक ने वॉयसरॉय विस्काउण्ट वेवळ को नवम्बर 1945 में यह लिखा: "INA मुकद्दमों ने कांग्रेस को चुनावी क्रन्दन का एक अद्भुत अवसर प्रदान किया है।"

उपर्युक्त तथ्य, दशकों से हमारे समक्ष परोसे जा रहे काल्पनिक इतिहास की कलई खोलते हैं। अगस्त 2006 में, मुखर्जी आयोग की रिपोर्ट के खण्डन का औचित्य बतलाते हुए, गृहमन्त्री शिवराज पाटिल ने संसद में यह कहा था कि "स्वयं जवाहरलाल नेहरू, INA के लोगों की वकालत हेतु, काला कोट एवं गाऊन धारण करके लाल किला पहुँचे थे।"

किन्तु वास्तविकता इस कथानक से सर्वथा भिन्न है। के.के. घोष (INA के प्रथम आधिकारिक एवं विशद विवरण के प्रणेता) के अनुसार; उस समय कांग्रेस के पास "तात्कालिक मृतप्राय राजनैतिक वातावरण को पुनरुज्जीवित करने हेतु" कोई राष्ट्रीय योजना नहीं थी। घोष ने अपनी पुस्तक *द इण्डियन नेशनल आर्मी* में लिखा कि स्वतः प्रस्तुत हुए INA योद्धाओं के प्रकरण ने कांग्रेस को "अंग्रेज़ों के विरुद्ध एक देशव्यापी राष्ट्रीय मोर्चा संगठित करने का सुअवसर प्रदान किया"।

मरणासन्न कांग्रेस पार्टी नेताजी और उनकी आज़ाद हिन्द फ़ौज का नाम लेकर जीवित हो उठी। देशभर से लोगों ने धन-आदि का दान देना आरम्भ कर दिया; जिसे कांग्रेस इकट्ठा करने लगी। फिर भी, गांधी के खेमे में INA के लिए वस्तुतः कोई सहानुभूति नहीं थी। इण्टैलिजेंस द्वारा इस बात की पूरी सूचना अंग्रेज़ों तक प्रेषित की जा रही थी।

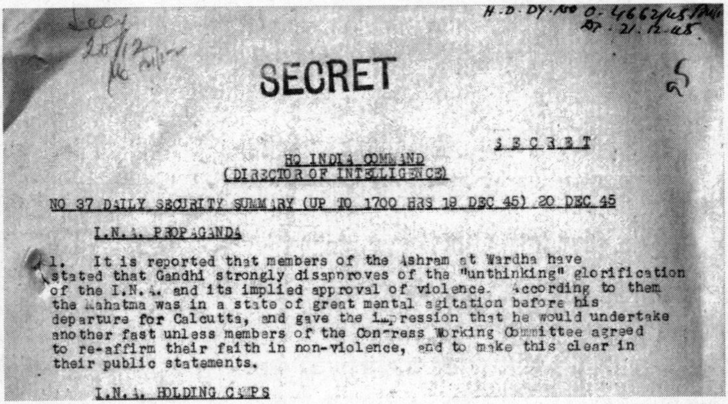
SECRET

SECRET

HQ INDIA COMMAND
(DIRECTOR OF INTELLIGENCE)

NO 37 DAILY SECURITY SUMMARY (UP TO 1700 HRS 19 DEC 45) 20 DEC 45

I.N.A. PROPAGANDA

1. It is reported that members of the Ashram at Wardha have stated that Gandhi strongly disapproves of the "unthinking" glorification of the I.N.A. and its implied approval of violence. According to them the Mahatma was in a state of great mental agitation before his departure for Calcutta, and gave the impression that he would undertake another fast unless members of the Congress Working Committee agreed to re-affirm their faith in non-violence, and to make this clear in their public statements.

I.N.A. HOLDING CAMPS

[हेडक्वार्टर्स इण्डिया कमाण्ड/डायरेक्टर ऑफ़ इण्टैलिजेंस, No 37 डेली सिक्योरिटी समरी, 20 दिसम्बर 1945: गांधी के आश्रम के लोगों ने सूचित किया कि गांधी INA के "विचारहीन महिमागान के विरुद्ध" थे। स्रोत: राष्ट्रीय अभिलेखागार, नई दिल्ली]

21-24 नवम्बर 1945 से ही कोलकाता की सड़कों पर विरोध-प्रदर्शन आरम्भ हो चुके थे। तत्पश्चात् मुम्बई-कराची-पटना-इलाहाबाद-बनारस-रावलपिण्डी-आदि स्थानों में दंगे भड़क उठे। उस समय तक, जनरल ऑकिन्लेक को परेशान करने वाली अनेक सूचनाएँ मिल चुकी थीं। 19 नवम्बर को उन्हें अंग्रेज़ी भारतीय सेना के कर्नल के.एस. हिम्मतसिंहजी (जामनगर-राजकुल के वंशज, कालान्तर में एक मेजर जनरल) का एक पत्र प्राप्त हुआ; जिसमें INA के योद्धाओ को मृत्युदण्ड दिए जाने के परिणामस्वरूप भारत में सम्भावित सशस्त्र क्रान्ति का भय प्रदर्शित था। हिम्मतसिंहजी (प्रथम राज्यपाल, हिमाचल प्रदेश) ने पुनः फरवरी 1946 में ऑकिन्लेक को लिखा कि भारतीय लोग, अंग्रेज़ सरकार पर अत्यधिक कुपित थे तथा वे INA को स्वतन्त्रता हेतु कृतसंकल्प सेना मान

रहे थे; और इसी एक बिन्दु पर कांग्रेस और मुस्लिम लीग के कार्यकर्ता भी परस्पर सहमत थे।

परिणामतः 12 फरवरी 1946 को ऑकिन्लेक, अपने सैन्य उच्चाधिकारियों को एक "अत्यन्त अन्तरंग एवं गोपनीय" पत्र के माध्यम से, यह सूचित करने हेतु बाध्य हो गया कि क्यों अंग्रेज़ी भारतीय सेना INA के "युद्धापराधियों" एवं "देशद्रोहियों" को मुक्त करने के लिए विवश थी: "सभी साक्ष्यों, भारतीय जनमत की धारा एवं भारतीय सेना के मनोभावों पर अपेक्षित चिन्तन करने के बाद, मुझे कोई सन्देह नहीं है कि यदि [INA के बन्धकों की] कारावास दण्ड की पुष्टि केवल 'राजा के प्रति विद्रोह' करने के आधार पर की जाती, तो परिणाम अत्यन्त वीभत्स हो सकते थे; और समूचे देश में हिंसा भी हो सकती थी। इससे सेना [विशेषतः भारतीय अधिकारियों एवं प्रशिक्षित वर्ग] में व्यापक असन्तोष उत्पन्न होता।"

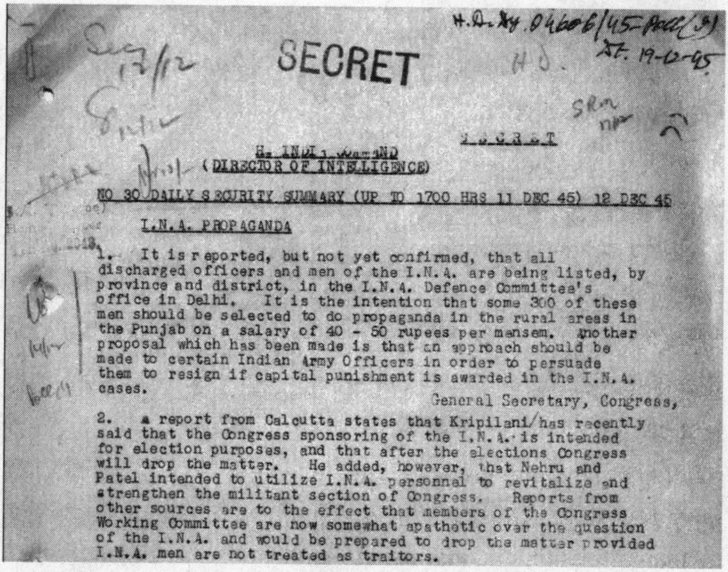
SECRET

SECRET

H. INDIA COMMAND
(DIRECTOR OF INTELLIGENCE)

NO 30 DAILY SECURITY SUMMARY (UP TO 1700 HRS 11 DEC 45) 12 DEC 45

I.N.A. PROPAGANDA

1. It is reported, but not yet confirmed, that all discharged officers and men of the I.N.A. are being listed, by province and district, in the I.N.A. Defence Committee's office in Delhi. It is the intention that some 300 of these men should be selected to do propaganda in the rural areas in the Punjab on a salary of 40 - 50 rupees per mensem. Another proposal which has been made is that an approach should be made to certain Indian Army Officers in order to persuade them to resign if capital punishment is awarded in the I.N.A. cases.

2. A report from Calcutta states that Kripilani/ General Secretary, Congress, has recently said that the Congress sponsoring of the I.N.A. is intended for election purposes, and that after the elections Congress will drop the matter. He added, however, that Nehru and Patel intended to utilize I.N.A. personnel to revitalize and strengthen the militant section of Congress. Reports from other sources are to the effect that members of the Congress Working Committee are now somewhat apathetic over the question of the I.N.A. and would be prepared to drop the matter provided I.N.A. men are not treated as traitors.

[हेडक्वार्टर्स इण्डिया कमाण्ड/डायरेक्टर ऑफ़ इण्टैलिजेंस, No 30 डेली सिक्योरिटी समरी, 12 दिसम्बर 1945: "कांग्रेस जनरल सेक्रेटरी कृपलानी ने कहा कि कांग्रेस का INA को समर्थन सिर्फ़ चुनावी उद्देश्य से प्रेरित है, और चुनाव के पश्चात् कांग्रेस इस मुद्दे को छोड़ देगी।" स्रोत: राष्ट्रीय अभिलेखागार, नई दिल्ली]

अनेक तात्कालिक तेजस्वी विभूतियों ने इस घटनाक्रम के अनावृत रूप को देखा; किन्तु बहुत कम लोग ही वर्षों के बाद सार्वजनिक रूप से अपनी साहसिक सत्यवादिता का परिचय दे पाए। ऐसे लोगों में डॉ. भीमराव अम्बेडकर अग्रणी हैं; जिन्होंने फरवरी 1955 में ब्रिटिश ब्रॉडकास्टिंग कॉरपोरेशन (BBC) को दिए गए एक साक्षात्कार में अपने आश्चर्य को अभिव्यक्त किया: "मैं नहीं जानता कि कैसे श्रीमान् एट्ली सहसा भारत को स्वतन्त्रता देने को राज़ी हो गए। वे एक दिन इस रहस्य का अनावरण अपनी जीवनी में अवश्य करेंगे। किसी को भी आशा नहीं थी कि वे ऐसा करेंगे।"

न्यायाधीश फणीभूषण चक्रवर्ती

डॉ. अम्बेडकर के स्वर्गवास के दो मास पूर्व; क्लिमेण्ट एट्ली ने एक निजी वार्ता में स्वयं ही उस रहस्य का उद्घाटन कर दिया। एट्ली ने यह वार्ता कोलकाता उच्च न्यायालय के मुख्य न्यायाधीश एवं पश्चिम बंगाल के कार्यकारी राज्यपाल—फणीभूषण चक्रवर्ती के साथ राज्यपाल आवास में अक्टूबर 1956 में की। चक्रवर्ती को इस वार्ता को सार्वजनिक करने का सामर्थ्य जुटाने में लगभग दो दशक लग गए। एट्ली ने उनसे कहा था कि सुभाष चन्द्र बोस की INA गतिविधियों ने भारत में अंग्रेज़ी शासनतन्त्र की मुख्य आधारशिला को धराशायी कर दिया था। जबकि 1946 के नौसेना विद्रोह ने अंग्रेज़ों को यह भान करवा दिया था कि अब भारतीय सेनाएँ उनके लिए विश्वसनीय नहीं रहीं।

आधुनिक भारत के सर्वाधिक प्राचीन न्यायालय के प्रथम भारतीय स्थायी मुख्य न्यायाधीश—चक्रवर्ती ने, एट्ली को यह भी पूछा कि भारत को छोड़ने के लिए गए उनके निर्णय पर गांधी के आन्दोलन का कितना प्रभाव था? चक्रवर्ती के शब्दों में: "इस प्रश्न को सुनकर, एट्ली के होंठों पर एक व्यंग्यमिश्रित मुस्कान आ गई तथा दाँतों को पीसते हुए वे बोले: 'नगण्य!'"

एट्ली ने 1960 में नफ़्फ़ील्ड महाविद्यालय (ऑक्सफ़ोर्ड) में इतिहासकार प्रो. बरुण दे [वामपन्थी-कांग्रेसियों में प्रतिष्ठित] के समक्ष इसी वक्तव्य को दोहराया।

1967 में नई दिल्ली में स्वतन्त्रता के 20 वर्ष पूर्ण होने के उपलक्ष्य में आयोजित एक संगोष्ठी में तात्कालिक ब्रिटिश उच्चायुक्त जॉन फ्रीमैन ने इस भाव को अभिव्यक्त किया कि 1946 के पश्चात् हुए नौसेना विद्रोह के कारण स्वतन्त्रता का मार्ग प्रशस्त हुआ। उस संगोष्ठी में श्रोताओं में से एक थे—स्वामिनाथन् अय्यर; कांग्रेस नेता मणिशंकर अय्यर के भाई। वर्तमान में भारत के प्रतिष्ठित समीक्षकों में से एक—स्वामिनाथन् ने 2007 के द *इकॉनोमिक टाइम्स* में लिखा: "फ्रीमैन की उस स्वीकारोक्ति ने मुझ सहित अनेक नवयुवकों को अचम्भित कर दिया था; क्योंकि हमको कभी नौसेना विद्रोह के विषय में कुछ पढ़ाया ही नहीं गया था।" इससे आप यह समझ सकते है कि उस दौर में किस तरह सरकारी मिथ्याप्रचार ने किस स्तर तक उच्चतम प्रशिक्षित लोगों को भी अंधेरे में रखा हुआ था।

भारतीय स्वतन्त्रता संघर्ष में 1946 का नौसेना विद्रोह एक निर्णायक घटना थी। उसके नेता बी.सी. दत्त ने 1970 में कैम्ब्रिज विश्वविद्यालय में प्रदत्त अपने एक साक्षात्कार में यह कहा कि "नौसेना विद्रोह को क्रियान्वित करने वाले नौसैनिक, कांग्रेस के 1942-कालीन 'भारत छोड़ो आन्दोलन' से पूर्णतः अप्रभावित थे। किन्तु देश में एक महान् अभ्युत्थान तब आया; जब सुभाष चन्द्र बोस के INA सैनिकों को 1945 में [बंदी बनाकर] भारत लाया गया"। दत्त के अनुसार; INA योद्धाओं पर लगे अभियोगों ने नौसैनिकों को व्याकुल कर दिया।

कदाचित् डॉ. अम्बेडकर उपर्युक्त विवरणों, विशेषतः एट्ली की स्वीकारोक्ति [कि बोस के संघर्ष ने उन्हें भारत को स्वातन्त्र्य देने हेतु विवश कर दिया], से विस्मित न होते। BBC को दिए गए अपने साक्षात्कार में उन्होंने यह भी कहा था कि अपने व्यक्तिगत आँकलन के बल पर, उन्होंने यह निष्कर्ष निकाला था कि भारत की स्वतन्त्रता का मूल कारण, सुभाष बोस की INA द्वारा प्रवर्तित संघर्ष में ही सन्निहित है:

अंग्रेज़ लोग इस देश पर इसी दृढ़ विश्वास के साथ शासन कर रहे थे कि चाहे इस देश में कुछ भी हो जाए अथवा नेतालोग कुछ भी कर लें; किन्तु सैनिकों की

उनके प्रति निष्ठा कदापि विरूपित नहीं हो पाएगी। उसी एक आधार पर वे अपने शासनतन्त्र को संचालित कर रहे थे। वह विश्वास चूरचूर हो गया।

1964 में अंग्रेज़ी इतिहासकार माइकल एड्वर्ड्स ने अपनी पुस्तक *द लास्ट इयर्स ऑफ़ ब्रिटिश इण्डिया* में उल्लेख किया: "शनैः-शनैः भारत सरकार को आभास हो गया कि अंग्रेज़ी शासन का मेरुदण्ड समझी जाने वाली भारतीय सेना अब विश्वसनीय नहीं रही थी। हेम्लेट के पिता के समान, सुभाष बोस का भूत लालकिले की अट्टालिकाओं में जा पहुँचा एवं उसकी आकस्मिक प्रवर्धमान छवि ने उस बैठक को अभिभूत कर लिया; जिसका परिणाम निकला—स्वतन्त्रता।"

NEW AUSTIN CARS

The Hindustan Times

LARGEST CIRCULATION IN NORTHERN, NORTH-WESTERN & CENTRAL INDIA. DELHI EDITION

VOL. XXII. NO. 305. NEW DELHI: TUESDAY, NOVEMBER 6, 1945. PRICE 1½ ANNAS

MATCHING SUITS

I.N.A. TRIAL OPENS IN RED FORT

I.N.A.'s WOMEN WARRIORS — SHAH NAWAZ — DHILLON — SAHGAL — DEFENCE COUNSEL

NIGHT OF GUN BATTLES IN BATAVIA

BRITISH WARN ANNAMITES OF REPRISALS

BRITISH DOCK STRIKE ENDS

CHARGES OF MURDER AND WAGING WAR AGAINST KING

DEFENCE ASKS FOR THREE WEEKS' ADJOURNMENT

(By Our Special Representative)

NEW DELHI, Monday.—A trial unprecedented in British Indian history, whose significance was heightened by the fact that Pandit Jawaharlal Nehru donned after about 25 years his barrister's gown and white band as a defence counsel, opened today in a large room on the second floor of a barrack in the historic Red Fort of Delhi.

Syria A Potential Trouble Spot In Mid-East

Curfew On Road Traffic Tightened In Palestine

स्वतन्त्रता के लगभग 30 वर्षों बाद; लै. जनरल एस.के. सिन्हा, ने *द स्टेट्समैन* में प्रकाशित अपने एक आलेख में आश्चर्यजनक रहस्योघाटन किया। 1946 में भारतीय अंग्रेजी भारतीय सेना के डायरेक्टरेट ऑफ़ मिलिट्री ऑपरेशन्स केवल तीन भारतीयों को स्थान मिला था: लै. कर्नल सैम मानेक शॉ (कालान्तर में स्वतन्त्र भारत के सेना प्रमुख और फील्ड मार्शल); मेजर याह्या खान (कालान्तर में पाकिस्तान के सेना प्रमुख और राष्ट्रपति); और कप्तान एस.के. सिन्हा (असम एवं जम्मू-कश्मीर के भावी राज्यपाल)। सिन्हा ने लिखा

कि "सेना में INA के प्रति पर्याप्त सहानुभूति थी ... मैं आश्वस्त हूँ कि 90% से अधिक अधिकारी ऐसा सोचते थे"।

1946 में, सहसा ... डायरेक्टरेट ऑफ़ मिलिट्री इण्टैलिजेंस द्वारा विरचित एक दस्तावेज़ मेरे संज्ञान में आया। उस "अत्यन्त गोपनीय" दस्तावेज़ का अवलोकन भारतीयों के लिए प्रतिबन्धित था। उक्त दस्तावेज़ में INA, मुम्बई एवं जबलपुर में हुए विद्रोहों, युद्ध के आरम्भिक दिनों में जापानियों द्वारा अंग्रज़ो और अन्य को दी गई तिरस्कारपूर्ण पराजय के भारतीय अधिकारियों पर पड़े प्रतिकूल प्रभावों का उल्लेख था। उसमें यही निष्कर्ष प्रस्तुत किया गया था कि अब भारतीय सेना को, भारत पर अंग्रेज़ी शासन को यथास्थिति बनाए रखने हेतु, एक विश्वसनीय उपकरण नहीं समझा जा सकता।

हमारी सरकार द्वारा प्रचारित स्वतन्त्रता संघर्ष के इतिहास में उपर्युक्त कुछ भी संकलित नहीं है। 1947 में तथा उसके बाद जो कुछ भी हुआ, वह हृदय-विदारक था। अंग्रेज़ों ने, भारत को डोमिनियन स्टेटस (औपनिवेशिक स्वराज) [जो गांधी चाहते थे तथा बोस जिसके प्रबल विरोधी थे] प्रदानकर, कांग्रेसी नेताओं को सत्ताऽधिकार हस्तान्तरित कर दिया। सत्ता प्राप्त होते ही इन नेताओं ने अहिंसापूर्ण स्वतन्त्रता-संघर्षों के महिमामण्डन द्वारा अन्य स्वतन्त्रता-सेनानियों के योगदान को छिपाना अथवा उनका अवमूल्यांकन करके दर्शाना आरम्भ कर दिया। और वह आधिकारिक दृष्टिकोण, 1950-दशक के सुप्रसिद्ध फ़िल्मी गीत "दे दी हमें आज़ादी बिना खड्ग बिना ढाल। साबरमती के सन्त तूने कर दिया कमाल" के व्याज से अमर हो गया।

किन्तु अहिंसा से भारत को स्वतन्त्र करवाने का मिथ्या प्रलाप, अंग्रेज़ों की छवि को अत्यधिक चमका देता है; कि वह बड़े उदार एवं लोकतान्त्रिक लोग थे; जो अहिंसा और शान्ति की बात सुनकर यकायक चले गए। रातों-रात, एक झटके में, उनके भारत में किए गए निर्मम दमन, युद्धापराध, भीषण त्रास तथा नृशंस संहार पर सफ़ेदी पोत दी गई। स्वयं गांधी ने कहा था: "हमें स्वतन्त्रता देना अंग्रेज़ों के अनेक महान् कार्यो में से एक है।"

स्वतन्त्र भारत के प्रथम सूर्योदय से ही सुभाष बोस की स्मृतियों तथा

स्वतन्त्रता संघर्ष में उनकी भूमिका को निम्नीकृत करके, उन्हें समूचे इतिवृत्त से बाहर निकालकर फेंक दिया गया। जिन कांग्रेसियों ने 1946 में INA योद्धाओं के पक्ष में "लालकिले से आई आवाज़, सहगल ढिल्लों शाहनवाज़" के नारे लगाए थे, वे ही लोग 1947 में "माउण्टबैटन की जय हो" का डिण्डिम घोष करने लगे। दुर्दैववश जो व्यक्ति, दक्षिणपूर्वी एशिया के भूतपूर्व सर्वोच्च मित्रराष्ट्रीय-सेनापति की भूमिका से, INA की पराजय का प्रमुख दोषी था; उसी को स्वतन्त्र भारत का प्रथम गवर्नर-जनरल बनाने में इन लोगों को लाज नहीं आई। लॉर्ड माउण्टबैटन ने भारत को स्वतन्त्रता देने के लिए 15 अगस्त 1947 का दिन चुना; क्योंकि यह तिथि, जापान तथा INA पर दो वर्ष पूर्व हुई उनकी विजय की स्मारिका थी।

स्वतन्त्रता दिवस को लेकर एक साधारण भारतीय नागरिक की मान्यता है कि इसी दिन यूनियन जैक को उतारकर तिरंगे का समारोहण किया गया था; जो कि वास्तविकता से दूर है। स्वयं माउण्टबैटन का यह कथन था कि उन्होंने अंग्रेज़ी ध्वज के समारोहपूर्वक अवरोहण पर अपनी असहमति व्यक्त की थी, तथा अंग्रेज़ों को अप्रसन्न न करने के इच्छुक नेहरू ने उनका समर्थन भी किया था।

माउण्टबैटन तो यह भी चाहते थे कि यूनियन जैक, भारतीय तिरंगे से ऊपर आरोहित रहे। अधिकतर भारतीयों को इसका बोध नहीं है कि स्वयं महात्मा गांधी भी इस घिनोने विचार के समर्थक थे। 19 जुलाई 1947 की अपनी प्रातःकालीन सभा में उन्होंने कहा था: "हमारे ध्वज के एक ओर यूनियन जैक के होने से क्या हानि है? यदि हमें कोई हानि पहुँचाई गई है, तो वह अंग्रेज़ों के द्वारा थी; न कि उनके ध्वज के द्वारा। हमें उनके उपकारों को नहीं भूलना चाहिए। उन्होंने स्वेच्छा से हमलोगों के हाथों में इस देश की सत्ता को सौंपकर हमें स्वतन्त्रता देने का निर्णय लिया है।"

सीधी बात कहें, तो सोने की चिड़िया कहलाने वाले इस देश को दारिद्र्य-दलदल में झोंकने वाले अंग्रेज़ों को 1947 में भारत से बाहर निकलने का इससे अधिक सम्मानपूर्ण अवसर नहीं मिल सकता था। फलतः भारत सरकार के अहिंसा वाले आधिकारिक कथानक पर उनका मूक समर्थन स्वाभाविक ही है। जो विचार

इंग्लैण्ड में मान्य था, क्रमशः वही समूचे पश्चिमी जगत् में प्रचलित हो गया।

अब चूंकि 1947 में सत्ताऽधिकार की सारी कुँजियाँ गांधीवादियों की झोली में जा गिरीं, तो स्वतन्त्र भारत की सरकार ने महात्मा गांधी को मानो भगवान् ही बना दिया। राजनीतिज्ञों की इस इच्छा को उन बाबुओं ने सुदृढ़ करने में सम्पूर्ण सहयोग किया; जो एक समय पर अंग्रेज़ो की निष्ठापूर्वक सेवा-सुश्रूषा करके अब स्वतन्त्र भारत में फल-फूल रहे थे। उदाहरण के रूप में उल्लेखनीय हैं ऐसे ही एक बाबू—सर चन्दुलाल माधवलाल त्रिवेदी (स्वतन्त्र भारत में पद्मविभूषण-सम्मानित एवं सेवानिवृत्ति के बाद पंजाब, आन्ध्रप्रदेश के राज्यपाल)। 1947 से पूर्व वे अंग्रेज़ी सरकार के एक निष्ठावान् चरणसेवक थे तथा उनकी दृष्टि में सभी INA योद्धा "देशद्रोही और बागी" थे। राष्ट्रीय अभिलेखागार में सुरक्षित उनका लिखा 1945 का निम्नांकित नोट अंग्रेज़ो के प्रति उनकी निष्ठा का सर्वोत्तम प्रतीक है:

Confidential.

WAR DEPARTMENT.

I have spoken to Mr. Lal about the press cuttings below. Our definite view is that officers and men of the Indian Army who joined the so-called Indian Nationa[l] Army have not, in law, the status of combatants or belligerents and that they are traitors and rebels. We shall undoubtedly hear more of this in the Press and th[e] competence of Courts-Martial to try these persons will probably be challenged. We should be most grateful fo[r] an exposition of the law on the subject.

Sd/- C.M. Trivedi.
1.9.45.

[L]egislative Deptt. (Mr. Lal).
W.D. U.O. 4628-S/WI dated 1.9.45.

सर चन्दुलाल-जैसे असंख्य लोग तथा उनके वंशज स्वतन्त्र भारत में उच्चशासकीय पदों पर प्रतिष्ठित हुए। गोरे साहिबों का स्थान भूरे साहिबों (काले अंग्रेज़ो) ने ग्रहण कर लिया। यदि पिता अंग्रेज़ी शासनकाल में रायबहादुर था, तो पुत्र स्वतन्त्र भारत में उच्चाधिकारी बन गया। दोनों ने मिलकर अंग्रेज़ों [एवं कालान्तर में पश्चिमी जगत्] की प्रत्येक वस्तु के प्रति अपने लगाव को ज्यों-का-त्यों रखा। शाम ढलते ही वे, अंग्रेज़ों द्वारा परित्यक्त सभी महानगरीय क्लबों में जाकर, अपने पूर्वस्वामियों के आचार-विचार-आदि का बन्दरों के समान अन्धानुकरण करने लगे। अपने गोरे साहिबों के सान्निध्य में बनीं चिरकालिक स्मृतियाँ, उन काले अंग्रेज़ो के अन्तःकरणों में सतत आवेशित होती रहती थीं, तथा वे अपने वंशजों को पश्चिमी देशों में संस्थापित करने के स्वप्न देखने लगे। आज उनमें से अधिकतर लोगों के वशंज पश्चिमी देशों में स्थापित हो चुके हैं। उनकी इस मानसिकता ने सुभाष चन्द्र बोस के प्रति उनके दृष्टिकोण को आकार दिया; जिसकी परम्परा आज तक सुचारु रूप से चल रही है। इस दृष्टिकोण से देखें, तो पश्चिमी देशों में महात्मा गांधी शिरोधार्य है; परन्तु नेताजी नहीं। और इसीलिए ...उसी का ढोल पीटने में समझदारी है; जो पश्चिम और उनके द्वारा समूचे विश्व में स्वीकार्य है; क्योंकि अन्ततः हमारे बच्चों को पश्चिमी देशों में ही तो जाकर बसना है!

निश्चित ही इस दासत्व की मानसिकता ने स्वतन्त्र भारत की सरकारों के मनों में उन "भारतीय" सैनिकों को पेंशन देने का दुर्भाग्यपूर्ण संकल्प डाला; जिन्होंने अपने गोरे स्वामियों के आदेशानुसार जलियाँवाला बाग में अपने ही लोगों पर गोलियाँ चलाईं थीं। पुलिस तथा इण्टैलिजेंस के वे अधिकारी—जिन्होंने अंग्रेज़ी-शासनकालीन क्रांतिकारियों सहित कांग्रेस कार्यकर्ताओं आदि को प्रताड़ित किया था, वे सभी—स्वतन्त्र भारत में वरिष्ठ अधिकारी बन गए; जबकि विदेशो में ऐसे देशद्रोहियों के लिए मृत्युदण्ड का अटल विधान है। उनकी इसी मानसिकता ने उन्हें सुभाष बोस-सम्बन्धी लोगों पर गुप्तचरी करने हेतु उनको प्रेरित किया तथा अपनी सभी जानकारियाँ लन्दन-स्थित अपने पूर्वस्वामियों के साथ निःसंकोच साझा करने की छूट दी। गुलामी की इसी मानसिकता ने 1965 में लाखों

भारतीयों के हत्यारे विंस्टन चर्चिल के निधन पर सरकारी भवनों पर आरोहित तिरंगे को झुकाने एवं आकाशवाणी पर श्रद्धांजलियाँ देने की स्वतन्त्रता प्रदान की। इसी मानसिकता ने मोदी सरकार को भी अण्डमान निकोबार द्वीपसमूह के नामान्तरण [अर्थात् सुभाष बोस द्वारा प्रदत्त नामों को अधिकृतरूप से स्वीकृत करने] से दूर रखा। यही मानसिकता, नेताजी मृत्यु रहस्य की वास्तविकता के प्रकाशन में सबसे बड़ी रुकावट बनकर खड़ी है।

6 फरवरी 1977 के *न्यूयॉर्क टाइम्स* में पॉल जॉनसन ने टिप्पणी की कि भारत में एक "बड़ा गांधी उद्योग" चल रहा है; जिसमें असंख्य संस्थान, संग्रहालय, महाविद्यालय और अन्य प्रौढ़ प्रतिष्ठान आदि अन्तर्निहित हैं। उस समय से लेकर आज तक, इस "उद्योग" का अनेकविध विकास हुआ है—न केवल भारत में, अपितु विदेशों में भी—विशेषतः पश्चिम में। इसमें सरकारी खज़ाने का भरपूर उपयोग होता है।

दुर्भाग्य! BJP सरकार इस "उद्योग" को नई ऊँचाइओं तक ले जाने हेतु कटिबद्ध है। भारत में जो कुछ भी हो रहा है, वह हम सभी से छिपा नहीं है। विदेशो में हमारी सरकार निरन्तर उस ढकोसले का प्रचार करने में लगी हुई है; जिसको वह स्वयं नहीं मानती। 2 अक्टूबर 2015 को शिकागो में भारतीय कौंसल जनरल ने अमरीकियों की एक सभा में यह कहा कि गांधीवाद, नकारात्मक शक्तियों के विरुद्ध, शान्ति-सहनशीलता-अहिंसा-रूपी तीक्ष्ण शस्त्रों के द्वारा विरोध करने पर आधारित है; जो कि युद्ध का प्रतियोगी है। उसी दिन, संयुक्त राष्ट्र के न्यूयॉर्क-स्थित मुख्यालय में भाषण देते हुए भारत के विदेश सचिव ने कहा कि "गांधीजी ने हमें वसीयत में तीन मार्गदर्शक सिद्धान्त दिए हैं: अहिंसा, सत्याग्रह और सर्वोदय। उपर्युक्त सिद्धान्त आज तक अनेक प्रकार की वैश्विक चुनौतियों को सुलझाने में उपयोगी हैं। इनमें से कई चुनौतियाँ गांधीजी के कालखण्ड में अपने अस्तित्व में नहीं थी।"

यह विश्वविदित है कि गांधीजी के सबसे प्रमुख दो सिद्धान्त थे—पूर्ण अहिंसा एवं सत्य। वे अहिंसा के पुजारी थे। यदि आपको इसमें कोई सन्देह है, तो आप इन दिनों किसी भी BJP नेता से अपने सन्देह का निवारण करवा सकते हैं।

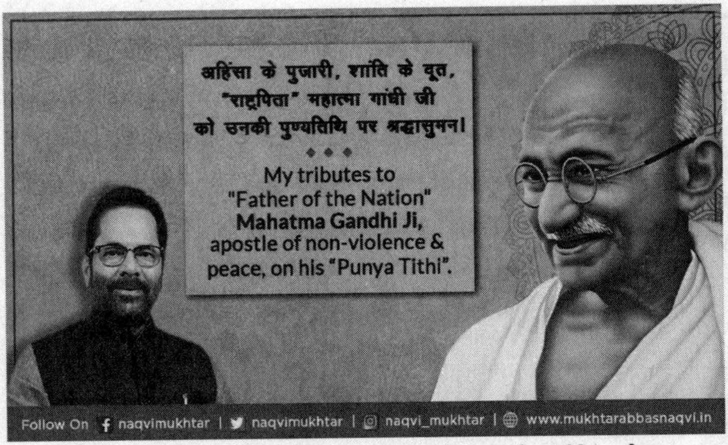

[कैबिनेट मन्त्री और वरिष्ठ BJP नेता मुख़्तार अब्बास नक़्वी का एक सोशल मीडिया सन्देश]

अहिंसा पर गांधीजी का इतना अडिग विश्वास था कि इसके लिए वे भगवान् श्रीकृष्ण को भी नकारने हेतु प्रस्तुत थे; नेताजी की तो बात ही क्या! जैसा कि स्वयं उन्होंने 1925 में यह लिखा: "यदि मेरे समक्ष यह प्रमाणित कर दिया जाए कि महाभारत के कृष्ण ने वस्तुतः कुछ ऐसे कार्य किए हैं; तो मुझे, हिन्दू धर्म से बहिष्कृत होने के जोखिम पर भी, उस कृष्ण को भगवान् का अवतार न मानने में कोई संकोच नहीं होगा।"

16 नवम्बर 2014 को प्रधानमन्त्री नरेन्द्र मोदी ने ऑस्ट्रेलिया के ब्रिसबेन में महात्मा गांधी की प्रतिमा का अनावरण किया। *इकोनॉमिक टाइम्स* में प्रकाशित एक रिपोर्ट के अनुसार, "आतंकवाद से निपटने के लिए महात्मा गांधी के विचारों पर ध्यान देने के लिए विश्व को प्रोत्साहित करते हुए" मोदी ने कार्यक्रम स्थल पर कहा कि "गांधीजी की अहिंसा और प्रेम की शिक्षाएँ हमारे समय में भी उतनी ही प्रासंगिक हैं; जितनी उनके जीवनकाल में थीं"। 13 अप्रैल 2015 को जर्मनी-स्थित हनोवर के सिटी हॉल में गांधी की एक प्रतिमा का अनावरण करने के बाद; मोदी ने पुनः यह दावा किया कि गांधी के जीवन ने आतंकवादरूपी चुनौती के समाधान को प्रस्तुत किया है। वहीं उनके सहयोगी मन्त्री वेंकैया नायडू; जो अब हमारे उपराष्ट्रपति हैं, ने जून 2017 में अत्यन्त आग्रहपूर्वक यह कहा कि "गांधी

की अमर शिक्षाएँ एवं उपदेश, न केवल भारत के अपितु सम्पूर्ण मानवजाति के प्रति किसी भी समस्या, संघर्ष या चुनौती के लिए प्रासंगिक हैं"। सत्ता में आने के पश्चात् BJP के अनेक छोटे-बड़े नेताओ ने इस प्रकार के विचित्र एवं उपहासास्पद दावे किए हैं।

उपर्युक्त सभी बातें हास्यास्पद है; क्योंकि समूचे विश्व को शान्ति का पाठ पढ़ाने वाले हमारे महान् देश (भारत) ने सैन्य-सम्बन्धी अधिकतम व्यय करने वाले सभी देशों में अपना तृतीय स्थान सुरक्षित कर रखा है। विश्व को ऐसा पाठ पढ़ाने से पूर्व हमें स्वयं भी उस मार्ग का अनुसरण करना चाहिए; जिसका प्रवचन हम अन्य देशों को देते हैं। यदि गांधीप्रोक्त अहिंसा के बल पर ही आतंकवाद से निपटा जा सकता है; तो हमें कश्मीर-समस्या में इस "महाशक्ति" का उपयोग करने से कौन रोकता है?

जिन गांधीवादी सिद्धान्तों एवं रणनीतियों के आधिकारिक प्रचार हेतु जनता का पैसा पानी की तरह बहाया जा रहा है और हमें यह पढ़ाया जा रहा है कि हमने इसी "महाशक्ति" के द्वारा इतिहास में सबसे महान् साम्राज्य (ब्रिटिश) को परास्त कर दिया था; उन सिद्धान्तों पर सभी गांधीवादियों को पूर्णतः आस्थान्वित रहना चाहिए। क्रमशः उन्हें यह भी बताना चाहिए कि 1932 में स्वयं गांधी ने कहा था: "भारत की रक्षा की परिकल्पना अपने पड़ोसी देशों के साथ मैत्रीपूर्ण सम्बन्धों और उसका शोषण करने वाले देशों का अहिंसक एवं असहयोग आन्दोलन के माध्यम से विरोध करने की उसकी क्षमता में निहित है। हमारी राष्ट्रीय सरकार का प्रथम कार्य होना चाहिए—इस समस्या (भारतीय सेना) को सदा-सर्वदा के लिए निरस्त करना।" पुनः नवम्बर 1947 में उन्होंने कहा: "एशिया में शान्ति भारत एवं चीन पर निर्भर करती है। ये दोनों देश बड़े हैं; और यदि ये अहिंसा की नींव पर अपने भवनों का निर्माण करते हैं, तो वे विश्व के महान् देशों के रूप में प्रसिद्ध हो जाएँगे।" ... अब विचार कीजिए! यदि चीन यह नींव नहीं डाल सकता, तो हम इसकी शुरूआत क्यों नहीं कर सकते? सीमा पर सेना लगाने की क्या आवश्यकता है?

नवम्बर 1947 में ही, गांधीजी का ध्यान मेजर जनरल के.एम्. करियप्पा के

एक वक्तव्य की ओर आकृष्ट हुआ: "भारत की वर्तमान परिस्थितियों में अहिंसा की कोई उपयोगिता नहीं है, केवल एक सुदृढ़ सेना ही भारत को विश्व के सबसे महान् राष्ट्रों में से एक बना सकती है।" इसपर गांधी ने निम्नलिखित प्रतिक्रिया दी:

परमाणु बम के इस युग में, शुद्ध अहिंसा ही एकमात्र ऐसी शक्ति है; जो हिंसा की सभी चालों को परास्त कर सकती है। ... अनेक [जनरल करियप्पा की अपेक्षा] अधिक महान् जनरल प्रबुद्धता एवं विनम्रता से यह स्वीकार कर चुके है कि अहिंसा की सम्भावित शक्ति के सन्दर्भ में बोलने का उन्हें कोई अधिकार नहीं है।

जनवरी 1949 में करियप्पा को भारतीय सेना के पहले भारतीय थलसेनाध्यक्ष के रूप में नियुक्त किया गया। ये जनरल (बाद में फील्ड मार्शल) करियप्पा ही थे; जिन्होंने 1947 के भारत-पाकिस्तान युद्ध के समय भारतीय सेना का नेतृत्व किया था। 1947 में उनका वक्तव्य उस युद्ध के दौरान एवं उसके सन्दर्भ में दिया गया था। कालान्तर में, 3 दिसम्बर 1947 के दिन, करियप्पा गांधी से परामर्श करने हेतु मिले। तब उनको गांधी ने कहा, "पाकिस्तान मेरी बात नहीं मानेगा। किन्तु यदि आप, भारतीय जनरलों ने मेरी बात सुनी और मेरी सहायता की; तब मुझको यह विश्वास हो जाएगा कि वस्तुतः अहिंसक विधा से ही हमें स्वतन्त्रता प्राप्त हुई है।"

इसपर करियप्पा ने एक स्पष्टतर आशंका को व्यक्त किया, "पाकिस्तान के लिए अहिंसा सर्वथा अनुपयुक्त है। फिर हम उनका दिल कैसे जीत सकते हैं? और कैसे अहिंसा के प्रभाव को सिद्ध कर पाएँगे?" तब उन्हें गांधी का निम्नोक्त प्रत्युत्तर मिला:

अहिंसा से ही हिंसा पर विजय पाई जा सकती है। मेरे लिए यह दो-और-दो-चार के जितना ही स्पष्ट है। किन्तु इसके लिए हमारी आस्था होनी चाहिए। अहिंसा के विरुद्ध प्रयुक्त होने पर परमाणु बम-जैसे अस्त्र भी निष्फल ही सिद्ध होंगे ... और यदि पाकिस्तान हिंसा को विराम नहीं देता है, तो भी इन हिंसक हत्याओं को तभी रोका जा सकता है; यदि [भारत के] हिन्दू अहिंसा के प्रति आस्थान्वित रहे।

18 जनवरी 1948 को, जम्मू-कश्मीर में दिल्ली एवं पूर्वी पंजाब-सम्बन्धी

संचालन का कार्यभार सँभालने से पूर्व, करियप्पा ने पुनः गांधी से भेंट की। तब उन्हें अग्रिम शब्दों के माध्यम से गांधी का आशीर्वाद प्राप्त हुआ: "मुझे आशा है कि आप कश्मीर-समस्या का अहिंसात्मक समाधान निकालने में सफल होंगे।"

अब जब, लाखों भारतीयों के जनधन का [सरकार द्वारा] अनियन्त्रित व्यय करके, अहिंसा नामक ढकोसले में संलग्न असंख्य शीर्षस्थ लोग (इतिहासकार-अधिकारी-राजनेता-पत्रकार-विदेशी -आदि) लाभान्वित हो चुके [या रहें] है; तो किसके उदर में ज्वर उठेगा? सभी सन्तुष्ट हैं। क्यों कोई शिकायत करेगा? सरकारें आएँगी और जाएँगी। राजनेता, पदच्युत होने के बाद एकान्ततः कुछ भी सोचे या कहें, [किन्तु] सार्वजनिक जीवन में वही पुराने ढोल बजाएँगे।

अनेक BJP नेताओं ने अपने पूर्वजीवन-कालिक RSS-शाखाओं में विभिन्न क्रान्तिकारियों पर भाषण दिए; किन्तु आज वे सभी गांधीभक्ति का राग अलाप रहे हैं। BJP के आधिकारिक यूट्यूब-चैनल पर प्रसारित एक विडियो में रक्षामन्त्री राजनाथ सिंह कहते हुए दीखते हैं: "महात्मा गांधी हमारे आदर्श हैं। वे हमारे मार्गदर्शक हैं और आगे भी रहेंगे"। CNN-IBN की [भगवनजी के DNA-घोटाले पर केन्द्रित] एक चर्चा में BJP प्रवक्ता ने, सहाय आयोग की रिपोर्ट का समर्थन करते हुए, खुलकर कहा: "हमें गांधी भक्ति से कोई परहेज़ नहीं है।"

आप यह जान लीजिए कि नेताजी/भगवनजी के सत्य को स्वीकार करते ही गांधी भक्ति का यह विशालकाय भवन धराशाई होने लगेगा। सूचनाओं के अप्रतिहत प्रसारण के इस युग में, "नेताजी अपनी कथित मृत्यु के बाद भी दीर्घ काल तक जीवित रहे"—इस विस्मयजनक सत्य के सावर्जनिक होते ही, ऐसी विलक्षण क्रान्ति आएगी कि हर गली-चौराहों पर, मित्रों-सम्बन्धियों तक में, अत्यन्त रुक्ष तर्क-वितर्क छिड़ जाएँगे। सत्यान्वेषण के लिए उत्सुक मीडिया, उन लोगों के विचारों को प्रसारित करेगी; जिनको आज तक सुना नहीं जाता, अथवा दबा दिया जाता है। परिणामतः देशवासी क्रोध, ग्लानि और विद्वेष से भर जाएँगे।

और फिर बात घूम-फिरकर इस बिन्दु पर आ जाएगी कि भारत को स्वतन्त्रता दिलाने में नेताजी की निर्णायक भूमिका थी। किन्तु वही बिन्दु सभी अग्रिम समस्याओं की आधारशिला बनेगा। भारत का कुलीन एवं सत्ताधारी

वर्ग—जिसका स्वार्थ अहिंसा का मनःकल्पित राग अलापने में सिद्ध होता है, वह—लड़ने के लिए खुलकर सामने आ जाएगा। भारत सरकार पर दबाव बनेगा कि या तो वह नेताजी की स्वतन्त्रता संघर्ष में प्रमुख भूमिका को प्रशस्त माने, अथवा गांधी भक्ति को चलाते रहे। उच्चाधिकारी एवं सत्ताधारी वर्ग नेताजी की प्रमुख भूमिका को स्वीकार नहीं करेंगे; क्योंकि पश्चिमी देशों में इस सत्य को कदापि मान्यता नहीं मिलेगी—और इन सभी की सन्तानें या अन्तरात्माएँ पश्चिमी देशों में ही रमती हैं।

अंग्रेज़ों (गोरे साहिबों) की छवि को निर्दुष्ट बनाए रखने वाला यह अंहिसा-विषयक आधिकारिक कथानक पश्चिमी जनता को स्वीकार्य है। वस्तुस्थिति को सुगमतया समझने के लिए, भारत सरकार के आर्थिक सहयोग से रिचर्ड एटनबरो द्वारा 1982 में निर्मित मशहूर फ़िल्म "गांधी" का उदाहरण प्रासंगिक है। इसमें महात्मा गांधी और अंग्रेज़ो—दोनों को अतीव सकारात्मक रूप से प्रदर्शित किया गया है; जबकि इस फ़िल्म में नेताजी एक सेकण्ड के लिए भी दिखाई नहीं दिए। हमारी जीवनधारा का प्रवाह पश्चिमी जगत् से नियन्त्रित होता है—इसको वर्तमान सरकार एवं हमारे तथाकथित बुद्धिजीवियों से अच्छा कौन समझ सकता है? मार्च 2020 में द *प्रिण्ट* में प्रकाशित हुए एक आलेख के अनुसार; मोदी मन्त्रीमण्डल के सदस्य अपनी सन्ततियों के लिए, IIT-IIM-आदि के बजाय, ऑक्सफ़ोर्ड-हार्वर्ड-आदि में श्रद्धान्वित हैं। वहाँ वर्णित है कि "मोदी मन्त्रीमण्डल के [56 में से] 12 सदस्यों ने अपने बच्चों को विदेशी शिक्षण-संस्थानों में अध्ययन हेतु भेज रखा है।"

सुविज्ञ पाठकों से कृतांजलि प्रार्थना है कि वे हमारे तर्कों को गलत न समझें। धनी पश्चिमी देशो में पढ़ने अथवा वहीं स्थापित हो जाने में कोई बुराई नहीं है; सभी अच्छा जीवन जीने की चाह रखते हैं। लेखकों के मन में भी पश्चिमी सभ्यता के प्रति पर्याप्त सौहार्द है। ब्रिटेन के उत्तम साहित्य से लेकर खाद्य सामग्रियों पर्यन्त रोचक पदार्थ, उत्कृष्ट TV-धारावाहिक, संगीत तथा अन्य अन्तर्जालीय सामग्रियाँ हमें भी अत्यन्त प्रिय हैं। अपने अनुसन्धान में भी हम, पश्चिमी देशों के दस्तावेज़-अधिकारियों एवं सरकारों द्वारा, शिष्टाचार की परिधि में, सदैव समादृत रहे हैं। US

एवं UK में विद्यमान अनेक भारतमूलक निवासियों ने भी हमारा पर्याप्त सहयोग किया है। निःसन्देह वे सब भी, उन्हें नवजीवन देने वाले देशों के प्रति दृढ़तापूर्वक कर्तव्यपरायण एवं समर्पित होते हुए भी, भारत के प्रति श्रद्धावनत हैं।

किन्तु भारतीय होने के नाते हम केवल यही कह सकते हैं कि अपने श्रेष्ठतम स्वतन्त्रता-अधिनायक को अन्यों के दृष्टिकोण से देखना भारतीय एवं भारतमूलक जनता के लिए शोभास्पद नहीं है। दुर्भाग्यवश भारतीय कुलीन वर्ग के अधिकांश लोग, नेताजी के विषय में दिग्भ्रान्त हैं; क्योंकि उनका वह दृष्टिकोण पश्चिमी जगत् के अभिमत द्वारा अभिभूत है। 4 सितम्बर 2020 को द *हिन्दू* में प्रकाशित एक आलेख का अंश कहता है: "स्वतन्त्रता-संघर्ष में बोस की भूमिका लोकविश्रुत है। किन्तु इतिहास, हिट्लर और मुसोलिनी की रुचियों के साथ उनके सम्बन्धों को प्रायशः भूल जाता है।" उक्त पंक्तियों के लेखक हैं—उदय बालाकृष्णन् (पूर्व शोधार्थी—NIAS, बुडापेस्ट-स्थित CEU तथा CCS-IISc)।

यह भी एक वज्र सत्य है कि सभी राष्ट्रों एवं उनके नेताओं के लिए अपने राष्ट्रीय हितों के अतिरिक्त कुछ भी विचारणीय नहीं होता। उसी क्रम में, वे नैतिक मूल्यों को भी प्रायशः तिलांजलि दे देते हैं। गांधी के अनुयायी के रूप में प्रसिद्ध नेल्सन मण्डेला ने इसको सुगमतया समझाया था। 1990 की ग्रीष्म ऋतु में, न्यूयॉर्क में, किसी शहरी सभा में एक लम्बे स्वतन्त्रता संघर्ष के पश्चात् दक्षिण अफ्रीका के राष्ट्रपति बने मण्डेला ने अमरीकी लोगों के साथ प्रथमतया संवाद स्थापित किया। वहाँ उनपर, अमेरिका द्वारा वर्जित कुछ-एक राष्ट्रों के नेताओं से सम्पर्क रखने के सन्दर्भ में, प्रश्नों की अविरल वर्षा हुई। मण्डेला ने कुछ ऐसे शब्दों में इन सभी का प्रत्युत्तर दिया कि समूचा श्रोता-समुदाय खड़े होकर ताली बजाने हेतु विवश हो गया। मण्डेला के शब्दों में:

कुछ राजनैतिक विश्लेषकों द्वारा प्रायः की जाने वाली त्रुटियों में से एक यह भी है कि वे मानते है कि उनके शत्रुओं को दूसरे भी अपना शत्रु समझे। किसी देश के प्रति हमारे मनोभाव का निर्धारण हमारे संघर्ष के प्रति उनकी अभिवृत्ति के आधार पर होता है। यासिर अराफ़ात, कर्नल गद्दाफ़ी, फ़िडेल कैस्ट्रो आदि हमारे संघर्ष का पुरजोर समर्थन किया था। ...वे केवल वाणी से ही हमारे

स्वतन्त्रता संघर्ष के समर्थक नहीं थे, प्रत्युत हमारे संघर्ष को सफल बनाने हेतु उन्होंने अपने संसाधन भी हमें उपलब्ध करवाए।

यहाँ भारत में, 1947 के बाद से, हमारी सरकार ने राष्ट्र हित एवं सुरक्षा के मुद्दों पर इसी विचारधारा का अनुसरण किया। स्वयं पं. नेहरू ने बलराज पुरी नामक एक प्रसिद्ध एक्टिविस्ट को यह बताया था कि कश्मीर को लेकर अन्तर्राष्ट्रीय जटिलताएँ हैं, और "प्रजातन्त्र और नैतिकता अभी इन्तज़ार कर सकते हैं"। 1940-दशक में भारत का मुख्यतम राष्ट्रीय हित क्या था—स्वतन्त्र होना, अथवा समूची मानवजाति को अहिंसा के मार्ग पर चलने का प्रवचन देना? यूरोप में हुए सर्वनाश से सन्त्रस्त हुए लोगों के लिए अश्रुपात करने से अधिक महत्त्वपूर्ण यही है कि पहले हम, अपने देश में घटित दुर्भाग्यपूर्ण मानवीय आपदाओं में दिवंगत हुए लाखों भारतीयों के प्रति खिन्नमनस्क हों।

कथित तौर पर महात्मा गांधी के आदर्शों पर चलने वाली भारत सरकार ने नई दिल्ली ने विदेशी मोर्चों पर उन सभी नेताओं के साथ अपने मधुरिम सम्बन्ध स्थापित किए; जो वैश्विक स्तर पर [विशेषतः पश्चिमी जगत् में] एक उत्पीड़क एवं आततायी के रूप में प्रसिद्ध थे [अथवा हैं]। उस सूची में लीबिया के मुअम्मर अल-गद्दाफ़ी, रोमानिया के निकोलाय चाउशेस्को, ज़िम्बावे के रॉबर्ट मुगाबे तथा उत्तर कोरिया के किम जोंग उन इत्यादि अन्यतम हैं।

हमारे पड़ोस में म्यांमार में नोबल पुरस्कार विजेता [जवाहरलाल नेहरू सम्मान द्वारा सम्मानित] आंग सान सू की को नहीं, बल्कि वहाँ के सैनिक तानाशाहों को महात्मा गांधी की इस पवित्र भूमि से अत्यधिक सहयोग प्राप्त हुआ है। हम अपनी सरकारों से मात्र यही सुनते आ रहे हैं कि हमारी अपनी राष्ट्रीय सुरक्षा-विषयक चिन्ता ही हमारी प्राथमिकता है। तमिलनाडु की सड़कों पर हो रहे विरोध प्रदर्शनों को दरकिनार करके, भारत ने श्रीलंका में तमिलों के प्रति युद्धापराधों का अभियोग लगाने वाले महिन्द राजपक्ष के शासन का सक्रिय [बल्कि सैन्य-सहयोग के द्वारा] समर्थन किया था।

भारत के लिए सद्दाम हुसैन, अपने विश्वस्त मित्रों में से एक था; जबकि पश्चिमी जगत् द्वारा उसको एक हिट्लर-तुल्य आततायी की उपाधि प्राप्त थी।

कारण? पूर्व प्रधानमन्त्री एवं पूर्व कूटनीतिज्ञ आई.के. गुजराल ने, द *इण्डियन एक्स्पैस* को अप्रैल 2003 में दिए गए अपने एक साक्षात्कार में, यह विशेषतः बताया था: "भले ही सद्दाम एक क्रूरशासक है, किन्तु स्मरण रहे कि कश्मीर की बात आने पर वह हमारा पक्षधर है।" सद्दाम के इराक़ ने भारत के परमाणु बम रखने के अधिकार को निरस्त न करके, उसका समर्थन किया था।

2001 में कारगिल युद्ध में वीरगति को प्राप्त हुए अनेक वीरों सहित असंख्य साधारण भारतीयों के निर्मम नरसंहार के स्वयंसिद्ध दोषी—पाकिस्तान के प्रमुख परवेज़ मुशर्रफ़ को उसके दिल्ली आगमन पर भारतीय सशस्त्र सेनाओं द्वारा समारोहपूर्वक सम्मान-गारद दिया गया था। क्या आप बता सकते हैं कि कितनी बार अमरीकियों ने क्यूबा के फ़ीडल कैस्ट्रो को अथवा अंग्रेज़ों ने रूसी सरकार-प्रमुखों को ऐसा सम्मान दिया/दिलवाया होगा? कभी नहीं! और यदि भारतीय सेनाओं द्वारा मुशर्रफ़ को सम्मानित करना भारतीय कूटनीति की विजय का एक उदाहरण है, तो भला सुभाष बोस का हिट्लर [जिसने एक भी भारतीय की प्राणहानि नहीं की तथा हमारे स्वतन्त्रता संघर्ष में सहयोग किया] के साथ मेल-मिलाप रखना अनुचित कैसे ठहराया जा सकता है; कि जिसपर बुद्धिजीवी, नैतिकता की दुहाई देकर अपनी छातियाँ पीटते हैं।

विनाश का जो ताण्डव हिट्लर की प्रेरणा से विश्व के उस भूभाग में हुआ, उसके प्रति पश्चिमी देशों की जनता की संवेदनशीलता को पूर्णतः समझा जा सकता है। किन्तु विदेशियों के दृष्टिकोण से ही विश्वदर्शन करने वाले हमारे भारतीय बुद्धिजीवियों का पाखण्डपूर्ण चिन्तन हमारे लिए सर्वथा अस्वीकार्य होना चाहिए। क्या यह तथ्य सर्वविदित नहीं है कि अंग्रेज़ भले ही स्वतन्त्रता के नाम पर US के साथ मिलकर हिट्लर के विरुद्ध संघर्षरत थे, किन्तु वे भारत को स्वतन्त्रता देने के विरुद्ध थे। ध्यान रहे; विंस्टन चर्चिल के हृदय मे भारत के प्रति घृणा के अतिरिक्त कुछ और नहीं था। चर्चिल ने हिन्दुओं के सर्वनाश की कामना की थी, न कि हिट्लर ने। बंगाल में आए 1943 के भयंकर अकाल—जिसमें करीब 40 लाख लोगों का प्राणान्त हुआ था—के लिए चर्चिल ही दोषी था। किन्तु स्वतन्त्रता के पश्चात् प्रधानमन्त्री नेहरू एवं अन्यों ने उसके साथ अत्यन्त

श्रद्धायुत व्यवहार किया। सामान्य भारतीयों के समक्ष अंग्रेजी भाषा में धौंस दिखाने वाले किसी भारतीय कूटनीतिज्ञ का चर्चिल अथवा अन्यों के समक्ष मुँह खोलने का साहस नहीं हुआ; कि वे बोल सकें: चर्चिल या ब्रिटेन को भारत से कम-से-कम तो क्षमा माँगनी चाहिए थी।

फलतः सभी भारतीयों को चाहिए कि वे नेताजी तथा भारत के स्वातन्त्र्य हेतु उनके अवदानों को अपने दृष्टिकोण से देखने का प्रयत्न करें। 1930-दशक में जब सुभाष बोस जर्मनी में थे, तब बर्लिन-स्थित एक नवविवाहित यहूदी दम्पति (किटी और एलेक्स) से उनकी मित्रता हो गई। बोस के परामर्श पर, वह दम्पत्ति US में जाकर बस गया तथा 1965 में किटी कुर्ती ने *सुभाष चन्द्र बोस: एज़ आई न्यू हिम* नामक पुस्तक लिखी। उसमें उन्होंने उल्लेख किया कि बोस ने नाज़ियों के प्रति "अपने वैचारिक मतभेद को छिपाने का कोई प्रयास नहीं किया"। प्रसंगवश उन्होंने, अंग्रेज़ी साम्राज्यवाद द्वारा भारत के शोषण का वर्णन करते हुए, यह स्पष्ट किया कि क्यों वे नाज़ियों से सम्बन्ध रखने के इच्छुक थे। उन्होंने, हरमन गोरिंग से अपनी भेंट के बाद, उस दम्पत्ति को यह बताया था कि "यद्यपि यह अत्यन्त भयानक है, किन्तु यह करना ही होगा। किसी भी मूल्य पर भारत को अपनी स्वतन्त्रता मिलनी ही चाहिए।"

[विंस्टन चर्चिल और जवाहरलाल नेहरू (1948)। स्रोत: विकिमेडिया कॉमन्स]

परन्तु, भारत सरकार द्वारा नेताजी की वास्तविकता और स्वतन्त्रता संग्राम में उनकी अग्रणीय भूमिका को स्वीकार करने का तात्पर्य होगा—अपने पैरो में कुल्हाड़ी मारना; अर्थात् अपने द्वारा पूर्वकल्पित एवं कई पीढ़ियों से पोषित तथा पूरे विश्व [विशेषतः पश्चिमी जगत्] में प्रसारित आधिकारिक अहिंसा कथानक का स्वयमेव खण्डन। जिन लोगों [तथा उनके परिजनों] ने इस कल्पित वृत्त के बल पर अपने स्वार्थ सिद्ध किए हैं, वे कभी नहीं चाहेंगे कि इसका कैसे भी खण्डन हो। यही नेताजी-रहस्यगाथा के अनावरण में सर्वोच्च बाधा है। कदाचित् भगवनजी की, अमरीकी-अंग्रेज़ी राष्ट्रों के विरुद्ध, गुप्त गतिविधियों में संलग्नता-विषयक उक्तियाँ यथार्थ भी हों; तो भी इतना समय बीत जाने के कारण वे सभी बाधाएँ अब शान्त हो चुकी हैं।

कथंचित् हमारे शीर्षस्थ शासकों में सत्य को प्रकट एवं स्वीकार करने की सद्बुद्धि उदित हो भी जाए; तो भी एक अन्य घटक अत्यन्त विचारणीय रहेगा। वर्तमान परिवेश में सत्य को उजागर कर देने से भी कोई विशिष्ट राजनैतिक लाभ नहीं लिया जा सकता। अन्य राष्ट्रीय विभूतियों के सन्दर्भ से भिन्न; सुभाष चन्द्र बोस की प्रतिष्ठा का प्रयोग वोटों को आकर्षित करने की राजनीति हेतु उनके गृहराज्य बंगाल में असम्भव है; अन्यत्र की तो बात ही क्या। कारण कि नेताजी को अपने गृहराज्य में भी वैसा महनीय सम्मान प्राप्त नहीं है; जैसा कि गुजरात में सरदार पटेल के लिए सुरक्षित है। अधिकांश प्रशिक्षित बंगाली लोग, अधिकारी तथा कथित बुद्धिजीवी सुभाष बोस के विषय में कोई [सकारात्मक] चिन्तन नहीं रखते। तद्विपरीत; उक्त समाज का एक बहुत बड़ा वर्ग आज भी नेताजी का घोर विरोधी है।

आश्चर्य की बात है! 2001 में द *स्टेट्समैन* में प्रकाशित एक आलेख में सौमित्र दास ने अग्रिम पंक्तियों के माध्यम से नेताजी का उपहास किया था: "गांधी-नेहरू द्वारा संचालित स्वतन्त्रता संघर्ष सहित कांग्रेस के द्वारा पूर्णतः उपेक्षित होने वाले—बोस, स्वयं भारतीय जनसमुदाय का नेता बनने की महत्त्वाकांक्षा को साकार करने का अवसर खोज रहे थे। चूंकि यह भारत में असम्भव था; अतः, इसी धारणा के साथ कि उनके देशवासी उनके पराक्रम-त्याग-आदि को मन में बसाकर शेष सब कुछ भूल जाएँगे, वे ऐतिह्य-सैद्धान्तिक-

नैतिक-धरातलों को तिलांजलि देकर भी उसके लिए संघर्षरत रहे। और आज लोगों ने वैसा कर भी दिया है।"

इसी प्रकार, सुमित मित्रा का अप्रैल 2005 के द *टैलीग्राफ़* में प्रकाशित एक आक्षेप धृष्टता की पराकाष्ठा है; जिसमें उसने नेताजी की घोर निन्दा करते हुए उन्हें "बंगाली कांग्रेसी-राजनीति में गुटबन्दी का व्यापार-चिह्न", "हिट्लर की गोद में जाकर बैठने वाला" तथा "अंग्रेज़ों के विरुद्ध एक अकुशल युद्ध में परास्त होने वाला" कहा। नेताजी की हँसी उड़ाते हुए उसने लिखा कि "वे गांधी और उनकी अंहिसा से विद्वेष रखते थे; किन्तु अपने देशवासियों को गांधी के तत्त्वावधान में संगठित होने का परामर्श देते थे।"

1947 के पश्चात् बंगाल, कांग्रेस एवं कम्यूनिस्ट दलों द्वारा शासित रहा तथा उक्त दोनों ही नेताजी के अत्यन्त प्रतिकूल थे। फलतः उस राज्य में वे उनकी गरिमा को कम करने में अत्यधिक सफल रहे। पिछले कई दशकों से किसी भी विख्यात बंगाली राजनेता, इतिहासकार, बुद्धिजीवी आदि ने कभी मुखर होकर यह नहीं कहा कि देश को स्वतन्त्र करवाने में नेताजी की भूमिका प्रमुख थी; न कि महात्मा गांधी की।

हालांकि, बंगाल एवं अन्य प्रान्तों की साधारण जनता के एक हिस्से में नेताजी आज भी अत्यन्त प्रिय हैं। 2019 में, बंगाली फ़िल्म "गुमनामी" को देखते हुए दर्शक सिनेमाघरों में रो पड़े। इन परिस्थितियों में, यही एक आशा की किरण दिखती है।

हम लेखकों का मानना है कि नेताजी के अनुयायियों को भी उसी मार्ग का अनुसरण करना चाहिए; जो बाबासाहेब अम्बेडकर और सरदार पटेल के समर्थकों द्वारा आचरित रहा। बहुत पुरानी बात नहीं है; जब उन महानुभावों की स्मृतियों को भी आधिकारिक कथानक में कोई विशेष स्थान नहीं प्राप्त था। हमलोगों की युवावस्था में ही वे महनीय लोग केवल इतिहास-ग्रन्थों की पाद-टिप्पणियाँ ही बनकर रह गए थे। फिर एक समय आया; जब उनके समर्थकों के असाधारण प्रयासों द्वारा उन राष्ट्रीय विभूतियों को वर्तमान भारत में यथायोग्य सम्मान प्राप्त हुआ। यह केवल इसीलिए हुआ; क्योंकि हमारे देश के नेतागण यह समझ पाए कि

उक्त विभूतियाँ, जनसामान्य की आस्था के केन्द्र हैं तथा इस आस्था को प्रश्रय देते ही उनके चुनाव में विजयी होने का मार्ग प्रशस्त हो सकता है।

इसीलिए नेताजी के सच का रहस्योद्घाटन होने के लिए इस पूरे प्रकरण का राजनीतिकरण होना अत्यावश्यक है। यही वह तीक्ष्ण खड्ग है; जो सत्य के प्रकाशन हेतु अनिच्छुक लोगों द्वारा निर्मित बाधारूपी रस्सियों को काटने में समर्थ है। यदि चुनाव-सम्बन्धी प्रलोभन के रूप में इस प्रकरण का सदुपयोग किया जाए, तो निश्चिततः महत्त्वाकांक्षी नेतागण आपकी इच्छा के अनुपालनार्थ प्रस्तुत हो जाएँगे।

ज्ञातव्य है कि, इन सभी नकारात्मक पहलुओं के बावजूद भी, बंगाल में नेताजी-समर्थकों की संख्या राष्ट्रीय स्तर पर सर्वाधिक है। फलतः प्रथम प्रयास वहीं से होना चाहिए। एतदर्थ नेताओं एवं अन्य प्रतिष्ठित लोगों का एक दबाव दल बनवाने का सत्प्रयास होना चाहिए।

अमरीकी-परिभाषानुसार "कॉकस" कहलाने वाले उस दबाव दल में सिद्धान्ततः सभी दलों के सांसद सम्मिलित होने चाहिए; जो, संसद के भीतर अथवा बाहर, सरकार को भारत स्वातन्त्र्य के प्रति नेताजी के अवदानों एवं उनके रहस्यमय अन्तर्धान की चर्चा में घेर सके। वे लोग, नेताजी तथा उनसे सम्बन्धित लोगों से सम्बद्ध—IB दस्तावेज़ों एवं गतिविधियों की समग्र जानकारी माँग सकते हैं। तदतिरिक्त; IB मुख्याधिकारियों को संसदीय समितिओ में आमन्त्रित करके यथोचित परिप्रश्न करवाने की माँग भी सम्भाव्य है। वे सरकार से यह अनुरोध कर सकते हैं कि सभी (कार्यरत एवं सेवानिवृत्त) IB अधिकारियों को आधिकारिक रहस्य अधिनियम (Official Secrets Act) से मुक्त किया जाए; ताकि वे सभी लोग राष्ट्रहित में नेताजी-विषयक सत्य को उद्घाटित करने हेतु समर्थ होंवे। किन्तु इनका एवं इन-जैसे शताधिक कार्थों का क्रियान्वयन तभी सम्भव हैं; जब न्यूनतम दस सांसदों का एक दल नेताजी-प्रकरण में अपनी आवाज़ को बुलन्द करे।

अगस्त 2005 में, गृहमन्त्री शिवराज पाटिल ने 1984 में सिखविरोधी हिंसा की जांच करने वाले नानावती आयोग द्वारा प्रदत्त सभी निष्कर्षों को निरस्त कर दिया था। तत्पश्चात् विपक्ष नेताओं तथा पंजाब की कुपित जनता ने सत्तारूढ़

नेताओं का कण्ठ पकड़ना आरम्भ कर दिया। फलतः [चण्डीगढ़ से प्रकाशित द *ट्रिब्यून* के अनुसार] पाटिल ने विवश होकर लोकसभा में यह आश्वासन दिया कि सरकार, आयोग द्वारा विनिर्दिष्ट सभी अपेक्षित कार्यवाहियों को "यथावत् क्रियान्वित" करेगी। किन्तु वही सरकार तथा वही शिवराज पाटिल, मुखर्जी आयोग की रिपोर्ट का खण्डन इसीलिए कर पाए; क्योंकि जनता [विशेषतः बंगाली लोग] मूकदर्शक बने रहे।

यदि नेताजी के अन्त-विषयक सत्य को प्रकट करवाना है, तो उक्त मानसिकता को निश्चिततः परिवर्तित करना होगा। सात पाँच की लाकड़ी, एक जने को बोझ। जैसे बंगाली जनता ने स्वतन्त्रता संग्राम में अपनी एकतापूर्ण सहभागिता का परिचय दिया था, ठीक तत्समकक्ष रीति द्वारा उन्हें अपने राजनेताओं को भी चेताना होगा; कि अब सुभाष बोस-सम्बन्धी प्रकरणों की उपेक्षा करते ही उन सभी की ज़मानतें ज़ब्त हो सकती हैं। आप इसको वज्रलेख ही मानिए! बंगाली राजनेताओं के हाथ में यह सन्देश पहुँचते ही आधा कार्य स्वतः हो जाएगा। कुछ ही समय पश्चात्, अन्य राज्यों के नेता भी सक्रिय हो जाएँगे। लोकतन्त्र में जनता की इच्छा से बढ़कर कुछ और नहीं होता।

परिशिष्ट

(प्रायशः पूछे जाने वाले कुछ महत्त्वपूर्ण प्रश्न)

प्रश्न 1 – नेताजी की सुपुत्री ने यह सार्वजनिक घोषणा की है कि वे विमान दुर्घटना पक्ष का समर्थन करतीं हैं। हम उनपर विश्वास क्यों न करें?

उत्तर – नेताजी मृत्यु प्रकरण में बोस परिवार के तीन सदस्यों के अभिमत ही मुख्यतः विचारणीय हैं—उनके दोनों अग्रज (शरत और सुरेश) तथा उनकी धर्मपत्नी (एमिली शेंकल)। उक्त तीनों ने विमान दुर्घटना पक्ष का खण्डन किया। ताईपेई में हुई विमान दुर्घटना में नेताजी की तथाकथित मृत्यु के समय उनकी सुपुत्री डॉ. अनीता फ़ाफ़ की आयु केवल तीन वर्ष थी। अतः उपर्युक्त विषय में उनका अभिमत प्रायशः उनके भारतवासी कांग्रेस-सम्बन्धी परिजनों से प्रभावित है। हमलोग आशान्वित थे कि वे नेताजी-सम्बन्धी सरकारी फ़ाइलों को सार्वजनिक करवाने का मुखर समर्थन करेंगी। किन्तु, उनके परिजनों का अनुमोदन और सहयोग होने पर भी, वे एतदर्थ प्रस्तुत नहीं हुईं। तदतिरिक्त; जब प्रधानमन्त्री नरेन्द्र मोदी ने उन फ़ाइलों को सार्वजनिक करने की घोषणा हेतु बोस परिवार, मिशन नेताजी के सदस्यों और अन्य लोगों को अपने आधिकारिक आवास पर अक्टूबर 2015 में आमन्त्रित किया, तब भी वे अनुपस्थित ही रहीं।

प्रश्न 2 – नेताजी की सुपुत्री, रेंकोजी मन्दिर (टोक्यो) में विद्यमान उन कथित अस्थियों की DNA-जांच [जो कि अत्यधिक तर्कसंगत है] करवाना चाहती हैं। क्यों इस विषय में आपकी प्रस्तुत पुस्तक मौन है?

उत्तर – हमारी पूर्वप्रकाशित पुस्तकों, वक्तव्यों, फ़ेसबुक पोस्ट इत्यादि में इस पक्ष पर विस्तृत चिन्तन किया गया है। प्रस्तुत पुस्तक का उद्देश्य है—वस्तुस्थिति की सार-समाख्या। चूंकि हम यह सिद्ध कर चुके हैं कि गुमनामी बाबा ही नेताजी थे, अतः उनकी अस्थियाँ टोक्यो में विद्यमान होने का तो प्रश्न ही नहीं उठता। मुखर्जी आयोग की रिपोर्ट यह प्रमाणित करती है कि वे अस्थियाँ उस जापानी सैनिक की हैं; जिसके शव का दाह नेताजी के सुरक्षित अन्तर्धान की योजना के अन्तर्गत कर दिया गया था। उक्त आयोग DNA-जांच करवाना चाहता था, किन्तु उसे एतदर्थ कोई सरकारी सहयोग नहीं मिला।

बहरहाल! हमलोग रेंकोजी मन्दिर में विद्यमान अस्थियों की DNA [अथवा अन्य किसी भी वैज्ञानिक] जांच का समर्थन करते हैं; क्योंकि हम पूर्णतः आश्वस्त हैं कि उसका निष्कर्ष हमारे मत को ही पोषित करेगा। किन्तु हमारी माँग यह है कि वह जांच अमेरिकी आपराधिक जांच निकाय एजेंसी फ़ेडरल ब्यूरो ऑफ़ इन्वेस्टिगेशन (FBI) के तत्त्वावधान में करवाई जाए। यदि भारत सरकार, भँवरी देवी और सुनन्दा पुष्कर की मृत्यु का रहस्योद्घाटन करवाने हेतु FBI की सहायता ले सकती है; तो प्रस्तुत प्रकरण में कौन-सी बाधा उनके प्रगतिपथ की अवरोधक है?

कुछ समय पूर्व; रेंकोजी मन्दिर में सुरक्षित अस्थियों की DNA-जांच के सन्दर्भ में किसी बोस-परिजन ने, गुमनामी-बाबा-पक्ष से लोगों के ध्यान को हटाने हेतु, एक वक्तव्य दिया। उनका उद्देश्य केवल यही सिद्ध करना था कि कुछ लोग गुमनामी बाबा-विषयक निरर्थक प्रचार कर रहे हैं; जबकि सभी बोस-परिजन वैज्ञानिक पद्धतियों में आस्थान्वित तथा सुशिक्षित मानसिकता के धनी हैं।

ध्यान रहे; एक अप्रसिद्ध तथ्य यह भी है कि 1995 में, भारत सरकार द्वारा उक्त अस्थियों की DNA-जांच हेतु सम्मति माँगने पर, स्वयं डॉ. अनीता फ़ाफ़ ने ही अपनी असहमति व्यक्त कर दी थी। इसकी पुष्टि हेतु, तात्कालिक विदेश सचिव

द्वारा हस्ताक्षरित एवं [कालान्तर में] सार्वजनिक हुए, निम्नांकित विदेश मन्त्रालयीय दस्तावेज़ का 12वाँ बिन्दु द्रष्टव्य है:

VIEWS OF NETAJI'S DAUGHTER

12. Ms. Anita Pfaff, Netaji's daughter from his German wife, had visited Delhi for discussions with other members of the family and been in touch with the Japanese Ambassador in Delhi in February 1995. She had also written to some associates of Netaji, including Hayashi. EAM met her in Germany in October 1995. During discussion with EAM, she expressed her willingness to go along with the proposal of bringing back the ashes to India but did not approve of the DNA test.

VIEWS OF OTHER IMPORTANT MEMBERS OF NETAJI'S FAMILY

13. While Dr. Sisir Bose supports the idea of bringing back the ashes, Late Amiya Nath Bose, Netaji's nephew had been the most vociferous skeptic of the air crash episode and had opposed any proposal of bringing back the ashes.

14. This issues with the approval of the External Affairs Minister.

S. Haidar

(Salman Haidar)
Foreign Secretary

[स्रोत: राष्ट्रीय अभिलेखागार, नई दिल्ली]

प्रश्न 3 – आशिष रे (लन्दन-निवासी वरिष्ठ पत्रकार, नेताजी के भाई के पौत्र) ने भी एक पुस्तक लिखी है तथा यह सार्वजनिक वक्तव्य भी अनेकशः दिया है कि सुभाष बोस ताईपेई में दिवंगत हो चुके थे। उन्होंने दीर्घ काल तक इस विषय पर शोध किया है। आपका इसपर क्या कहना है?

उत्तर – 2016 में आशिष रे के अनेक घनिष्ठ परिजनों ने उनको सार्वजनिक रूप से कांग्रेस प्रतिनिधि (Congress Agent) बताया। वहीं, आशिष रे ने जनवरी 2019 में लन्दन में एक कांग्रेस-पोषित "EVM हैकाथॉन" का आयोजन किया था; जो भारत में एक बड़ा समाचार बनकर उभरा। उस आयोजन में यह कहा गया था कि भारतीय आम चुनाव (जनवरी 2014) में पर्याप्त कपट किया गया

था तथा BJP के वरिष्ठ नेता स्व. गोपीनाथ मुण्डे की हत्या भी इसीलिए हुई; क्योंकि वे इस सन्दर्भ में सब कुछ जानते थे। वस्तुतः नरेन्द्र मोदी के नेतृत्व में बनी सरकार की छवि को धूमिल करने तथा राहुल गांधी की प्रत्याशा को पोषित करने हेतु ही ऐसा वीभत्स षड्यन्त्र रचा गया था। कदाचित् आप हाँडी के एक चावल को तोड़कर ही यह जान चुके होंगे कि रे किस स्तर तक जा सकते हैं।

वे ऐसा कहते हैं कि नेताजी की मृत्यु को प्रमाणित करने के लिए उनके पास पर्याप्त साक्ष्य उपलब्ध हैं। हालांकि मुखर्जी आयोग के सक्रिय रहते हुए वे कभी उसके समक्ष उपस्थित नहीं हुए; प्रत्युत वे तब मैदान में उतर आए; जब नेताजी-सम्बन्धी फ़ाइलों को सार्वजनिक करवाना एक बहुचर्चित विषय बन चुका था। वे तथा कांग्रेस से सम्बद्ध उनके अन्य परिजन, केवल एक मानक प्रक्रिया का आलम्बन लिए, कतिपय [अपने अनुकूल] बिन्दुओं को चुनकर, निष्कपट जनता के समक्ष प्रस्तुत करते हैं तथा उसको यह विश्वास दिलवाने का प्रयास करते रहते हैं कि विमान दुर्घटना पक्ष ही यथार्थ है।

प्रश्न 4 – कई लोग आपको BJP का गुप्त प्रतिनिधि बताते हैं। इसपर आप क्या कहेंगे?

उत्तर – इस मिथ्या आरोप का श्रेय, बंगाल के उन असन्तुष्ट तत्त्वों को जाता है; जो कई पीढ़ियों से कांग्रेस और कम्यूनिस्ट दलों के अन्ध भक्त हैं तथा हमारी प्रगतिशील गतिविधियों से सदैव अप्रसन्न रहते हैं। हमलोगों के द्वारा किया गया प्रचार [कि "भारत नेताजी के कारण स्वतन्त्र हुआ, न कि गांधीजी के कारण"] उन सभी के लिए मनःप्रतिकूल है। अतः उन्होंने हमको कलंकित करने की दुरभिसन्धि को क्रियान्वित कर रखा है। हमलोग लक्ष्यसिद्धि हेतु अत्यन्त निष्पक्ष तथा रहस्योद्घाटन हेतु सुतरां स्पष्टवादी हैं।

प्रश्न 5 – किन्तु आपने RSS के साथ भगवनजी के सम्बन्धों का उद्धरण दिया है। क्या आप नेताजी का भगवाकरण नहीं कर रहे हैं?

उत्तर – "संघप्रमुख माधव गोलवलकर, भगवनजी के सम्पर्क में थे"—इसकी

पुष्टि तो भगवनजी की वस्तुओं में मिले उनके पत्र से ही हो चुकी है। वह पत्र 1986 में इलाहबाद उच्च न्यायालय के आदेशानुसार निर्मित वस्तुसूची में भी उल्लिखित है। हमने उन वस्तुओं को वहाँ नहीं डाला। और, कई समाचारपत्रों के अनुसार; भूतपूर्व संघप्रमुख के.एस. सुदर्शन ने बारम्बार यह उद्घोषित किया था कि भगवनजी ही नेताजी थे। अब यदि कोई अपने पूर्वाग्रह के कारण, इन अँगूरों को खट्टा समझकर, हमें एतदर्थ दोषी समझे; तो इसमें हमारा क्या अपराध?

प्रश्न 6 – नेताजी के परिजन कहते हैं कि वे (नेताजी) धर्मनिरपेक्ष थे और हमें उनका अनुकरण करना चाहिए।

उत्तर – यह स्मरणीय है कि नेताजी के वे सभी परिजन, प्रायः कांग्रेस अथवा कम्यूनिस्ट दलों के पक्षपाती हैं। अतः उनके वक्तव्यों को तत्तत् राजनैतिक दल के दृष्टिकोण से ही समझना चाहिए। वे सभी आपको यह नहीं बताएँगे कि नेताजी एक नैष्ठिक हिन्दू थे। धर्मनिरपेक्ष होने का अभिप्राय यह तो नहीं है कि आप अपने व्यक्तिगत धर्म को तिलांजलि दे दें। नेताजी ने बर्मा और कोलकाता के कारावासों में दुर्गापूजा के अनुष्ठान की स्वतन्त्रता हेतु कठोर संघर्ष भी किया था। INA के दिनों में नेताजी के समीपवर्ती रहे एस.ए. अय्यर ने अपनी पुस्तक *अण्टु हिम अ विट्नैस* (ठक्कर एण्ड कम्पनी लि. – मुम्बई से 1951 में प्रकाशित, पृष्ठ 269) में यह लिखा कि तुलसी की एक छोटी माला तथा श्रीमद्भगवद्गीता की एक छोटी प्रति—ये दोनों नेताजी की आस्तिकता के बाह्य चिह्न थे। ठीक ऐसा ही वर्णन कर्नल ह्युह टॉय (एक अंग्रेज़ी इण्टैलिजेंस अधिकारी) की पुस्तक द *स्प्रिंगिंग टाईगर* (जैको पब्लिशिंग हाउस – बॉम्बे से 1959 में प्रकाशित, पृष्ठ 142) में भी प्राप्त होता है।

प्रश्न 7 – उन लोगों को आप क्या कहेंगे; जो कहते हैं कि नेताजी प्रकरण अब बहुत पुराना हो गया है और अब इसको भुलाकर आगे बढ़ना ही श्रेयस्कर है।

उत्तर – अक्टूबर 2010 में कोची का एक पुलिस IG, किसी नक्सली की फ़र्ज़ी मुठभेड़ में हत्या करने हेतु, घटना के 40 वर्षों के बाद दोषी पाया गया। तब CBI

के विशिष्ट न्यायालय के न्यायाधीश की एक टिप्पणी मीडिया में बहुत प्रचारित हुई। उन्हीं के शब्दों में: "सत्य स्वभावतः सदा के लिए छिपाया नहीं जा सकता। सत्य; जो भले ही अब तक चमकीले स्वर्णपत्र में छिपा रहा हो, अब प्रताड़ित होने के बाद भी खोज लिया गया है: 'सत्यमेव जयते'। अभिरक्षा-सम्बन्धी हत्या का अपराध [चाहे वह उग्रवादी, आतंकवादी या नक्सली; वह भी पुलिस के अभिरक्षण में ... जिनका कर्तव्य है—उसको न्यायालय में जांच हेतु प्रस्तुत करना] बहुत समय बीत जाने पर भी मिट नहीं सकता। चाहे कई दशक बीत जाएँ; हम-जैसों के समाज में इसको न्यायसंगत नहीं माना जा सकता।"

प्रश्न 8 – इस विषय में कुछ पत्रकार-रिपोर्ट उपलब्ध हैं कि जब शास्त्रीजी ने पाकिस्तान के साथ हुई सन्धि पर हस्ताक्षर किए, तब नेताजी ताशकन्द में विद्यमान थे।

उत्तर – नहीं! भगवनजी उस समय भारत में ही थे।

प्रश्न 9 – सामान्य जनता आपके इस अभियान में क्या एवं कैसे सहयोग कर सकती है?

उत्तर – इस पुस्तक को प्राप्तकर, पूर्ण मनोयोगपूर्वक इसका अनुशीलन करके, आपने पहले ही हमारी पर्याप्त सहायता कर दी है। जनता को सभी तथ्यों का प्रामाणिक ज्ञान होना चाहिए; जिनके बल पर वह यथोचित कार्य करने हेतु सक्षम हो सके। तदनन्तर राष्ट्रहित में उस ज्ञान का चतुर्दिक प्रचार सर्वथा अपेक्षित है। अतः हम आपसे अनुरोध करते हैं कि अपने परिचित प्रियजनों को प्रस्तुत पुस्तक के विषय में अवश्य सूचित करें। तदतिरिक्त; यूट्यूब-फ़ेसबुक-ट्विटर-आदि पर, हमारी सामग्रियों का नियमित अवलोकन करके यथायोग्य प्रचारित एवं प्रसारित अवश्य करें। पुनश्च; भविष्य में हमारे व्याख्यानों का आयोजन भी नितान्त प्रार्थनीय है।

NETAJI 125
MISSION NETAJI
END THE SECRECY